AF611955

www.ingramcontent.com/pod-product-compliance
Ingram Content Group UK Ltd.
Pitfield, Milton Keynes, MK11 3LW, UK
UKHW041843190726
13854UKWH00002B/696

9 788196 625900

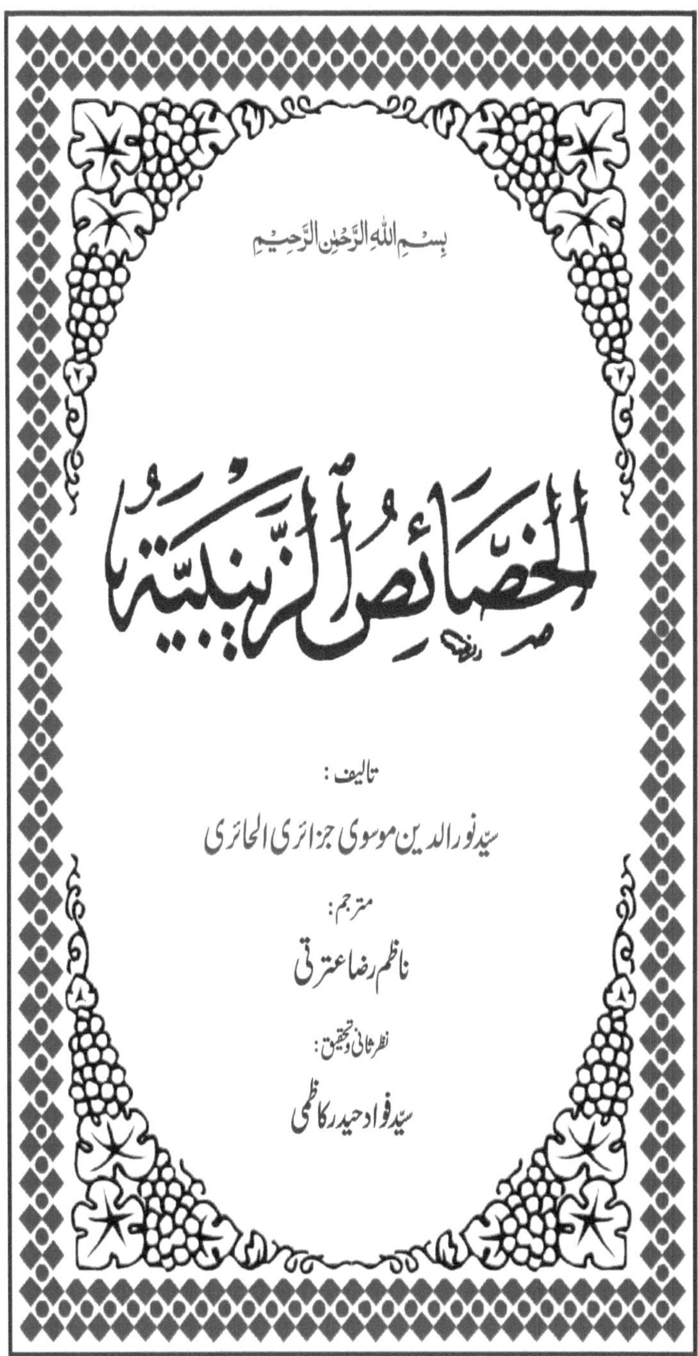

بسم اللہ الرحمٰن الرحیم

الخصائص الزینبیۃ

تالیف:

سید نور الدین موسوی جزائری الحائری

مترجم:

ناظم رضا عترتی

نظر ثانی وتحقیق:

سید فواد حیدر کاظمی

نوٹ: التماس سورۂ فاتحہ برائے بانی ادارہ تراب پبلی کیشنز شہید ولایت علامہ ناصر عباس، ملتان

ISBN:9-788196-625900

کتاب	:	الخصائص الزینبیۃ
تالیف	:	سید نور الدین موسوی جزائری الحائری
مترجم	:	ناظم رضا عترتی
نظر ثانی و تحقیق	:	سید فواد حیدر کاظمی
ناشر اول	:	تراب پبلی کیشنز
اشاعت اول	:	2013ء
ناشر ہذا	:	جعفری پروپیگیشن سینٹر
اشاعت ہذا	:	2023ء
کمپوزنگ	:	سید وسیم حیدر نقوی

ملنے کا پتہ

تراب پبلیکیشنز

email: mola512@gmail.com, facebook.com/turabpublishers

JPC BANDRA

Jafari Propagation Centre

94, Asma Manzil, Room No. 10, Bazar Rd. Opp. Khoja Masjid,
Bandra (W) Mumbai - 400 050. Tel.: +91-22-2642 5777
jpconline.org • Email jpcbandra@gmail.com, jpcbandra@yahoo.com

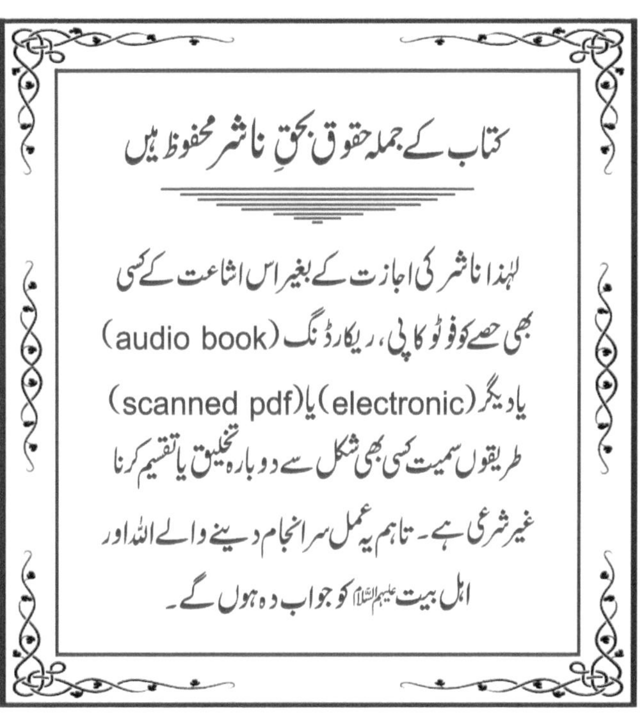

هذا کتاب مستطاب خصائص الزینبیة سلام الله علیها

بسم الله الرحمن الرحیم

الحمد لله رب العالمین والصلوة والسلام علی اشرف الانبیاء والمرسلین وافضل السفراء والمقربین محمد خاتم الرسل والنبیین وعلی اهل بیته الامجاد المتقدمین الذین رفع بهم اعلام الدین واذل اعناق الجاحدین ولعنة الله علی اعدائهم اجمعین من الاولین والآخرین و بعد وبعد چنین گوید بنده گنهکار و شرمنده تبه روزگار نور الدین بن محمد جعفر بن عبد الصمد الموسوی الجزایری غفر الله له ولوالدیه وجده واصلح امرهم وحقق املهم و مرامهم که چون مدتی بکر ایام گذشته خود نشسته بودم دیدم که عمری گذشت بی حاصل و بوالهوسی برای دنیای خود فکری ننموده از برای سفر آخرت خود زادی مهیا ننموده قطع نظر از سایر مهمات و با فرعقبات بی اختیار به بحر تفکر غوطه ور شده و بوادی تدبر قدم نهاده دیدم چاره منحصر است بجز التجا به خانواده محمدی صلی الله علیه وآله وسلم چنانکه فیض گوید

سالک راه حق بیا نور هدی ز ما طلب — نور حقیقت از در عترت مصطفی طلب

هست سفینه نجات عترت و ناخدا خدا — دست در آن سفینه زن دامن ناخدا طلب

بنده مهر کیش هوش میفکن گلی می‌فروش — معرفت مطلب بکو از برکات ما طلب

... — از بر ... طلب

مفلس

مقدمة اولى

مفلس بینوا بیا زما بی‌نوا — صاحب مذ عابیا از دم ماد ما طلب — در تامل کیفیت
توسل بودم که از مبدء فیاض ملهم شد که مختصری از شئونات و خصائص و مناقب یکتا صدف
بحر امامت و یگانه کوکب چرخ ولایت دختر گرامی حیدر صفدر گوهر دریای عصمت و طهارت
کوکب آسمان عفت و خدارت دُر بحر نبوت و ولایت صدف دریای خلافت و وصایت
آسیه سوت هاجر رتبت مریم طینت ساره سیرت خدیجه رایت زهرا دلالت محدثه دو
جهان و مصیبت زده دوران اعنی عقیلة القریش ام المصائب و قرینة النوائب العصمة
الصغری و الناموس الکبری محبوبة المصطفی و قرة عین المرتضی شقیقة الحسن المجتبی
و الحسین المرمل بالدماء بنت الزهرة الزهراء زینب العظمی روحی و ارواح العالمین لها
بخامه شکسته و قلم نالایق خود برشته تحریر در آورد و ضمنا از مقام منیع آن خدر رسالت
خواستگار اصلاح امور خود و سایر برادران دینی و اخلاء روحانی و نجات از عقبات
و هلکات دنیویه و اخرویه شوم امید که این اوراق ناقابل قبول عتبه درگاه این مکرمه
معظمه بگردد — نملة جائت برجل من جراد — تو سلیمانی کن ای نیکو نهاد — ان الهدایا
علی مقدار مهدیها — لیس الهدایا علی مقدار من هدیها — و اهل فضل و کمال در او بدیده
قبول و رضا بنگرند چرا که گفته اند فعین الرضا عن کل عیب کلیلة — کما ان عین السخط
تبدی المساویا و نامیدیم این را بالخصائص الزینبیه و کلیه مطالب مراد در ضمن مقدمات و چند
خصیصه نگاشتیم و در ضمن بعضی خصائص اشاراتی و بشاراتی نیز رقم گردید شروع مینمایم
بمقصود بعون الله الملک المعبود **مقدمه اولی** چون در این اعصار کتب مقاتل
زیاد نوشته شده و جمع بین غث و ثمین نموده و هر خبر ضعیف که بنظر ارباب مقاتل آمده
بدون تحقیق در سند و معنای روایت ضبط نموده کتب از رتبه افتاده خصوصا اینکه
اغلب مصنفین و مؤلفین مجهول الحال ولذا اما کتاب خود را بنظر اغلب علماء رسانیدیم
و از آنها تقریظ گرفتم که بر مردم معلوم شود و بدانند کمتر نباید همه کتب را بیک نظر بنگرند

ولی صاحب مقدمه اولی در اثر مجموعه نقل کرده و ... و عین تصحیحه ان ... فارسی

انتساب

میں اس کتاب ''الخصائصُ الزّینبیہؑ'' کو شریکۃ الحسینؑ حضرت زینب کبریٰ سلام اللہ علیہا بنتِ حضرت علی علیہ السلام مسافرۂ شام پاک بی بیؑ کی نذر کرتا ہوں۔

☆ اس بی بیؑ کے نام جو مجرا امامت کی گوہر یگانہ ہیں۔

☆ اس بی بیؑ کے نام جو حیدرِ صفدرؑ کی بیٹی ہیں۔

☆ اس بی بیؑ کے نام جو عصمت وطہارت کے سمندر کا نگینہ ہیں۔

☆ اس بی بیؑ کے نام جو ہمدردی میں مثل آسیہؑ ہیں۔

☆ اس بی بیؑ کے نام جو تربیت دینے میں مثل ہاجرہؑ ہیں۔

☆ اس بی بیؑ کے نام جو طینت میں مثل مریمؑ ہیں۔

☆ اس بی بیؑ کے نام جو سیرت میں مثل سارہؑ ہیں۔

☆ اس بی بیؑ کے نام جو نگاہ میں مثل خدیجہؑ ہیں۔

☆ اس بی بیؑ کے نام جو راہنمائی میں مثل زہراؑ ہیں۔

اے نگہبانِ رسالتؐ و امامتؑ! اے عقیلۂ بنی ہاشمؑ! اے ثانی زہراؑ! میری اس حقیر سی سعی کو اپنی کریمانہ بارگاہ میں شرفِ قبولیت عطا فرماتے ہوئے بارگاہِ توحید اور بارگاہِ رسالتؐ و امامتؑ میں شفاعت فرمائیں۔

فہرست مضامین

بِسۡمِ اللّٰہِ الرَّحۡمٰنِ الرَّحِیۡمِ

مؤلّف کا مختصر تعارف

آپؒ کا اسمِ گرامی مرحوم حاج سید نورالدین جزائری طاب ثرہ ہے۔آپؒ کا تعلق موسوی سادات سے ہے۔آپؒ کا شجرۂ نسب آسمانِ ولایت کے ساتویں درخشندہ ستارے امام ہفتم حضرت امام موسیٰ کاظم باب الحوائج علیہ السلام سے جاملتا ہے۔

آپؒ سادات کے ایک بزرگ روحانی و علمی خاندان سے وابستہ تھے جو چار قرن (صدی) سے علومِ آلِ محمد علیہم السلام کی نشر و اشاعت اور دینی خدمات سرانجام دے رہے ہیں۔علمی خدمات کے سلسلہ میں آپؒ کا شجرۂ مبارک مشہور متقی عالم مرحوم سید نعمت اللہ جزائری اعلیٰ اللہ مقامہ متوفّی سال 1112 ہجری قمری سے اس ترتیب سے جاملتا ہے۔

حاج سیّد نورالدین بن حاجی سید محمد بن سید عبدالصمد بن حاجی سید احمد بن حاجی سید محمد بن سید طیّب بن سید محمد بن سید نورالدین ابن علامہ سید نعمت اللہ جزائری اعلیٰ مقامہٗ

آپؒ کی ولادتِ باسعادت:

آپؒ شبِ جمعۃ المبارک 13 رجب المرجب 1313 ہجری قمری شوشتر میں پیدا ہوئے۔

آپؒ کی مشہور تالیفات:

(۱) احسن المقال در تفسیرِ آل　　(۲) اصلاحاتِ خوزستان

(۳) بہار و خزان عمر　　(۴) کشکول

(۵) تعریبِ کبریٰ (۶) الخصائص الزینبیہؑ

(۷) رازہائے نہان تاریخِ اسلام (۸) ردِخالصی دربارۂ آذان واقامہ

(۹) منشاءتمدن مشہورکتابیں ہیں۔

آپؒ کی وفات حسرت آیات:

آپؒ بوقت عصر بروز جمعۃ المبارک 23 جمادی الاولیٰ سال 1384 ہجری قمری میں اپنے اجدادِ طاہرین علیہم السلام سے ملحق ہوئے۔

آپؒ کا مدفن:

آپؒ حجرۂ دوم کی طرف بابِ زینبیہؑ وہ جگہ جب صحنِ حرم حضرت امام حسین علیہ السلام میں داخل ہوتے ہیں، وہاں پر سپردِ خاک ہوئے۔آپؒ کے جنازہ میں شامل محبانِ آلِ محمدؐ نے یہ مرثیہ پڑھا۔

نائب المہدیؑ نُور الدین وافاہ الحمام
حق ان یبکی لہ الاسلام حزناً کالغمام

خالق اکبر آپؒ کے اور آپؒ کے خاندان کے تمام مرحومین کے درجات بلند فرمائے۔"آمین"۔

=====❖=====

عرضِ مترجم

بِسۡمِ اللّٰہِ الرَّحۡمٰنِ الرَّحِیۡمِ

اَللّٰھُمَّ ارْزُقْنَا شَفَاعَۃَ السَّیِّدَۃَ زَیْنَبَ بِنْتِ عَلِیٍّ عَلَیْھِمُ السَّلَامُ۔

شریکۃ الحسینؑ حضرت زینب سلام اللہ علیہا کی ذاتِ قدسیہ ایسے بلند و بالا مقام کی حامل ہے، جس کا اِدراک ہر ایک کے بس کی بات نہیں ہے۔

بہت سے مصنفین اور موٴلفین نے کتب نویسی کے میدان میں اپنے اپنے قلم کو آزمایا ہے لیکن سیدہ حضرت زینب سلام اللہ علیہا کے کمالات و فضائل تک کما حقہ رسائی حاصل نہیں کر سکے اور نہ ہی کر سکتے ہیں۔ اس لئے کہ وہ خاتون جو حضرت علی علیہ السلام جیسے عظیم امام کے لئے زینت کا درجہ رکھتی ہو اور حضرت امام حسین علیہ السلام کے ہر عمل میں شریکِ کار ہو، تو ایسی باعظمت خاتون کے کمالات اور فضائل کو کیسے بیان کیا جا سکتا ہے۔

بہر حال! اِن قلم کاروں میں کتاب ''الخصائصُ الزّینبیۃؑ'' جو فارسی زبان میں ہے، کے موٴلف حضرت آیت اللہ مرحوم السید نور الدین جزائری اعلیٰ اللہ مقامہٗ بھی شامل ہیں۔ جنہوں نے شہزادیؑ کے فضائل و مناقب کو اُجاگر کرنے کی کوشش کی ہے۔

کتاب ''الخصائصُ الزّینبیۃؑ'' کے مطالعہ سے معلوم ہوتا ہے کہ مرحوم و مغفور اپنی اس کوشش میں کافی حد تک کامیاب و کامران ہوئے ہیں۔ بندۂ حقیر نے آج تک سیدہ حضرت زینب سلام اللہ علیہا کی زندگی اور آپؑ کے کمالات و فضائل کے متعلق جتنی بھی کتب یا رسالوں کا مطالعہ کیا ہے اُن سب میں سے یہ کتاب بہتر پائی ہے۔

کیوں کہ علّامہ مرحوم نے اس کتاب میں شہزادیؑ کی زندگی کے ہر پہلو کے بارے

میں نہایت ہی احسن انداز سے گفتگو فرمائی ہے۔شہزادیؑ کے بچپن سے شہادت تک، مدینہ سے کربلا، کربلا سے کوفہ اور شام کی اسیری تک، پھر شام سے مدینہ واپسی تک تمام حالات و واقعات کا تذکرہ کیا ہے۔اس کے علاوہ مرحوم ومغفور عالم ربّانی نے اس کتاب میں شہزادیؑ کی صفات وخصوصیات، کمالات وفضائل،عبادات واعمال اور دین کے لئے آپؑ کی خدمات کو بھی احسن انداز سے بیان فرمایا ہے۔

ان تمام مقاصد کے پیشِ نظر بندۂ ناچیز نے ایک طالب علم ہونے کی حیثیت سے اس کتاب کا فارسی سے اردو میں ترجمہ کرنا اپنا اولین فرض سمجھ کر اس بھاری ذمہ داری کو قبول کیا۔ تاکہ خاندانِ عصمت وطہارتؑ اور سیدہ حضرت زینب سلام اللہ علیہا کے ساتھ عقیدت رکھنے والوں کے لئے مغفرت کا ایک اور انمول سامان فراہم کیا جاسکے۔

اَلْحَمْدُ لِلّٰہِ! مجھے جو ذمہ داری دی گئی آج میں اس سے عہدہ براء ہوا اور سرکارِ امام زمانہ علیہ السلام کی خصوصی نظرِ کرم اور نصرت سے شہزادیؑ کی بارگاہ میں سرخرو ہوا اور یہ کتاب خصائصِ زینبیہؑ اردو ترجمہ کے ساتھ آپ کے ہاتھوں میں ہے۔

اے پروردگار! سیدہ حضرت زینب سلام اللہ علیہا کے توسل سے اس تھوڑے سے زادِ راہ کو بندۂ ناچیز کے لئے، مؤلف مرحوم ومغفور کے لئے، محبانِ آلِ محمد علیہم السلام کے لئے اور اِدارہ ہذٰا کے تمام اراکین کے لئے قیامت کی ہولناکیوں سے نجات اور شفاعت کا وسیلہ قرار دے اور آئندہ بھی ایسی بابرکت سعی کی توفیق عطا فرما۔

آمین یا رب العالمین بحق معصومین علیہم السلام۔

سَلَامٌ عَلٰی مَنِ اتَّبَعَ الْھُدٰی۔

مترجم

الحقیر پُرتقصیر

ناظم رضا عترتی

عرضِ ناشر

بِسۡمِ اللّٰہِ الرَّحۡمٰنِ الرَّحِیۡمِ

قَالَ الصَّادِق علیہ السَّلَام

تَزَاوَرُوْا وَتَلَاقُوْا وَتَذَاکَرُوْا وَاَحْیُوْا اَمْرَنَا۔[1]

حضرت امام جعفر صادق علیہ السلام نے فرمایا:

''ایک دوسرے کی زیارت کیا کرو، آپس میں ملاقات کیا کرو، باہم بات چیت کیا کرو، ہماری باتیں ایک دوسرے کو یاد دِلایا کرو اور ہمارے امر کو زندہ رکھو''۔

اہل بیت علیہم السلام کے احسانات اور قربانیوں کو یاد رکھنا ہر کلمہ گو باضمیر انسان پر واجب ہے۔ وہ قوم کبھی زوال پذیر نہیں ہوتی جو اپنے محسن کے احسانات کو یاد رکھتی ہے۔ ہر وہ معاشرہ، ہر وہ قوم اور ہر وہ بندہ ذلیل وخوار ہوتا ہے جب وہ اپنے محسن کو بھول جاتا ہے۔

حضرت رسالت مآب صلی اللہ علیہ وآلہ وسلم اور آپؐ کے اہل بیت علیہم السلام کے عالم اِنسانیت پر ایسے احسانات ہیں کہ اگر انہیں بھلانا بھی چاہیں تو بھلا نہیں سکتے۔ آلِ رسول علیہم السلام نے اللہ تعالیٰ کی وحدانیت، رسولِ اکرم صلی اللہ علیہ وآلہ وسلم کی رسالت اور قرآنِ کریم کی بقاء کے لئے ایسی بے مثال اور انمول قربانیاں پیش کیں جن کی مثال کائنات میں نہیں ملتی۔ اب شمع توحید و رسالتؐ اور امامتؑ کے پروانوں کا یہ اوّلین فرض ہے کہ وہ مشن اہل بیت علیہم السلام اور حضرت امام حسین علیہ السلام اور آپؑ کے انصار کی شہادت کے مقصد کو مدِّنظر رکھتے ہوئے جس طرح ہو سکے، جس

[1]۔ الکافی، ج2 ص175

طریقہ سے ہو سکے اِس پاک مشن کو کائنات کے گوشہ گوشہ تک پہنچائیں۔

ناظرین!

احیائے دین میں جہاں پر خاندانِ تطہیرؑ کے ہر فرد نے جانی و مالی قربانیاں پیش کیں وہاں پر اس پاکیزہ خاندان کی خواتین بھی کسی سے پیچھے نہیں ہیں۔ اِن خواتین میں ایک اہم نام میری آقازادی حضرت زینب سلام اللہ علیہا کا ہے۔ اس لئے اس معظمہ ومکرّمہ کے افکار و کردار اور خدماتِ دین میں دی گئی قربانیوں کو فراموش کرنا یقیناً یہ احسان فراموشی ہوگی۔

لہٰذا ہم نے سوچا کہ کوئی ایسی کتاب ہونی چاہیے جو مخدومہؑ کے حالاتِ زندگی اور فضائل پر مشتمل ہو۔ اسی دوران میری نظر بزرگ عالم دین مرحوم آیت اللہ العظمیٰ السیّد نورالدین جزائری کی فارسی زبان میں کتاب ''الخصائصُ الزّینبیّۃؑ'' پر پڑی جو شہزادیؑ کی حیاتِ طیبہ پر ہمیں موزوں نظر آئی۔

اب ضروری تھا کہ اس کتاب کا اُردو میں ترجمہ کیا جائے تو میں نے مولائے کائنات کے منظورِ نظر خادم علوم آلِ محمد علیہم السلام حجۃ الاسلام علامہ ناظم رضا عترتی صاحب سے درخواست کی۔ تو علاّمہ صاحب نے اس ذمہ داری کو نہ صرف یہ کہ قبول فرمایا بلکہ فرائضِ منصبی سمجھتے ہوئے نہایت جانفشانی اور عرق ریزی سے اس کتاب کے ترجمہ کو پایۂ تکمیل تک پہنچایا۔ خالق کائنات بحق چہاردہ معصومین مقدس علیہم السلام ان کی اس زحمت کو اپنی بارگاہِ عالیہ میں قبول فرمائے۔

اَلْحَمْدُ لِلّٰہِ!

کتاب ''الخصائصُ الزّینبیّۃؑ'' اشاعت کے مختلف مراحل سے گزرتے ہوئے آج اردو ترجمہ کے ساتھ آپ کے ہاتھوں میں ہے۔ محبانِ آلِ اطہار علیہم السلام سے گزارش ہے کہ دورانِ مطالعہ کہیں پر کوئی غلطی نظر آئے تو ادارہ ہٰذا کو مطلع فرمائیں تاکہ آئندہ اشاعت میں اس غلطی کو دور کیا جا سکے۔

اس مقصد کی کامیابی و کامرانی پر میں اللہ تعالیٰ کا لاکھ لاکھ شکر ادا کرتا ہوں، سرکارِ دو جہاں صلی اللہ علیہ وآلہٖ وسلم اور آپؐ کی آلِ پاکؑ کا شکر گزار ہوں جن کی خصوصی نظر کرم سے ہمارے ادارہ کو یہ سعادت نصیب ہوئی۔

بعد از خدا و آلِ رسولؐ میں ادارہ کے تمام اراکین، کارکنان اور ممبران کا بھی شکر گزار ہوں جنہوں نے نیک نیتی سے ہر مرحلہ میں میرا ساتھ دیا۔ بالخصوص حجۃ الاسلام علامہ ناظم رضا عترتی صاحب کا شکر گزار ہوں جنہوں نے ترجمہ کی زحمت اٹھائی۔ ان کے ساتھ شیر محمد عابد مولائی کو بھی خراجِ تحسین پیش کرتا ہوں جنہوں نے پروف ریڈنگ کے فرائض کو نہایت احسن انداز سے سرانجام دیا۔

اشاعتِ اوّل کے مکمل ہونے کے بعد ہم نے اس معرکۃ الآراء کتاب کو سیّد فواد حیدر کاظمی صاحب کے سپرد کیا جنہوں نے اپنی مصروفیات کے باوجود اس کتاب میں اپنی تحقیق کو شامل کیا اور قلمی نسخہ سے مکمل طور پر اس کی نظر ثانی کا مشکل کام سرانجام دیا، ہم تہہ دل سے سیّد فواد حیدر کاظمی صاحب کے شکر گزار ہیں اور شہزادی دو عالم سلام اللہ علیہا سے اُن کی سلامتی کی دعا کرتے ہیں۔ فارسی کتاب میں شہزادی زینب سلام اللہ علیہا کی زیارت موجود نہیں تھی، قارئین کی سہولت کے لئے ہم نے کتابِ ہذا میں ''زیارتِ مفجعہ'' کو شامل کیا ہے جو ہم نے علی ربّانی خلخالی کی کتاب ''چہرہ درخشاں عقیلۂ بنی ہاشمؑ'' سے لی ہے۔

ہاں! اس سلسلہ میں اگر میں اپنے بڑے بھائی حسنین اقبال خان نوانی کا شکریہ ادا نہ کروں تو یہ زیادتی ہوگی۔ جنہوں نے قدم قدم پر، ہر مرحلہ میں سایہ کی طرح میرا ساتھ دیا۔ اس کے ساتھ ساتھ میں تمام برادرانِ ایمانی کا بھی شکر گزار ہوں جو ہمارے ادارہ کی کتب کو پسند کرتے ہیں۔

خداوندِ متعال بحق سیدہ حضرت زینب سلام اللہ علیہا ہم سب کی اس حقیر سی خدمت اور سعی کو اپنے دربارِ اقدس میں شرفِ قبولیت عطا فرمائے اور علومِ آلِ محمد علیہم السلام کی نشر و اشاعت کی مزید توفیق عطا فرمائے اور ہم سب پر اپنا خصوصی لطف و کرم فرمائے۔ (آمین)۔

اسلام کا سرمایۂ تسکین ہے زینبؑ ایمان کا سلجھا ہوا آئین ہے زینبؑ
حیدرؑ کے خدوخال کی تزئین ہے زینبؑ شبیرؑ ہے قرآن تو یٰسین ہے زینبؑ
یہ گلشن عصمت کی وہ معصوم کلی ہے
تطہیر میں زہراؑ ہے تو تیور میں علیؑ ہے

(شہید راہِ ولایتؑ سیّد محسن نقویؒ)

اَلْحَمْدُ لِلّٰهِ الَّذِیْ جَعَلَنَا مِنَ الْمُتَمَسِّکِیْنَ بِوِلَایَةِ اَمِیْرِالْمُؤْمِنِیْنَ عَلَیْهِ السَّلَامُ وَالْاٰئِمَّةِ عَلَیْهِمُ السَّلَامُ۔

"خدا کا لاکھ لاکھ شکر کہ اس نے ہمیں امیرالمومنین حضرت علی علیہ السلام اور (آپؑ کی اولاد میں سے) تمام آئمہ اطہار علیہم السلام کے رشتۂ ولایت سے وابستہ رکھا"۔

آپ کی دعاؤں کا طلب گار
خادمِ علومِ آلِ اطہار علیہم السلام
الحقیر پُرتقصیر
علی ابوتراب خان
سربراہ ادارہ تراب پبلی کیشنز، لاہور

=====❖=====

ولایت ایک ظہور

وَمِن كُلِّ شَيْءٍ خَلَقْنَا زَوْجَيْنِ لَعَلَّكُمْ تَذَكَّرُونَ۔ [1]

''ہم نے ہر شے کو جوڑا جوڑا پیدا کیا ہے تا کہ تم سوچ و بچار کرو''۔

کائنات میں خداوندِ عالم نے جتنی بھی چیزیں پیدا کی ہیں سب میں دو طاقتیں موجود ہیں۔ایک کا نام قوتِ جاذبہ ہے اور دوسری طاقت کا نام قوتِ دافعہ ہے۔تمام جہانوں میں ہر چیز ان دو طاقتوں کی محتاج ہے اس کے بغیر وہ پیدا نہیں ہو سکتیں نہ ہی بڑھ سکتی ہیں اور نہ ہی اپنی زندگی کو آگے بڑھا سکتی ہیں۔ اس سے پتا چلتا ہے کہ تمام پیدا ہونے والی چیزیں چاہے وہ جفت ہوں یا طاق ہر ایک علیحدہ علیحدہ باانصاف طریقے سے خُدا کو ذاتِ وحدہٗ لاشریک ثابت کرتے ہوئے نظر آتی ہیں۔

انوکھی چیز (عاشورہ کی معرفت):

جس طرح کائنات کی ہر چیز قوتِ جاذبہ اور دافعہ رکھتی ہے اسی طرح عاشورہ بھی ایک چیز ہے اس کے باوجود اس میں بھی ایک قوتِ جاذبہ ہے اور دوسری قوتِ دافعہ ہے۔جس طرح عاشورہ باعظمت چیز ہے اسی طرح اس کی دو قوتیں بھی کوئی معمولی نہیں ہوں گی۔

عاشورہ کی حقیقت کو جاننے کے لئے بڑے سے بڑے صاحبانِ علم وفہم سر جوڑ کر بیٹھ جائیں تو تب بھی اس سے لاکھوں میل دور ہی رہیں گے اور عاشورہ کی حقیقت پر پردے ہی پڑے رہیں گے۔ یہ ہر ایک کے بس کی بات نہیں ہے کہ وہ عاشورہ کو کما حقہ جان سکے۔اس

---

[1] ۔ سورۃ الذاریات، آیت ۴

کے باوجود انسان کو عاشورہ جیسی انوکھی اور عجیب حقیقت کو جاننے اور معرفت حاصل کرنے سے مایوس نہیں ہونا چاہیے بلکہ اس کو پہچاننے کی کوشش میں لگے رہنا چاہیے۔

اوقیانوس عاشورہ (عاشورہ ایک گہرا سمندر):

عاشورہ ایک ایسا گہرا سمندر ہے جس میں غوطہ لگانے والے اس کی گہرائی کا احاطہ نہیں کرسکتے۔عاشورہ میں جس قدر بھی غور وفکر کرلیں ہم اس کی حقیقت تک نہیں پہنچ سکتے۔

اگر ہم اپنی کم فکری اور علمی کمزوری کے باوجود تاریخ بشری کا مطالعہ کریں تو ہماری نظروں کے سامنے ایسے عظیم سے عظیم ترین واقعات گزریں گے جن میں فداکاریاں، قربانیاں اور جہاد کی بے پناہ مثالیں اپنی عظمت کے ساتھ نظر آئیں گی اور انسانی قوت وطاقت اور قابلیت کی عجیب سے عجیب تر داستانیں دکھائی دیں گی۔اس کے باوجود اگر ہم ان تمام چیزوں کو عاشورہ کے مقابلہ میں لے کر آئیں اور ان کا آپس میں تقابل کریں تو عاشورہ کی عظمتوں کے مقابلہ میں ان سب چیزوں کی کوئی حیثیت باقی نہیں رہتی بلکہ یہ سب چیزیں ایسے محسوس ہوتی ہیں جیسے تاریخ انسانی میں کسی نے کارٹون جیسی تصویریں بنائی ہوں۔

تاریخ انسانی میں جب بھی، جس وقت اور جہاں بھی، چاہے آسمان میں، فضاء میں یا زمین پر کوئی فداکاری، شہادت، شجاعت و بہادری اور وفاداری کی کوئی تحریک یا انقلاب وجود میں آیا ہے تو یہ سب چیزیں کربلا کے مقابلہ میں ایسے ہیں جیسے سمندر کے مقابلے میں ایک قطرہ اور ایک بڑے جاری چشمہ کے مقابلہ میں شبنم کا ایک قطرہ۔ یہ سب چیزیں کربلا ہی سے فیض حاصل کرتی ہوئی نظر آتی ہیں۔

عاشورہ جو ایک انوکھی اور عجیب مخلوق ہے، اس کی قوتِ دافعہ کا نام حضرت امام حسین علیہ السلام اور قوتِ جاذبہ کا نام حضرت زینب سلام اللہ علیہا ہے۔اس مخلوق کی پیدائش کا مقام کربلا ہے۔ جب کسی چیز کو وجود میں لانے والے حسین علیہ السلام اور زینب سلام اللہ علیہا جیسی ہستیاں ہوں اور وجود میں آنے والے کا مقام کربلا جیسی سرزمین ہو تو یقیناً عاشورہ جیسی عظیم چیز وجود میں آئے گی۔

حضرت زینب سلام اللہ علیہا کی معرفت محال ہے

اس کتاب میں جو کچھ تحریر کیا گیا ہے، وہ اس لئے نہیں ہے کہ آپ کو حضرت زینب سلام اللہ علیہا کی معرفت کروانا چاہتے ہیں بلکہ اس لئے کہ حضرت زینب سلام اللہ علیہا کی معرفت اور پہچان میرے اور آپ کے بس کی بات نہیں ہے۔ بلکہ حضرت زینب سلام اللہ علیہا کی معرفت کسی طرح سے بھی ہمارے لئے ممکن نہیں ہے۔ اگر چہ ہم بڑے بڑے مفکّرین اور فلسفی حضرات کے افکار سے بھی مدد لیں تو پھر بھی ہم شریکۃ الحسین سلام اللہ علیہا کی معرفت حاصل کرنے سے قاصر ہیں۔

''کیونکہ ہر چیز کو سمجھنے اور جاننے کے لئے نہایت ضروری ہے کہ اس چیز کا ہر طرف سے احاطہ کریں اور اس کو اپنے کنٹرول اور قبضے میں کریں لیکن یہ قدرت اور طاقت کسی انسان کے پاس نہیں ہے کہ وہ عظمت ِ زینب سلام اللہ علیہا کا احاطہ کر سکے۔ حضرت زینب سلام اللہ علیہا کو جاننا درحقیقت آپؑ کے والد حضرت علی علیہ السلام کی زینت کو جاننا ہے کیونکہ حضرت زینب سلام اللہ علیہا حضرت علی ابن ابی طالب علیہ السلام کی زینت اور زیور ہیں''۔

حضرت زینب سلام اللہ علیہا کی معرفت کا مطلب یہ ہے کہ آپ حضرت علی علیہ السلام کی زینت اور زیور کی معرفت حاصل کر رہے ہیں تو جس طرح حضرت علی علیہ السلام کی زینت کو جاننا محال ہے، اسی طرح حضرت زینب سلام اللہ علیہا کو جاننا اور آپؑ کی معرفت حاصل کرنا بھی محال ہے۔ اس بیٹی کی معرفت کیسے ممکن ہو سکتی ہے جو بیٹی باپ کی بھی زینت ہو۔ حضرت زینب سلام اللہ علیہا کا مقابلہ حضرت علی ابن ابی طالب علیہ السلام کے شاہکار ''نہج البلاغہ'' سے بھی نہیں کیا جا سکتا کیونکہ حضرت علی علیہ السلام ''نہج البلاغہ'' پر فخر نہیں کرتے اور اس کو اپنی زینت نہیں کہتے بلکہ اپنی بڑی بیٹی کا نام زینب سلام اللہ علیہا رکھ کر بتا رہے ہیں کہ علی علیہ السلام جیسے باپ کی زینت اسؑ کی بیٹی ہے۔

حضرت زینب سلام اللہ علیہا آج بھی اَسیر ہیں:

وہ حضرت زینب سلام اللہ علیہا جو چودہ سو سال پہلے اَسیری کی حالت میں کوفہ وشام کے بازاروں اور درباروں میں لے جائی گئیں، وہ اس وقت بھی اَسیر اور قیدی ہیں۔ اگر آپؑ اَسیر نہ ہوتیں تو آج اسلامی معاشرہ جو برائے نام اسلامی معاشرہ ہے، غیروں کی ثقافت کا اَسیر اور قیدی نہ ہوتا۔ آج تک اسلامی معاشرہ میں آشنائی اور آگاہی کا پیدا نہ ہونا اس بات کی دلیل ہے کہ حضرت زینب سلام اللہ علیہا ابھی تک اَسیر اور قیدی ہیں۔ لیکن یہ اَسیری اور قید دشمن اور زنجیروں کی وجہ سے نہیں بلکہ ان افکار کی قید ہے جو اس وقت ہمارے جامعہ میں حکومت کر رہے ہیں۔

اس معاشرہ نے اگر حضرت زینب سلام اللہ علیہا کی معرفت کر لی ہوتی تو آج غیروں کے افکار کے زیر اثر نہ ہوتا۔ لہٰذا جب تک غیروں کے افکار اس معاشرہ میں حاکم ہیں حضرت زینب سلام اللہ علیہا آج بھی اسلامی معاشرہ میں غیروں کے افکار کی قیدی اور اَسیر ہیں۔

حضرت علی علیہ السلام سے کچھ نہ لے سکے تو حضرت زینب سلام اللہ علیہا سے کیا لیتے:

میں یہ نہیں کہتا کہ حضرت زینب سلام اللہ علیہا کوئی خدا ہیں بلکہ میں یہ بتانا چاہتا ہوں کہ خدا نے حضرت زینب سلام اللہ علیہا جیسی ہستی کو پیدا کیا ہے۔

لیکن معاشرہ کبھی غالی بن جاتا ہے اور کبھی مقصِر، کبھی کسی کو حد سے بڑھا دیتے ہیں اور کبھی کسی کو حد سے زیادہ گھٹا دیتے ہیں۔ کبھی حضرت علی ابن ابی طالب علیہ السلام کو اللہ بنا دیتا ہے۔ یہی معاشرہ کبھی نعوذ باللہ کافر کہتا ہوا نظر آتا ہے اور یہی معاشرہ کبھی انہیں ایک عام مسلمان قرار دیتا ہے تو کبھی حضرت علی علیہ السلام کو ایک فلسفی۔ کچھ لوگ آپؑ کو علاّمہ اور کسی نے آپؑ کو شجاع اور بہادر قرار دیا۔ کسی نے کمیونسٹ قرار دیا ہے تو کسی نے آپؑ کو سوشلسٹ کہہ دیا اور کوئی آپؑ کو زاہد کہتا ہے۔ لیکن یہ سارے کے سارے نام ونشان جاتے رہے۔ اگر کوئی نام بچا تو صرف ایک ہی نام اور نشان ہے جو آج بھی اس نام ونشان کے ساتھ پکارا جاتا ہے اور وہ ہے:

"امیرالمومنین علی ابن ابی طالب علیہما السّلام"

اس کائنات اور اس معاشرہ میں جو مختلف مسالک اور مذاہب اس وقت رواج پا چکے ہیں۔ کاش! ان میں کوئی زندہ دل رکھنے والا ایسا انسان موجود ہوتا جو حضرت علی علیہ السلام جیسے مظلوم ترین شخص کی اس ندا اور پکار کو سنتا جو پکار اور ندا مظلوم کربلا حضرت امام حسین علیہ السلام کے استغاثہ "هَلْ مِنْ نَاصِرٍ يَّنْصُرْنَا" سے بھی زیادہ دل سوز ہے۔ وہ پکار جس میں حضرت علی علیہ السلام جیسی مظلوم ہستی اپنے دردِ دل کو ان کلمات کے ساتھ بیان کرتے ہیں:

اَلدَّهْرُ اَنْزَلَنِىْ ثُمَّ اَنْزَلَنِىْ حَتّٰى قَالُوْا عَلِيٌّ وَ مَعَاوِيَّة۔

"زمانے نے مجھے اس قدر گرایا، پھر اس قدر گرایا کہ علی علیہ السلام کو معاویہ کے ساتھ اکٹھا کر دیا"۔

یہی بات جو حضرت علی علیہ السلام نے زمانے کے لئے اُس وقت فرمائی تھی یہ آج بھی باقی ہے۔ انسان کی فکر آج بھی اُسی حالت میں ہے کہ اگر تعریف کرتے ہیں تو تب بھی تنزل یعنی کمی کی طرف جاتے ہیں اور اگر دشمنی کرتے ہیں تو تب بھی اسی راستے پر۔

انسان اکثر طور پر اپنے عمل میں جھوٹ بولتا ہے:

تاریخ گواہ ہے کہ یہ بشر جو ہمیشہ ایک سچے رہبر، متقی امام اور عادل حکمران کی تلاش میں رہا ہے اور اس تلاش میں کس قدر مصائب اور تکلیفیں اٹھاتا رہا ہے۔ جب اسے اس طرح کا سچا اور کھرا امام و رہبر مل جاتا ہے جو علی ابن ابی طالب علیہ السلام کی صورت میں ہوتا ہے تو یہ بشر اس اپنے سچے اور متقی امام کے ساتھ کیا برتاؤ کرتا ہے۔

پھر خداوند تعالیٰ اس طرح کے ناشکرے انسان سے انتقام بھی لیتا ہے کہ یہ ناشکرا انسان جس قدر آزادی، عدالت اور استقلال کے پیچھے بھاگتا ہے، اُسی قدر ایک مایوس کرنے والے سراب میں گرتا ہے۔ کیونکہ اس طرح کا انسان جو اپنے حقیقی رہبر اور حضرت علی علیہ السلام جیسے متقی امام کے ساتھ دھوکا کرتا ہے تو یہ زبان کے جھوٹ سے زیادہ اپنے عمل

اور کردار میں جھوٹا ہے۔

حضرت علی علیہ السلام کی مظلومیت:

یہ حقیقت ہے کہ وہ ذات حضرت علی ابن ابی طالب علیہ السلام ہے کہ ''نہج البلاغہ'' جن کے علم کی ایک جھلک ہے، کو انسانوں کے درمیان اس قدر گرادیا جاتا ہے کہ آپؑ بار بار اس مظلومیّت کی شکایت خدا کے سامنے کرتے ہوئے نظر آتے ہیں۔

آپؑ عرض کرتے ہیں:

اللھم انی أستعدیک علی قریش ومن أعانھم فانھم صغروا عظیم منزلتی وأجمعوا علی منازعتی أمراً ھولی۔۔۔۔ [۱]

''اے پروردگار! میں تجھ سے قریش کے خلاف مدد کا طلبگار ہوں۔ اور ان کے خلاف مدد چاہتا ہوں جو قریش کی مدد کرتے ہیں بے شک! انہوں نے میرے مقام اور مرتبے کو گرایا ہے اور مجھے حقیر جانا ہے اور میرے ساتھ (امامت و رہبری) کے معاملہ میں اکٹھے ہو کر جھگڑا کر رہے ہیں''۔

قریش کی ثقافت تہذیبوں کی راہنما:

وہ کون سی ملّت وقوم اور حکومت ہے جس نے قریش کی مدد سے حضرت علی علیہ السلام پر ظلم وستم نہیں کیئے۔ جس طرح پیغمبر اسلام صلی اللہ علیہ وآلہ وسلم صرف مسلمانوں کے پیغمبرؐ نہیں ہیں بلکہ تمام انسانوں کے پیغمبرؐ ہیں۔ اسی طرح حضرت علی علیہ السلام بھی صرف مسلمانوں کے امام نہیں ہیں بلکہ تمام انسانوں کے امام ہیں۔

خداوندِ عالم اپنے رسول صلی اللہ علیہ وآلہ وسلم کے بارے میں فرماتا ہے:

---

[۱]۔ منہاج البراعۃ خوئی، ج10، خطبہ 171 ص128

وَمَآ اَرْسَلْنٰكَ اِلَّا رَحْمَةً لِّلْعٰلَمِیْنَ۔ [۱]

''ہم نے تجھے نہیں بھیجا مگر تمام جہانوں کے لئے رحمت بنا کر''۔

جس طرح رسولِ اکرم صلی اللہ علیہ وآلہ وسلم تمام جہانوں کے لئے رحمت ہیں تو پھر یقیناً جو نفس رسولؐ ہے وہ بھی تمام جہانوں کے لئے رحمت ہوگا اور وہ ذاتِ علی علیہ السلام ہے جو قرآن کی اس آیت کے مطابق نفس رسولؐ ہے۔

خداوندِ عالم فرماتا ہے:

فَقُلْ تَعَالَوْا نَدْعُ أَبْنَاءَنَا وَأَبْنَاءَكُمْ وَنِسَاءَنَا وَنِسَاءَكُمْ وَأَنفُسَنَا وَأَنفُسَكُمْ ثُمَّ نَبْتَهِلْ فَنَجْعَل لَّعْنَتَ اللَّهِ عَلَى الْكَاذِبِينَ۔ [۲]

''ان سے کہہ دیجئے کہ آؤ ہم لوگ اپنے اپنے فرزند، اپنی اپنی عورتوں اور اپنے اپنے نفسوں کو بلائیں اور پھر خدا کی بارگاہ میں دعا کریں اور جھوٹوں پر خدا کی لعنت قرار دیں''۔

لہٰذا ہم اس نتیجہ پر پہنچے ہیں کہ حضرت امام علی علیہ السلام کی مظلومیت امام کے زمانۂ امامت کے بعد تک جاری رہے گی اور بہت سی انسانی نسلیں اس کی مرتکب ہوں گی۔ یہ سارے کے سارے ظلم پیغمبر اسلام صلی اللہ علیہ وآلہ وسلم کے زمانہ کے بعد سے لے کر قیامت تک ذاتِ علی علیہ السلام پر ان قریش کی مدد سے ہوئے ہیں جو اپنے آپ کو تہذیبوں کے رہبر و راہنما جانتے تھے۔

انسان کے نفسیاتی رنگ:

اس گفتگو سے ہم اس نتیجہ پر پہنچے ہیں کہ جو شخص حضرت علی ابن ابی طالب علیہ السلام جیسی عظیم شخصیت سے غافل ہے اور ظلم وستم کرتا ہوا نظر آتا ہے تو وہ آپؑ کی بیٹی حضرت زینب

---

[۱]۔ سورۂ انبیاء، آیت ۱۰۷

[۲]۔ سورۂ آل عمران، آیت ۶۱

سلام اللہ علیہا پر کیوں کر ظلم نہ کرے گا اور انؑ کی عظمت و مرتبہ سے کیسے غافل نہ ہوگا۔

اس معاشرہ کے اجتماعات اور تحریروں سے ہم نے اس پاک خاندان کے متعلق جو نظریات سمجھے ہیں، وہ اس شکل میں ہیں۔

انسانی معاشرہ اس پاک خاندان کے بارے میں معرفت ہی نہیں رکھتا یا اصل میں جانتے ہی نہیں۔ اگر جانتے ہیں اور نام کی معرفت ہے تو عملی طور پر معرفت کے بغیر ہیں اور اس طرح کی معرفت بھی گویا کہ معرفت نہیں ہوتی۔

مسخ ہونے والے:

افسوس سے کہنا پڑتا ہے: اس انسانی معاشرہ کے جن لوگوں یا اداروں نے اہل بیت علیہم السلام سے متاثر ہو کر قلم اٹھایا ہے، ان میں اکثر لوگ تنظیمیں چلانے والے، علمی ادارے چلانے والے، ادبی، سیاسی اور انقلابی شخصیت کے مالک ماہر ترین لوگ شامل ہیں۔ یہ سب لوگ، ادارے اور ماہرین اہل بیت علیہم السلام سے متاثر ہو کر قلم تو اٹھا چکے ہیں لیکن دلی طور پر قبول نہیں کرتے یعنی معرفت حقیقی حاصل نہ کر سکے۔ مثال کے طور پر:

برنارڈ شا:

یہ انیسویں صدی کے برطانیہ کے فلسفی تھے۔ اسلام اور پیغمبر اسلام صلی اللہ علیہ وآلہ وسلم کے بارے میں بہت زیادہ علمی تحقیق رکھتے تھے اور یقینی گفتگو کرتے اور لکھتے بھی تھے۔ باوجود اس کے وہ مسلمان نہیں ہوا۔

جارج جرداق:

جس نے حضرت علی علیہ السلام کی شخصیت کے بارے میں پانچ جلدوں پر مشتمل کتاب بنام "صوت العدالۃ الانسانیہ" لکھی ہے لیکن مسلمان نہیں ہوا۔

یہی حالت ہے دیگر غیر مسلمان مفکرین کی۔ محققین مسلمانوں میں سے بھی بہت سے ایسے لوگ یعنی مفکرین اور محققین موجود ہیں، جنہوں نے علی علیہ السلام اور اہل بیت علیہم السلام کی عظمت

اور کمالات کے بارے میں قلم اٹھایا ہے اور بہت زیادہ تحریر کیا ہے۔ اس کے باوجود حقیقی معرفت سے بہرہ مند نہ ہوئے کیونکہ ان لوگوں کے سامنے دو ہی راستے تھے یا حقیقی مسلمان ہونے کا اعلان کرتے یا بغیر معرفت کے چلے جاتے۔

حقیقی معرفت اور اسلام کا اعلان کرنا ان لوگوں کے لئے دنیاوی طور پر نقصان دہ تھا، اس لئے انہوں نے دوسرا راستہ اختیار کیا۔ اس کے باوجود کہ شانِ اہل بیت علیہم السلام کا تحریروں میں تو اظہار کرتے رہے لیکن معرفت کے بغیر ہی چلے گئے۔

ہمیشہ سے ایک سوال اٹھتا ہے؟:

ہم جانتے ہیں کہ عزاداری کے مراسم جو ہمارے معاشرے میں ایک رسم ہے اور یہ رسم پیغمبر اکرم صلی اللہ علیہ وآلہ وسلم کی زندگی سے چلی آرہی ہے۔ کیونکہ آنحضرت صلی اللہ علیہ وآلہ وسلم نے خود اپنے چچا حضرت حمزہ علیہ السلام کی شہادت پر عزاداری کرنے کے لئے اپنے اصحاب اور اُمت کو حکم دیا۔ اسی طرح آنحضرت صلی اللہ علیہ وآلہ وسلم نے اپنی حیاتِ طیبہ میں اپنے نواسہ سید الشہداء حضرت امام حسین علیہ السلام کی عزاداری کی اور ان ؑ کی عزاداری کرنے والوں کے لئے دُعا بھی فرمائی۔

یہ رسم آج تک ملّت شیعہ کے اندر جاری وساری ہے۔ لیکن اس مقام پر جو سوال اٹھتا ہے وہ یہ ہے کہ کیا یہ عزاداری کرنا اور اس میں شریک ہونا خاص طبقوں کا کام ہے یا ملّت و قوم کے سب طبقات و گروہوں کا؟ اگر ملّت کے تمام گروہوں کا شرکت کرنا ضروری ہے تو یہاں پر یہ بھی سوال پیدا ہوتا ہے اور ہمیشہ سے یہ سوال ہوتا آیا ہے کہ پھر مراسمِ عزاداری میں صرف بازاری اور مزدور طبقے کے لوگ ہی کیوں شامل ہوتے ہیں اور خاص لوگ اس میں شامل کیوں نہیں ہوتے؟ کیونکہ یہ خاص لوگ یا تو شامل ہی نہیں ہوتے اور اگر ہوتے ہیں تو صرف نظر آتے ہیں اور عزاداری میں عملاً شریک نہیں ہوتے۔

خواتین کا معاشرہ:

چوں کہ یہ کتاب ایک ایسی بابرکت خاتون کے بارے میں ہے جس نے عظمتوں کو

پیدا کیا ہے۔ اس لئے ضروری ہے کہ اس معاشرہ کی خواتین کے بارے میں بھی بات کریں کہ اس معاشرہ کا یہ اہم حصہ کس طرح عقائد کو قبول کرتا ہے یا قبول نہیں کرتا۔ اس سلسلہ میں ہم چند نکات کی طرف اشارہ کریں گے۔

ایک لمبے عرصہ سے دشمنانِ اسلام منصوبے بناتے رہے ہیں کہ اسلامی معاشرہ کو اور خاص طور پر اس معاشرہ کے حساس ترین اور اہم ترین حصہ یعنی خواتین اور لڑکیوں کو اپنے ان منصوبوں کے ذریعہ گمراہ کریں وہ ہمیشہ اس کام کو سرانجام دینے کی کوشش کرتے رہے کہ ہمیں مسخ کرنے میں کامیاب ہو جائیں اور وہ اس میں کافی حد تک کامیاب بھی ہوئے ہیں۔ اس بات میں آپ کو اور دوسرے مسلمانوں کو شک بھی نہیں ہونا چاہیے کہ دشمن اپنے مقاصد میں کامیاب ہوئے ہیں۔ ہمارے دشمن کبھی بھی ہم سے غافل نہیں رہے اور ہم ہمیشہ اس بات سے غافل رہے ہیں۔ ہمارے دشمنوں کا زیادہ تر ہدف خواتین اور لڑکیاں تھیں۔ ان کی یہ کوشش رہی ہے کہ ان کو نشانہ بنایا جائے اور ان کے یہ تیرے اپنے نشانے پر لگے ہیں اور خوب نشانہ پر لگے ہیں۔

اس مقصد کے لئے انہوں نے تمام وسائل استعمال کئے اور ہر چیز سے مدد لی۔ اسلحہ اور پیسے کا بے دریغ استعمال کیا لیکن ان تمام وسائل کے مقابلہ میں سب سے زیادہ اثر انداز ہونے والا ہتھیار جو ان کے پاس تھا اور انہوں نے اس سے خوب فائدہ بھی اٹھایا اور ان کا وہ تیر نشانہ پر بھی لگا، وہ تھا فرہنگی اور ثقافتی ہتھیار۔

ہمارے دشمنوں نے اس ثقافتی تیر کے ذریعہ اس طرح شکار کیا کہ اسلامی معاشرہ کے عقائد اور افکار کو ہدف بنا کر انہیں چلتا کر دیا۔ شروع شروع میں ہمارے دشمن اس کام کے لئے اپنے مبلغین اور واعظین سے استفادہ کرتے رہے۔ جب اس ذریعہ سے وہ اپنے ہدف و مقصد کو نہ پاسکے تو ہمارے ہی اندر سے ایسے افراد کو خاص طور پر ایسی خواتین کو اپنے ساتھ ملایا جو ان کے مبلغین کے طور پر کام کرنے لگیں۔ اس طرح وہ اپنے مقصد میں بہت زیادہ کامیاب ہوئے۔ ہمارے معاشرہ کی خواتین نے جب اپنے ہی اندر سے خواتین کو

اسلامی عقائد ونظریات کے خلاف چلتے ہوئے دیکھا تو وہ ان سے بے حد متاثر ہوئیں۔

اس لئے ہمیشہ دشمنانِ اسلام کی یہ کوشش رہی ہے کہ اسلامی معاشرہ میں سے ہی مبلغین کو خرید کر اپنے نظریات وعقائد کی تبلیغ کرنے پر مقرر کیا جائے۔انہوں نے اس طریقہ سے بے حد فائدہ اٹھایا اور یہ ان کی سوچ اور حکمتِ عملی تھی جسے ہم سمجھ نہ سکے۔

لہٰذا اگر ہم اپنے دشمنوں کے حملوں سے اس وقت بھی محفوظ رہنا چاہتے ہیں تو ضرورت اس بات کی ہے کہ اب تک کی انجام دی ہوئی تمام غلطیوں کا احساس کریں اور ان کا تدارک کرتے ہوئے اب بھی ہم اس ثقافت کا دامن پکڑ لیں جسے حضرت زینب سلام اللہ علیہا نے ہم تک پہنچایا ہے۔یہی ایک طریقہ ہے جس کے ذریعہ ہم دشمنوں کے ثقافتی حملوں سے بچ سکتے ہیں۔

حضرت زینب سلام اللہ علیہا کی معرفت تین نگاہوں سے:

حضرت زینب سلام اللہ علیہا کی معرفت کی ایک قسم وہ ہے جو غیروں کی طرف سے ہم تک پہنچائی گئی ہے۔

معرفت کی دوسری قسم وہ ہے جو حضرت علی ابن ابی طالب علیہ السلام اور حضرت فاطمۃ الزہرا سلام اللہ علیہا کی نگاہ میں ہے۔

یہاں پر نہ تو معرفت کی پہلی قسم محلِ بحث ہے اور نہ ہی دوسری قسم۔کیونکہ معرفت کی پہلی قسم غیروں کی کم فکری اور کج فکری سے حاصل شدہ ہے اور معرفت کی دوسری قسم وہ معرفت ہے جو صرف حضرت علی علیہ السلام و فاطمہ سلام اللہ علیہا جیسی شخصیات ہی حضرت زینب سلام اللہ علیہا جیسی شخصیت کی معرفت رکھ سکتے ہیں۔ہماری کیا مجال کہ ہم وہ معرفت پیدا کرسکیں۔لیکن ہماری معرفت جو معرفت کی تیسری قسم ہے،وہ معرفت کی دوسری قسم سے جدا بھی نہیں ہے۔

معرفت کی یہ تیسری قسم غیروں سے حاصل کردہ نہیں ہے بلکہ اس کا سرچشمہ معصومین علیہم السلام ہیں اور یہ معرفت پاک و پاکیزہ زبانوں سے حاصل کی گئی ہے۔

اس کتاب میں حضرت زینب سلام اللہ علیہا کی جو معرفت بیان ہوئی ہے اس معرفت کو معصومین علیہم السلام سے لیا گیا ہے۔اس کتاب کا مطالعہ کرنے سے تمام اسلامی معاشرہ اور خاص

طور پر ہماری خواتین حقیقی معرفت سے آگاہی حاصل کرسکتی ہیں۔

متفکّرین معاشرہ کی مشکلات حل نہیں کرسکتے:

آپ اچھی طرح جانتے ہیں کہ یہ دنیا جو تمام مادی اور رفاہی مسائل سے بھری ہوئی ہے اور اپنی تمام تر خوبصورتیوں کے باوجود اس معاشرہ کی ضروریات کو پورا کرنے سے عاجز ہے۔آج کی ہماری یہ علمی اور صنعتی ترقی جو اس قدر تیزی سے آگے بڑھتی ہوئی نظر آرہی ہے، اس کام میں لگی ہوئی ہے کہ ہماری زندگی کو زیادہ سے زیادہ آسان اور خوبصورت بنایا جائے اور ہماری ہر طرح کی مادی اور دنیاوی مشکلات کا حل تلاش کیا جائے اور اسے حل کیا جائے۔

اس کے باوجود کہ آپ ان مشکلات کو حل کرنے اور کم کرنے کے لئے ان تمام مادی وسائل کو استعمال کر چکے ہیں اور بار بار کرتے آرہے ہیں۔ یہ مشکلات ختم یا کم ہونے کے بجائے پہلے سے زیادہ بڑھ رہی ہیں یا کم از کم ختم نہیں ہو رہی ہیں اور ہم روز بہ روز اپنے سامنے مشکلات اور مسائل کے پہاڑ دیکھتے ہیں۔

آخر کیوں۔۔۔۔۔؟

یہ وہ سوال ہے جو اس مادی زندگی کو بسر کرنے والے ان انسانوں کی آنکھوں میں ہر وقت حیرت کی ایک تصویر پیش کرتا رہتا ہے۔لیکن اس مادی دنیا کو اس انداز میں علمی اور صنعتی ترقی دینے والے بڑے بڑے محققین اور سائنسدانوں کی طرف سے ان بڑھتی ہوئی مشکلات کو حل کرنے کے لئے اس وقت تک کوئی عملی جواب جو تسلی بخش ہو نہیں دیا جاسکا۔بلکہ ان کے متعلق تو یہ کہاوت سچ ثابت ہوتی ہے کہ کتنا بدبخت ہے وہ اندھا جس کا عصاء ایک دوسرے اندھے کے پاس ہے بلکہ اس سے بدبخت ترین تو وہ آنکھوں والا ہے جس نے اپنی رہبری اور راہنمائی کے لئے ایک اندھے کا انتخاب کیا ہے۔

ہمارے معاشرے کا درد کیا ہے؟:

اگر غور کیا جائے تو ہم مسلمان اور مشرقی اقوام اور خاص طور پر خواتین کا معاشرہ

ایک طویل زمانہ سے اس دوسری حالت سے دوچار ہے۔ یعنی ہم آنکھ والوں نے اِن غرب والوں کی تقلید اور غلامی شروع کر رکھی ہے جو خود اندھے ہیں۔ ہم نے ان کو اپنا رہبر و راہنما بنا رکھا ہے جو خود اپنی مشکلات کا حل تلاش نہیں کر سکتے تو وہ ہماری مشکلات کو حل کیسے کریں گے۔

جب ہمارا معاشرہ ان کی غلامی میں نہ تھا تو وہ ہمیں وحشی کہتے تھے اور جب سے ہمارے معاشرہ نے ان کی غلامی کا طوق اپنی گردن میں ڈالا ہے اور خود کو ان کی طرح ظاہر کرنے کی کوشش کر رہے ہیں تو وہ پھر بھی ہمیں وحشی کہتے ہیں۔ کیا فرق پڑا ان کی غلامی حاصل کرنے سے؟

پس! ہمارے معاشرے کا یہی درد ہے کہ ہم نے ان کو اپنا رہبر و راہنما بنایا ہے جو خود اندھے ہیں اور اپنے نفس کے غلام ہیں۔ یہ درد اس وقت تک موجود رہے گا جب تک ہم نے اپنی آنکھیں نہ کھولیں اور اپنا رہبر و راہنما کسی معصوم ہستی کو نہ بنایا جو خود بھی نفس کی غلامی سے آزاد ہو اور اس معاشرہ کو بھی آزادی سے سرفراز کرے۔

حضرت زینب سلام اللہ علیہا کی رہبری اور قیادت میں تین طاقتیں نمایاں ہیں:

حضرت زینب سلام اللہ علیہا کی رہبری اور قیادت میں جو تین طاقتیں نمایاں ہیں، وہ مندرجہ ذیل ہیں:

(۱) قدرتِ زینب سلام اللہ علیہا

(۲) صفتِ زینب سلام اللہ علیہا

(۳) ثقافتِ زینب سلام اللہ علیہا

حضرت زینب سلام اللہ علیہا کی پہلی طاقت رہبری یعنی قدرتِ زینب سلام اللہ علیہا: اس کا کام یہ ہے کہ یہ تواضع اور اخلاق پیدا کرتی ہے۔

دوسری طاقت یعنی صفتِ زینب سلام اللہ علیہا: یہ ارادہ میں پختگی اور مضبوطی پیدا کرتی ہے۔

تیسری طاقت یعنی ثقافتِ زینب سلام اللہ علیہا: یہ انسان کے اندر اس کی اصلیت اور فطرت کو جوش دیتی ہے اور اس کو ہوشیار کرتی ہے۔

انسان کے وجود میں اہم ترین چیز دل ہے اور دل ہی صرف وہ چیز ہے جو عشق کے پیدا ہونے کی جگہ ہے۔ دل میں پاک وصاف عشق کے بجائے خواہشاتِ نفسانی کو جگہ نہیں ملنی چاہیے۔ اگر انسان یا کوئی معاشرہ یہ چاہتا ہے کہ اپنی نااُمیدیوں اور بُری چیزوں کو جن کو وہ پسند نہیں کرتا، اپنی زندگی سے دور کرے تو اسے چاہیے کہ وہ اپنے دل سے ابتداء کرے۔ کیونکہ تمام محبتوں اور خواہشات بلکہ انسان کے جسم کے تمام اعضاء پر اثرات کا سلسلہ دل ہی سے شروع ہوتا ہے۔ اگر انسان کا دل یا کسی معاشرہ کا دل عشقِ حقیقی کی نعمت رکھتے ہوں گے تو انسان اور پورے معاشرہ کا وجود بھی عشقِ حقیقی سے لب ریز ہوگا۔ اس لئے دیکھنا یہ ہے کہ خواتین اور مردوں کا معاشرہ اپنے دل کے ساتھ کیا سلوک اور معاملہ کرتا ہے۔

حضرت زینب سلام اللہ علیہا کے مذہب میں

عشق، عاشق اور معشوق کا معنی:

عشق ایک شاخ نہیں بلکہ ایک شجرۂ طیبہ ہے۔ جس کی بنیاد عصمت ہے جو ایسی قدرت اور طاقت ہے جو اخلاص و جمال اور خالص پاکیزگی اور طہارت سے پیدا ہوتا ہے۔ اس لئے خداوند تعالیٰ نے اس شجرۂ طیبہ کو اپنی طرف منسوب کیا ہے اور اپنے ساتھ خاص کیا ہے اور دعاؤں میں جو یہ جملہ ''یاحبیب العارفین'' (اے معرفت رکھنے والوں کے دوست) پڑھا جاتا ہے، اس کا اشارہ بھی اسی طرف ہے۔ اس سے واضح تر یہ ہے کہ حبیب سے مراد معشوق ہے اور عارف سے مراد عاشق ہے۔

جیسا کہ بیان کیا جا چکا ہے کہ انسان کے وجود اور اس معاشرہ کے وجود میں بنیادی حقیقت دل کو حاصل ہے۔ اسی لئے خدا کی ذات نے اس دل کی نسبت جو انسان کے اندر

دھڑکتا ہے، اپنی طرف دی ہے اور اپنے ساتھ خاص کیا ہے۔ تاکہ انسان کا دل اس ذات کی تجلیات کا مرکز و مظہر بن جائے، جس نے اسے پیدا فرمایا ہے۔ یہی وجہ ہے کہ کوئی انسان بھی اس جہاں میں پیدا نہیں ہوا مگر یہ کہ اس کے دل نے صاحب دل یعنی انسان کو اپنے خالق و پروردگار کے عشق و محبت کی طرف نہ پکارا ہو۔

مشکل اسی جگہ پیدا ہوتی ہے کہ جب ہر انسان کامل مظہر کے طور پر اسے خدا اور خالق کی طرف دعوت دیتا ہے اور یہ دعوت ایک فطری دعوت ہے۔ انسان کو چاہیے کہ وہ عقل اور طبعی تجربات کے ذریعہ اپنے دل کی بات اور دعوت سے آگاہی حاصل کرے اور جو دل چاہتا ہے اس کے مطابق عمل کرے۔ اس کے برعکس انسان اپنی بدبختی کی حد کر دیتا ہے اور دل کی آواز کو چھوڑ کر غلط راستہ اختیار کرتا ہے اور اپنے نفس کی خواہش کا پیروکار بن کر منحرف ہو جاتا ہے۔ یہیں سے غلط نتائج نکلنا شروع ہو جاتے ہیں۔

عورت کا معاشرہ حضرت زینب سلام اللہ علیہا کی قیادت میں:

حضرت زینب سلام اللہ علیہا کی رہبری اور قیادت میں انسان اُس طرف جا رہے ہیں جس کے لئے کربلا اور عاشورا وجود میں آیا۔

جب حضرت علی ابن ابی طالب علیہ السلام جنگِ صفین سے واپس آ رہے تھے اور کربلا کے راستہ سے آپؑ کا گزر ہوا۔ کچھ دیر کے لئے آپؑ اس جگہ پر رُکے تو وہاں پر حضرتؑ نے یہ جملہ ارشاد فرمایا:

هَاهُنَا مَصَارِعُ (عُشَّاقٍ)۔

''یہ جگہ عاشقوں کی قتل گاہ ہے''۔

جیسا کہ آپ جان چکے ہیں:

کربلا کو وجود دینے والی دو طاقتیں ہیں۔ ایک حضرت امام حسین علیہ السلام اور دوسری حضرت زینب سلام اللہ علیہا۔ حضرت زینب سلام اللہ علیہا کو کربلا کے وجود میں قوتِ جاذبہ کا کردار ملا ہے اور حضرت امام حسین علیہ السلام کو وجودِ کربلا میں قوتِ دافعہ کا۔

دوسرے الفاظ میں یوں کہا جاسکتا ہے کہ ہر چیز کے وجود کے لئے ماں اور باپ چاہیے، جنہیں قوتِ دافعہ اور جاذبہ کے نام سے تعبیر کیا جاتا ہے۔ کربلا کے لئے بھی ایک باپ ہے اور دوسری ماں۔

باپ کا کردار حضرت امام حسین علیہ السلام نے انجام دیا اور ماں کا کردار حضرت زینب سلام اللہ علیہا نے۔ اس لئے کربلا جو عشق کی قتل گاہ ہے، اس کی ماں حضرت زینب سلام اللہ علیہا ہیں اور حضرت زینب سلام اللہ علیہا وہ ہستی ہیں جو اپنے پیروکاروں کو اس قتل گاہ یعنی کربلا کے عشق سے مالامال کرتی ہیں۔ عشقِ کربلا دراصل عشقِ خُدا ہے۔ یہ وہی عشق ہے جو دل کو خدا کی تجلیّات کا مرکز بناتا ہے اور خدا کا گھر بناتا ہے۔

میں اُمید کرتا ہوں کہ اس کتاب کو پڑھنے والے ان مسائل کو عارضی نہ سمجھیں گے، بلکہ ان کو اساسی اور بنیادی قوانین اور مسائل قرار دیں گے تاکہ یہ چیزیں انسانوں کی روحانی سعادت و نیک بختی کا سبب بن سکیں۔ اس کے ذریعہ ہر انسان اور ہر جماعت کی زندگی، ہر معاشرہ اور قوم وملّت کی زندگی شہد کی طرح میٹھی بن سکے۔ نتیجتاً جس دن سے انسانوں نے اپنی عقل اور ضمیر کی حقیقی آواز کو سننا شروع کر دیا اور اپنی زندگی کے تمام معاملات چاہے وہ سیاسی ہوں یا اجتماعی، کو اس حقیقی آواز کے زیر اثر ہو کر حل کرنا شروع کر دیں گے تو اسی دن سے وہ نجات اور کامیابی کی سیڑھی پر قدم رکھنا شروع کر دیں گے۔

ہاں! حضرت زینب سلام اللہ علیہا کی رہبری میں یہ عشقِ خدا ہے جو انسانوں کے دلوں میں کھولتا ہے اور دل اس عشق کی گرمی کو انسان کے پورے وجود میں پھیلا دیتا ہے۔ پھر اسی عشق کے اثرات دل سے وجودِ انسان میں ظاہر ہونا شروع ہوتے ہیں تو ان اثرات کی وجہ سے بھی انسان میں اچھی اخلاقی شکل وصورت دکھائی دیتی ہے۔ اسی سے انسان کے ارادہ میں قوت و پختگی نظر آتی ہے اور اسی سے انسان کے اندر اس کی اصلیت اور حقیقت جوش مارتی ہوئی نظر آتی ہے۔

یہ وہ عشقِ خدا ہے، جب دلوں میں پیدا ہو جاتا ہے تو پھر کوئی بھی انسان مرد ہو یا

عورت، بوڑھا ہو یا جوان، امیر ہو یا غریب، حکمران ہوں یا رعایا، ایک شخص ہو یا اجتماع، معاشرہ کبھی وحشت اور خوف سے دو چار نہیں ہوتا اور نہ ہی سستی، کمزوری اور بے حسی میں گرتا ہے۔ ایک معاشرہ چاہے وہ مشرقی ہو یا غربی یا اسلام وہ دیگر معاشروں کی طرف دیکھ کر حسرت کی آہ نہیں بھرتا اور ہر وقت غیروں کی ترقی کو دیکھ کر اپنے لئے فخر و مباہات قرار نہیں دیتا۔

کیونکہ اس کے لئے اصلی فخر و مباہات تو دل میں وہ عشقِ خدا ہے جو عشق کربلا سے حضرت زینب سلام اللہ علیہا کی رہبری وقیادت میں حاصل ہوا ہے۔ اس وقت انسان کے انتخاب کا معیار اور اُس کی ثقافت وترقی کا معیار غیر نہیں ہوں گے کہ دشمن اس انسان کو اپنا ایک لقمہ جان کر ہڑپ کر جائے۔

غرضِ تالیف:

مؤلف فرماتے ہیں: مَیں یعنی بندۂ گناہ گار اور شرمسار نُور الدین بن محمد جعفر بن عبدالصمد موسوی جزائری خدا مجھے اور میرے والدین کی مغفرت فرمائے اور میرے تمام معاملات کی اصلاح فرمائے اور مجھے اپنے مقاصد میں کامیابی اور کامرانی عطا فرمائے۔

جب میں نے اپنے گزشتہ ایامِ زندگی کی طرف نظر کی جو عمر کے ضائع ہونے کے علاوہ اور کچھ نہ تھا، بے مقصد زندگی جس میں نہ اپنی دنیا کی فکر تھی اور نہ ہی آخرت کی۔ اس کے علاوہ وہ تمام ہلاکت آمیز مناظر جو میری زندگی کے گوشے گوشے میں موجود تھے تو مُیں نے سوچا کہ اس کے علاوہ اور کوئی چارہ نہیں ہے کہ آلِ محمد علیہم السلام کے ساتھ توسل پیدا کروں۔

جیسا کہ ایک فارسی شاعر بنام فیض اپنے اشعار میں اس طرح کہتا ہوا نظر آتا ہے:

فارسی اشعار کا ترجمہ:

”اے راہِ حق پر چلنے والے! ادھر آؤ
اور ہم سے ہدایت کا نُور طلب کرو۔
نُورِ حقیقت عترتِ مصطفیؐ طلب کرو۔

عترت علیہم السلام نجات کا سفینہ (یعنی نجات کی کشتی ہے) اور خدا کی طرف سے ناخدا ہے۔

اس کشتی میں ہاتھ ڈال لو ناخدا کا دامن طلب کرو۔
ہمیشہ ہوش و حواس سے کام لو اور اپنے کان کھلے رکھو۔
معرفت اگر طلب کرنا چاہتے ہو تو ہماری برکات سے طلب کرو۔
اے دَر دَر کی ٹھوکریں کھانے والے بیکار و فضول گلی کوچوں میں مت پھر۔
ہم سے شفاء طلب کرو ہمارے دم سے دوا طلب کرو۔
اے مفلس و بے سہارا ہم سے سہارا طلب کرو۔
اے دعا کرنے والے ہمارے وسیلے سے دعا طلب کرو“۔

پھر میں اس فکر میں تھا کہ توسل کروں تو کس ہستی سے حاصل کروں۔اسی دوران مجھے الہام ہوا کہ اس ہستی یعنی حضرت زینب سلام اللہ علیہا کے مختصر فضائل لکھ کر توسل حاصل کرنا چاہیے۔

اس ہستی کے فضائل و مناقب اور خصوصیات:

جو بحرِ امامت کی گوہر یگانہ ہیں۔
جو چرخِ ولایت کا واحد ستارہ ہیں۔
جو حیدر صفدرؑ کی بیٹی ہیں۔
جو عصمت وطہارت کے سمندر کا نگینہ ہیں۔
جو عفت و پاکدامنی کے آسمان کا تارہ ہیں۔
جو نبوت و ولایت کے سمندر کا دُر ہیں۔
جو خلافت و وصایت کے دریا کا صدف ہیں۔
جو ہمدری میں مثل آسیہ سلام اللہ علیہا ہیں۔
جو تربیت دینے میں مثل ہاجرہ سلام اللہ علیہا ہیں۔

جو طینت میں مریم سلام اللہ علیہا ہیں۔

جو سیرت میں سارہ سلام اللہ علیہا ہیں۔

جو نگاہ میں مثل خدیجہ سلام اللہ علیہا ہیں۔

جو راہنمائی میں مثل زہرا سلام اللہ علیہا ہیں۔

جو دو جہاں کی مخدّرہ اور مصیبتوں کی ماری ہیں۔

یعنی عقیلۃ القریش، اُمّ المصائب، قرینۃ النوائب، العصمت الصغریٰ، ناموس الکبریٰ، محبوبۃ المصطفیٰؐ، قرۃ عین المرتضیٰؑ، شقیقۃ الحسن المجتبیٰؑ والحسینؑ المرمل بالدماء بنت الزہرۃ الزہراؑ، زینب العظمیٰؑ پر میری اور عالمین کی روحیں فدا ہوں۔

میں اس معظمہؑ کے واسطے سے خداوند تعالیٰ سے اپنی اور دوسرے برادرانِ ایمانی کی اصلاح اور دنیا و آخرت میں ہلاکتوں سے اور ہولناکیوں سے نجات کا طلب گار ہوں اور اُمید کرتا ہوں کہ یہ تحریر کردہ چند اَوراق شہزادی سلام اللہ علیہا کے دربار میں قبول ہوں گے۔

اب ہم اصل مطالب کو بیان کرنا شروع کرتے ہیں یعنی حضرت زینب سلام اللہ علیہا کی خصوصیات اور فضائل و مناقب کو اللہ تعالیٰ کی توفیق سے شروع کرتے ہیں۔

=====❖=====

تیسری شناخت اور معرفت پر چار مقدمے

پہلا مقدمہ:

اس مقدمہ میں اس کتاب کے معتبر ہونے کا تذکرہ ہے اور ان مطالب کے صحیح ہونے کا ذکر ہے جو اس کتاب میں درج ہیں۔

اس دور میں مقاتل کی بہت ساری کتابیں لکھی جا چکی ہیں۔ ان کتابوں میں جو مطالب لکھے گئے ہیں وہ ایک دوسرے کی ضد او رنقیض ہیں۔

اکثر روایت کو سند اور اس کے معنی میں تحقیق کیے بغیر (ضعیف روایات) بھی کتابوں میں لکھ دی گئی ہیں۔

اسی لئے یہ کتابیں معتبر نہ ہونے کی وجہ سے اپنے اثرات کھو بیٹھی ہیں۔

اس کے علاوہ ان کتابوں کے زیادہ تر مؤلفین وہ ہیں، جن کی علمی حالت بھی مجہول اور نامعلوم ہے۔ یہی وجہ ہے کہ ہم نے اپنی اس کتاب کو عراق کے اکثر علماء کے سامنے رکھا اور اس کے متعلق ان کی آراء بھی لی گئیں تا کہ اس کتاب کا مطالعہ کرنے والوں کے لئے اس کتاب کی اہمیت اور معتبر ہونا پوشیدہ نہ رہے اور ہر کتاب کو معتبر جاننے میں احتیاط سے کام لیں اور یہ بھی جان لیں کہ تمام کتابوں کو ایک نظر سے نہیں دیکھنا چاہیے۔

اور اگر ہم چاہتے تو اپنی علمی صلاحیتیں یہاں پر لکھ سکتے تھے شاید یہ مناسب نہ ہو۔ بہتر یہی ہے کہ یہ ہم ارباب فہم و ذوق سلیم کے حوالے کرتے ہیں اور یہ بھی مطلب واضح ہے کہ بعض کے نزدیک فارسی لکھنا بھی ایک عیب ہے (یعنی عالم ہے تو عربی لکھے) لیکن میرا مقصد صرف خدمت ہے۔ تو میں نے ان چیزوں کی پرواہ نہیں کی اور مزید یہ کہ یہ لکھتے

وقت میں اھواز میں تھا اور اغلب یہی ہے کہ یہ حصہ عجم کا ہے۔

اللہ نے فرمایا:

وَمَآ اَرْسَلْنَا مِنْ رَّسُوْلٍ اِلَّا بِلِسَانِ قَوْمِهٖ۔ [1]

''ہم نے کوئی رسول نہیں بھیجا مگر اِسی قوم کی زبان میں''۔

ابھی ہم فارسی میں لکھ رہے ہیں جب یہ طبع ہو جائے گی تو اس کا لسانِ عربی مبین میں ترجمہ کریں گے۔

بفضل اللہ و بقوتہ۔

=====❖=====

---

[1]۔ سورۂ ابراہیم، آیت ۴

دوسرا مقدمہ:

نفسِ ناطقہ کی شرافت،

اِنسانی کمالات اور ملکات کی اقسام

پڑھے لکھے لوگ جانتے ہیں کہ خداوند عالم نے انسان کو کائنات کی تمام مخلوق اور موجودات سے افضل اور اشرف پیدا فرمایا ہے۔

خداوندِ عالم قرآن میں ارشاد فرماتا ہے:

وَلَقَدْ كَرَّمْنَا بَنِيٓ اٰدَمَ..... [1]

''ہم نے بنی آدم کو عزّت اور کرامت دی ہے''۔

یہ آیت انسان کی فضیلت اور شرافت کی طرف اشارہ کر رہی ہے۔ یہ بات واضح اور روشن ہے کہ اس شرافت سے مراد وہی کمالِ انسان ہے جو محققین نے اپنی کتابوں میں اسی شرافت کے بارے میں تفصیل کے ساتھ لکھا ہے۔

ہماری نظر میں جو بات ہے وہ یہ ہے: اہلِ علم وفضل نے عقلی دلیلوں اور روایات کے ذریعہ یہ بات ثابت کی ہے کہ یہ شرافت جو خدا نے انسانوں کو عطا فرمائی ہے، اس نفس ناطقہ کی وجہ سے ہے، جس کے ذریعہ وہ قابلیت رکھتا ہے کہ عقل کے ذریعہ صفاتِ کمالیہ اور ملکاتِ جمالیہ حاصل کر سکے۔

اس لئے ہر انسان میں یہ طاقت موجود ہے کہ اپنے اندر اچھے کمالات اور ملکات پیدا کر سکے اور اس چیز کے لئے اسے کسی دلیل کی ضرورت نہیں ہے بلکہ یہ شرافت اسے

---

[1]۔ سورہ بنی اسرائیل، آیت ۷۰

فطری طور پر حاصل ہے۔ اگر یہ انسان ان کمالات اور ملکات کو نہ رکھتا ہو تو حیوانات سے بھی بدتر ہو جاتا ہے۔

قرآن میں خداوندِ عالم فرماتا ہے:

اُولٰٓئِكَ كَالْاَنْعَامِ بَلْ هُمْ اَضَلُّ۔ [۱]

''وہ لوگ چوپاؤں کی طرح ہیں بلکہ ان سے گمراہ تر''۔

کسی شاعر نے کیا خوب کہا ہے:

''مرتبہ اور مقام میں اگر چہ کم ہو اس کے باوجود اگر صاحب عزّت ہونا
چاہتے ہو تو انسان بننا سیکھو تاکہ تمہاری خدمت میں سو سجدے کریں
اگر چہ تو آدمی ہے''۔

کمالات دو قسم کے ہیں:

ایک قسم کے کمالات وہ ہیں جو انسان کے اندر ہوتے ہیں۔ اور دوسری قسم کے وہ کمالات ہیں جو انسان کے باہر ہوتے ہیں۔ وہ کمالات جو انسان کے بدن سے باہر ہوتے ہیں۔ یہ وہ کمالات ہیں جو انسان کے اختیار میں نہیں ہوتے ان کمالات کو تکوینیہ خارجیہ کہا جاتا ہے۔

ان کمالات میں سے کچھ وہ ہیں جو انسان کے بدن میں ہوتے ہیں جیسے انسان کی خوبصورتی اور قد و قامت کے لحاظ سے مناسب ہونا۔ یہ کمالات بھی انسان کے اختیار سے باہر ہیں۔ کچھ وہ اختیارات ہیں جو انسان اپنی محنت اور کوشش کے ساتھ حاصل کرتا ہے۔ جیسے علم، حلم و بردباری، شجاعت و سخاوت۔ ان کے علاوہ دوسرے اخلاقی صفات۔ یہ وہ کمالات ہیں جن کو ہر شخص اپنی محنت اور کوشش کے ذریعہ حاصل کرتا ہے۔

اب اگر کسی انسان میں کمالاتِ خارجیہ بھی ہوں اور کمالاتِ داخلیہ بھی تو وہ ہستی اس قول کی مصداق ہوگی:

---

[۱]۔ سورۂ اعراف، آیت ۱۷۹

”جو صفات تمام نیک لوگوں میں موجود ہیں وہ تجھ ایک میں ہی پائی جاتی ہیں“۔

پھر ایسی ہستی جو تمام انسانوں کے صفات وکمالاتِ داخلی اور خارجی کی حامل ہو تو وہ خدا کے اس فرمان کی مصداق ہوگی جس میں خداوند عالم فرماتا ہے:

وَلَقَدْ كَرَّمْنَا بَنِيٓ اٰدَمَ..... [۱]

”ہم نے بنی آدم کو عزت بخشی ہے“۔

اور اسی طرح اس فرمانِ خدا کی بھی مصداق ہوگی:

فَتَبٰرَكَ اللّٰهُ اَحْسَنُ الْخٰلِقِيْنَ۔ [۲]

”خدا بابرکت ہے جو سب بنانے والوں سے بہتر ہے“۔

جو شخص بھی ان کمالات کو نہ رکھتا ہوگا وہ ناقص اور اپنے اندر کمی رکھتا ہوگا چاہے وہ کوئی بھی ہو۔

جب ہم تاریخ کا مطالعہ کرتے ہیں اور دنیا میں نگاہ دوڑاتے ہیں تو یہ دیکھتے ہیں کہ کامل انسان اس دنیا میں بہت کم ہیں۔ جیسا کہ خدا قرآن میں فرماتا ہے:

وَقَلِيْلٌ مِّنْ عِبَادِيَ الشَّكُوْرُ۔ [۳]

”میرے بندوں میں شکر کرنے والے کم ہیں“۔

خاص طور پر عورتوں میں سے اس کے باوجود کہ ان کی تعداد زیادہ ہے لیکن بہت کم عورتیں ہیں جو کمال کی حد تک پہنچی ہیں۔

ان عورتوں میں سے ایک جو کمال کی حد تک پہنچی ہیں بلکہ یہ کہا جا سکتا ہے کہ معصومین علیہم السلام کے بعد انسانیت کے انتہائی درجہ پر فائز ہیں تو وہ حضرت علی ابن ابی طالب علیہ السلام کی

---

[۱] ۔ سورۂ بنی اسرائیل، آیت ۷۰

[۲] ۔ سورۂ مومنون، آیت ۱۴

[۳] ۔ سورۂ سباء، آیت ۱۳

بیٹی حضرت زینب سلام اللہ علیہا ہیں ۔جو نبوتِ محمدیہؐ، ولایتِ علویہؑ،عصمتِ فاطمیہؑ، محاسن حسنیہؑ اور مصائبِ حُسینیہؑ اور عصمتِ صغریٰؑ جیسے کمالات کو اپنے وجود میں رکھتی ہیں ۔

اگر کوئی شخص معظمہؑ کے حالات و کمالات کی طرف نظر کرے اور ان کا بغور مطالعہ کرے تو اسے حقیقتِ حال کا علم ہو جائے گا۔

جیسا کہ ایک عربی شاعر شہزادی حضرت زینب سلام اللہ علیہا کی شان میں اس طرح کہتا ہوا نظر آتا ہے:

فلو کان النساء بمثل ھذی   لفضلت النساء علی الرجال

فما التانیث عیب للشموس   ولا التذکیر فخر للھلال

''اگر عورتیں ان جیسی ہوتیں تو عورتیں مردوں پر فضیلت لے جاتیں،
سورج کے لئے مؤنث ہونا کوئی عیب نہیں ہے اور نہ ہی چاند کے لئے
مذکرّ ہونا فخر کی بات ہے''۔

اس کے علاوہ اس بی بیؑ کی فضیلت تمام اوّلین اور آخرین پر نسب اور خاندان کے اعتبار سے ہے۔اس فضیلت کا کوئی انکار نہیں کر سکتا کیونکہ یہ وہ فضل و کمال کا شجرہ ہے جس کی اصل ثابت ہے زمنین پر اور جس کی شاخیں آسمان پر ہیں ۔

یہ وہ فضیلت ہے جس کے متعلق خود پیغمبر اکرم صلی اللہ علیہ وآلہ وسلم ارشاد فرماتے ہیں:

اَنَا سَیِّدُ وُلْدِ اٰدَمَ وَلَا فَخْرَ۔[1]

''میں اولادِ آدمؑ کا سید و سردار ہوں اور یہ کوئی فخر نہیں ہے''۔

پیغمبر اکرم صلی اللہ علیہ وآلہ وسلم کا فرمان ہے:

---

[1]۔ ینابیع المودہ، ج2 ص 349؛ جواہر العقدین، ج2 ص 200؛ مجمع الزوائد، ج8 ص 216؛ فرائد السمطین، ج2 ص 290 ح 549؛ ذخائر العقبیٰ ص 6

شیعہ منابع:۔البرہان فی تفسیر القرآن، ج2 ص 492؛ بحار الانوار، ج9 ص 294؛ الاختصاص ص 33؛ الامالی (للصدوق)، ج1 ص 187؛ الخرائج والجرائح، ج2 ص 876

كُلُّ نَسَبٍ مُنْقَطِعٌ يَوْمَ الْقِيَامَةِ اِلَّا نَسَبِيْ۔ [1]

"ہر نسب قیامت کے دن منقطع ہو جائے گا سوائے میرے نسب کے"۔

اور بی بی زینب سلام اللہ علیہا غیر مقطوع سلسلے سے ہیں۔

حضرت زینب سلام اللہ علیہا وہ خاتون ہیں جن کا نانا سردار انبیاءؑ، باب سید الاولیاءؑ، ماںؑ حوروں کی ملکہ، نانیؑ ملکۂ بطحاء اور دو بھائیؑ عرشِ خدا کے گوشوارے ہیں۔

حضرت زینب کبریٰ سلام اللہ علیہا کے یہ وہ کمالات زینب کبریٰ سلام اللہ علیہا ہیں جن تک نہ تو کوئی پہنچ سکا ہے اور نہ پہنچ سکے گا۔

اس کے علاوہ دیگر کمالات جو کمالاتِ انسانی شمار ہوتے ہیں آپؑ میں سب انسانوں سے جدا نظر آتے ہیں، جن کی طرف ہم انشاء اللہ تعالیٰ آئندہ اشارہ کریں گے۔

=====❖=====

---

[1]۔ ارشاد القلوب، ج2 ص230

اور اختلاف کے ساتھ بہت ساری کتب میں یہ حدیث آئی ہے:

كُلُّ نَسَبٍ وَ صِهْرٍ مُنْقَطِعٌ يَوْمَ الْقِيَامَةِ إِلَّا نَسَبِي وَ سَبَبِي۔

بحار الانوار، ج7 ص238؛ الفصول المہمہ، ج1 ص350؛ وسائل الشیعہ، ج20 ص38؛ الصراط المستقیم الی مستحقی التقدیم، ج1 ص229؛ الامالی (للطوسی)، ج1 ص340؛ فضائل امیر المومنینؑ، ج1 ص174

تیسرا مقدمہ:

اَولادِ حضرت فاطمہ زہرا سلام اللہ علیہا اَولادِ پیغمبر صلی اللہ علیہ وآلہ وسلم شمار ہوتی ہے

یہ بات بھی معلوم ہو جانی چاہیے کہ خدا نے جو حضرت علی ابن ابی طالب علیہ السلام اور فاطمہ زہرا سلام اللہ علیہا پر خاص لطف و کرم فرمایا ہے وہ یہ کہ نسل نبوتؐ صلب علی علیہ السلام اور بطن حضرت فاطمہ سلام اللہ علیہا سے پیدا فرمائی ہے۔ یہ بات خصوصیاتِ پیغمبر اکرم صلی اللہ علیہ وآلہ وسلم میں شمار ہوتی ہے۔ یہ خداوند تعالیٰ کی خصوصی عنایت اور لطف ہے حضرت فاطمہ زہرا سلام اللہ علیہا کی اولاد پر کہ وہ کائنات میں تمام مخلوقات پر اس وجہ سے قیامت تک فخر کرنے کا حق رکھتے ہیں۔اس پر دلیل کے طور پر ایک تو یہ ہے کہ عرفِ عام میں بیٹی کی اولاد کو بھی اولاد ہی شمار کیا جاتا ہے۔

اس کے علاوہ بہت سی روایات موجود ہیں جو اس بات پر دلالت کرتی ہیں اور یہ روایات اہل سنت کی طرف سے بھی وارد ہوئی ہیں اور اہلِ تشیع کی طرف سے بھی۔

''ینابیع المودۃ'' میں عمر بن خطاب سے روایت ہے کہ نبی اکرم صلی اللہ علیہ وآلہ وسلم نے فرمایا:

كُلُّ سَبَبٍ وَ نَسَبٍ يَنْقَطِعُ يَوْمَ الْقِيَامَةِ مَا خَلاَ سَبَبِي وَ نَسَبِي كُلُّ قَوْمٍ فَانٍ عَصَبَتُهم لِاَبِيْهِمْ مَا خَلاَ وُلْدَ فَاطِمَةَ فَاِنِّی اَنَا اَبُوْهُمْ وَ عَصَبَتُهُمْ۔[1]

---

[1]۔ ینابیع المودۃ، ج2 ص349؛ جواہر العقدین، ص201؛ مناقب احمد، ج2 ص62 حدیث 1070؛ مجمع الزوائد، ج9 ص172؛ ذخائر العقبیٰ، ص121 و 169؛ الصواعق المحرقہ، ص156

شیعہ منابع:۔ عمدۃ عیون صحاح الاخبار فی مناقب امام الابرار، ج1 ص287؛ الطرائف فی معرفۃ مذاہب الطوائف، ص76؛ بحار الانوار، ج25 ص247

"قیامت کے دن ہر سبب اور نسب قطع ہو جائے گا، سوائے میرے سبب اور نسب کے۔ ہر ماں کی اولاد ان کے والد کی طرف لوٹتی ہے اور والد کی اولاد شمار ہوتی ہے سوائے اولادِ فاطمہ علیہم السلام کے کہ میں ان کا باپ اور اصل ہوں"۔

اس روایت سے دو فضیلتیں حاصل ہوتی ہیں۔

پہلی فضیلت یہ ہے: اولادِ فاطمہ علیہم السلام پیغمبر اکرم صلی اللہ علیہ وآلہ وسلم کی اولاد شمار ہوتی ہے، اسی لئے ان کی نسبت پیغمبر اکرم صلی اللہ علیہ وآلہ وسلم کی طرف دی جاتی ہے۔ دنیا میں بھی وہ پیغمبر صلی اللہ علیہ وآلہ وسلم کی اولاد ہیں اور آخرت میں بھی اولادِ پیغمبر صلی اللہ علیہ وآلہ وسلم شمار ہوں گی۔ جس دن باپ بیٹے کو بھول جائے گا اس دن اولادِ فاطمہ علیہم السلام پیغمبر اکرم صلی اللہ علیہ وآلہ وسلم کے ساتھ متصل ہو گی اور قیامت کی ہولناکیوں سے خود بھی محفوظ ہوں گے اور اپنے پیروکاروں کو بھی محفوظ کریں گے۔

دوسری فضیلت یہ ہے: فضیلت اسی کو کہتے ہیں جسے غیر بھی تسلیم کریں۔ اس کے لئے اشارہ ہی کافی ہے۔

"ینابیع المودۃ" میں ایک اور روایت ہے:

عَنْ جَابِرِ بْنِ عَبْدِاللّٰہِ عَنِ النَّبِیِّ صَلَّی اللّٰہُ عَلَیْہِ وَ آلِہٖ: اَنَّ اللّٰہَ عَزَّ وَ جَلَّ جَعَلَ ذُرِّیَّۃَ کُلِّ نَبِیٍّ فِی صُلْبِہٖ وَ اَنَّ اللّٰہَ عَزَّ وَ جَلَّ جَعَلَ ذُرِّیَّتِیْ فِیْ صُلْبِ عَلِیٍّ۔ [1]

"جابر ابن عبداللہ انصاری سے روایت ہے وہ کہتے ہیں پیغمبر اکرم صلی اللہ علیہ وآلہ وسلم نے فرمایا: ہر نبی کی ذُرّیت اس کے صلب میں خدا نے قرار دی ہے اور میری ذُرّیت خدا نے علی علیہ السلام کے صلب میں قرار دی ہے"۔

---

[1]۔ ینابیع المودۃ، ج 2 ص 237؛ مناقب ابن مغازلی، ص 200 ح 238؛ الفردوس، ج 1 ص 172 شیعہ منابع:۔ کشف الغمہ فی معرفۃ الائمہ، ج 1 ص 53؛ کشف الیقین فی فضائل امیر المومنینؑ، ص 421 اور مختلف الفاظ کے ساتھ کئی منابع کی کتب میں اس مفہوم کی حدیث آئی ہے۔

"ینابیع المودۃ" میں ایک اور روایت ذُرّیتِ رسول صلی اللہ علیہ وآلہ وسلم کے بارے میں ہے:

عن فاطمة بنت الحسين عن أبيها عن جدّتها فاطمة الكبرىٰ (سلام اللہ علیہا) قالت قال أبي رسول اللّٰه (صلی اللہ علیہ وآلہ وسلم) كلّ بَنِيْ أُم ينتمون إلى عصبتهم الّا ولد فاطمة (سلام اللہ علیہا)، فإنّي أنا وليتهم و انا عصبتهم۔ [١]

"رسولِ اکرم صلی اللہ علیہ وآلہ وسلم نے فرمایا: ہر ماں کی اولاد کی نسبت اس کی قوم کی طرف دی جاتی ہے سوائے اولاد فاطمہ (سلام اللہ علیہا) کے اس لئے کہ ان کا ولی میں ہوں اور وہ میری ذُرّیت ہیں"۔

"ینابیع المودۃ" میں ایک اور روایت ہے:

كُنْتُ أَنَا وَ أَبِيْ الْعَبَّاسُ بْنُ عَبْدِالْمُطَّلِبِ رَضِيَ اللهُ عَنْهُمْ جَالِسَيْنِ عِنْدَ رَسُولِ اللهِ صَلَّى اللهُ عَلَيْهِ وَآلِهِ إِذْ دَخَلَ عَلِيُّ بْنُ أَبِيْ طَالِبِ عَلَيْهِ السَّلَامُ فَسَلَّمَ فَرَدَّ عَلَيْهِ رَسُولُ اللهِ صَلَّى اللهُ عَلَيْهِ وَآلِهِ اَلسَّلَامَ وَ بَشِرَ بِهِ وَ قَامَ إِلَيْهِ وَ اِعْتَنَقَهُ وَ قَبَّلَ بَيْنَ عَيْنَيْهِ وَ أَجْلَسَهُ عَنْ يَمِينِهِ فَقَالَ الْعَبَّاسُ أَتُحِبُّ هَذَا يَا رَسُولَ اللهِ قَالَ يَا عَمَّ رَسُولِ اللهِ وَاللهِ اَللهُ أَشَدُّ حُبّاً لَهُ مِنِّيْ إِنَّ اللهَ جَعَلَ ذُرِّيَّةَ كُلِّ نَبِيٍّ فِيْ صُلْبِهِ وَ جَعَلَ ذُرِّيَّتِيْ فِيْ صُلْبِ هَذَا۔ [٢]

---

[١] ۔ ینابیع المودۃ، ج2 ص342؛ جواہر العقدین، ج2 ص205؛ مجمع الزوائد، ج9 باب فضل اہل بیتؑ ص173؛ الصواعق المحرقۃ ص156؛ کنز العمال، ج2 ص116 ح34267

شیعہ منابع:۔ عوالم العلوم، ج11 ص1019؛ بحارالانوار، ج43 ص228

[٢] ۔ ینابیع المودۃ، ج2 ص245 و448؛ جواہر العقدین، ج2 ص207؛ ذخائر العقبیٰ ص67؛ الصواعق المحرقۃ، ص156

شیعہ منابع:۔

بحارالانوار، ج38 ص307؛ کشف الیقین، ج1 ص421؛ کشف الغمہ فی معرفۃ الآئمہؑ، ج1 ص94

''امام جعفر بن محمد علیہ السلام اپنے والد بزرگوار سے اور وہ جابر سے نقل کرتے ہیں کہ جابر کہتا ہے: میں اور عباس ابن عبد المطلب علیہ السلام نبی اکرم صلی اللہ علیہ وآلہ وسلم کے پاس بیٹھے تھے۔ اسی دوران حضرت علی علیہ السلام آ گئے۔ انہوں نے سلام کیا۔ پیغمبر اکرم صلی اللہ علیہ وآلہ وسلم نے سلام کا جواب دیا۔ پھر اُٹھے اور ان علیہ السلام کو گلے لگایا، انؑ کی آنکھوں کے درمیان بوسہ دیا اور انہیں اپنی دائیں طرف بٹھایا۔ حضرت عباس نے عرض کیا: یا رسول اللہ صلی اللہ علیہ وآلہ وسلم! کیا آپ صلی اللہ علیہ وآلہ وسلم علی علیہ السلام کو دوست رکھتے ہیں؟ آپ صلی اللہ علیہ وآلہ وسلم نے فرمایا: اے چچا! خدا کی قسم! میں اسے اپنے سے زیادہ دوست رکھتا ہوں کیونکہ خدا نے ہر نبی کی نسل اس کے صلب سے چلائی ہے جب کہ میری نسل علی علیہ السلام کے صلب میں قرار دی ہے''۔

''صاحب احتجاجِ طبرسی'' حضرت امام موسیٰ کاظم اور ہارون الرشید کے درمیان مناظرہ کو نقل کرتے ہیں: یہ مناظرہ طویل ہے یہاں پر ہم صرف وہ حصّہ ذکر کرتے ہیں، جس کا تعلق ہماری بحث کے ساتھ مربوط ہے۔

حضرت امام موسیٰ کاظم علیہ السلام فرماتے ہیں:

جَوَّزْتُمْ لِلْعَامَّةِ وَ الْخَاصَّةِ اَنْ يَنْسُبُوكُمْ إِلَى رَسُولِ اللهِ صَلَّى اللهُ عَلَيْهِ وَ آلِهِ وَ يَقُولُوا لَكُمْ يَا بَنِیْ رَسُولِ اللهِ وَ اَنْتُمْ بَنُو عَلِيٍّ وَ إِنَّمَا يُنْسَبُ الْمَرْءُ إِلَى اَبِيْهِ وَ فَاطِمَةُ إِنَّمَا هِيَ وِعَاءٌ وَ النَّبِيُّ جَدُّكُمْ مِنْ قِبَلِ اُمِّكُمْ؟

فَقُلْتُ يَا اَمِيرَ الْمُؤْمِنِيْنَ لَوْ اَنَّ النَّبِيَّ نُشِرَ فَخَطَبَ إِلَيْكَ كَرِيمَتَكَ هَلْ كُنْتَ تُجِيبُهُ؟ قَالَ سُبْحَانَ اللهِ وَ لِمَ لاَ اُجِيبُهُ؟ بَلْ اَفْتَخِرُ عَلَى الْعَرَبِ وَ الْعَجَمِ وَ قُرَيْشٍ بِذَلِكَ فَقُلْتُ لَهُ لَكِنَّهُ لاَ يَخْطُبُ إِلَيَّ وَ لاَ

أُزَوِّجُهُ فَقَالَ وَ لِمَ؟

فَقُلْتُ لِاَنَّهُ وَلَدَنِیْ وَ لَمْ یَلِدْكَ فَقَالَ اَحْسَنْتَ یَا مُوسٰی ثُمَّ قَالَ كَیْفَ قُلْتُمْ إِنَّا ذُرِّیَّةُ النَّبِیِّ وَ النَّبِیُّ لَمْ یُعَقِّبْ وَ إِنَّمَا الْعَقِبُ الذَّكَرُ لَا الْاُنْثٰی وَ اَنْتُمْ وُلْدُ الْاِبْنَةِ وَ لَا یَكُونُ وُلْدُهَا عَقِباً لَهُ؟ فَقُلْتُ اَسْأَلُكَ بِحَقِّ الْقَرَابَةِ وَ الْقَبْرِ وَ مَنْ فِیهِ إِلَّا اَعْفَیْتَنِیْ عَنْ هَذِهِ الْمَسْأَلَةِ۔

فَقَالَ لَا أَوْ تُخْبِرَنِی بِحُجَّتِكُمْ فِیْهِ یَا وُلْدَ عَلِیٍّ وَ أَنْتَ یَا مُوسٰی یَعْسُوبُهُمْ وَ إِمَامُ زَمَانِهِمْ كَذَا أُنْهِیَ إِلَیَّ وَ لَسْتُ أُعْفِیْكَ فِیْ كُلِّ مَا اَسْأَلُكَ عَنْهُ حَتّٰی تَأْتِیَنِیْ فِیْهِ بِحُجَّةٍ مِنْ كِتَابِ اللهِ وَ اَنْتُمْ تَدَّعُونَ مَعْشَرَ وُلْدِ عَلِیٍّ اَنَّهُ لَا یَسْقُطُ عَنْكُمْ مِنْهُ شَیْءٌ اَلِفٌ وَ لَا وَاوٌ اِلَّا تَأْوِیْلُهُ عِنْدَكُمْ وَ اِحْتَجَجْتُمْ بِقَوْلِهِ عَزَّ وَ جَلَّ مٰا فَرَّطْنٰا فِی الْكِتٰابِ مِنْ شَیْءٍ وَ اِسْتَغْنَیْتُم عَنْ رَاْیِ الْعُلَمَاءِ وَ قِیَاسِهِمْ فَقُلْتُ تَأْذَنُ لِیْ فِی الْجَوَابِ؟ قَالَ هَاتِ۔

فَقُلْتُ اَعُوذُ بِاللهِ مِنَ الشَّیْطَانِ الرَّجِیْمِ بِسْمِ اللهِ الرَّحْمٰنِ الرَّحِیْمِ - وَ مِنْ ذُرِّیَّتِهِ دٰاوُدَ وَ سُلَیْمٰانَ وَ اَیُّوبَ وَ یُوسُفَ وَ مُوسیٰ وَ هٰارُونَ وَ كَذٰلِكَ نَجْزِی الْمُحْسِنِینَ. وَ زَكَرِیّٰا وَ یَحْییٰ وَ عِیْسیٰ وَ اِلْیٰاسَ كُلٌّ مِنَ الصّٰالِحِینَ مَنْ اَبُوْ عِیْسَی یَا اَمِیْرَ الْمُؤْمِنِینَ؟

فَقَالَ لَیْسَ لِعِیْسَی اَبٌ فَقُلْتُ إِنَّمَا اَلْحَقْنَاهُ بِذَرَارِیِّ الْاَنْبِیَاءِ عَلَیْهِمُ السَّلَامُ مِنْ طَرِیْقِ مَرْیَمَ عَلَیْهَا السَّلَامُ - وَ كَذٰلِكَ اُلْحِقْنَا بِذَرَارِیِّ النَّبِیِّ صَلَّی اللهُ عَلَیْهِ وَ آلِهِ

مِنْ قِبَلِ أُمِّنَا فَاطِمَةَ اَزِيْدُكَ يَا اَمِيْرَ الْمُؤْمِنِيْنَ؟ قَالَ هَاتِ قُلْتُ قَوْلُ اللّٰهِ عَزَّ وَ جَلَّ - فَمَنْ حَاجَّكَ فِيْهِ مِنْ بَعْدِ مٰا جٰاءَكَ مِنَ الْعِلْمِ فَقُلْ تَعٰالَوْا نَدْعُ اَبْنٰاءَنٰا وَ اَبْنٰاءَكُمْ وَ نِسٰاءَنٰا وَ نِسٰاءَكُمْ وَ اَنْفُسَنٰا وَ اَنْفُسَكُمْ ثُمَّ نَبْتَهِلْ فَنَجْعَلْ لَعْنَتَ اللّٰهِ عَلَى الْكٰاذِبِيْنَ وَ لَمْ يَدَّعِ اَحَدٌ اَنَّهُ اَدْخَلَهُ النَّبِيُّ صَلَّى اللّٰهُ عَلَيْهِ وَ آلِهِ تَحْتَ الْكِسَاءِ عِنْدَ مُبَاهَلَةِ النَّصَارٰى اِلَّا عَلِيَّ بْنَ اَبِيْ طَالِبٍ عَلَيْهِ السَّلَامُ وَ فَاطِمَةَ وَ الْحَسَنَ وَ الْحُسَيْنَ اَبْنٰاءَنٰا الْحَسَنُ وَ الْحُسَيْنُ وَ نِسٰاءَنٰا فَاطِمَةُ وَ اَنْفُسَنٰا عَلِيُّ بْنُ اَبِيْ طَالِبٍ عَلَيْهِ السَّلَامُ عَلٰى اَنَّ الْعُلَمَاءَ قَدْ اَجْمَعُوْا عَلٰى اَنَّ جَبْرَئِيلَ قَالَ يَوْمَ اُحُدٍ يَا مُحَمَّدُ إِنَّ هٰذِهِ لَهِيَ الْمُوَاسَاةُ مِنْ عَلِيٍّ قَالَ لِأَنَّهُ مِنِّيْ وَ اَنَا مِنْهُ فَقَالَ جَبْرَئِيلُ وَ اَنَا مِنْكُمَا يَا رَسُوْلَ اللّٰهِ ثُمَّ قَالَ لَا سَيْفَ إِلَّا ذُوْالْفِقَارِ وَ لَا فَتٰى إِلَّا عَلِيٌّ۔ [1]

”عباسی خلیفہ ہارون الرشید نے حضرت امام موسیٰ کاظم علیہ السلام سے سوال کیا: آپؑ نے لوگوں کو کیوں اجازت دے رکھی ہے کہ آپؑ کے ہر عام و خاص فرد کو پیغمبر اکرم صلی اللہ علیہ وآلہ وسلم کی طرف نسبت دیں اور خود کو اولادِ پیغمبر صلی اللہ علیہ وآلہ وسلم کہیں حالانکہ آپؑ تو اولادِ علی علیہ السلام ہیں اور آدمی باپ کی طرف منسوب ہوتا ہے نہ کہ ماں کی طرف۔ فاطمہ زہرا تمہاری ماں تھی اور پیغمبر اکرم صلی اللہ علیہ وآلہ وسلم تمہارے نانا تھے، اس کے علاوہ اور کچھ نہیں۔

امام علیہ السلام نے فرمایا: اگر اس وقت حضرت رسولِ اکرم صلی اللہ علیہ وآلہ وسلم اس دنیا

[1]۔ الاحتجاج، ج2 ص379؛ البرہان فی تفسیر القرآن، ج2 ص316؛ عیون اخبار الرضاؑ، ج1 ص81

میں آجائیں اور تجھ سے تیری بیٹی کا رشتہ مانگیں تو کیا تو انکار کرے گا یا انؐ کے ساتھ اپنی بیٹی کا نکاح کر دے گا؟

ہارون نے کہا: سبحان اللہ میں کیوں نہ اپنی بیٹی کا رشتہ دوں گا۔ تمام عرب انؐ کے ساتھ رشتہ داری کرنے میں فخر محسوس کرتے ہیں۔

امام علیہ السلام نے فرمایا: لیکن پیغمبر اکرم صلی اللہ علیہ وآلہ وسلم میری بیٹی کا رشتہ مجھ سے نہیں مانگیں گے اور نہ مَیں اپنی بیٹی کا رشتہ دوں گا۔

ہارون نے کہا: کیوں؟

امام علیہ السلام نے فرمایا: یہ اس لئے کہ مَیں ان کا بیٹا ہوں اور تُو اُن کا بیٹا نہیں ہے۔ میری بیٹی پیغمبر اکرم صلی اللہ علیہ وآلہ وسلم کی محرم ہے اور تمہاری بیٹی آپؐ کی محرم نہیں ہے۔

ہارون نے کہا: اے موسیٰ علیہ السلام! بہت خوب۔

پھر اس نے کہا: آپ کس طرح یہ کہتے ہیں کہ ہم پیغمبر صلی اللہ علیہ وآلہ وسلم کی ذُرّیت ہیں حالانکہ پیغمبر اکرم صلی اللہ علیہ وآلہ وسلم اس دنیا سے ذُرّیت کے بغیر گئے ہیں۔ کیونکہ ذُرّیت بیٹے کی اولاد ہوتی ہے نہ کہ بیٹی کی اولاد اور تم تو بیٹی کی اولاد ہو؟

امام علیہ السلام نے فرمایا: میں تجھے قسم دیتا ہوں قرابتداری کے حق کی اور پیغمبر اکرم صلی اللہ علیہ وآلہ وسلم کی قبر کی، جو اس قبر میں ہے کہ مجھے اس جواب پر مجبور نہ کرو۔

ہارون نے کہا: نہیں! اولادِ علی علیہ السلام کو اس بارے میں دلیل بیان کرنا پڑے گی۔ اے موسیٰ علیہ السلام! آپؑ اولادِ علی علیہ السلام کے بزرگ ہیں اور ان کے امام ہیں، اس لئے آپؑ سے جواب لے کر رہوں گا اور معاف نہیں کروں گا، بلکہ دلیل بھی قرآن سے پیش کریں کیونکہ آپؑ لوگ جو اَولادِ علی علیہ السلام ہیں، ان کا دعویٰ ہے کہ قرآن میں کوئی ایک حرف بھی ایسا نہیں ہے

جس کی تاویل ہم نہ جانتے ہوں اور اپنے آپؑ کو علماء کے مشورے کا محتاج نہیں جانتے اور نہ ہی علماء کے قیاس کو قبول کرتے ہو۔

امام علیہ السلام فرماتے ہیں کہ میں نے ہارون سے کہا:

اَعُوْذُ بِاللّٰہِ مِنَ الشَّیْطَانِ الرَّجِیْمِ۔ بِسْمِ اللّٰہِ الرَّحْمٰنِ الرَّحِیْمِ۔ وَمِنْ ذُرِّیَّتِہٖ دَاوٗدَ وَ سُلَیْمَانَ وَاَیُّوْبَ وَیُوْسُفَ وَمُوْسٰی وَھَارُوْنَ۔ وَ کَذٰلِکَ نَجْزِی الْمُحْسِنِیْنَ۔ وَزَکَرِیَّا وَیَحْیٰی وَعِیْسٰی۔۔۔۔ [۱]

حضرت عیسیٰ علیہ السلام کا باپ کون ہے؟

ہارون نے کہا: عیسیٰ علیہ السلام کا باپ نہیں ہے۔

امام علیہ السلام نے فرمایا: پھر کس طرح اس آیت میں خدا نے ان کو انبیاء کی ذُریت قرار دیا ہے؟

اے ہارون! یہ اس لئے کہ حضرت عیسیٰ علیہ السلام اپنی والدہ حضرت مریم سلام اللہ علیہا کی طرف سے انبیاء کی طرف منسوب ہیں، اس لئے انہیں انبیاء کی ذُریت قرار دیا گیا ہے۔ اسی طرح ہم بھی اپنی والدہ حضرت فاطمہ سلام اللہ علیہا کی طرف پیغمبر اکرم صلی اللہ علیہ وآلہ وسلم کی طرف منسوب ہیں، اس لئے ہم بھی پیغمبر اکرم صلی اللہ علیہ وآلہ وسلم کی ذُریت ہیں"۔

امام علیہ السلام نے فرمایا: کیا ایک اور دلیل چاہیے؟

اس نے کہا: ہاں۔

امام علیہ السلام نے فرمایا: خدا قرآن میں فرماتا ہے:

فَمَنْ حَآجَّکَ فِیْہِ مِنْ بَعْدِ مَا جَآءَکَ مِنَ الْعِلْمِ۔ [۲]

---

[۱]۔ سورۂ انعام، آیت ۸۴۔۸۵

[۲]۔ سورۂ آل عمران، آیت ۶۱

مباہلہ کے دن پیغمبر اکرم صلی اللہ علیہ وآلہ وسلم نے اپنے ساتھ علی ابن ابی طالب علیہ السلام، فاطمہ زہرا سلام اللہ علیہا، امام حسن علیہ السلام اور امام حسین علیہ السلام کو بلا لیا۔ کسی اور نے یہ دعویٰ نہیں کیا کہ ہم بھی مباہلہ میں رسولِ اکرم صلی اللہ علیہ وآلہ وسلم کے ساتھ تھے۔

پس آیتِ مباہلہ میں اَبْنَآءَنَا سے مراد حسن علیہ السلام اور حسین علیہ السلام ہیں۔ نِسَآءَنَا سے مراد حضرت فاطمہ زہرا سلام اللہ علیہا ہیں اور اَنْفُسَنَا سے مراد علی ابن ابی طالب علیہ السلام ہیں۔

علماء کا اس بات پر اتفاق ہے کہ جنگِ اُحد کے دن جب مسلمان فرار ہو گئے تو حضرت علی علیہ السلام کھڑے رہے اور استقامت کے ساتھ پیغمبر اکرم صلی اللہ علیہ وآلہ وسلم کا دفاع کرتے رہے تو حضرت جبرائیل علیہ السلام نازل ہوئے اور عرض کیا:

"یا محمد صلی اللہ علیہ وآلہ وسلم! علی ابن ابی طالب علیہ السلام کی یہ استقامت و پائیداری اور دفاع آپؐ کے ساتھ ہمدردی کی وجہ سے ہے"۔

پیغمبر اکرم صلی اللہ علیہ وآلہ وسلم نے جبرائیل علیہ السلام سے فرمایا:

"یہ اس لئے ہے کہ علی علیہ السلام مجھ سے ہے اور میں علی علیہ السلام سے ہوں"۔

جبرائیل علیہ السلام نے عرض کیا: یارسول اللہ صلی اللہ علیہ وآلہ وسلم! میں آپؐ دونوں سے ہوں۔

پھر جبرائیل علیہ السلام نے کہا:

لَا سَيْفَ اِلَّا ذُوْالْفِقَارْ وَلَافَتٰى اِلَّا عَلِیْ۔

"ذوالفقار کے علاوہ کوئی تلوار نہیں ہے اور علی علیہ السلام کے سوا کوئی جواں مرد نہیں ہے"۔

امام علیہ السلام فرماتے ہیں:

"جس طرح حضرت مریم سلام اللہ علیہا کے ذریعہ حضرت عیسیٰ علیہ السلام کو انبیاء کی ذُرّیت قرار دیا گیا ہے، اسی طرح ہماری والدہ فاطمہ زہرا سلام اللہ علیہا کے واسطہ سے ہم نبی اکرم صلی اللہ علیہ وآلہ وسلم کی ذُرّیت قرار پاتے ہیں"۔

اسی طرح آیتِ مباہلہ میں بھی علی و فاطمہ وحسن وحسین علیہم السلام کے علاوہ کسی کو مراد نہیں لیا گیا۔تمام علماء کا اتفاق ہے کہ پیغمبر اکرم صلی اللہ علیہ وآلہ وسلم ان حضرات علیہم السلام کے علاوہ کسی اور کو اپنے ساتھ مباہلہ میں نہیں لے کر گئے۔لہٰذا امام حسن وحسین علیہم السلام پیغمبر اکرم صلی اللہ علیہ وآلہ وسلم کے بیٹے ہیں، علی علیہ السلام آپؐ کا نفس ہیں اور فاطمہ سلام اللہ علیہا نساء کی جگہ پر ہیں۔

اسی طرح جنگِ اُحد میں جبرائیل علیہ السلام نے عرض کیا:

''یارسول اللہ صلی اللہ علیہ وآلہ وسلم! علی علیہ السلام کا مدد کرنا،انؑ کی طرف سے آپؐ کے ساتھ ہمدردی کی وجہ سے ہے''۔

آپؐ نے فرمایا:

''کیوں نہ ہو کہ علی علیہ السلام مجھ سے ہے اور میں علی علیہ السلام سے ہوں''۔

اس سے بھی یہ ثابت ہوتا ہے کہ اَولادِ علی علیہ السلام اَولادِ پیغمبر صلی اللہ علیہ وآلہ وسلم ہے۔

=====❖=====

چوتھا مقدمہ:

حضرت فاطمہ زہرا سلام اللہ علیہا اور آپؑ کی اولادِ طاہرہ علیہم السلام کی خلقت

یہ بات معلوم ہونی چاہیے کہ انوارِ مقدسہ جو کہ اصحابِ کساء ہیں، انؑ کی خلقت کے متعلق مختلف روایات ملتی ہیں [1]۔ ان سب میں یہ بات تواتر کے ساتھ پائی جاتی ہے کہ ان حضرات کی خلقت آسمانوں اور زمینوں کی خلقت سے پہلے ہوئی ہے۔ ان روایات کو جمع اور یکجا کرنا ممکن ہے لیکن یہ ہماری بحث سے خارج ہے کیونکہ اس کتاب کا موضوع سیدہ زینب سلام اللہ علیہا کے فضائل و مناقب بیان کرنا ہے۔ اس لئے یہاں پر ہم صرف اس حدیث کو نقل کریں گے جو ''مدینۃ المعاجز'' میں ذکر ہوئی ہے۔

وہ روایت یہ ہے:

عَنْ اَنَسِ بْنِ مَالِكٍ قَالَ: صَلَّى بِنَا رَسُولُ اللّٰهِ صَلَّى اللّٰهُ عَلَيْهِ وَ آلِهٖ فِیْ بَعْضِ الْأَيَّامِ صَلاَةَ الْفَجْرِ ثُمَّ اَقْبَلَ عَلَيْنَا بِوَجْهِهِ الْكَرِيمِ فَقُلْتُ لَهُ يَا رَسُولَ اللّٰهِ إِنْ رَأَيْت اَنْ تُفَسِّرَ لَنَا قَوْلَهُ تَعَالَى:

''فَأُولٰئِكَ مَعَ الَّذِيْنَ اَنْعَمَ اللّٰهُ عَلَيْهِمْ مِنَ النَّبِيِّيْنَ وَ الصِّدِّيْقِيْنَ وَ الشُّهَدَاءِ وَ الصَّالِحِيْنَ وَ حَسُنَ اُوْلٰئِكَ رَفِيْقاً''۔

---

[1] ۔ علامہ علی نمازیؒ کتاب کے حاشیہ میں لکھتے ہیں: انؑ کی خلقت کے متعلق شرح کے ساتھ اخبار رسالہ ''نورالانوار'' میں فارسی اور عربی میں لکھا ہے وہاں پر رجوع کریں۔

فَقَالَ صَلَّى اللهُ عَلَيْهِ وَ آلِهِ اَمَّا النَّبِيُّونَ فَأَنَا وَ أَمَّا الصِّدِّيْقُوْنَ فَاَخِيْ عَلِيٌّ وَ أَمَّا الشُّهَدَاءُ فَعَمِّيْ حَمْزَةُ وَ أَمَّا الصَّالِحُوْنَ فَابْنَتِيْ فَاطِمَةُ وَ أَوْلَادُهَا الْحَسَنُ وَ الْحُسَيْنُ قَالَ وَ كَانَ الْعَبَّاسُ حَاضِراً فَوَثَبَ وَ جَلَسَ بَيْنَ يَدَىْ رَسُولِ اللهِ صَلَّى اللهُ عَلَيْهِ وَ آلِهِ وَ قَالَ اَلَسْنَا أَنَا وَ أَنْتَ وَ عَلِيٌّ وَ فَاطِمَةُ وَ الْحَسَنُ وَ الْحُسَيْنُ مِنْ نَبْعَةٍ وَاحِدَةٍ قَالَ وَ مَا ذَاكَ يَا عَمِّ۔

قَالَ الْعَبَّاسِ:لِأَنَّكَ تُعَرِّفُ بِعَلِيٍّ وَ فَاطِمَةَ وَ الْحَسَنِ وَ الْحُسَيْنِ دُونَنَا۔

قَالَ فَتَبَسَّمَ النَّبِيُّ وَ قَالَ أَمَّا قَوْلُكَ يَا عَمِّ اَلَسْنَا مِنْ نَبْعَةٍ وَاحِدَةٍ فَصَدَقْتَ وَ لَكِنْ يَا عَمِّ إِنَّ اللهَ خَلَقَنِىْ وَ خَلَقَ عَلِيّاً وَ فَاطِمَةَ وَ الْحَسَنَ وَ الْحُسَيْنَ قَبْلَ اَنْ يَّخْلُقَ آدَمَ عَلَيْهِ السَّلَامُ حِيْنَ لَاسَمَاءَ مَبْنِيَّةً وَ لَا أَرْضَ مَدْحِيَّةً وَ لَا ظُلْمَةَ وَ لَا نُورَ وَ لَا شَمْسَ وَ لَا قَمَرَ وَ لَا جَنَّةَ وَ لَا نَارَ۔

فَقَالَ الْعَبَّاسُ وَ كَيْفَ كَانَ بَدْءُ خَلْقِكُمْ يَا رَسُولَ اللهِ۔

فَقَالَ يَا عَمِّ لَمَّا اَرَادَ اللهُ أَنْ يَخْلُقَنَا تَكَلَّمَ بِكَلِمَةٍ خَلَقَ مِنْهَا نُوراً ثُمَّ تَكَلَّمَ بِكَلِمَةٍ أُخْرَى فَخَلَقَ مِنْهَا رُوحاً ثُمَّ مَزَجَ النُّوْرَ بِالرُّوْحِ فَخَلَقَنِىْ وَ خَلَقَ عَلِيّاً وَ فَاطِمَةَ وَ الْحَسَنَ وَ الْحُسَيْنَ عَلَيْهِمُ السَّلَامُ فَكُنَّا نُسَبِّحُهُ حِيْنَ لَا تَسْبِيْحَ وَ نُقَدِّسُهُ حِيْنَ لَا تَقْدِيْسَ فَلَمَّا اَرَادَ اللهُ تَعَالَى أَنْ يُنْشِئَ الصَّنْعَةَ فَتَقَ نُورِىْ فَخَلَقَ مِنْهُ الْعَرْشَ

فَالْعَرْشُ مِنْ نُورِیْ وَ نُورِیْ مِنْ نُورِ اللهِ وَ نُورِیْ اَفْضَلُ مِنَ الْعَرْشِ ثُمَّ فَتَقَ نُورَ أَخِیْ عَلِیٍّ فَخَلَقَ مِنْهُ الْمَلاَئِکَةَ فَالْمَلاَئِکَةُ مِنْ نُورِ أَخِیْ عَلِیٍّ وَ نُورُ عَلِیٍّ مِنْ نُورِ اللهِ وَ عَلِیٌّ اَفْضَلُ مِنَ الْمَلاَئِکَةِ ثُمَّ فَتَقَ نُورَ اِبْنَتِیْ فَاطِمَةَ فَخَلَقَ مِنْهُ السَّمَاوَاتِ وَ الْأَرْضَ فَالسَّمَاوَاتُ وَ الْأَرْضُ مِنْ نُورِ اِبْنَتِیْ فَاطِمَةَ وَ نُورُ اِبْنَتِیْ فَاطِمَةَ مِنْ نُورِ اللهِ تَعَالَی وَ اِبْنَتِیْ فَاطِمَةُ أَفْضَلُ مِنَ السَّمَاوَاتِ وَ الْأَرْضِ ثُمَّ فَتَقَ نُورَ وَلَدِیَ الْحَسَنِ وَ خَلَقَ مِنْهُ الشَّمْسَ وَ الْقَمَرَ فَالشَّمْسُ وَ الْقَمَرُ مِنْ نُورِ وَلَدِیَ الْحَسَنِ وَ نُورُ وَلَدِیَ الْحَسَنِ مِنْ نُورِ اللهِ وَ الْحَسَنُ اَفْضَلُ مِنَ الشَّمْسِ وَ الْقَمَرِ ثُمَّ فَتَقَ نُورَ وَلَدِیَ الْحُسَیْنِ فَخَلَقَ مِنْهُ الْجَنَّةَ وَ الْحُورَ الْعِیْنَ فَالْجَنَّةُ وَ الْحُورُ الْعِیْنُ مِنْ نُورِ وَلَدِیَ الْحُسَیْنِ وَ نُورُ وَلَدِیَ الْحُسَیْنِ مِنْ نُورِ اللهِ فَوَلَدِیَ الْحُسَیْنُ اَفْضَلُ مِنَ الْجَنَّةِ وَ الْحُورِ الْعِینِ۔

ثُمَّ اَمَرَ اللهُ الظُّلُمَاتِ اَنْ تَمُرَّ عَلَی سَحَائِبِ النَّظَرِ فَاَظْلَمَتِ السَّمَاوَاتِ عَلَی الْمَلاَئِکَةِ فَضَجَّتِ الْمَلاَئِکَةُ بِالتَّقْدِیسِ وَ التَّسْبِیحِ وَ قَالَتْ اِلَهَنَا وَ سَیِّدَنَا مُنْذُ خَلَقْتَنَا وَ عَرَّفْتَنَا هَذِهِ الْأَشْبَاحَ لَمْ نَرَ بَأْساً فَبِحَقِّ هَذِهِ الْأَشْبَاحِ إِلَّا مَا کَشَفْتَ عَنَّا هَذِهِ الظُّلْمَةَ فَأَخْرَجَ اللهُ مِنْ نُورِ اِبْنَتِیْ فَاطِمَةَ قَنَادِیلَ فَعَلَّقَهَا فِی بُطْنَانِ الْعَرْشِ فَاَزْهَرَتِ السَّمَاوَاتِ وَ الْأَرْضَ ثُمَّ اَشْرَقَتْ بِنُوْرِهَا فَلأَجْلِ

ذٰلِكَ سُمِّيَتِ الزَّهْرَاءَ فَقَالَتِ الْمَلاَئِكَةُ إِلٰهَنَا وَ سَيِّدَنَا لِمَنْ هٰذَا النُّورُ الزَّاهِرُ الَّذِیْ قَدْ اَشْرَقَتْ بِهِ السَّمَاوَاتِ وَ الْأَرْضَ فَاَوْحَى اللهُ إِلَيْهَا هٰذَا نُورٌ اِخْتَرَعْتُهُ مِنْ نُورِ جَلاَلِیْ لِأَمَتِیْ فَاطِمَةَ اِبْنَةِ حَبِيبِیْ وَ زَوْجَةِ وَلِيِّی وَ اَخِی نَبِيِّي وَ أبوْ [أَبِیْ] حُجَجِیْ عَلَى عِبَادِیْ فِیْ بِلاَدِیْ اُشْهِدُكُمْ مَلاَئِكَتِیْ اَنِّی قَدْ جَعَلْتُ ثَوَابَ تَسْبِيْحِكُمْ وَ تَقْدِيْسِكُمْ لِهَذِهِ الْمَرْأَةِ وَ شِيْعَتِهَا وَ مُحِبِّيْهَا إِلَى يَوْمِ الْقِيَامَةِ قَالَ فَلَمَّا سَمِعَ الْعَبَّاسُ مِنْ رَسُولِ اللهِ صَلَّى اللهُ عَلَيْهِ وَ آلِهِ ذٰلِكَ وَثَبَ وَ قَبَّلَ بَيْنَ عَيْنَیْ عَلِیٍّ وَ قَالَ وَ اللهِ يَا عَلِیُّ اَنْتَ الْحُجَّةُ الْبَالِغَةُ لِمَنْ آمَنَ بِاللهِ۔[۱]

''انس بن مالک کہتے ہیں:

ایک دن ہم نے صبح کی نماز پیغمبر اکرم صلی اللہ علیہ وآلہ وسلم کے ساتھ ادا کی۔ نماز کے سلام کے بعد آپ صلی اللہ علیہ وآلہ وسلم نے وہاں موجود مجمع کی طرف منہ کیا۔

میں نے عرض کیا: اگر آپؐ پسند فرمائیں تو ہمارے لیے اس آیت کی تفسیر ارشاد فرمائیں:

''فَأُولٰٓئِكَ مَعَ الَّذِيْنَ اَنْعَمَ اللهُ عَلَيْهِمْ مِنَ النَّبِيّٖنَ وَ الصِّدِّيْقِيْنَ وَ الشُّهَدَآءِ وَ الصّٰلِحِيْنَ وَ حَسُنَ اُولٰٓئِكَ رَفِيْقاً''۔[۲]

آنحضرت صلی اللہ علیہ وآلہ وسلم نے فرمایا: نبیوں کے ذریعہ اشارہ میری طرف ہے۔

---

[۱]۔ بحار الانوار، ج 37 ص 82؛ تفسیر کنز الدقائق و بحر الغرائب، ج 3 ص 464؛ تاویل الآیات الظاہرة فی فضائل العترة الطاہرةؑ، ج 1 ص 143؛ عوالم العلوم، ج 11 ص 20

[۲]۔ سورۂ نساء، آیت ۶۹

صدیقوں کے ذریعہ اشارہ علی ابن ابی طالب علیہ السلام کی طرف ہے۔ شہداء کے ساتھ اشارہ میرے چچا حضرت حمزہ علیہ السلام کی طرف ہے اور صالحین کے ساتھ اشارہ میری بیٹی فاطمہ سلام اللہ علیہا اور حسن علیہ السلام وحسین علیہ السلام کی طرف ہے۔

انس کہتا ہے: حضور صلی اللہ علیہ وآلہ وسلم کے چچا حضرت عباس وہاں پر موجود تھے۔ اپنی جگہ سے اُٹھ کر پیغمبر اکرم صلی اللہ علیہ وآلہ وسلم کے سامنے بیٹھ گئے اور عرض کیا: مگر مَیں، آپؐ، علیؑ، فاطمہؑ، حسنؑ اور حسینؑ ایک ہی چشمہ سے نہیں ہیں؟

حضور اکرم صلی اللہ علیہ وآلہ وسلم نے فرمایا: چچا جان! یہ سوال کیوں کیا ہے؟

حضرت عباس نے عرض کیا: اس لئے کہ آپؐ اپنے ساتھ علیؑ و فاطمہؑ، حسنؑ و حسینؑ کا نام لے رہے ہیں اور ہمیں چھوڑ رہے ہیں۔

اس پر رسولِ خدا صلی اللہ علیہ وآلہ وسلم مسکرائے اور فرمایا: اے چچا! رہی یہ بات جو آپ نے کہی ہے کہ کیا ہم ایک ہی چشمہ سے نہیں ہیں؟ یہ تو ٹھیک ہے، ہم ایک ہی چشمہ سے ہیں لیکن حقیقت یہ ہے کہ خدا نے مجھے، علیؑ، فاطمہؑ، حسنؑ وحسینؑ کو آدمؑ کی خلقت سے قبل پیدا فرمایا ہے جب کہ ابھی نہ آسمانوں کو پیدا فرمایا تھا اور نہ ہی زمینوں کو، نہ تاریکی و روشنی کو اور نہ ہی دوزخ و بہشت کو اور نہ ہی سورج اور چاند کو۔

حضرت عباس نے پوچھا: یارسول اللہ صلی اللہ علیہ وآلہ وسلم! آپؐ کی خلقت کیسے ہوئی؟

رسولِ اکرم صلی اللہ علیہ وآلہ وسلم نے فرمایا: جب خدا نے ہمیں پیدا کرنے کا ارادہ فرمایا تو ایک کلمہ ارشاد فرمایا، اس کلمہ سے روح پیدا کی، اس کے بعد نُور اور روح کو آپس میں ملا دیا جس سے مجھے، علیؑ، فاطمہؑ، حسنؑ اور حسینؑ کو پیدا فرمایا۔ پس! اس وقت سے ہم تھے اور خدا کی تسبیح کر رہے تھے، جب کہ ابھی کلمہ و تقدیس نہ تھا۔ جس وقت خدا نے مخلوقات کو خلق کرنے کا ارادہ کیا

تو اس نے میرے نور کو شگافتہ کیا۔ جس سے عرش کو پیدا فرمایا۔ پس عرش کا نور میرے نور سے ہے اور میرا نور عرش سے افضل ہے۔

اس کے بعد علی علیہ السلام کے نُور کو پارہ کیا۔ اس سے فرشتوں کو پیدا فرمایا۔ پس! فرشتوں کا نور علی علیہ السلام کے نور سے ہے اور علی علیہ السلام کا نور فرشتوں کے نور سے افضل ہے۔

پھر میری بیٹی فاطمہ سلام اللہ علیہا کے نور کو پارہ کیا۔ اس سے آسمانوں اور زمینوں کو پیدا کیا۔ پس آسمانوں اور زمینوں کا نور فاطمہ سلام اللہ علیہا کے نور سے ہے اور فاطمہ سلام اللہ علیہا کا نور آسمانوں اور زمینوں کے نور سے افضل ہے۔

اس کے بعد میرے بیٹے حسن علیہ السلام کے نور کو پارہ کیا۔ اس سے سورج اور چاند بنائے پس میرے بیٹے حسن علیہ السلام کا نور سورج اور چاند کے نور سے افضل ہے۔

اس کے بعد میرے بیٹے حسین علیہ السلام کے نور کو پارہ کیا۔ اس سے بہشت اور حُور العین کو پیدا کیا۔ بہشت اور حُور العین کا نُور حسین علیہ السلام کے نور سے ہے اور حسین علیہ السلام کا نور بہشت اور حور العین کے نور سے افضل ہے۔

حضور اکرم صلی اللہ علیہ وآلہ وسلم نے فرمایا: پھر خداوند تعالیٰ نے ظلمت اور تاریکی کو حکم دیا کہ آسمانوں پر چھا جائے۔ اس کے بعد تمام آسمان تاریک ہو گئے، جس کی وجہ سے تمام فرشتے چیخ و پکار کے ساتھ خدا کی تسبیح و تقدیس کرنے لگے۔

انہوں نے عرض کیا:

اے پروردگار! اے ہمارے آقا و سردار! جب سے ہمیں تو نے پیدا فرمایا ہے اور ہمیں ان نورانی صورتوں کی معرفت کروائی ہے۔ ہم نے

اس وقت سے کوئی تکلیف و ناراحتی نہیں دیکھی۔ پس! ہم آپ کو ان نورانی صورتوں کا واسطہ دے کر عرض کرتے ہیں کہ اس تاریکی کو ختم فرمادے۔

پھر خداوندتعالیٰ نے میری بیٹی فاطمہ سلام اللہ علیہا کے نور سے قندیلیں روشن کیں اور انہیں عرش کے ساتھ لٹکا دیا۔ جس سے تمام آسمان اور زمین روشن ہو گئے۔ اسی وجہ سے میری بیٹی کو زہرا سلام اللہ علیہا کہتے ہیں یعنی خود نورانی ہے اور دوسروں کو نورانی کرنے والی ہے۔

اس وقت ملائکہ نے عرض کیا: اے پروردگار! یہ نور کس کا ہے؟ جس کی وجہ سے آسمان اور زمین روشن ہو گئے ہیں؟

خداوندعالم نے فرمایا: یہ وہ نور ہے جو میرے جلال کا نور ہے جس کو میں نے اپنی کنیز فاطمہ سلام اللہ علیہا کے لئے بنایا ہے جو میرے حبیب صلی اللہ علیہ وآلہ وسلم کی بیٹی اور ولی کی زوجہ ہے۔ اس ولی کی زوجہ جو میرے پیغمبر صلی اللہ علیہ وآلہ وسلم کا بھائی اور میرے بندوں پر گیارہ حجت اماموں کے باپ ہیں۔

اے میرے فرشتو! میں تمہیں اس بات پر گواہ قرار دیتا ہوں کہ میں نے تمہاری تمام تسبیحات کا ثواب اس خاتون کے شیعوں اور ماننے والوں کے نام کر دیا ہے جو قیامت تک ان کے لئے شمار ہوتا رہے گا۔

جس وقت حضرت عباسؓ نے اس حدیث کو پیغمبر اکرم صلی اللہ علیہ وآلہ وسلم سے سنا تو اپنی جگہ سے اٹھے اور حضرت علی کی پیشانی کا بوسہ دیا اور کہنے لگے:

''اللہ کی قسم! اے علیؑ! آپؑ مومنین کے لئے عظیم حجت ہیں''۔

اس حدیث کا ترجمہ اہلِ فضل وعلم کے لئے واضح اور روشن دلیل ہے لیکن ہم یہاں پر چند نکات کی طرف اشارہ کریں گے جو نکات اس حدیث شریف سے ملے ہیں۔

پہلا نکتہ:

اس حدیث میں جو فیضِ مقدس کا ذکر ہوا ہے اور کلمۂ ''کُن''[۱] آیا ہے اس سے مراد اور اشارہ انوارِ محمدیہ ہیں۔

جیسا کہ کلمۂ مبین سے تکلم کرنے کا اشارہ بھی اسی طرف ہے۔

دوسرا نکتہ:

اس حدیث میں جو عقول طولیہ کا ذکر ہوا ہے جس سے عقلی بحث وگفتگو کرنے والے علماء جہاں پر طبیعت اور ملکوت کو ایجاد کرنے والی قوت وطاقت مراد لیتے ہیں، وہاں پر اس کا کنایہ اور اشارہ بھی اصحابِ کساء اور اُن کے انوارِ مقدسہ ہیں۔ اس بات کی دلیل یہ ہے کہ خلقتِ عرش وغیرہ انہیں انوارِ مقدسہ کے ذریعہ ہوئی ہے جیسا کہ اس دعویٰ کی روشن دلیل اس روایت کی ابتداء ہے۔

تیسرا نکتہ:

اسماء اور صفاتِ خداوندی سے مراد بھی یہی انوارِ مقدسہ ہیں جیسا کہ (لَهُ الْأَسْمَاءُ الْحُسْنَىٰ)[۲] کا اشارہ بھی انہیں انوارِ مقدسہ کی طرف ہے۔

اس مطلب پر دوسری روایات بھی دلالت کرتی ہیں۔

چوتھا نکتہ:

اس روایت میں کچھ کلمات کا انوارِ قاہرہ کے مقامات اور تجلیّات کی طرف مختصر طور پر اشارہ ہے۔ خاص کر مقامِ تجلّی حضرت فاطمہ سلام اللہ علیہا کی طرف اشارہ ہے۔ جیسا کہ صاحبانِ عقل وشعور پر یہ بات مخفی اور پوشیدہ نہیں ہے۔

---

[۱]۔ علامہ جلیل نمازی شاہرودی صاحب مستدرک 'سفینۃ البحار' خصائص الزینبیہؑ کے حاشیہ پر کہتے ہیں:
''یہ کلمۂ مقدس (کُن) ایسی احادیث میں اہل معقول کی اصطلاح میں کسی قسم کا ربط نہیں رکھتا''۔

[۲]۔ سورۂ طٰہٰ، آیت ۸

پانچواں نکتہ:

اس روایت میں حضرت فاطمۃ الزہرا سلام اللہ علیہا کی بعض اولاد کی طرف اشارہ ہے جیسا کہ قندیل کے الفاظ کا اشارہ بھی اسی طرف ہے۔اولاد سے مراد صرف بارہ امام علیہم السلام ہی نہیں ہیں بلکہ اس میں صدیقہ صغریٰ بی بی حضرت زینب سلام اللہ علیہا بھی شامل ہیں۔جن کے مقدس نور سے روشنی اور ہدایت ملی ہے اور جو خدا کے کلمۂ حق اور توحید کی بلندی کا سبب ہیں۔چنانچہ اس بات کی طرف آئندہ مطالب میں اشارہ کیا جائے گا۔اسی طرح اس قندیل سے حضرت فاطمہ زہرا سلام اللہ علیہا کی اولاد میں سے حضرت علی اکبر بن حسین علیہ السلام کی طرف بھی اشارہ ہے۔

پس دوسرے مقدمہ کا نتیجہ یہ ہے کہ حضرت زینب سلام اللہ علیہا اولادِ آدم علیہ السلام کا نچوڑ ایک کامل انسان ہیں۔تیسرے مقدمہ کا نتیجہ یہ ہے کہ آئمہ معصومین علیہم السلام کے بعد نتیجہ محمدیؐ ہیں۔چوتھے مقدمے کا نتیجہ یہ ہے کہ حضرت زینب سلام اللہ علیہا کی خلقت بھی باقی تمام مخلوقات سے پہلے ہوئی ہے جیسا کہ انوارِ خمسہ میں بیان ہو چکا ہے۔کیوں کہ شہزادی سلام اللہ علیہا بھی انوارِ خمسہ کا حصّہ ہیں۔

=====❖=====

پہلی فضیلت:

حضرت زینب سلام اللہ علیہا کی ولادت کے امتیازات

حضرت زینب سلام اللہ علیہا کی ولادت باسعادت کے ضمن میں آپؑ کے فضائل ومناقب اورخصوصیات میں سے ایک خصوصیت یہ ہے: جب حضرت زینب سلام اللہ علیہا کا نورِ مقدس حضرت فاطمہ زہرا سلام اللہ علیہا کی طرف منتقل ہوا تو اس وقت سے لے کر ولادت تک حضرت فاطمہ سلام اللہ علیہا غمگین رہتی تھیں۔ یہ خصوصیت ایسی ہے جس میں حضرت فاطمہ سلام اللہ علیہا کی تمام اولاد برابر ہے۔ کیوں کہ بی بی حضرت فاطمہ زہرا سلام اللہ علیہا کے تین بیٹے اور دو بیٹیاں ہیں۔حضرت امام حسن علیہ السلام، حسین علیہ السلام اور محسن علیہ السلام، حضرت زینب سلام اللہ علیہا اور حضرت اُمّ کلثوم سلام اللہ علیہا۔ [۱]

(۱) خدا کے خاص بندوں کی یہ خصوصیت ہے: وہ دنیا سے محبت نہیں کرتے بلکہ ناخوش رہتے ہیں۔اس لئے جنابِ سیدہ کائنات کے ہاں جب بھی کسی بچے کی ولادت ہونے والی ہوتی تھیں تو ولادت سے پہلے ہی آپؑ کو مصائب وآلام کی اطلاع دی جاتی تھی۔ جس کی وجہ سے اُس بچے کی محبت کو بھلا کر غم میں مبتلا ہو جاتیں تھیں۔جب حضرت امام حسن علیہ السلام کی ولادت ہونے والی تھی تو اُس وقت حضرت امام حسن علیہ السلام پر جو مصائب آنے والے تھے آپ سلام اللہ علیہا کو اُن کی اطلاع دی گئی کہ ان سلام اللہ علیہا کے اس بیٹےؑ کو زہر جفاء کے ساتھ شہید کیا جائے گا تو آپ سلام اللہ علیہا غم میں مبتلا ہوگئیں اور ایک عرصے تک اِسی حالت میں رہیں اور بچے کی ولادت پر خوشی نہیں کی۔

---

[۱]۔ علامہ نمازی لکھتے ہیں: اُمّ کلثوم زینب وسطیٰؑ کی کنیت ہے کیونکہ امیر المومنینؑ کی تین بیٹیوں کے نام زینب تھے۔ زینب کبریٰ ایک زینب وسطیٰؑ جو کہ اُمّ کلثومؑ کے نام سے مشہور ہیں، ان کی والدہ بی بی سیدہؑ ہیں اور تیسری زینب صغریٰ کہ جن کی والدہ کنیز تھیں۔

اِسی طرح جب حضرت امام حسین علیہ السلام کی ولادت ہونے والی تھی تو اس وقت حضرت زہرا سلام اللہ علیہا کو ان مصائب کی اطلاع دی گئی جو امام حسین علیہ السلام پر ڈھائے جائیں گے۔ یہ خبر سن کر حضرت سیّدہ سلام اللہ علیہا اس قدر غمگین ہوئیں کہ پوری کائنات اس سے آگاہ ہے۔اسی کی طرف قرآنِ کریم کی یہ آیات اشارہ کر رہی ہیں۔

حَمَلَتۡهُ اُمُّهٗ كُرۡهًا وَّوَضَعَتۡهُ كُرۡهًا۔ [۱]

''اُس کی ماں نے اُسے اٹھایا غم کی حالت میں اور پیدا کیا غم کی حالت میں''۔

اسی طرح کے حالات حضرت اُمّ کلثوم سلام اللہ علیہا اور حضرت محسن علیہ السلام کی ولادت کے وقت کے بھی ہیں۔

(۲) دوسری خصوصیت یہ ہے: جسے ہم کشکول بہائی سے نقل کر رہے ہیں کہ حضرت زینب سلام اللہ علیہا اور حضرت اُمّ کلثوم سلام اللہ علیہا کی ولادت بائیں ران سے ہوئی ہے۔ جیسا کہ حضرت امام حسین کے متعلق حضرت زہرا سلام اللہ علیہا سے روایت ہے کہ آپؑ فرماتی ہیں:

وَ وَلَدتِ الْحَسَنُ وَالْحُسَيْنُ مِنْ فخذها الأيمن وأمّ كلثوم و زينب من فخذها الأيسر۔ [۲]

''حسن علیہ السلام و حسین علیہ السلام میرے دائیں ران سے پیدا ہوئے اور زینب سلام اللہ علیہا و اُمّ کلثوم سلام اللہ علیہا میرے بائیں ران سے پیدا ہوئی ہیں''۔

(۳) تیسری خصوصیت یہ ہے: جس طرح پیغمبر اکرم صلی اللہ علیہ وآلہ وسلم نے امام حسین علیہ السلام کو انؑ کی ولادت کے وقت اُٹھانے پر گریہ کیا تھا، اسی طرح جب حضرت زینب سلام اللہ علیہا کو ولادت کے بعد حضور صلی اللہ علیہ وآلہ وسلم نے اُٹھایا اور گود میں لیا تو گریہ کرنے لگے۔

اس بارے میں ایک روایت ذکر کرتے ہیں:

روى ان زينب بنت علي بن أبي طالب (سلام الله عليها) لما

---

[۱] سورۂ احقاف، آیت ۱۵۔

[۲] الہدایۃ الکبری للخصیبی ص180؛ کشکول، شیخ طبق نقل طراز المذاہب، ص20

ولدت اخبر بذلك رسول الله (صلّى الله عليه وآله وسلم)، فجاء الى منزل فاطمة (سلام الله عليها) و قال: يا ابنتاه! ائتيني بنيّتك المولودة. فلما احضرتها، أخذها رسول الله (صلّى الله عليه وآله وسلم) و ضمّها الى صدره الشريف، و وضع خده المنيف على خدها، فبكى بكاءً عالياً، و سال الدمع على محاسنه الشريفة جارياً، فقالت فاطمة (سلام الله عليها): لما ذا بكاؤكَ؟ لا أبكى الله عينيكَ يا أبتاه!

فقال: (صلّى الله عليه وآله وسلم) يابنية! فأعلمى أن هذه البنت بعدك و بعدى تبتلى باالبلايا، و ترد عليها مصائب شتى ورزايا. فبكت فاطمة (سلام الله عليها) عند ذلك، ثم قالت: يا أبه! فما ثواب من يبكى عليها و على مصائبها؟! فقال: يا بضعتى و قرة عينى! ان من بكى عليها و على مصائبها كان ثواب بكائه كثواب من بكى على أخيها. ثم اسماها زينب (سلام الله عليها)۔[1]

"روایت میں ہے: جب حضرت زینب سلام اللہ علیہا اس دنیا میں تشریف لائیں تو پیغمبر اکرم صلی اللہ علیہ وآلہ وسلم کو خوش خبری دی گئی۔ حضورِ اکرم صلی اللہ علیہ وآلہ وسلم اپنی بیٹی فاطمہ سلام اللہ علیہا کے گھر تشریف لائے اور انؑ سے فرمایا:

اے بیٹیؑ! آپؑ کے ہاں جو بیٹی پیدا ہوئی ہے اُسے میرے پاس لاؤ۔

جب بچی کو پیغمبر اکرم صلی اللہ علیہ وآلہ وسلم کے پاس لایا گیا تو آنحضرت صلی اللہ علیہ وآلہ وسلم نے بچی کو اٹھایا اور اپنے سینے سے لگایا، اپنا رخسار بچی کے رخسار پر رکھا اور اتنا گریہ کیا کہ آپ صلی اللہ علیہ وآلہ وسلم کی ریش مبارک آنسوؤں سے تر ہوگئی۔

حضرت فاطمہ زہرا سلام اللہ علیہا نے عرض کیا:

بابا جان صلی اللہ علیہ وآلہ وسلم! آپؐ کے گریہ کرنے کا سبب کیا ہے؟

---

[1]۔ طراز المذاہب، ص 22؛ الموسوعۃ الکبری عن فاطمۃ الزہراءؑ، ج 5 ص 373

خداوندِ متعال آپ کو نہ رُلائے۔

رسولؐ خدا صلی اللہ علیہ وآلہ وسلم نے فرمایا:

اے بیٹی فاطمہؑ! تجھے معلوم ہونا چاہیے کہ یہ بچی آپؑ کے اور میرے بعد بے شمار مصائب برداشت کرے گی۔ اس کے دِل پر بے حد مصیبتیں وارد ہوں گی۔

یہ سن کر حضرت فاطمہ سلام اللہ علیہا رونے لگیں اور عرض کیا:

بابا جانؐ! جو کوئی اس کی مصیبت پر گریہ کرے گا اس کا ثواب کیا ہوگا؟

رسول اکرم صلی اللہ علیہ وآلہ وسلم نے فرمایا:

''اے میری بیٹیؑ! میرے جگر کے ٹکڑے اور آنکھوں کے نور! جو کوئی بھی اس کی مصیبت پر گریہ کرے گا، اُس کا ثواب اتنا ہی ہے جو اس کے بھائی حسن وحسین (علیہم السلام) پر گریہ کرنے کا''۔

اس کے بعد آپؐ نے اس بچی کا نام زینب رکھا''۔

اس روایت سے معلوم ہوتا ہے کہ حضرت زینب سلام اللہ علیہا کی خدا اور اس کے رسول صلی اللہ علیہ وآلہ وسلم کے دربار میں بہت بڑی فضیلت ہے۔

(۴) چوتھی خصوصیت یہ تھی کہ حضرت جبرئیل علیہ السلام نے اس مخدرہ کے مصائب کی پیغمبر اکرم صلی اللہ علیہ وآلہ وسلم کو ولادت کے وقت اطلاع دی تھی اور اس فضیلت میں معصومہؑ اپنے بھائی خامس آل عباءؑ کی شریک ہیں۔

=====❖=====

دوسری فضیلت:

شہزادی سلام اللہ علیہا کی تاریخِ ولادت کا تعیّن

یہ فضیلت شہزادی سلام اللہ علیہا کی تاریخِ ولادت کو معین کرنے کے متعلق ہے، اس فضیلت میں آپؑ کے نام کے بارے میں اور جو راز پوشیدہ ہیں، اُن کو ذکر کیا جائے گا۔ اس فضیلت میں آپؑ کے القابات اور کنّیت کے متعلق بھی اختصار کے ساتھ بیان کیا جائے گا۔

معلوم ہونا چاہیے کہ خاندانِ رسالت صلی اللہ علیہ وآلہ وسلم کی پروردہ شہزادی سلام اللہ علیہا اور ساقی کوثر کی بیٹی کا نام زینب سلام اللہ علیہا ہے۔ شہزادیؑ کی تاریخ ولادت کے متعلق کوئی تحقیق معلوم نہیں ہوئی اور بہت سی کتابوں میں بھی ہم نے اس بارے میں کوئی چیز نہیں پائی۔

صرف ایک کتاب ہے "بحر المصائب" جس میں نقل ہوا ہے کہ شہزادیؑ کی ولادت باسعادت سَن، چھ ہجری شعبان المعظم کی پہلی تاریخ کو امام حسین علیہ السلام کی ولادت باسعادت کے دو سال بعد واقع ہوئی ہے۔ ایک اور کتاب "طراز المذاہب" میں اس مخدرہؑ کی تاریخ ولادت کو ۹ ہجری کے رمضان المبارک کے آخری ایام میں ذکر کرتے ہیں۔ جب کہ پیغمبر اکرم صلی اللہ علیہ وآلہ وسلم جنگ تبوک کے سفر پر گئے ہوئے تھے اور حضرت علی علیہ السلام مدینہ میں موجود تھے۔

اہلِ بصیرت جانتے ہیں: اس تاریخِ ولادت کو قبول نہیں کیا جا سکتا کیوں کہ رسولِ اکرم صلی اللہ علیہ وآلہ وسلم کی وفات دس ہجری میں ہوئی ہے۔ اُس وقت حضرت زہرا سلام اللہ علیہا کے بطن مبارک میں حضرت محسن علیہ السلام تھے اور حضرت اُمِ کلثوم سلام اللہ علیہا کی ولادتِ باسعادت ہو چکی تھی۔ اس سے پتہ چلتا ہے کہ حضرت زینب سلام اللہ علیہا کی ولادت نو ہجری میں ممکن نہیں ہے اور اگر ہم اس بات کے قائل ہو جائیں کہ حضرت فاطمہ زہرا سلام اللہ علیہا کی صرف ایک ہی بیٹی تھی۔ جیسا کہ "طراز المذاہب" کے مصنف نے ذکر کیا ہے تو اسے بھی قبول نہیں کیا جا سکتا۔

کیونکہ کچھ روایات اس کی مخالفت کرتی ہیں جو اس بات کا تذکرہ کرتی ہیں کہ حضرت زینب سلام اللہ علیہا اپنے نانا رسولِ اکرم صلی اللہ علیہ وآلہٖ وسلم کے ایام زندگی میں اتنے سال کی تھیں، جب کوئی بچہ اچھے بُرے کو جانتا ہو۔ جیسا کہ ایک خواب خود اس مصنف نے ذکر کیا ہے جو حضرت زینب سلام اللہ علیہا نے دیکھا تھا۔ پس! اس سے معلوم ہوتا ہے کہ ''بحر المصائب'' میں جو تاریخِ ولادت ذکر ہوئی ہے، وہی درست ہے۔ کیوں کہ روایت میں اتفاق اگر پیدا کیا جا سکتا ہے تو اسی کے ذریعہ ہو سکتا ہے۔

شہزادیؑ کے نام کے بارے میں تمام کا اتفاق ہے کہ آپؑ کا نامِ گرامی زینب سلام اللہ علیہا تھا۔ اس نام کی اصل کے متعلق یہ ہے: یہ لفظ ''زنب'' ہے جو فرح کے وزن پر ہے۔ جس کا معنی فربہ ہے یا یہ اپنی اصل پر ہی باقی ہے۔ جس کا معنی ہے ''ایک خوبصورت خوشبو والا درخت''۔

یا یہ ''زین'' اور ''اب'' سے بنا ہے یعنی باپ کی زینت۔ اسی لئے بعض کہتے ہیں: جس طرح حضرت فاطمہ سلام اللہ علیہا کو اُمّ ابیھا کہا جاتا ہے، اسی طرح حضرت زینب سلام اللہ علیہا کو زین ابیھا کہا جاتا ہے اور یہ معنی ایک خاص وجہ رکھتا ہے۔ زین اب میں اب کا الف گرا کر زینب بنا ہے۔ یہ الف کا گرنا عرب زبان میں کثرت استعمال میں سے ہے۔ اس الف کے گرانے میں جو حقیقی اور واقعی فلسفہ و حکمت ہے وہ یہ ہے: باپ اور بیٹی کے درمیان معنوی اور حقیقی طور پر اس قدر اتحاد ہے کہ الف کے برابر بھی فاصلہ نہیں ہے، اہلِ معرفت اس حقیقت سے آگاہ ہیں۔

اگر زینب سلام اللہ علیہا کو ''زنب'' سے لیا جائے جس کا معنی فربہ ہونا ہے تو اس سے بھی مراد یہ ہے کہ آپؑ میں تمام کمالات جمع تھے کیونکہ فربہ ہونا ایک اضافی چیز ہے جو اجناس، اصناف اور اشخاص کے اعتبار سے فرق رکھتا ہے۔ حیوانوں میں موٹا ہونے سے مراد اُن میں گوشت کا زیادہ ہونا ہے۔ درختوں کے موٹاپا سے مراد ان کے شاخ، پتے اور پھلوں کا زیادہ ہونا ہے اور ایک انسان کے موٹاپے سے مراد اس میں صفاتِ حسنہ اور پسندیدہ صفات کا کثرت سے موجود ہونا ہے۔ حیوانوں کا کمال ان میں زیادہ گوشت کا پایا جانا ہے، درختوں کا کمال اُن میں زیادہ شاخیں، پتوں اور پھل کا کثرت سے پایا جانا ہے اور انسان کا کمال اس میں

اخلاقِ حسنہ کا موجود ہونا ہے۔ کیونکہ حضرت زینب سلام اللہ علیہا یہ تمام صفاتِ کمالیہ اپنے اندر رکھتی تھیں، اس لئے آپؑ کو یہ نام دیا گیا ہے۔

اسی طرح اگر ''زنب'' سے مراد ایک خوشبو دار اور خوبصورت درخت لیا جائے تو تب بھی اس کا مطلب واضح ہے کیونکہ اہلِ عرب ہر نفیس چیز کو شجرہ سے تعبیر کرتے ہیں۔ جیسا کہ پیغمبر اکرم صلی اللہ علیہ وآلہ وسلم نے فرمایا:

اَنَا وَ عَلِیٌّ مِنْ شَجَرَةٍ وَّاحِدَةٍ۔ [1]

''میں اور علی علیہ السلام ایک ہی درخت سے ہیں''۔

لہٰذا حضرت زینب سلام اللہ علیہا سے مراد وہ پاک و پاکیزہ اور نفیس درخت ہے جس کے کمالات اور اخلاقِ حسنہ سے خوشبو اور خوبصورتی تمام دنیا میں پھیلی ہوئی ہے۔

اسی طرح قرآن میں بھی موجود ہے:

مَثَلاً کَلِمَةً طَیِّبَةً کَشَجَرَةٍ طَیِّبَةٍ.... [2]

''کلمہ طیبہ کی مثال شجرۂ طیّبہ جیسی ہے''۔

شہزادیؑ کی ذاتِ والاصفات ایک پُر برکت اور کثیر فوائد کی مالک ہے۔ جس طرح ایک پھل دار خوبصورت خوشبو دار درخت ہوتا ہے، اسی طرح آپؑ کی ذات میں دین مبین کی بقاء کے فوائد بے حد پائے جاتے ہیں۔ بقائے دین میں آپؑ نے سید المرسلینؐ کی جو حفاظت فرمائی ہے اور جس طرح آپؑ گناہگاروں کی شفاعت کریں گی وہ کسی سے پوشیدہ نہیں ہے۔

بعض محققین کہتے ہیں: زینب سلام اللہ علیہا کا معنی ہے بلاؤں اور مصیبتوں کو دور کرنے

---

[1]۔ کنوز الحقائق، ص 155؛ کنز العمال، ج 16 ص 154؛ ذخائر العقبیٰ، ص 16؛ مستدرک الصحیحین، ج 3 ص 160۔
شیعہ منابع:۔ اثبات الھداۃ بالنصوص و المعجزات، ج 2 ص 128؛ اعلام الوریٰ بأعلام الھدیٰ، ص 316؛ بحار الانوار، ج 21 ص 279

[2]۔ سورۂ ابراہیم، آیت ۲۴

والی اور ختم کرنے والی ۔ کیونکہ یہ معلوم تھا کہ آپؑ کس قدر بلائیں اور مصیبتیں دیکھیں گی اور ان کو دور کریں گی ۔ اس لئے آپؑ کا نام زینب سلام اللہ علیہا رکھا گیا۔

لیکن خوبصورت ترین معنی وہی ہے جو باپ کی زینت والا معنی ہے اس لئے کہ جو بیٹی ایک قدسی نفس کی مالکہ، نفس مطمئنہ رکھنے والی اور تمام کمالات کی حامل ہو اور صرف باپ ہی کی زینت نہیں بلکہ تمام عالم کی زینت ہو، اس طرح کے بچے پر فخر و مباہات کرنی چاہیے ۔ اس کائنات کی آنکھیں اس طرح کے نفوس اور انوارِ مقدسہ سے روشن ہوتی ہیں ۔

چند اہم اِشارے:

نامِ زینب سلام اللہ علیہا میں چار یا پانچ حروف ہیں ۔

زا: اس مبارک نام میں حرف ''ز'' کا اشارہ ان کی والدہ زہرا سلام اللہ علیہا کی طرف ہے ۔ جن سے شہزادیؑ نے بہت سے کمالات ارث میں حاصل کئے ہیں ۔

یا: حرف یاء کا اشارہ شہزادیؑ کے والد بزرگوارؑ کی طرف ہے ۔ یہاں پر ماں کو باپ پر مقدم کرنے کی حکمت اور فلسفہ ہے ۔ شہزادیؑ حضرت زینب سلام اللہ علیہا اور انؑ کی والدہ محترمہ خاتون ہونے میں برابر ہیں ۔

با: اور حرف باء: اشارہ ہے شہزادیؑ کے نانا حضرت محمد صلی اللہ علیہ وآلہ وسلم کی طرف ۔

''ن'' کا اشارہ حسن علیہ السلام کی طرف یا حسین علیہ السلام کی طرف ہے ۔ کیونکہ اس مخدرہؑ نے کمالات میں پانچوں نفوسِ طاہرہؑ سے حصّہ حاصل کیا ہے ۔ اس لئے خداوند تعالیٰ نے چاہا کہ اس شہزادیؑ کے کمالات کو تمام مخلوقات کے سامنے واضح اور روشن کرے تا کہ لوگ ان کے مقامات سے آگاہ اور مطلع ہوں ۔ اس لئے خدا نے آپؑ کے لئے ایسا نام اختیار کیا جو آپؑ کے مقامات اور مراتب کو ظاہر کرنے والا ہے ۔ تا کہ لوگ آپؑ کی معرفت حاصل کر کے آپؑ سے توسل پیدا کر سکیں ۔

اس شہزادیؑ کی بہت بڑی فضیلت یہ ہے کہ خود خدا نے آپؑ کا نام رکھا ہے اور یہ فضیلت خدا کے خاص بندوں کو ہی حاصل ہوتی ہے، ہر شخص اس مقام و مرتبہ پر فائز نہیں ہو

سکتا۔اس مقام ومرتبہ پر جو حضرات فائز ہوئے ہیں وہ یہ ہیں:

☆ پہلے حضرت آدم علیہ السلام ہیں، جن کا نام خدا نے خود رکھا۔

☆ دوسرے حضرت یحییٰ علیہ السلام ہیں جن کا نام رکھنے کا حکم اللہ تعالیٰ قرآن میں دیتا ہے۔

یَازَکَرِیَّآ اِنَّا نُبَشِّرُكَ بِغُلٰمِ ۣ اسْمُهٗ يَحْيٰى۔ [۱]

''اے زکریا علیہ السلام! ہم تمہیں بشارت دیتے ہیں لڑکے کی جس کا نام یحییٰ علیہ السلام ہوگا''۔

☆ تیسرے حضرت عیسیٰ علیہ السلام ہیں جن کا نام خود خدا نے رکھا۔خداوند عالم قرآن میں ارشاد فرماتا ہے:

مِنْهُ اسْمُهُ الْمَسِيْحُ عِيْسَى ابْنُ مَرْيَمَ۔ [۲]

☆ چوتھے ختمی المرتبت صلی اللہ علیہ وآلہ وسلم ہیں جن کو خدا قرآن میں احمدؐ کے نام سے یاد فرماتا ہے۔

يَّاْتِيْ مِنْۢ بَعْدِي اسْمُهٗۤ اَحْمَدُ۔ [۳]

''میرے بعد نبی آئے گا جن کا نام احمدؐ ہوگا''۔

اسی طرح حضرت علی، فاطمہ، حسن وحسین علیہم السلام کا نام بھی خدا نے رکھا ہے۔ بہت سی روایات اس کی طرف اشارہ کرتی ہیں، جن کا ذکر کرنا ہماری بحث سے خارج ہے۔

اسی طرح اُن ہستیوں میں جن کا نام خدا نے خود رکھا ہے،شہزادی حضرت زینب سلام اللہ علیہا بھی شامل ہیں۔اس بارے میں روایت موجود ہے کہ جب حضرت زینب سلام اللہ علیہا کی ولادت کے چند دن گزر گئے تو حضرت فاطمہ زہرا سلام اللہ علیہا نے حضرت علی علیہ السلام کی خدمت میں عرض کیا: اے اہلِ زمین وآسمان پر حجت خدا! بچی کے نام رکھنے میں تاخیر کی کیا وجہ ہے؟

آپؑ نے فرمایا:

اے بنتِ مصطفیٰ صلی اللہ علیہ وآلہ وسلم! نام رکھنے کا اختیار رسولِ خدا صلی اللہ علیہ وآلہ وسلم کے پاس ہے۔

بی بیؑ نے حضرت زینب سلام اللہ علیہا کو اٹھایا اور رسولِ خدا صلی اللہ علیہ وآلہ وسلم کے پاس آکر عرض کیا:

---

[۱]۔ سورۂ مریم، آیت ۷

[۲]۔ سورۂ مریم، آیت ۴۵

[۳]۔ سورۂ الصف، آیت ۶

بابا جان صلی اللہ علیہ وآلہ وسلم! علی علیہ السلام اس طرح فرمارہے ہیں۔

آپؐ نے بچی کو اٹھایا اور سینے سے لگا کر منہ چومنا شروع کر دیا۔ اس وقت جبرئیل علیہ السلام نازل ہوئے، سلام کے بعد عرض کیا: یارسول اللہ صلی اللہ علیہ وآلہ وسلم! خدا آپؐ کو سلام کہتا ہے اور فرماتا ہے: اے میرے حبیبؐ! اس بچی کا نام زینب سلام اللہ علیہا رکھو۔ پس! پیغمبر اکرم صلی اللہ علیہ وآلہ وسلم نے اس مظلومہ کا نام زینب سلام اللہ علیہا رکھ دیا۔

ایک اور روایت میں ہے: جس وقت اس شہزادیؑ کی حضرت فاطمہ زہرا سلام اللہ علیہا کے ہاں ولادت ہوئی تو پیغمبر اکرم صلی اللہ علیہ وآلہ وسلم مدینہ میں موجود نہ تھے۔ آپ کسی سفر پر گئے ہوئے تھے۔ حضرت فاطمہ زہرا سلام اللہ علیہا نے حضرت امیر المومنین علی علیہ السلام سے عرض کیا! اللہ کے نبیؐ اس وقت موجود نہیں ہیں، اس لئے بچی کا نام آپؑ رکھ دیں۔

آپؑ نے فرمایا: میں آپؐ کے والد بزرگوارؐ سے پہلے نام نہیں رکھ سکتا۔ اس وقت تک صبر کریں جب تک آپؐ سفر سے واپس نہ آجائیں۔ آپؐ جو نام بہتر سمجھیں گے رکھ دیں گے۔

تین دن گزرنے کے بعد جب رسول اکرم صلی اللہ علیہ وآلہ وسلم واپس تشریف لائے اور حسبِ معمول حضرت زہرا سلام اللہ علیہا کے گھر تشریف لائے تو حضرت امیر علیہ السلام نے عرض کیا: یارسول اللہ صلی اللہ علیہ وآلہ وسلم! خداوند تعالیٰ نے آپؐ کی بیٹی کو بیٹی عطا فرمائی ہے اُس کا نام تجویز فرمادیجئے۔

آپؐ نے فرمایا: اگرچہ فاطمہ سلام اللہ علیہا کی اولاد ہے لیکن نام رکھنے کا معاملہ خدا کے پاس ہے، مَیں وحی کا انتظار کروں گا۔

اس وقت جبرئیل نازل ہوئے اور عرض کیا: یارسول اللہ صلی اللہ علیہ وآلہ وسلم! ذاتِ حق کا آپؐ پر سلام ہو اور خدا فرماتا ہے: اس بچی کا نام زینب سلام اللہ علیہا رکھو۔ کیونکہ مَیں نے یہ نام لوحِ محفوظ میں لکھ دیا ہے۔

آپؐ نے اس بچی کو اٹھا کر سینے سے لگایا اور نام زینب سلام اللہ علیہا رکھ دیا اور فرمایا: مَیں وصیت کرتا ہوں حاضرین اور غائبین اُمت کو کہ وہ اس بچی کا احترام کریں۔ یہ بچی خدیجہؑ کبریٰ سلام اللہ علیہا کی طرح ہے۔

''اِشارہ'':

یہاں پر چند مطالب کی طرف توجہ دلانا ضروری ہے۔

پہلا مطلب:

ایک روایت میں ہے پیغمبر اکرم صلی اللہ علیہ وآلہ وسلم نے شہزادیؑ کا نام زینب سلام اللہ علیہا رکھا اور دو دیگر روایات میں ہے کہ جبرئیل علیہ السلام آپؑ کا نام لے کر آئے۔ان دو طرح کے مطالب والی روایات آپس میں مخالف نہیں ہیں کیونکہ جو روایات یہ کہتی ہیں کہ جبرئیل علیہ السلام نام لے کر آئے تو اس سے کوئی فرق نہیں پڑتا کیوں کہ نام تو پیغمبر صلی اللہ علیہ وآلہ وسلم ہی نے رکھا تھا اگرچہ خدا کے حکم پر۔

دوسرا مطلب:

جس شخصیت کا نام لوحِ محفوظ میں لکھا گیا ہو، وہ کتنی عظیم ہستی ہوگی۔

تیسرا مطلب:

جس طرح ''خمسہَ آلِ عباءؑ'' کے ناموں کے ساتھ عرش کو زینت دی، اسی طرح لوحِ محفوظ کو شہزادیؑ کے نام سے زینت دی ہے۔

چوتھا مطلب:

پیغمبر اکرم صلی اللہ علیہ وآلہ وسلم نے شہزادیؑ کے بارے میں جو وصیت کی ہے، اس سے آپؑ کے کمالات و مقامات کی بلندی کا علم ہوتا ہے کیونکہ پیغمبر اکرم صلی اللہ علیہ وآلہ وسلم جو کام بھی کرتے ہیں حکم خدا سے کرتے ہیں۔

خداوند عالم فرماتا ہے:

وَمَا يَنطِقُ عَنِ الْهَوٰى۔ إِنْ هُوَ إِلَّا وَحْيٌ يُوحٰى۔ [1]

''وہ (یعنی رسولِ اکرم صلی اللہ علیہ وآلہ وسلم) اپنی مرضی و خواہش کے مطابق بات نہیں کرتے جو بھی کہتے ہیں وحی کے مطابق کہتے ہیں''۔

---

[1]۔ سورۂ نجم، آیت ۳۔۴

لہٰذا شہزادیؑ کے بارے میں پیغمبرِ اکرم صلی اللہ علیہ وآلہ وسلم کی یہ وصیت کہ اس کی حرمت کا خیال رکھنا یہ درحقیقت خدا کی طرف سے وصیّت تھی۔ پیغمبر اکرم صلی اللہ علیہ وآلہ وسلم کی یہ وصیّت اُس وصیّت کے ساتھ کتنی ملتی جلتی ہے جو آپؐ نے اپنی بیٹی حضرت فاطمہ زہرا سلام اللہ علیہا، حضرت علی علیہ السلام اور حسن علیہ السلام و حسین علیہ السلام کے بارے میں کی تھی۔

لیکن افسوس کے ساتھ کہنا پڑتا ہے کہ پیغمبر اکرم صلی اللہ علیہ وآلہ وسلم جن کو اس قدر دوست رکھتے تھے اور جن کے بارے میں وصیّت کر کے گئے تھے۔ خالق کائنات جن کی عزت و عظمت اور اطاعت کو واجب قرار دیتا ہے اور جن کی محبت کو اجرِ رسالتؐ قرار دیتا ہے، بدبخت لوگوں نے ان کو کس قدر مصائب میں مبتلا کیا۔ اتنے مصائب کہ اگر خدا اور رسولؐ ان پر ظلم کرنے کا حکم دیتے تو وہ ان مظالم سے زیادہ نہ ہوتے جو اُن پر ڈھائے گئے ہیں۔ حضرت امام زین العابدین علیہ السلام اس مطلب کی طرف اشارہ کرتے ہیں:

اَلَا لَعْنَۃُ اللّٰہِ عَلَى الْقَوْمِ الظَّالِمِیْنَ۔

پانچواں مطلب:

شہزادیؑ کو حضرت خدیجۃ الکبریٰ سلام اللہ علیہا کے ساتھ تشبیہ دی گئی ہے۔ یہ امر بھی ایک عظیم مقام اور مرتبہ کی طرف اشارہ کرتا ہے۔ اس لئے کہ حضرت خدیجۃ الکبریٰ سلام اللہ علیہا کی فضیلت اور مقام کسی سے پوشیدہ نہیں ہے۔

اُنؑ کے فضائل میں سے ایک فضیلت یہ ہے جو اہلِ اسلام کے نزدیک روایت میں موجود ہے کہ پیغمبر اکرم صلی اللہ علیہ وآلہ وسلم نے فرمایا:

إِنَّ اللّٰہَ اِخْتَارَ مِنَ النِّسَاءِ أَرْبَعاً مَرْیَمَ وَ آسِیَۃَ وَ خَدِیجَۃَ وَ فَاطِمَۃَ۔ [1]

''خدا نے چار عورتوں کو چن لیا ہے: مریم سلام اللہ علیہا بنت عمران، آسیہ سلام اللہ علیہا

[1] ۔ الدر المنثور، تفسیر ابن جریر طبری، ج 3 ص 180؛ فضائل الخمسہ، ج 3 ص 145

شیعہ منابع: ۔ بحار الانوار، ج 16 ص 2؛ عوالم العلوم، ج 11 ص 118

بنتِ مزاحم، خدیجہ سلام اللہ علیہا بنت خویلد اور فاطمہ سلام اللہ علیہا بنت محمد صلی اللہ علیہ وآلہ وسلم''۔

حضرت زینب سلام اللہ علیہا کی عظمت و فضیلت کے لئے اتنا ہی کافی ہے کہ جس طرح حضرت امیر المومنینؑ کی تلوار کو اسلام کی خدمت اور خدا کے کلمۂ توحید کو بلند کرنے میں مقام و مرتبہ حاصل ہے، اسی طرح اس شہزادیؑ کو اسلام کی خدمت اور کلمۂ توحید کی سربلندی کے لئے مقام و مرتبہ حاصل ہے۔

اہل اسلام کے اکثر مؤرخین کہتے ہیں:

''وكانت سيدتنا خديجه من أجمل نساءِ قريش وأعقلها وكانت تسمى بِمليكة العرب و تعرف بسيدة البطحاء''۔

''حضرت خدیجہ سلام اللہ علیہا تمام قریش کی عورتوں سے حسن اور عقل میں بڑھ کر تھیں۔ انہیں ملکیۃ العربؑ اور سیدہ بطحاءؑ کہا جاتا تھا''۔

خلاصہ یہ ہے: حضرت زینب سلام اللہ علیہا سیرت و صورت میں اپنی نانی حضرت خدیجۃ الکبریٰ سلام اللہ علیہا کے مانند تھیں۔

حضرت خدیجہ سلام اللہ علیہا پیغمبر اکرم صلی اللہ علیہ وآلہ وسلم کی انیس و مونس تھیں تو حضرت زینب سلام اللہ علیہا نواسۂ رسولؐ امام حسین علیہ السلام مظلوم کی غمخوار تھیں۔

حضرت خدیجہ سلام اللہ علیہا مقامِ نبوت کو تسلی دیتی تھیں تو حضرت زینب سلام اللہ علیہا امامت حسینیؑ کو تسلی دیتی تھیں۔

حضرت خدیجہ سلام اللہ علیہا نے اسلام کی اشاعت و بقاء کے لئے اپنا تمام مال دے دیا تو حضرت زینب سلام اللہ علیہا نے بھی اسلام کی بقاء کے لئے اپنا سب کچھ قربان کر دیا۔ حتیٰ اسلام کی راہ میں چادر اور گوشوارے اور اپنی اولاد بھی قربان کر دی۔

حضرت خدیجہ سلام اللہ علیہا پیغمبر اکرم صلی اللہ علیہ وآلہ وسلم کی خدمات کی کفیل تھیں تو حضرت زینب سلام اللہ علیہا اپنے بھائی کی خدمات کی کفیل تھیں۔

حضرت خدیجہ سلام اللہ علیہا تمام مصائب و پریشانیوں میں پیغمبر اکرم صلی اللہ علیہ وآلہ کی شریک اور حصہ دار تھیں تو حضرت زینب سلام اللہ علیہا بھی اپنے بھائی امام حسین علیہ السلام کے مصائب میں حصہ دار اور شریک تھیں۔ [۱]

حضرت خدیجہ سلام اللہ علیہا کو جب پتہ چلتا ہے کہ کفارِ مکہ نے حملہ کر کے حضرتؐ کو زخمی کر دیا ہے تو بی بیؑ نے حضرت امیر المومنین علی علیہ السلام کو ساتھ لیا اور غارِ حرا میں آپؐ کی مدد کے لئے اور غمخواری کے لئے پہنچ گئیں۔ اسی طرح حضرت زینب سلام اللہ علیہا اپنے بھائی حسین علیہ السلام کے ساتھ غمخواری کے لئے کئی بار قتل گاہ کی طرف گئیں لیکن فرق یہ ہے کہ حضرت زینب سلام اللہ علیہا کے پاس پانی نہ تھا جو اپنے بھائیؑ کو دے سکتیں۔ اس لئے کبھی کبھی تلہ زینبیہؑ پر کھڑی ہو کر اپنے ہاتھ سر پر رکھ کر غم کی حالت میں آواز دیتی تھیں۔ ''واغربتاہ'' اور عمر سعد کی طرف دیکھ کر فرماتی ہیں:

فَنَادَتْ عُمَرَ بْنَ سَعْدِ بْنِ اَبِیْ وَقَّاصٍ وَیْحَکَ یَا عُمَرُاَ یُقْتَلُ اَبُو عَبْدِاللّٰہِ وَ اَنْتَ تَنْظُرُ اِلَیْہِ۔ [۲]

''اے عمر ابن سعد! تو دیکھ رہا ہے اور حسین علیہ السلام نواسۂ رسول کو قتل کیا جا رہا ہے''۔

اور جب ہر طرف سے مایوس ہو جاتی ہیں تو مدینہ کی طرف منہ کر کے آواز دیتی ہیں:

''وامحمداہ و علیا''۔

''اشارہ'':

جس باپ کو بھی بچے کی ولادت کی خبر دی جاتی ہے وہ خوش ہوتا ہے، سوائے حضرت علی ابن ابی طالب علیہ السلام کے۔ جب بھی آپؑ نے اپنی اولاد میں سے کسی کی ولادت کی خبر سنی تو غمزدہ ہوئے ہیں۔ جیسا کہ اس سے پہلے ذکر ہو چکا ہے۔

---

[۱]۔ عقیلۃ الوحی، ص 20؛ خدیجہؑ بنت خویلد، ص 98

[۲]۔ بحار الانوار، ج 45 ص 55؛ اعلام النساء فی عالمی العرب والاسلام، ج 2 ص 93
الارشاد فی معرفۃ حجج اللہ علی العباد، ج 2 ص 95؛ اعلام الوریٰ بأعلام الہدیٰ، ج 1 ص 458

بعض کتابوں میں ملتا ہے: جب حضرت زینب سلام اللہ علیہا کی ولادت ہوئی تو حضرت امیر المومنین حضرت زہرا سلام اللہ علیہا کے حجرہ میں داخل ہوئے۔ اس وقت حضرت امام حسین علیہ السلام اپنے والد بزرگوارؑ کے استقبال کے لئے آگے بڑھے اور عرض کیا: بابا جانؑ! خدا نے مجھے بہنؑ عطا کی ہے۔ حضرت امیر علیہ السلام نے جب یہ بات سنی تو آپؑ کی آنکھوں سے بے اختیار آنسو جاری ہو گئے۔ جب امام حسین علیہ السلام نے والد گرامیؑ کی یہ حالت دیکھی تو افسوس کرنے لگے کہ میں نے خوشخبری دی تھی بجائے خوشی کے مصائب کا سماں پیدا ہو گیا ہے اور باباؑ کے غم کا سبب بن گیا ہے۔ یہ صورتِ حال دیکھ کر امام حسین علیہ السلام بھی غمگین ہو گئے اور آپؑ کی آنکھوں سے آنسو جاری ہو گئے اور عرض کیا: بابا جانؑ! مَیں آپؑ پر قربان ہو جاؤں، میں نے تو آپؑ کو خوشخبری دی تھی، آپؑ رونے لگ گئے ہیں۔ آپؑ کے رونے کا سبب کیا ہے؟

حضرت علی علیہ السلام نے اپنے بیٹے امام حسین علیہ السلام کو گود میں لیا اور پیار کرنے کے بعد فرمایا: اے میری آنکھوں کے نورؑ! بہت جلد اس رونے کا سبب آپؑ کو معلوم ہو جائے گا۔ یہاں پر حضرت امیر علیہ السلام واقعہَ کربلا کی طرف اشارہ فرما رہے ہیں۔

جب یہی خوشخبری سلمان فارسیؓ نے پیغمبر اکرم صلی اللہ علیہ وآلہ وسلم کو دی تو آپؐ کی حالت بھی تبدیل ہوگئی۔ چنانچہ بعض کتب میں مذکور ہے کہ رسالتِ مآبؐ مسجد میں تشریف فرما تھے۔ سلمان فارسیؓ نے آکر آنحضرتؐ کو خوشخبری دی۔ حضورؐ نے یہ خبر سن کر رونا شروع کر دیا اور فرمایا: ''اے سلمان! جبرئیل علیہ السلام نے خدا کی طرف سے مجھے یہ خبر دی ہے کہ یہ بچی بے حد مصائب دیکھے گی''۔ [1]

یہ بات بھی واضح ہونی چاہیے کہ یہ روایت اس روایت کے ساتھ اختلاف نہیں رکھتی جس میں یہ ذکر ہوا ہے کہ پیغمبر اکرم صلی اللہ علیہ وآلہ وسلم حضرت زینب سلام اللہ علیہا کی ولادت کے وقت مدینہ میں موجود نہ تھے۔ واپسی پر اپنی بیٹیؑ کے گھر گئے اور وہاں بچی کو دیکھا۔ ممکن ہے کہ سلمانؓ کو معلوم نہ ہو کہ پیغمبر اکرم صلی اللہ علیہ وآلہ وسلم اس خبر سے پہلے ہی آگاہ ہو چکے ہیں۔

---

[1]۔ ناسخ التواریخ، حضرت زینب الکبریٰؑ، ج 1 ص 45

حضرت زینب سلام اللہ علیہا کی کنیت:

اہلِ عرب کنّیت کا استعمال اس لیئے کرتے ہیں تا کہ نام کی بے حرمتی نہ ہو۔شہزادیؑ کی کنّیت کے بارے میں اختلاف پایا جاتا ہے۔کچھ کہتے ہیں: آپؑ کی کنّیت اُمّ الحسنؑ ہے۔ بعض کہتے ہیں کہ آپؑ کی کنّیت اُمّ کلثومؑ ہے۔اُمّ کلثومؑ بھی آپؑ کی کنّیت ہونے میں کوئی اشکال نہیں ہے۔اگر چہ آپؑ کی چھوٹی بہن کا نام بھی اُمّ کلثومؑ تھا۔جیسا کہ حضرت امام حسین علیہ السلام نے اپنے بیٹوں کا نام علیؑ رکھا تھا اور اپنی والدہؑ گرامی کے ساتھ والہانہ محبت کی وجہ سے اپنی تمام بیٹیوں کا نام فاطمہؑ رکھا تھا۔ہوسکتا ہے نام اُمّ کلثومؑ میں بھی کوئی خصوصیّت موجود ہو جس کی وجہ سے دونوں بہنوں کو اُمّ کلثومؑ کے نام سے پکارتے ہوں۔حضرت امام حسین علیہ السلام سے کسی نے پوچھا: آپؑ نے اپنے سب بچوں کا نام علیؑ کیوں رکھا ہے؟ آپؑ نے جواب میں فرمایا: اگر مجھے خدا سو بیٹے بھی دیتا تو میں ان سب کا نام علیؑ رکھتا۔اس بی بیؑ کی ایک کنّیت اُمّ المصائب بھی ہے جو واقعہؑ کربلا کے بعد استعمال ہونے لگی۔

ایک اور اشارہ:

کچھ خصوصیات حضرت زینب سلام اللہ علیہا کی وہ ہیں جن میں وہ اپنے مظلوم بھائیؑ کے ساتھ شریک ہیں۔جس طرح حضرت امام حسین علیہ السلام ابن علی علیہ السلام کا نام غریب ہے، اسی طرح شہزادیؑ بھی غریب ہے۔جس طرح امام حسین علیہ السلام کو جب کبھی نانا ؐ نے، والد محترمؑ یا والدہؑ محترمہؑ نے گود میں لیا تو گریہ کرنے لگ جاتے تھے۔اسی طرح حضرت زینب سلام اللہ علیہا کو بھی جب گود میں لیتے تو گریہ کرنے لگ جاتے تھے۔

اسی طرح کوئی شخص کتنا ہی سخت دل کیوں نہ ہو، جب امام حسین علیہ السلام کے مصائب کو یاد کرے گا تو رونے لگ جائے گا۔اسی طرح حضرت زینب سلام اللہ علیہا کے مصائب کو یاد کرنے والا بھی کتنا ہی سخت دل کیوں نہ ہو رونے لگ جائے گا۔

جس طرح حضرت امام حسین علیہ السلام کی قبر کو دیکھنے والا فوراً رو پڑتا ہے بلکہ قبر حسین علیہ السلام

کو یاد کر کے گریہ کرنے لگ جاتا ہے۔اسی طرح حضرت زینب سلام اللہ علیہا کی قبر کو دیکھ کر بلکہ انؑ کی قبر کی غربت کا تصور کر کے رونے لگ جاتا ہے۔

جس طرح امام حسین علیہ السلام کے روضۂ اقدس کا قبہ یہ خصوصیات رکھتا ہے کہ وہاں پر دعائیں قبول ہوتی ہیں۔اسی طرح حضرت زینب سلام اللہ علیہا کے روضۂ مقدسہ کا قبہ بھی یہ خصوصیت رکھتا ہے کہ وہاں پر حاجت مندوں کی دعائیں قبول ہوتی ہیں۔جس طرح امام حسین علیہ السلام کا نام مبارک اثرات رکھتا ہے اور اس نام کے واسطہ سے دعائیں قبول ہوتی ہیں۔اسی طرح حضرت زینب سلام اللہ علیہا کے نام کے بھی اثرات ہیں۔کیونکہ یہ نام بھی کائنات میں مخصوص ناموں میں سے ایک ہے اور لوحِ محفوظ میں پہلے ہی سے موجود تھا۔

حضرت زینب سلام اللہ علیہا کے القابات کا مختصر اًذکر کرتے ہیں۔جو یہ ہیں:

صدیقة الصغریٰ العصمة الصغریٰ، ولیة العظمیٰ ناموس الکبریٰ، الراضیة بالقدرِ والقضاء، اَمینةُ اللهِ، عالمة غیر معلّمة، فهمة غیر مفهمة، محبوبة المصطفیٰؐ، قرة عین المرتضیٰؑ، نائبة الزہراؑ، شفیقة الحسن المجتبیٰؑ، شریکة الحسینؑ سیدالشهداءؑ، زاہدة، فاضلة، عاقلة، کاملة، عاملة، عابدة، محدثة، مخبرة، موثقة، کعبة الرزایا، مظلومة، وحیدة، عقیلة القریش، الباکیة، الفصیحة والبلیغة، والشجاعة، عقیلة خدرالرسالة، رضیعة ثدی الولایة روحی و أرواح العالمین۔ فداها۔

=====❖=====

تیسری فضیلت:

شہزادیؑ کے القابات

جیسا کہ شہزادیؑ کے القابات کے متعلق گفتگو کرتے ہوئے گزر چکا ہے کہ بی بیؑ کا شمار صدیقین میں ہوتا ہے۔ یہاں پر ہم اس کی وضاحت کرتے ہیں۔

صدیق کا لفظ عربی زبان میں مبالغہ کے لئے استعمال کرتے ہیں یہاں پر اس کا معنی یہ ہوگا: وہ شخص جو اپنے تمام افعال واقوال اور حرکات وسکنات میں سچائی رکھتا ہو۔

صدیقہ ہونا ایک الٰہی منصب ہے۔ یہ منصب اور مرتبہ ہر کسی کو نہیں مل سکتا بلکہ مخصوص لوگ ہی اس منصب ومرتبہ تک پہنچتے ہیں۔

چنانچہ گزشتہ انبیاء میں سے اس منصب پر حضرت یوسف علیہ السلام فائز ہوئے ہیں۔ حضرت ابراہیم علیہ السلام کے بارے میں خداوند عالم فرماتا ہے:

اِنَّهُ كَانَ صِدِّيْقاً نَّبِيّاً۔ [۱]

"بے شک وہ ابراہیم علیہ السلام سچے نبی تھے"۔

اسی طرح قرآن میں حضرت عیسیٰ علیہ السلام اور انؑ کی والدۂ گرامی حضرت مریم سلام اللہ علیہا کے لئے بھی یہی لفظ استعمال کیا گیا ہے۔ تمام صدیقین کے سردار حضرت امیرالمؤمنین علی ابن ابی طالب علیہ السلام ہیں۔ [۲]

---

[۱]۔ سورۂ مریم، آیت ۴۱

[۲]۔ منجملہ خصائص نسائی، ص3؛ الریاض النضرہ، ج2 ص155؛ تاریخ طبری، ج2 ص56؛ الصابۃ، ج7 قسم 1 ص 167؛ کنز العمال، ج16 ص405؛ مجمع الزوائد، ج9 ص102؛ الاستیعاب، ج2 ص657؛ اسد الغابہ، ص 287؛ فیض القدیر، ج4 ص237؛ میزان الاعتدال، ج1 ص417

یہ بات بہت سی روایات سے ثابت ہے۔

جیسا کہ گزشتہ روایت جو انس بن مالک سے مروی ہے:

''اس میں آیت ''فَاُولٰٓئِكَ مَعَ الَّذِيْنَ اَنْعَمَ اللّٰهُ عَلَيْهِمْ''[1] کے ضمن میں صدیقین سے مراد حضرت علی ابن ابی طالب علیہ السلام ہی کو لیا گیا ہے''۔

گزشتہ اُمتوں کی عورتوں میں حضرت مریم سلام اللہ علیہا کو صدیقہ کہتے ہیں اور اس آیت میں صدیقہ حضرت فاطمۃ الزہرا سلام اللہ علیہا اور حضرت زینب سلام اللہ علیہا ہیں۔ کیونکہ یہ دونوں مخدرات اپنے تمام افعال و اقوال اور حرکات و سکنات میں سچائی کے لحاظ سے بلند ترین مقام پر فائز تھیں۔

حضرت فاطمہ زہرا سلام اللہ علیہا کو صدیقۂ کبریٰ اور حضرت زینب سلام اللہ علیہا کو والدۂ گرامی کے مرتبہ کو ملحوظ خاطر رکھتے ہوئے صدیقۂ صغریٰ کہا جاتا ہے۔

=====❖=====

[1] سورۃ النساء، آیت ۶۹

چوتھی فضیلت:

شہزادیؑ کی عصمت

عصمت بلند ترین مراتب اور بلند ترین مقامات میں سے ہے۔ یہ مقام و مرتبہ صرف انبیائے عظام اور اوصیائے کرام کے ساتھ مخصوص ہے۔ عصمت کا معنی ہے: وہ شخص جو ہر قسم کی گمراہی اور غلطی سے محفوظ ہو۔

عصمت کا اصطلاحی معنی یہ ہے کہ خدا کی طرف سے معصوم شخص کو ایک قوت ملتی ہے یا ہبہ ہوتی ہے، جس کے ذریعہ وہ اپنے آپ کو گمراہی اور گناہوں سے محفوظ رکھتا ہے۔ یہ قوت و طاقت ایسی ہوتی ہے کہ اس میں معصوم ہستی کا اختیار بھی موجود ہوتا ہے۔ قوت و اختیار ہونے کے ساتھ ساتھ قوۃ الھبہ کے ذریعہ محفوظ ہو جاتا ہے۔ قوت و اختیار کا ہونا اس لئے ضروری ہے کہ اس کے بغیر انسان مکلّف نہیں رہتا یعنی خدا کی طرف سے اس کو احکامِ واجب اور حرام کا حکم نہیں دیا جا سکتا۔ خدا کی طرف سے انبیاء اور اوصیاء کو یہ قوۃ الھبہ دی جاتی ہے جس کے ذریعہ وہ مرتبۂ عصمت پر فائز ہوتے ہیں۔ اس کی حکمت اور مصلحت واضح ہے۔

جن اشخاص کو خداوندِ عالم مکمل حکومت اور ولایت عطا فرماتا ہے۔ اگر اُن کو عصمت جیسی طاقت عطا نہ کرے جس کے ذریعہ وہ اپنے آپ کو گمراہی اور گناہوں سے بچا سکیں تو نظام کائنات برقرار نہیں رہ سکتا۔ اس لئے کہ اگر ان حضراتؑ سے غلطی سرزد ہو سکتی ہے تو پھر عام لوگ تو ان سے بھی زیادہ غلطیوں میں مبتلا ہو سکتے ہیں۔ کیونکہ عام لوگوں کی باگ ڈور ان کے ہاتھ میں ہوتی ہے اور یہ روحوں کی تربیت کرتے ہیں۔ بشریت کے معلّم ہوتے ہیں۔ ان حضرات کے ذریعہ تمام لوگوں تک فیض و برکات پہنچتے ہیں اور تمام لوگوں کی ہدایت و راہنمائی انہی کے ہاتھ میں ہوتی ہے۔

یہی وجہ ہے کہ حضرت ابراہیم علیہ السلام نے جب منصب امامت کی درخواست اپنی اولاد کے لئے خدا سے کی تو خداوندِ عالم کی طرف سے حکم آیا:

لَا يَنَالُ عَهْدِي الظَّالِمِينَ۔ [۱]

''میرا عہدامامت ظالموں کو نہیں ملے گا''۔

خداوندِ عالم اس آیت میں فرمانا چاہتا ہے کہ تیری اولاد میں سے جو ظالم ہوں گے، ان کو منصب امامت نہیں مل سکتا۔ عصمت کے کچھ مراتب ہیں اِن مراتب میں عصمت کا اعلیٰ ترین مرتبہ اہل بیتِ محمدیؐ کے ساتھ خاص ہے۔ جیسا کہ آیتِ تطہیر میں خداوندِ عالم ارشاد فرماتا ہے:

إِنَّمَا يُرِيدُ اللَّهُ لِيُذْهِبَ عَنكُمُ الرِّجْسَ أَهْلَ الْبَيْتِ وَيُطَهِّرَكُمْ تَطْهِيرًا۔ [۲]

''سوائے اس کے نہیں کہ خدا چاہتا ہے اے اہلِ بیتؑ! تم سے رجس کو دور رکھے اور تمہیں پاک کردے جس طرح پاک کرنے کا حق ہے''۔

حضرت زینب سلام اللہ علیہا عقیلۂ رسالت طینتِ محمدیہؐ سے ہیں اور جہادِ نفسانی میں بلند مقام رکھتی ہیں۔ جس کی وجہ سے بی بیؑ نے تمام عمر اُن لذات وخواہشات کو ترک کیا ہوا تھا جن کا تعلق حیوانات کے ساتھ ہے۔ اسی وجہ سے آپؑ کو عصمتِ صغریٰ کے لقب سے یاد کیا جاتا ہے۔ بی بیؑ کے بعض بیانات میں بھی اس طرف اشارہ ہے کہ وہ عصمت رکھتی ہیں۔

یہ بات معلوم ہونی چاہیے کہ ملائکہ کی عصمت انبیاءؑ کی عصمت سے مختلف ہے۔ کیونکہ ملائکہ میں شہوت اور غضب وغصہ کی صفات کو نہیں رکھا گیا ہے جبکہ انبیاءؑ میں یہ دونوں قوتیں موجود ہیں۔ اسی وجہ سے انبیاءؑ ملائکہ سے اشرف مقام رکھتے ہیں لہٰذا حضرت زینب سلام اللہ علیہا بھی اسی وجہ سے افضل واشرف ہیں۔

(میری اور عالمین کی ارواح آپؑ پر قربان)۔

---

[۱]۔ سورۂ بقرہ، آیت ۱۲۴

[۲]۔ سورۂ احزاب، آیت ۳۳

پانچویں فضیلت:

آپؑ کے القابات میں ایک لقب "وَلِيَّةُ الله" ہے

عقیلہَ بنی ہاشم کے القابات میں سے ایک لقب "وَلِيَّةُ الله" ہے۔شہزادیؑ کئی اعتبار سے اس لقب کا استحقاق رکھتی ہیں۔

اوّل: مکرّمہؑ میں جو بلند و بالا مقامات موجود ہیں وہ خدا کی بندگی کرنے سے حاصل ہوئے ہیں۔

دوم: اس لئے بی بیؑ کو "وَلِيَّةُ الله" کہنا صحیح ہے کہ ان پر جو مصائب و آلام نازل ہوئے ہیں جن کو انہوںؑ نے دین مبین کے احیاء اور بقاء کے لئے برداشت کیا ہے۔

سوئم: شہزادیؑ کو اس لئے بھی "وَلِيَّةُ الله" کے لقب سے یاد کرنا صحیح ہے۔کیونکہ آپؑ کے نانا رسولِ خدا صلی اللہ علیہ وآلہ وسلم آپؑ کے والدؑ اور والدہَ گرامیؑ آپؑ سے بے حد محبت کرتے تھے اور آپؑ ان سے انتہائی محبت رکھتی تھیں۔جو آل محمد علیہم السلام سے محبت رکھتا ہو اور آلِ محمد علیہم السلام اس سے محبت رکھتے ہوں تو یقیناً اس پر خدا کا خاص لطف و کرم ہوتا ہے۔

چہارم: شہزادیؑ کو "وَلِيَّةُ الله" کہنے کی ایک وجہ یہ بھی ہے کہ آپؑ اپنے بھائی حضرت سید الشہداء امام حسین علیہ السلام کے ساتھ بے انتہاء محبت رکھتی تھیں۔اس کے علاوہ آپؑ کی باقی خاندان کے افراد کے ساتھ بھی محبت تھی۔جو کوئی امام حسین علیہ السلام کے ساتھ محبت رکھتا ہو، خدا اس سے محبت رکھتا ہے اور جس کی امام حسین علیہ السلام کے ساتھ جس قدر محبت زیادہ ہوگی، اس کے مقامات بھی خدا کے نزدیک اتنے ہی بلند ہوں گے۔شہزادی زینب سلام اللہ علیہا اپنے بھائی امام حسین علیہ السلام کی محبت میں غرق

تھیں ۔اس لئے خدا کی طرف سے خاص صفاتِ الٰہیہ کی حامل تھیں ۔

پنجم: اس لئے بھی شہزادیؑ کو ''وَلِیَّۃُ اللہ'' کا لقب دینا درست ہے کہ آپؑ خدا کی آیات جلیّہ میں سے ایک فرد ہیں ۔آپؑ خداوندِ قدوس کے مظاہر میں سے ایک مظہر ہیں ۔مودت بھی اس بات کا تقاضا کرتی ہے ۔

کسی فارسی شاعر نے کیا خوب کہا ہے:

خجستہ دختر زہراکہ ہست آینہ زپای تابسر و جلوہ اِلہ در اوست
ز ممکنات بواجب کس اشتباہی نیست بغیر عصمتِ صغریٰ کہ اشتباہ در اوست
گواہ عصمت او انمّا یرید اللہ نہ بس ہمین ہمہ قرآن بگو گواہ در اوست

''زہرا سلام اللہ علیہا کی شہزادیؑ بیٹی جو ایک آئینہ کے مانند ہے ۔پاؤں سے سر تک جلوۂ الٰہی نظر آتی ہیں ۔

ذاتِ پروردگار تمام ممکنات پر قادر ہے اس میں کوئی اشتباہ نہیں ہے ۔

شہزادیؑ کی عصمتِ صغریٰ میں کس طرح اشتباہ ہوسکتا ہے ۔

آپؑ کی عصمت کی گواہی آیت اِنَّمَا یُرِیْدُ اللہُ دیتی ہے ۔فقط یہی آیت نہیں بلکہ تمام قرآن آپؑ کی عصمت کی گواہی دیتا ہے''۔

=====❖=====

چھٹی فضیلت:

مظلومہ بی بیؑ کے القابات میں سے ایک لقب

”الراضیة بالقدر والقضاء“ ہے

اس لقب کا ظاہرہ معنی اور واضح وحقیقی مصداق شہزادیؑ ہی ہیں۔ اس لقب کے معنی ہیں، قدر وقضاء پر راضی رہنے والی خاتون۔ تو اور کون ہے جو اس معنی اور مفہوم کو اپنے وجود میں رکھتی ہو۔

تمام مشکل حالات میں شہزادیؑ نے ثابت قدمی کا ایسا اظہار کیا کہ قدر وقضاء کا جلوہ نظر آنے لگیں۔ اس کے باوجود کہ آپؑ اس قدر بلند رتبہ رکھتی تھیں اور مقامِ اطاعت میں اعلیٰ ترین بلندی پر نظر آتیں۔ آپؑ پر جو مصائب نازل ہوئے، اس قدر عظیم تھے کہ اگر مضبوط ترین پہاڑوں پر آتے تو وہ ریزہ ریزہ ہو جاتے۔ اتنے بڑے مصائب کا برداشت کرنا اس بات کی دلیل ہے کہ مکرّمہ راضیہ بالقدر والقضاء تھیں۔

یہ بلند مقام صرف عقیلۂ بنی ہاشم ہی کا نصیب ہے۔ کیونکہ اس غربت کے عالم میں جس غربت کا تصوّر ہی روح کو تڑپا کر رکھ دیتا ہے، مظلومہؑ نے ایک خاتون ہونے کے باوجود اتنے مظالم کو برداشت کیا اور وہ بھی غربت کے عالم میں۔ یہ ایک حیران کن بات ہے۔ اس بارے میں وضاحت آئندہ کے مطالب میں بیان کی جائے گی۔

=====❖=====

ساتویں فضیلت:

مخدرہؑ کا ایک لقب ''امینۃ اللہ'' ہے

مخدرہؑ کے القابات میں سے ایک لقب ''امینۃ اللہ'' ہے۔ جس کے معنی ہیں اللہ کی امانت دار۔

شہزادیؑ نے الٰہی امانتوں کی اس انداز سے حفاظت کی ہے کہ آپؑ کو اس لقب سے یاد کیا جاتا ہے۔

اگر بی بی امینۃ اللہ نہ ہوتیں۔ تو اسرارِ الٰہی کی مخزن نہ ہوتیں۔

اگر ''امینۃ اللہ'' نہ ہوتیں تو حضرت سید الشہداء علیہ السلام خدا کی امانتوں اور اولاد رسول صلی اللہ علیہ وآلہ وسلم کو آپؑ کے سپرد نہ کرتے۔ خاص طور پر حضرت امام حسین علیہ السلام اپنے بعد وقت کے امام حضرت علی ابن الحسین علیہ السلام کو آپؑ کے سپرد نہ کرتے۔ بلکہ اس میں مبالغہ نہ ہوگا کہ امام حسین علیہ السلام کے بعد خدا کی عظیم ترین امانتوں اور رازوں کو اٹھانے والی آپؑ ہی ہیں۔

اگر مجھے ناقص عقل رکھنے والے لوگوں کی باتوں کا خیال نہ ہوتا کہ وہ ہر ایک کو غالی کا نام دینے میں دیر نہیں لگاتے تو ہم ایسی ایسی چیزیں بیان کرتے جو معرفت اور عرفان کو بلند کر دیتیں۔

يَا رُبَّ جَوهَرِ عِلمٍ لَوْ اَبُوْحُ بِهِ لِقيْلَ لِیْ اَنْتَ مِمَّنْ يَعْبُدُالْوَثَنَا۔ [1]

''اگر علم و دانش کے گوہروں کو روشن کروں تو مجھے کہیں گے میں ان میں سے ہوں جو بت پرستی کرتا ہے''۔

شہزادیؑ کی یہ خصوصیت اور فضیلت کیا کم ہے کہ آپؑ حضرت امام سجاد علیہ السلام جو وقت

---

[1] ۔ الدیوان «العصر العباسی «الحلاج «

کے امام تھے، کے ساتھ شریک تھیں۔جس طرح امام حسین علیہ السلام نے امام سجاد علیہ السلام کو وصیتیں کی تھیں، اسی طرح حضرت زینب سلام اللہ علیہا کو بھی کی تھیں۔

عنقریب ان خصوصیات کی طرف اشارہ کریں گے۔

شہزادیؑ کی اس فضیلت میں ایک اشارہ یہ بھی ہے:

خدا نے شہزادیؑ کو اس لئے خلق فرمایا کہ خدا کے راز اور اَسرار کو برداشت کرنے والا سوائے شہزادیؑ کے کوئی اور نہ تھا۔

اس فضیلت میں شہزادیؑ اپنی والدہ محترمہ حضرت فاطمہ زہرا سلام اللہ علیہا کے ساتھ مشابہت رکھتی تھیں۔کیونکہ حضرت فاطمہ زہرا سلام اللہ علیہا کے بارے میں فرمایا گیا ہے:

''اگر علی علیہ السلام نہ ہوتے تو حضرت صدیقہ کبریٰ فاطمہ زہرا سلام اللہ علیہا کا آدم علیہ السلام سے لے کر خاتم صلی اللہ علیہ وآلہ وسلم تک کوئی کفو نہ ہوتا''۔

اسی طرح اگر کربلا کے میدان میں حضرت زینب سلام اللہ علیہا نہ ہوتیں تو خدا کے رازوں اور امانتوں کو اٹھانے والا کوئی اور نہ ہوتا۔

ان مطالب کو سمجھنے کے لئے باذوق اور بافہم افراد کی ضرورت ہے جو اس عمیق اور گہرے مطلب کو سمجھ سکیں۔

=====❖=====

آٹھویں فضیلت:

شہزادیؑ کا ایک لقب ”عالمہ غیرِ معلّمہ“ ہے

مکرّمہؑ کے القابات میں سے ایک لقب ”عالمہ غیر معلّمہ“ ہے یعنی وہ عالمہ جس نے کسی سے تعلیم حاصل نہ کی ہو۔

یہ لقب حضرت امام سجاد علیہ السلام کی طرف سے بی بیؑ کو عطا کیا گیا ہے تا کہ لوگ یہ جان لیں کہ خدا کے نزدیک عصمت کے اس گوہر یگانہ کا کیا مقام و مرتبہ ہے۔ایک موقع تھا جب دربارِ ابن زیاد میں اہلِ کوفہ کے درمیان شہزادیؑ کائنات نے اپنے والد گرامیؑ کے انداز میں دلوں کو تڑپا دینے والے خطبات ارشاد فرمائے۔

قطب الموحدین امامؑ اپنی پھوپھیؑ کی طرف متوجہ ہوئے اور تمام مصائب کو دیکھ کر کہ پھوپھیؑ کی روح پرواز کرنے کو ہے تو اُس وقت حضرت امام سجاد علیہ السلام نے یہ جملہ ارشاد فرمایا:

> يَا عَمَّةِ اُسْكُتِيْ فَفِي الْبَاقِيْ مِنَ الْمَاضِي اِعْتِبَارٌ وَ كُنْتِ بِحَمْدِ اللهِ عَالِمَةٌ غَيْرُ مُعَلَّمَةٍ فَهِمَةٌ غَيْرُ مُفَهَّمَةٍ۔۔۔۔۔۔الخ۔ [1]

> ”اے پھوپھیؑ! سکون فرمائیے جو کچھ آپؑ فرما چکی ہیں وہ قابل اعتبار ہے۔الحمد اللہ! آپؑ عالمہ غیر معلّمہ اور فہمہ غیر مفہمہ ہیں“۔

---

[1] ۔ سفینۃ البحار، ج1 ص557؛ احتجاج طبرسی، ص166؛ الکبریت الاحمر، ج2 ص17؛ بلاغات النساء، ص23؛ بحار الانوار، ج45 ص162؛ عوالم العلوم، ج17 ص368

''اشارہ'':

یہاں پر چند مطالب واضح معلوم ہوتے ہیں۔

پہلا مطلب:

یہ بات تسلیم شدہ ہے کہ حضرت زینب سلام اللہ علیہا یہ مقام و مرتبہ رکھتی تھیں، جس کی وجہ سے امام علیہ السلام جیسی ہستی نے یہ جملہ ارشاد فرمایا ہے۔

دوسرا مطلب:

یہ کہ حضرت علیہ السلام اپنے اس ارشاد میں مخدرہ علیہا السلام کے فضائل کو ظاہر کرنا چاہتے ہیں۔

تیسرا مطلب:

یہ کہ جس طرح حضرت زینب سلام اللہ علیہا نے میدانِ کربلا میں اپنے بھتیجے علیہ السلام کو تسلی دی تھی آج امام سجاد سلام اللہ علیہا اپنی پھوپھی علیہا السلام کو تسلی دینا چاہتے ہیں۔

یہ معلوم ہونا چاہیے کہ کمالاتِ نفس اور مقاماتِ انسانیہ میں سے ایک مرتبہ ''علم'' ہے اور یہ اعلیٰ ترین مقام ہے۔ تمام شرافتوں کا تاج علم ہے۔ اہم ترین ملکات میں سے ملکہ علم ہے۔ روح کی غذا علم ہے۔ علم حیاتِ ابدی کا سبب ہے۔ حیاتِ ابدی کی ذاتی شرافت علم ہے۔ اس کا کوئی انکار نہیں کرسکتا۔

علم کے مرتبہ کی بلندی ہر ایک پر واضح اور روشن ہے۔ اس بات پر کسی دلیل کی ضرورت نہیں ہے۔ لیکن تبرک کے طور پر ہم یہاں پر چند آیات اور روایات کو اس مطلب کی وضاحت کے لئے دلیل کے طور پر ذکر کرتے ہیں۔

آیات:

خداوندِ تعالیٰ ارشاد فرماتا ہے:

هَلۡ يَسۡتَوِي الَّذِينَ يَعۡلَمُونَ وَالَّذِينَ لَا يَعۡلَمُونَ۔ [1]

---

[1]۔ سورۂ زمر، آیت ۹

''کیا جاننے والے اور نہ جاننے والے برابر ہیں''۔

ایک دوسرے مقام پر فرماتا ہے:

شَهِدَ اللّٰهُ أَنَّهُ لَا إِلٰهَ إِلَّا هُوَ وَالْمَلَائِكَةُ وَأُولُوا الْعِلْمِ..[۱]

''خدا گواہی دیتا ہے کہ اس کے سوا کوئی معبود نہیں ہے۔اس کے ملائکہ اور صاحبانِ علم بھی گواہی دیتے ہیں''۔

اس آیت میں آسمانی مخلوق یعنی ملائکہ کو اہل علم کے مرتبہ پر شمار کیا گیا ہے جو اہل علم اور علم کے مرتبہ وکمال اور اس کی بلندی و عظمت کی طرف اشارہ ہے۔ایک اور مقام پر عقلِ کل، خاتم المرسلین صلی اللہ علیہ وآلہ وسلم نبی کو ایک دستور العمل کے طور پر اشارہ ہوتا ہے:

رَبِّ زِدْنِيْ عِلْماً۔[۲]

''اے میرے پروردگار! میرے علم میں اضافہ فرما''۔

اس آیت سے معلوم ہوتا ہے کہ ہر چیز سے شرافت میں زیادہ پسندیدہ چیز علم ہے۔ اگر علم کے علاوہ کوئی اور چیز ہوتی تو خداوندِ عالم اپنے پیغمبر صلی اللہ علیہ وآلہ وسلم کو اس کے طلب کرنے کی ترغیب دیتا۔اس سے معلوم ہوتا ہے کہ مقامِ مصطفویؐ کے لائق جو چیز ہے وہ علم ہے۔اسی لئے اس کے طلب کرنے کا حکم دیا گیا ہے۔

روایات:

روایات اس قدر زیادہ ہیں جو کہ روزِ روشن کی طرح اس مطلب کو واضح کرتی ہوئی نظر آتی ہیں۔روایت میں ارشاد ہوتا ہے:

طَلَبُ الْعِلْمِ فَرِيْضَةٌ عَلٰى كُلِّ مُسْلِمٍ وَ مُسْلِمَةٍ۔[۳]

---

[۱]۔ سورۂ زمر، آیت ۱۸

[۲]۔ سورۂ طٰہٰ، آیت ۱۱۴

[۳]۔ بحار الانوار، ج 1 ص 177؛ عوالی اللئالی، ج 2 ص 32؛ میزان الحکمت، ج 6 ص 463؛ مستدرک الوسائل و مستنبط المسائل، ج 17 ص 249؛ مجموعہ ورّام، ج 2 ص 176؛ کنز الفوائد، ج 2 ص 107

''علم کا طلب کرنا ہر مسلمان مرد اور عورت پر واجب ہے''۔

ایک دوسرے مقام پر ارشاد ہوتا ہے:

اطلبوا العلم من المهد الى اللحد۔

''علم کو طلب کرو ماں کی گود سے لے کر قبر کی لحد تک''۔

حضرت امیر المومنین علیہ السلام کی طرف منسوب ایک شعر جس میں آپؑ نے فرمایا:

رَضِينَا قِسْمَةَ اَلْجَبَّارِ فِينَا لَنَا عِلْمٌ وَ لِلْأَعْدَاءِ مَالٌ۔ [۱]

''ہم خدا کی تقسیم پر راضی ہیں، ہمارے لئے علم ہے اور دشمنوں کے لئے مال ہے''۔

علم کی دو قسمیں ہیں: (۱)۔کسبی۔ (۲)۔وہبی۔

علم کسبی:

یہ وہ علم ہے جو انسان اپنی محنت سے حاصل کرتا ہے۔جتنی کوشش انسان کرے گا اتنا ہی اسے مل جائے گا۔خدا فرماتا ہے:

لَّيْسَ لِلْإِنسَانِ إِلَّا مَا سَعَىٰ۔ [۲]

''انسان کے لئے نہیں ہے مگر وہ جتنی کوشش کرتا ہے''۔

علم وہبی:

یہ وہ علم ہے جو خدا کسی کو محنت کے بغیر اس کی استعداد اور قابلیت کو دیکھ کر عطا فرماتا ہے۔اس علم کے درجات اور مقامات ہیں۔کسی کو یہ علم الہام کے ذریعہ عطا ہوتا ہے، الہام غیبی کے علاوہ درمیان میں کوئی واسطہ نہیں ہوتا۔بعض کو یہ علم فرشتہ کے ذریعہ وحی کے طور پر عطا کیا جاتا ہے۔وحی اسے کہتے ہیں: جب علم لے کر آنے والا فرشتہ نظر آئے اور اگر نظر نہ آئے تو اسے محدث کہتے ہیں۔

---

[۱]۔ بحار الانوار، ج34 ص 431؛ دیوان امیر المومنینؑ، ص 334

[۲]۔ سورۂ نجم، آیت ۳۹

بعض کو یہ علم خواب کے ذریعہ عطا کیا جاتا ہے ۔ان تمام درجات ومقامات کو حاصل کرنا بڑا مشکل کام ہے ۔صرف خدا کے مقرب بندے ہی ان مقامات کو حاصل کر سکتے ہیں ۔ وہ مقرب بندے انبیاءؑ، اوصیاءؑ اور اولیاءؑ ہیں ۔جن کی تعداد بہت کم ہے ۔

خدا فرماتا ہے:

ذَٰلِكَ فَضْلُ اللَّهِ يُؤْتِيهِ مَن يَشَاءُ.... [۱]

''یہ اللہ کا فضل ہے جیسے چاہتا ہے عطا کرتا ہے''۔

یہ بات واضح ہے کہ ہر شخص اپنے مقامات کے لحاظ سے ان درجات پر فائز ہوتا ہے ۔کسی کو ایک درجہ ملتا ہے تو کسی کو دو درجے اور کوئی اس فضل کے تمام درجات حاصل کئے ہوئے ہوتا ہے اور وہ کائنات میں سب سے افضل ہستی حضرت محمد مصطفیٰ صلی اللہ علیہ وآلہ وسلم ہیں ۔

حضرت زینب سلام اللہ علیہا الہام اور محدثہ کے درجہ پر فائز ہیں ۔حضرت امام سجاد علیہ السلام کا فرمان ہے آپؑ عالمہ غیر معلّمہ ہیں ۔امام علیہ السلام کا یہ فرمان اس بات کا ثبوت ہے کہ آپؑ عالمہ غیر معلّمہ ہیں۔

شہزادیؑ کے القابات میں سے ایک لقب محدثہ اور مخبرہ بھی ہے ۔اس سے معلوم ہوتا ہے کہ آپؑ کے پاس علم کا ہر درجہ تھا لیکن جس کے پاس الہام کا درجہ موجود ہو تو پھر محدثہ والے درجہ کی اتنی اہمیت نہیں رہتی ۔کیونکہ محدثہ کا مقام ومرتبہ اس خاندان کے خادموں کو بھی نصیب ہوا ہے جیسا کہ حضرت سلمانؓ اور جنابِ فضہؑ محدث تھے ۔ [۲]

حضرت زینب سلام اللہ علیہا کے علوم چند مقامات پر ظاہر ہوئے ہیں، ان میں چند یہ ہیں ۔

''اوّل'':

کوفہ میں جب شہزادیؑ اپنے والد گرامی علیہ السلام کے ساتھ کوفہ میں حضرتؑ کی ظاہری خلافت کے وقت موجود تھیں ۔

---

[۱] ۔ سورۂ مائدہ، آیت ۵۴

[۲] ۔ اختیار معرفۃ الرجال، ص 12؛ نفس الرحمٰن، ص 311؛ امالی، شیخ طوسی ص 260؛ بصائر الدرجات، ص 343

بعض کتب میں ملتا ہے کہ آپؑ اپنے گھر میں ایک مجلس قائم کرتی تھیں، جس میں کوفہ کی خواتین کو قرآن کی تفسیر کا درس دیا کرتی تھیں۔ ایک دن شہزادیؑ ''کھیعص'' کی تفسیر بیان کر رہی تھیں کہ حضرت امیر المومنین علیہ السلام تشریف لے آئے۔ آپؑ نے فرمایا: بیٹی! میں نے سنا آپؑ نے ''کھیعص'' کی تفسیر بیان کی ہے؟ شہزادیؑ نے عرض کیا: آپؑ پر قربان ہو جاؤں، ہاں! باباجانؑ۔

آپؑ نے فرمایا: بیٹی! یہ کلمہ ''کھیعص'' قرآن کے کلمات میں کلمہَ رمز ہے[۱]، [۲]۔ اِس میں اُن مصائب کی طرف اشارہ ہے جو پیغمبر اکرمؐ کی اولاد پر نازل ہوں گے۔

اس کے بعد حضرتؑ نے ان تمام مصائب و آلام کو حضرت زینب سلام اللہ علیہا کے سامنے بیان کیا۔ یہ سُن کر مظلومہؑ کے گریہ کی آواز بلند ہوئی۔ اس کے باوجود کہ آپؑ جانتی تھیں، پھر بھی آپؑ کی یہ حالت ہوگئی۔ معلوم نہیں اُس وقت آپؑ کی کیا حالت ہوئی ہو گی، جب آپؑ نے اپنی آنکھوں سے ان مصائب کو دیکھا ہو گا۔ پس معلوم ہوتا ہے کہ مصیبت بہت بڑی تھی۔

''دوم وسوم'':

جب مخدّرہؑ نے کوفہ و شام کے بازاروں اور درباروں میں خطبات ارشاد فرمائے۔ اتنے مصائب نازل ہونے کے باوجود شہزادیؑ نے اپنے باپؑ کے لہجہ میں خطبے دے کر ثابت کر دیا کہ مَیں سلونی سلونی کا دعویٰ کرنے والے امامؑ کی بیٹی ہوں۔

شہزادیؑ کے یہ خطبات درحقیقت حضرت زہرا سلام اللہ علیہا کی شباہت پیش کرتے ہوئے نظر آتے ہیں۔ آپؑ کی والدہ گرامیؑ نے بھی فدک کو ثابت کرنے کے لئے اپنے خطبات میں قرآن اور حدیث سے دلیلیں پیش کر کے اپنے علم کا اظہار فرمایا تھا۔

---

[۱]۔ ریاحین الشریعہ، ج3 ص75؛ زینب الکبریٰ، علامہ نقدی ص35

[۲]۔ امام زمانہؑ نے ایک روایت میں اس کی وضاحت کی ہے۔ بحار الانوار، ج 44 ص 233؛ احتجاج طبرسی، ج2 ص273

نویں فضیلت:

آپؑ کا ایک لقب" محبوبۃ المصطفیٰؐ "ہے

شہزادیؑ کے القابات میں سے ایک لقب "محبوبۃ المصطفیٰؐ" ہے۔ یہ مرتبہ کئی اعتبار سے اس شہزادیؑ میں موجود تھا۔

اوّل:

شہزادیؑ محبوبۃ اللہ ہیں۔جیسا کہ ولیۃ اللہ کے لقب کی بحث میں ذکر ہو چکا ہے کہ آپؑ نے خدا کی راہ میں جو خدمات انجام دی ہیں، اُن کی وجہ سے خدا آپؑ کو پسند کرتا ہے اور جس کو خدا پسند کرتا ہے، وہ محبوبۃ اللہ ہی ہوا کرتی ہے۔اگر کوئی خدا کا محبوب بن جائے تو یقیناً وہ پیغمبر صلی اللہ علیہ وآلہ وسلم کا بھی محبوب بن جاتا ہے۔

دوم:

اس لئے کہ شہزادیؑ اولادِ پیغمبرؐ میں سے ہیں اور اولاد کی محبت فطری ہوتی ہے۔

سوئم:

شہزادیؑ حضرت زہرا سلام اللہ علیہا کی محبوبہ تھیں اور حضرت پیغمبر اکرم صلی اللہ علیہ وآلہ وسلم حضرت زہرا سلام اللہ علیہا سے خاص محبت رکھتے تھے۔جب حضرت زینب سلام اللہ علیہا حضرت زہرا سلام اللہ علیہا کی محبوبہ تھیں اور حضرت زہرا سلام اللہ علیہا پیغمبر اکرم صلی اللہ علیہ وآلہ وسلم کی محبوبہ تھیں تو اس بناء پر حضرت زینب سلام اللہ علیہا بھی پیغمبر صلی اللہ علیہ وآلہ وسلم کی محبوبہ ہیں۔اس طرح شہزادیؑ اپنے والد گرامیؑ، پیغمبر اکرم صلی اللہ علیہ وآلہ وسلم اور حضرت امام حسین علیہ السلام کی محبوبہ تھیں۔پیغمبر اکرم صلی اللہ علیہ وآلہ وسلم کی محبت حضرت امام حسین علیہ السلام کے ساتھ کسی سے پوشیدہ نہیں ہے۔امام حسین علیہ السلام کے لئے فرمانِ پیغمبر صلی اللہ علیہ وآلہ وسلم ہے:

حُسَيْنٌ مِنِّيْ وَ أَنَا مِنْ حُسَيْنٍ ۔[1]

”حسین علیہ السلام مجھ سے ہیں اور میں حسین علیہ السلام سے ہوں“۔

جب پیغمبر اکرم صلی اللہ علیہ وآلہ وسلم کی محبت حضرت امام حسین علیہ السلام سے اس حد تک ہے تو پھر جس سے امام حسین علیہ السلام محبت رکھتے ہوں گے تو یقیناً وہ پیغمبر اکرم صلی اللہ علیہ وآلہ وسلم کا بھی محبوب ہو گا۔

چہارم:

شہزادیؑ اس لئے بھی محبوبۃ المصطفیٰؑ ہیں کہ آپؑ کا دین کی بقاء میں جو عمل اور کارنامہ ہے وہ درحقیقت پیغمبر اکرم صلی اللہ علیہ وآلہ وسلم کی تریسٹھ (۶۳) سالہ زندگی کی محنتوں اور زحمتوں کی حفاظت کرتی رہی ہیں۔

پنجم:

شہزادیؑ اس وجہ سے بھی محبوبۃ المصطفیٰؑ ہیں کہ آپؑ نے پیغمبر اکرم صلی اللہ علیہ وآلہ وسلم کے اوصیاء اور آئمہ طاہرین علیہم السلام کی حفاظت کی ہے۔ خاص طور پر قطب العارفین حضرت امام سجاد علیہ السلام کی جو آپؑ نے حفاظت کی ہے وہ کسی سے پوشیدہ نہیں ہے۔ جس کی تفصیل پہلے گزر چکی ہے۔ اسی وجہ سے شہزادیؑ تمام مخلوق کی گردنوں کی مالکہ بن جاتی ہیں اور شہزادیؑ اس لقب کی بھی مستحق قرار پاتی ہیں کہ آپ علیہا السلام کو قرۃ العین مرتضیٰ علیہ السلام کے نام سے یاد کیا جائے یعنی مرتضیٰ علیہ السلام کی آنکھوں کی ٹھنڈک۔

---

[1]۔ صحیح ترمذی، ج2 ص307؛ صحیح ابن ماجہ در باب من فضائل اصحاب رسول اللہ صلی اللہ علیہ وآلہ وسلم۔

شیعہ منابع: ۔کامل الزیارات، ج1 ص52؛ اعلام الوریٰ بأعلام الہدیٰ، ج1 ص425؛ شرح الاخبار فی فضائل الآئمۃ الاطہارؑ، ج3 ص112؛ الارشاد فی معرفۃ حجج اللہ علی العباد، ج2 ص127؛ عمدۃ عیون صحاح الاخبار فی مناقب امام الابرارؑ، ج1 ص406؛ کشف الغمۃ فی معرفۃ الآئمۃ، ج2 ص6؛ کشف الیقین فی فضائل امیر المؤمنینؑ، ج1 ص305

دسویں فضیلت:

بی بی سلام اللہ علیہا کا ایک لقب ''نائبۃ الزہراء سلام اللہ علیہا'' ہے

شہزادیؑ کے مقاماتِ عالیہ اور القابات میں سے ایک لقب نائبۃ الزہراء سلام اللہ علیہا ہے۔

یہاں پر اس کی وضاحت کے لئے یہ گفتگو ضروری ہے کہ ہر ادارہ اور انقلاب کے قیام اور اس کی بقاء کے لئے دو گرہوں کی ضرورت ہوتی ہے۔

ایک وہ گروہ جو اس ادارہ یا انقلاب کے قیام میں اپنا حصّہ ڈالتا ہے اور کردار ادا کرتا ہے۔ دوسرا گروہ وہ ہوتا ہے جو ادارہ یا انقلاب کے قیام کے بعد اس کی حفاظت کا ذمہ اپنے سر لیتا ہے۔

جب یہ بات واضح ہوگئی تو یقیناً اسلامی انقلاب کے لئے بھی دو گروہوں کی ضرورت تھی۔ ایک گروہ مؤسیس اور بنیاد رکھنے والوں کا اور اُسے پاؤں پر کھڑا کرنے والوں کا دوسرا گروہ اس بانی انقلاب کے دنیا سے جانے کے بعد اس کی نیابت میں اسلام کی محافظت کرنے والوں کا۔

اسلامی انقلاب کی بنیاد رکھنے والے بانیوں کے نام یہ ہیں:

سب سے پہلا اور عظیم بانی جو اس انقلاب کو برپا کرنے والا ہے اتنے بڑے انقلاب کی بنیاد رکھنے والی ہستی کا نام حضرت محمد صلی اللہ علیہ وآلہ وسلم ہے۔ جنہوں نے اس انقلاب کے قیام میں اس قدر تکلیفیں اٹھائیں کہ لوگوں کو ہدایت کے راستہ پر لا کر کھڑا کیا۔ آپؐ نے جو تکلیفیں اٹھائیں اُن کے صِلہ میں خدا سے ان لوگوں کے لئے جو آنحضرت صلی اللہ علیہ وآلہ وسلم کو زخمی حالت میں خون آلود چھوڑ جاتے تھے، دعا بھی طلب کرتے ہیں اور عرض کرتے ہیں:

اَللّٰھُمَّ اِھْدِ قَوْمِیْ فَإِنَّھُمْ لاَ یَعْلَمُوْنَ ۔[۱]

''اے پروردگار! میری قوم کو ہدایت فرما کہ وہ مجھے نہیں جانتے''۔

اِس اسلامی انقلاب کے بنیادی گروہ کے سردار اور اہم ترین شخصیت عقلِ کل، خاتم المرسلین حضرت محمد بن عبد اللہ صلی اللہ علیہ وآلہ وسلم ہیں، جن کو قانون دان اور صاحبِ شریعت کہا جاتا ہے۔ اس بانی گروہ کے دوسرے فرد اور اہم شخصیت کا نام امیر المومنین علی علیہ السلام ہے جو اپنی تلوار کے ذریعہ ان قوانین کو جاری کرتے تھے، جن کو اللہ کے رسول صلی اللہ علیہ وآلہ وسلم لے کر آئے تھے۔

اسی لئے پیغمبر اکرم صلی اللہ علیہ وآلہ وسلم نے فرمایا تھا:

بَرَزَ الْإِیْمَانُ کُلُّہُ إِلَی الْکُفْرِ کُلِّہِ ۔[۲]

''کل ایمان کل کفر کے مقابلہ میں جا رہا ہے''۔

اس بانی گروہ میں ایک اور اہم نام خدیجۃ الکبریٰ سلام اللہ علیہا کا ہے جنہوں نے اپنے مال کے ذریعہ اسلام کی بنیادوں کو محفوظ اور مضبوط بنایا۔

ان بانیوں میں ایک اور نام پیغمبر اکرم صلی اللہ علیہ وآلہ وسلم کی بیٹی کا ہے یعنی حضرت فاطمۃ الزہرا سلام اللہ علیہا جنہوں نے مصائب کو برداشت کر کے انقلابِ اسلامی کی بنیادوں کو مضبوط کیا۔

رؤف و رحیم پیغمبر صلی اللہ علیہ وآلہ وسلم کی یہ بیٹی پیغمبر اکرم صلی اللہ علیہ وآلہ وسلم کی وفات کے بعد آپؐ کی یادگار کے طور پر اس کائنات کے لئے روشنی اور ہدایت کا سبب تھیں۔ پیغمبر اکرم صلی اللہ علیہ وآلہ وسلم ہر حال میں اپنی اس بیٹی کا خیال رکھنے کے بارے میں وصیت کرتے رہتے تھے۔ خدا نے اسی بیٹیؑ کی اولاد کی محبت کو قرآن میں اجرِ رسالتؐ کے طور پر بیان فرمایا ہے۔

لیکن اُمت نے اجرِ رسالتؐ کو محبت کی شکل میں دینے کے بجائے اتنی اذیّت اور تکلیفیں دی ہیں کہ زمین اتنی وسیع ہونے کے باوجود آلِ محمد علیہم السلام پر اتنی تنگ کر دی جاتی

---

[۱]۔ احیاء العلوم، ج 3 ص 201؛ بحار الانوار، ج 20 ص 116؛ النور المبین فی قصص الانبیاء و المرسلین، ص 71؛ المناقب، ج 1 ص 215؛ ایمان ابی طالبؑ، ص 154

[۲]۔ اثبات الھدایۃ بالنصوص والمعجزات، ج 3 ص 456؛ بحار الانوار، ج 39 ص 1؛ عوالی اللئالی، ج 4 ص 88

ہے کہ وہ دعا کرتے ہیں:

إِلٰهِيْ عَجِّلْ وَفَاتِيْ۔ [1]

''اے میرے پروردگار! میری موت میں جلدی فرما''۔

حالانکہ اگر بی بیؑ چاہتیں تو خدا سے جو بھی بد دعا کرتیں وہ قبول ہو جاتی لیکن صبر کرنے کو ترجیح دی۔ یہ صبر کرنا عاجزی کی علامت نہ تھی اس لئے کہ جب بنتِ رسول صلی اللہ علیہ وآلہ وسلم مسجد میں بد دعا کرتیں ہیں تو مدینہ میں زلزلہ آجاتا ہے اور مسجد کے ستون اپنی جگہ سے ہلنے لگ جاتے ہیں۔

اسی طرح بی بیؑ جب امیر المومنین علیہ السلام کے پاس اپنے مصائب کی شکایت کرتی ہیں اور حضرتؑ اُنؑ کا حق لینے کے لئے تلوار اُٹھاتے ہیں تو جلوگیری کرتی ہیں اور سامنے آکر حضرتؑ کو روکتی ہیں تا کہ انؑ کے والدِ گرامی صلی اللہ علیہ وآلہ وسلم کا دین ختم نہ ہو۔ اگر آج دین کا نام باقی ہے تو بی بیؑ پاک کے صبر و تحمل کی وجہ سے ہی ہے۔

اسی طرح اسلام کے بانی گروہ میں ایک نام حضرت امام حسن مجتبیٰ علیہ السلام کا ہے، جنہوں نے اسلام کی بنیاد کو محفوظ کرنے کے لئے اہم کردار ادا کیا۔ جب آپؑ کو یہ احساس ہوا کہ مسلمان سُست ہو چکے ہیں اور اس وقت صلح کے علاوہ کوئی اور راستہ نہیں ہے تو آپؑ نے صلح کا راستہ اپنا کر دینِ مبین کی ترویج اور اشاعت کی۔

حضرت امام حسن علیہ السلام کے بارے میں ایک حدیث میں ہے:

''حسن مجتبیٰ علیہ السلام کی صلح ہر اُس چیز سے بہتر ہے جس پر سورج کی کرنیں چمکتی ہیں''۔

پس یہ پانچ افراد وہ ہیں جنہوں نے دین اسلام کے قوانین کو جاری کرنے کے لئے بے حد سعی وکوشش کی۔

اب ہم تذکرہ کرتے ہیں انقلابِ اسلامی کے اُس گروہ کا جس نے اس انقلاب کو باقی رکھنے کے لئے اہم کردار ادا کیا۔ وہ گروہ بھی پانچ افراد پر مشتمل ہے۔ اس گروہ کے رئیس اور

---

[1]۔ بحار الانوار، ج 43 ص 174

سردار کا نام حسین ابن علی علیہ السلام ہے۔

ان پانچ افراد میں ہر فرد انقلابِ اسلامی کے پہلے گروہ کے ہر فرد کا نائب نظر آتا ہے۔اس دوسرے گروہ کے باقی افراد یہ ہیں:

حضرت علی اکبر علیہ السلام:

حضرت علی اکبر ابن الحسین علیہ السلام، حضرت عباس بن علی علیہ السلام، حضرت قاسم ابن الحسن علیہ السلام اور حضرت زینب عقیلۂ بنی ہاشم سلام اللہ علیہا۔

یہ چار افراد اور حضرت سید الشہداء علیہ السلام دین اسلام کی بقاء کے لئے پہلے گروہ کی نیابت کرتے ہیں۔

حضرت علی اکبر علیہ السلام حضرت پیغمبر اکرم صلی اللہ علیہ وآلہ وسلم کے نائب تھے۔ یہ شہزادہ خاص طینت محمدیہؐ سے تھا: جیسا کہ آپؑ کی زیارت کے الفاظ ہیں:

اَلسَّلاَمُ عَلَیْكَ یَا اَوَّلَ قَتِیْلٍ مِنْ نَسْلِ خَیْرِ سَلِیلٍ مِنْ سُلاَلَۃِ۔ [1]

''سلام ہو اُس پہلے شہید پر جو بہترین سلسلہ محمدیہؐ سے ہیں''۔

حضرت علی اکبر علیہ السلام منصب ولایت پر فائز تھے جیسا کہ زیارت کے دوسرے الفاظ میں ہے:

اَلسَّلاَمُ عَلَیْكَ یَا وَلِیَّ اللّٰہِ وَ ابْنَ وَلِیِّہِ۔ [2]

''سلام ہو تجھ پر اے اللہ کے ولی اور ولی کے بیٹے''۔

حضرت سید الشہداء علیہ السلام آپؑ کے بارے میں فرماتے ہیں:

---

[1] ۔ اقبال الاعمال، ج 2 ص 573؛ المزار الکبیر، ج 1 ص 485؛ مصباح الزائر، ص 287؛ بحار الانوار، ج 45 ص 48

[2] ۔ مصباح الزائر، ص 286؛ المزار (للشہید الاوّل)، ص 161؛ زاد المعاد، ص 529؛ بحار الانوار، ج 98 ص 345

غُلاَمٌ أَشْبَهُ النَّاسِ خَلْقاً وَخُلُقاً وَ مَنْطِقاً بِرَسُوْلِكَ۔ [1]

''اے پروردگار! اب میں اس قوم کے مقابلہ میں اس جوان کو بھیج رہا ہوں جو تیرے رسول صلی اللہ علیہ وآلہ وسلم کے ساتھ اخلاق، خلقت اور کلام میں سب لوگوں سے زیادہ شباہت رکھتا ہے''۔

امامؑ کا یہ فرمان واضح دلیل ہے کہ حضرت علی اکبر علیہ السلام پیغمبر اکرم صلی اللہ علیہ وآلہ وسلم کے نائب تھے۔

یہاں پر ایک خاص نکتہ موجود ہے: وہ یہ کہ کسی پیغمبر یا نبی کی سواری یا اسلحہ پیغمبر کے علاوہ کوئی دوسرا استعمال نہیں کرسکتا۔ بعض کتب میں تحریر ہے کہ عالمِ خواب میں حضرت سید الشہداء علیہ السلام سے سوال کیا گیا: حضرت علی اکبر علیہ السلام اتنے شجاع ہونے کے باوجود کہ شجاعتِ علویؑ رکھتے تھے، پھر بھی ایک زرّہ اور تلوار کی وجہ سے تھک گئے اور کہنے لگے: میں تھک گیا ہوں؟

اس کے جواب میں امام علیہ السلام نے فرمایا: علی اکبر علیہ السلام زِرہ اور تلوار کے وزن سے نہیں بلکہ ولایت کے وزن سے تھک گئے تھے۔

اس کے علاوہ آپؑ حضرت علی علیہ السلام کے ساتھ شباہت رکھتے تھے۔ جس طرح فتح مکّہ کے موقع پر بتوں کو توڑنے کے لئے پیغمبر اکرم صلی اللہ علیہ وآلہ وسلم نے فرمایا: یا علی علیہ السلام! میں آپؑ کے کندھوں پر چڑھ کر بتوں کو توڑتا ہوں۔ جب آنحضرتؐ حضرت علی علیہ السلام کے کندھوں پر چڑھنے لگے تو بارِ نبوت حضرت علی علیہ السلام سے برداشت نہ ہوسکا۔

اسی طرح جب حضرت علی اکبر علیہ السلام کربلا کے میدان میں بنی اُمیہ کے بتوں کو توڑنے اور قتل کرنے کے لئے اسلحہ لے کر اپنے دادا حضرت علی علیہ السلام کے گھوڑے پر سوار ہونے لگے تو وہ گھوڑا شہزادے کا وزن نہ اٹھا سکا۔ اس لئے کہ شہزادے میں نیابت رسول صلی اللہ علیہ وآلہ وسلم تھی۔

جس طرح حضرت علی علیہ السلام دوشِ پیغمبر صلی اللہ علیہ وآلہ وسلم پر سوار ہوکر فضیلت کے بلند ترین مرتبہ پر

---

[1]۔ اللھوف علی قتلی الطفوف، ج1 ص102؛ علی الاکبرؑ ص58؛ مثیر الاحزان، ج1 ص68

فائز ہوئے تھے۔اسی طرح حضرت علی اکبر علیہ السلام بھی نبوتؑ وامامت کے اوزان کو اُٹھا کر بلند ترین مرتبہ کو چھوتے ہوئے نظر آتے ہیں۔اس کے علاوہ حضرت سید الشہداء علیہ السلام جو اپنے اس بیٹے سے محبت والفت رکھتے تھے،وہ اُس والہانہ محبت کی وجہ سے تھی جو آپؑ کو اپنے نانا حضرت محمد مصطفیٰ صلی اللہ علیہ وآلہ وسلم کے ساتھ تھی،نہ کہ اس وجہ سے کہ آپؑ باپ اور شہزادہؑ بیٹا تھے۔

حضرت عباس علیہ السلام:

حضرت عباس علیہ السلام اپنے والد بزرگوار حضرت علی علیہ السلام کی نیابت رکھتے تھے۔جب امیر المومنین علیہ السلام نے شادی کرنے کا ارادہ کیا تو اپنے بھائی عقیل علیہ السلام سے فرمایا: میرے لئے ایک ایسی عورت تلاش کرو جو ایک شجاع خاندان کی ہوتا کہ اُس سے شجاع اور بہادر بچہ پیدا ہو اور اس میں تمام صفاتِ کمالیہ پائی جاتی ہوں۔اسی لئے حضرت عقیل علیہ السلام نے حضرت اُمّ البنین سلام اللہ علیہا کا انتخاب کیا[1]،جن سے حضرت عباس علیہ السلام پیدا ہوئے۔

حضرت عباس علیہ السلام اپنے والد بزرگوارؑ کی زندگی میں ہمیشہ اپنے بھائی حضرت امام حسین علیہ السلام کی خدمت میں مصروف رہتے تھے۔حضرت امیر المومنینؑ نے اپنی شہادت کے وقت اپنی تمام اولاد کو ایک دوسرے کی وصیّت اور سفارش کی۔خاص طور پر حضرت عباس علیہ السلام کو وصیّت اور سفارش کی کہ اپنے بھائی حضرت امام حسین علیہ السلام کا خیال رکھنا۔یہ تمام مطالب اس بات پر دلالت کرتے ہیں کہ حضرت عباس علیہ السلام حضرت امام حسین علیہ السلام کی نیابت رکھتے تھے۔

حضرت شہزادہ قاسم علیہ السلام:

حضرت شہزادہ قاسم علیہ السلام اپنے والد بزرگوار حضرت امام حسن علیہ السلام کے نائب تھے۔اس بات پر دلالت وہ تعویذ ہے جو حضرت امام حسن علیہ السلام نے لکھ کر اپنے بیٹے حضرت قاسم علیہ السلام کے بازو پر باندھا تھا تاکہ اس کے ذریعہ اپنے بھائی امام حسین علیہ السلام کو اس بات پر

[1]۔ عمدۃ الطالب وسر السلسلۃ بنقل از العباس المقرم

آمادہ کریں کہ عاشور کے دن کربلا کے میدان میں میرا بیٹا قاسم علیہ السلام اپنے باپ کی طرف سے نائب بن کر شہادت کے لئے جائے گا۔

حضرت زینب سلام اللہ علیہا:

حضرت زینب سلام اللہ علیہا اپنی والدہ محترمہ حضرت فاطمہ زہرا سلام اللہ علیہا کی طرف سے نیابت رکھتی تھیں۔ چنانچہ بی بیؑ ہر مقام پر والدہؑ کی نیابت کرتی ہوئی نظر آتی ہیں۔حضرت امام حسین علیہ السلام کے آخری وداع کے وقت بیٹی والدہؑ کی نیابت کرتے ہوئے اپنے بھائیؑ کا گلہ چومتے ہوئے دکھائی دیتی ہیں۔

حتیٰ کہ ہر لحاظ سے اپنی والدہ محترمہ سلام اللہ علیہا کی نیابت کرتے ہوئے جہاں تک ممکن ہو سکا اپنے بھائی امام حسین علیہ السلام کی ہر طرح حفاظت کرتی ہوئی نظر آتی ہیں۔ یہاں تک کہ دین اسلام کی حفاظت کی خاطر اپنی والدہؑ محترمہ کی طرح بے حد مصیبتوں پر صبر کرتی ہوئی دکھائی دیتی ہیں۔خاندانِ عترت و اہل بیت علیہم السلام کی حفاظت میں نیابت کرتی ہیں۔کوفہ و شام کے بازاروں اور درباروں میں خاندانِ حضرت محمد مصطفیٰ صلی اللہ علیہ وآلہ وسلم کی حقانیت کو ثابت کرنے میں اپنی والدہ کی نیابت کرتی ہوئی نظر آتی ہیں۔

اس وجہ سے آپؑ کا لقب نائبۃ الزہراؑ ہے بلکہ حضرت زینب سلام اللہ علیہا اپنی نانی حضرت خدیجۃ الکبریٰ سلام اللہ علیہا کی بھی نیابت رکھتی تھیں اور یہ نیابت کئی لحاظ سے تھی جن کا ذکر پہلے گزر چکا ہے۔

اس کے علاوہ آپؑ اپنے نانا حضرت محمد رسولِ خدا صلی اللہ علیہ وآلہ وسلم کی بھی نیابت رکھتی تھیں۔ یہ بات واضح ہے کہ اگر واقعۂ کربلا وقوع پذیر نہ ہوتا اور یہ سب مصائب اہل بیت علیہم السلام پر نازل نہ ہوتے اور وہ ان مصائب کو برداشت نہ کرتے تو آج اسلام کا نام ونشان تک نہ ہوتا۔کیونکہ مسلمانوں کے حکمران جس راستہ پر چل پڑے تھے، اس کی وجہ سے لوگ اہلِ بیت علیہم السلام سے بہت دور ہو چکے تھے اور اپنے افعال واعمال کی وجہ سے اسلام کی بنیادوں کو کھوکھلا کر رہے تھے۔

حضرت امام حسین علیہ السلام:

حضرت امام حسین علیہ السلام ایک ایسی ہستی تھے جو ان کے لئے ایک دیوار کے طور پر سامنے کھڑے تھے۔ اپنی محافل میں اور مجالس میں امر بالمعروف اور نہی عن المنکر کرتے اور ان کی برائیوں کو بیان کرتے تھے۔ امام علیہ السلام کے اغراض و مقاصد اور خیالات ونظریات بنی اُمیہ کے اغراض و مقاصد اور خیالات ونظریات کے خلاف تھے۔ اسی وجہ سے بنی اُمیہ کے لوگوں نے امام علیہ السلام کو شہید کرنے کا مصمم ارادہ کرلیا تھا۔

جیسا کہ حضرت امام حسین علیہ السلام خود فرماتے ہیں:

لَوْ كُنْتُ فِيْ جُحْرِ هَامَّةٍ۔[1]

''یعنی اگر میں جانوروں کے بلوں میں بھی داخل ہو جاؤں تو بنی اُمیہ پھر بھی میرا خون ضرور بہائیں گے''۔

امام علیہ السلام اور اُن کے اہل بیت علیہم السلام نے اس لئے صبر کیا تاکہ دین مبین بچ جائے۔ یہ اس لئے تھا کہ امام علیہ السلام اُس گروہ کے سردار تھے، جس نے دین اسلام کی حفاظت کی ہے۔

امام علیہ السلام فرماتے ہیں:

إن كان دين محمد لم يستقم   الاّ بقتلى فيا سيوف خذينى

''یعنی اگر دین محمدؐ میرے قتل کے بغیر قائم نہیں رہ سکتا تو تلوارو آؤ مجھ پر برس پڑو''۔

---

[1]۔ وقعۃ الطف، ج 1 ص 152؛ شرح الاخبار فی فضائل الآئمۃ الاطہارؑ، ج 3 ص 145؛ عوالم العلوم، ج 17 ص 323؛ بحارالانوار، ج 45 ص 99

گیارہویں فضیلت:

شہزادیؑ کا ایک لقب ’’شریکۃ الحسینؑ‘‘ ہے

حضرت زینب سلام اللہ علیہا کے القابات میں سے ایک لقب ’’شریکۃ الحسینؑ‘‘ ہے۔مخدرہؑ کئی اعتبار سے اپنے بھائی کی شریک تھیں۔

اوّل: اُس جان کے بیچنے کے معاملہ میں جس کی طرف خداوند کریم اس آیت میں ارشاد فرماتا ہے:

إِنَّ اللّٰهَ اشْتَرَىٰ مِنَ الْمُؤْمِنِينَ أَنفُسَهُمْ وَأَمْوَالَهُم ۔[1]

’’بے شک اللہ تعالیٰ نے مؤمنوں سے ان کے اموال اور جانوں کو خرید لیا ہے‘‘۔

اس آیت کے حقیقی مصداق تو حضرت سید الشہداء علیہ السلام ہیں اور اس معاملہ میں یعنی اپنی جان کو بیچنے میں حضرت زینب سلام اللہ علیہا بھی اپنے بھائی حضرت امام حسین علیہ السلام کے ساتھ شریک ہیں۔

اوّل:

اس معاملہ میں یعنی خدا نے امام حسین علیہ السلام کا مال اور جان خرید لیا اور اس کے مقابلہ میں بہشت کا مالک بنا دیا۔آپؑ کو صاحب وسیلہ اور صاحب شفاعت بنا دیا۔حضرت امام حسین علیہ السلام کی بہن بھی اس معاملہ میں اپنے بھائی کے ساتھ اس انداز سے شریک رہیں کہ اگر حضرت زینب سلام اللہ علیہا نہ ہوتیں تو یہ معاملہ اور خرید و فروخت ہی نامکمل اور ناقص ہوتی۔

---

[1]۔ سورۂ توبہ، آیت ۱۱۱

دوم:

مدینہ سے لے کر مکّہ اور مکّہ سے لے کر کربلا تک اپنے بھائی کے ساتھ تمام مصائب وآلام میں شریک رہیں اور شام کے مصائب آپؑ پر اضافی ہیں۔

سوئم:

تمام اجر و ثواب جن کا شمار نہیں ہوسکتا، اُن سب میں اپنے بھائی کے ساتھ شریک ہیں۔

چہارم:

گناہگاروں کی شفاعت کرنے میں بھی اپنے بھائی کے ساتھ شریک ہیں۔

پنجم:

تمام مخلوقات کو جس طرح امام حسین علیہ السلام نے فائدہ اور فیض پہنچایا، خاص طور پر نعمتِ حیات اور ہدایت جو افضل ترین اور عظیم ترین نعمتوں میں سے ہے لوگوں تک پہنچائی۔ اسی طرح حضرت زینب سلام اللہ علیہا بھی ان چیزوں میں اپنے بھائی کے ساتھ شریک ہیں۔

ششم:

جس طرح دین مبین کی حفاظت حضرت امام حسین علیہ السلام نے کی، اسی طرح حضرت زینب سلام اللہ علیہا بھی حفاظتِ دین میں اپنے بھائی کے ساتھ شریک تھیں۔ یہ وہ شراکت داری ہے جس کی وجہ سے آپؑ کا نام شریکۃ الحسینؑ پڑ گیا۔

=====❖=====

بارہویں فضیلت:

شہزادیؑ کا ایک لقب ''زاہدہ'' ہے

شہزادی حضرت زینب سلام اللہ علیہا کے القابات میں سے ایک لقب ''زاہدہ'' ہے۔
اس کی تفصیل کچھ اس طرح ہے: زُہد ایک پسندیدہ اوصاف اور اخلاقیات میں شمار ہوتا ہے۔ جو شخص بھی کسی درجہ یا مقام پر فائز ہوا ہے وہ زُہد ہی کی وجہ سے ہوا ہے۔ اس لئے اسلام کی مقدس شریعت میں اس کی طرف بڑے زور سے ترغیب دلائی گئی ہے تاکہ اس کو حاصل کرنے میں زیادہ سے زیادہ کوشش کی جائے۔
اس کے فوائد حسّی ہیں یعنی محسوس کئے جاسکتے ہیں۔
زُہد کی حقیقت کو حضرت امیرالمومنین علیہ السلام بیان کرتے ہوئے فرماتے ہیں:

قَالَ أَمِيرُ الْمُؤْمِنِيْنَ عَلَيْهِ السَّلَامُ: اَلزُّهْدُ فِي الدُّنْيَا ثَـلَاثَةُ اَحْرُفٍ زَاءٌ وَ هَاءٌ وَ دَالٌ فَأَمَّا الزَّاءُ فَتَرْكُ الزِّيْنَةِ وَ أَمَّا الْهَاءُ فَتَرْكُ الْهَوَى وَ أَمَّا الدَّالُ فَتَرْكُ الدُّنْيَا۔[1]

''امامؑ فرماتے ہیں: دنیا میں زُہد کے تین حرف ہیں۔

(۱)۔زاء۔ (۲)۔ہاء۔ (۳)۔دال۔

زا سے مراد ترک زینت ہے۔ ھاء سے مراد ترکِ ھوا اور خواہشات ہے اور دال سے مراد ترکِ دنیا ہے''۔

اہل زُہد و تقویٰ کا اجر و ثواب بے حساب ہے۔ اس بارے میں حدیث ذکر کرتے ہیں جو ''ارشاد القلوب'' کی روایت کے ساتھ ملتی جلتی ہے۔ اس روایت میں معراج کی رات سرکارِ

---

[1]۔ جامع الاخبار، ص 109

دو عالم صلی اللہ علیہ وآلہ وسلم سے خطاب ہوا:

يَا أَحْمَدُ، هَلْ تَعْرِفُ مَا لِلزَّاهِدِينَ عِنْدِیْ (فِی الْآخِرَةِ) قَالَ لَا يَارَبِّ قَالَ يُبْعَثُ الْخَلْقُ وَ يُنَاقَشُونَ بِالْحِسَابِ وَهُمْ مِنْ ذَلِكَ آمِنُوْنَ إِنَّ أَدْنَى مَا أُعْطِى الزَّاهِدِيْنَ فِی الْآخِرَةِ أَنْ أُعْطِيَهُمْ مَفَاتِيحَ الْجِنَانِ كُلَّهَا حَتَّى يَفْتَحُوا أَیَّ بَابٍ شَاءُوا وَلَا اَحْجُبُ عَنْهُمْ وَجْهِیْ وَلَأُمَتِّعَنَّهُمْ بِأَنْوَاعِ التَّلَذُّذِ مِنْ كَلَامِیْ وَلَأُجْلِسَنَّهُمْ مَقْعَدِ صِدْقٍ فَأُذَكِّرُهُمْ مَاصَنَعُوا وَتَعِبُوْا فِیْ دَارِ الدُّنْيَا وَ أَفْتَحُ لَهُمْ أَرْبَعَةَ أَبْوَابٍ:

بَابٌ يَدْخُلُ عَلَيْهِمُ الْهَدَايَا بُكْرَةً وَ عَشِيّاً مِنْ عِنْدِیْ وَ بَابٌ يَنْظُرُوْنَ مِنْهُ إِلَیَّ كَيْفَ شَاءُوْا بِلَا صُعُوْبَةٍ وَ بَابٌ يَطَّلِعُوْنَ مِنْهُ إِلَى النَّارِ فَيَنْظُرُوْنَ إِلَى الظَّالِمِيْنَ كَيْفَ يُعَذَّبُونَ وَ بَابٌ يَدْخُلُ عَلَيْهِمْ مِنْهُ الْوَصَائِفُ وَ الْحُورُ الْعِينُ۔ [1]

''اے احمد صلی اللہ علیہ وآلہ وسلم! کیا آپؐ جانتے ہیں کہ میرے نزدیک زُہد رکھنے والوں کا کیا مقام ہے؟

عرض کیا: نہیں! اے پروردگار۔

فرمایا: لوگ زندہ کئے جائیں گے اوران کا حساب وعقاب ہوگا۔اُس وقت زاہدافراد امان میں ہوں گے۔اُس وقت کمترین چیز جو میں ان کو دوں گا وہ بہشت کی چابیاں ہوں گی۔وہ جس دروازے سے بھی داخل ہونا چاہیں

[1] ۔ ارشاد القلوب، باب 54 ص 250؛ بحار الانوار، ج 74 ص 25؛ معالم الزلفی، ص 75؛ مستدرک الوسائل و مستنبط المسائل، ج 12 ص 48؛ کلیات حدیث قدسی، ص 381

گے، ہو جائیں گے۔ میں ہر گز اُن سے اپنی رحمت کو پوشیدہ نہیں رکھوں گا۔ میرے ساتھ کلام کرنے کے سبب کئی قسم کی لذات حاصل کریں گے اور ان کو بہترین مقام پر بٹھاؤں گا اور ان کو دوبارہ یاد دلاؤں گا جو وہ دنیا میں انجام دیتے رہے ہوں گے اور تکلیفیں اُٹھاتے رہے ہوں گے، میری خوشنودی حاصل کرنے کے لئے اور میں ان کے لئے چار دروازے کھولوں گا۔

(۱)۔ ایک دروازہ ان کی طرف کھولوں گا جس کے ذریعہ ہر وقت میرے ہدیے اُن تک پہنچتے رہیں گے۔

(۲)۔ ایک دروازہ ایسا کھولوں گا، جس کے ذریعہ میری رحمت، جلال اور جمال کا نظارہ کریں گے۔

(۳)۔ ایک اور دروازہ کھولوں گا، جس سے جہنم کی طرف دیکھیں گے اور ظالموں کے عذاب کا نظارہ کریں گے۔

(۴)۔ ایک اور دروازہ کھولوں گا، جس کے ذریعہ بہشت کی حُوریں اور خدمت گزار ان کے پاس آئیں گے''۔

اس مطلب کو بیان کرنے والی اور بھی روایات ہیں۔ جس نے آئمہ معصومین علیہم السلام کی اقتداء کی اور حقیقتِ زُہد کو پالیا۔ وہ عقیلہَ بنی ہاشم حضرت زینب سلام اللہ علیہا ہیں۔

اس بی بیؑ نے زینت کو ترک کیا۔ جس کے بارے میں قرآن فرماتا ہے:

اَلْمَالُ وَالْبَنُوْنَ زِيْنَةُ الْحَيٰوةِ الدُّنْيَا ۔ [1]

''مال اور اولاد دنیاوی زندگی کی زینت ہیں''۔

اس مخدرہؑ نے ہر طرح کی زینت کو ترک کیا۔ زینتِ مال کو بھی اور زینتِ اولاد کو بھی۔

---

[1]۔ سورۂ کہف، آیت ۴۶

دو بیٹے کربلا میں قربان کر دیئے۔ایسے بیٹے جو چاند کے مانند تھے۔تمام کمالات اُنؑ میں موجود تھے۔اُنؑ کو قربان کر کے زُہد کے بلند مقام پر فائز ہو گئیں اور جتنا مال تھا، وہ بھی قربان کر دیا حتیٰ گوشوارے بھی دے دیئے۔

اس کی گواہی یہ چیز دیتی ہے کہ قدرت و طاقت رکھنے کے باوجود خدا کی خوشنودی کی خاطر صبر کیا اور دنیا کو ترک کر دیا۔دنیا سے تمام تعلقات ختم کر دیئے۔گھر اور شوہر سے، زندگی کی ضروریات سے، رشتہ داروں سے، اپنی ہر چیز سے، یہاں تک کہ راہِ خدا میں اپنی چادر بھی قربان کر دی اور یہ زُہد کا بلند ترین مقام ہے۔

حضرت عیسیٰ علیہ السلام کا زُہد مشہور و معروف ہے۔جہاں پر زُہد کا ذکر ہوتا ہے تو حضرت عیسیٰ علیہ السلام کی یاد آجاتی ہے کیونکہ اُن کی شرافت اور فضیلت اسی وصف کی وجہ سے تھی۔

اگر ہم اس مظلومہؑ کے زُہد کا دنیا کے تمام زاہدوں کے زُہد کے ساتھ موازنہ کریں تو تمام اہلِ زُہد دخترِ بتول سلام اللہ علیہا کو دیکھ کر اپنے زُہد کو بھول جائیں گے۔یہ ہے وہ بلند و بالا مقام جس کو جاننے کی ضرورت ہے۔

میری جان شہزادیؑ کے قدموں کی خاک پر قربان، آپؑ کے مقامات و درجات شمار سے باہر ہیں۔

تیرہویں فضیلت:

شہزادیؑ کا ایک لقب ''عاقلہ'' ہے

شہزادیؑ کے القابات میں سے ایک لقب ''عاقلہ'' ہے۔ یہاں پر ضروری ہے کہ ہم اپنے قلم کو اس کی وضاحت اور تشریح کی طرف حرکت دیں تا کہ اہلِ معرفت اور صاحبانِ بصیرت کے مقاماتِ معرفت میں اور اضافہ ہو۔

اگر مطلب طویل ہو جائے تو ہم اپنے ناظرین سے معذرت طلب کریں گے۔ جو بات جاننے کے لائق ہے وہ یہ ہے:

کہ تمام مخلوق میں افضل و اشرف مخلوق عقل ہے۔ خداوند تعالیٰ نے عقل کو ہر فیض کے حصول کا وسیلہ بنایا ہے۔

چنانچہ کتاب ''وافی'' میں ''کتاب الخصال'' سے نقل کرتے ہیں۔

عَنْ عَلِیٍّ عَلَیْهِ السَّلاَمُ قَالَ قَالَ رَسُوْلُ اللهِ صَلَّی اللهُ عَلَیْهِ وَآلِهٖ: إِنَّ اللهَ تَعَالٰی خَلَقَ الْعَقْلَ مِنْ نُورٍ مَخْزُوْنٍ مَكْنُوْنٍ فِیْ سَابِقِ عِلْمِهٖ الَّذِیْ لَمْ یَطَّلِعْ عَلَیْهِ نَبِیٌّ مُرْسَلٌ وَلاَ مَلَكٌ مُقَرَّبٌ فَجَعَلَ الْعِلْمَ نَفْسَهُ وَالْفَهْمَ رُوْحَهُ وَ الزُّهْدَ رَأْسَهُ وَالْحَیَاءَ عَیْنَیْهِ وَالْحِكْمَةَ لِسَانَهُ وَالرَّأْفَةَ هِمَّتَهُ وَالرَّحْمَةَ قَلْبَهُ۔ ثُمَّ حَشَاهُ وَ قَوَّاهُ بِعَشَرَةِ اَشْیَاءَ بِالْیَقِیْنِ وَالإِیْمَانِ وَالصِّدْقِ وَالسَّكِیْنَةِ وَالإِخْلاَصِ وَالرِّفْقِ وَالْعَطِیَّةِ وَالْقُنُوْعِ وَالتَّسْلِیْمِ وَالشُّكْرِ۔

ثُمَّ قَالَ عَزَّ وَ جَلَّ لَهُ اَدْبِرْ فَاَدْبَرَ ثُمَّ قَالَ لَهُ اَقْبِلْ فَاَقْبَلَ

ثُمَّ قَالَ لَهُ تَكَلَّمْ فَقَالَ اَلْحَمْدُ لِلّٰهِ الَّذِيْ لَيْسَ لَهُ ضِدٌّ وَ لَا نِدٌّ وَ لَا شَبِيهٌ وَ لَا كُفْوٌ وَ لَا عَدِيلٌ وَ لَا مِثْلٌ الَّذِيْ كُلُّ شَيْءٍ لِعَظَمَتِهِ خَاضِعٌ ذَلِيلٌ فَقَالَ الرَّبُّ تَبَارَكَ وَ تَعَالَى وَ عِزَّتِيْ وَ جَلَالِيْ مَا خَلَقْتُ خَلْقاً اَحْسَنَ مِنْكَ وَ لَا اَطْوَعَ لِيْ مِنْكَ وَ لَا اَرْفَعَ مِنْكَ وَ لَا اَشْرَفَ مِنْكَ وَ لَا اَعَزَّ مِنْكَ بِكَ أُحِيْيْ وَ بِكَ آخُذُ وَ بِكَ أُعْطِيُ وَ بِكَ أُوَحَّدُ وَ بِكَ أُعْبَدُ وَ بِكَ أُدْعَى وَ بِكَ أُرْتَجَى وَ بِكَ اُبْتَغَى وَ بِكَ اُخَافُ وَ بِكَ اُحْذَرُ وَ بِكَ الثَّوَابُ وَ بِكَ الْعِقَابُ۔ فَخَرَّ الْعَقْلُ عِنْدَ ذَلِكَ سَاجِداً وَ كَانَ فِيْ سُجُوْدِهِ اَلْفَ عَامٍ فَقَالَ الرَّبُّ تَبَارَكَ وَتَعَالَى اِرْفَعْ رَاْسَكَ وَسَلْ تُعْطَ وَ اِشْفَعْ تُشَفَّعْ فَرَفَعَ الْعَقْلُ رَاْسَهُ فَقَالَ اِلٰهِيْ اَسْاَلُكَ اَنْ تُشَفِّعَنِيْ فِيْمَنْ خَلَقْتَنِيْ فِيْهِ فَقَالَ اللّٰهُ عَزَّ وَ جَلَّ لِمَلَائِكَتِهِ اُشْهِدُكُمْ اَنِّيْ قَدْ شَفَّعْتُهُ فِيْمَنْ اَخْلُقُهُ فِيْهِ۔ [1]

”خداوندِ عالم نے مخلوق کو پیدا کیا اس نُور سے جس کو اپنے سابق علم میں چھپا رکھا تھا۔ وہ علم جس سے نہ کوئی فرشتہ آگاہ ہے اور نہ ہی ملک مقرب۔ پھر خدا نے اس علم کو نُور کا نفس بنایا۔ فہم کو اس کی روح قرار دیا۔ زُہد کو اس کا سر بنایا۔ حیاء کو اس کی آنکھ قرار دیا۔ حکمت کو اس کی زُبان قرار دیا۔ نرمی کو اس کی پیشانی بنایا اور رحمت کو اس کا دِل قرار دیا۔

پھر اس نُور کو دس چیزوں کے ذریعہ طاقتور کیا اور وہ دس چیزیں یہ ہیں:

---

[1]۔ بحار الانوار، ج1 ص97و107؛ عوالی اللئالی، ج4 ص99؛ الخصال، ص427؛ الوافی، ج1 ص55؛ مختصر البصائر، ج1 ص155؛ منتخب الانوار المضیۃ، ج1 ص201

(۱)۔ یقین ۔(۲)۔ ایمان ۔(۳)۔ سچائی ۔(۴)۔ آرام۔ (۵)۔ اخلاص ۔ (۶)۔ نرمی ۔ (۷)۔ عطاء۔ (۸)۔ قناعت ۔ (۹)۔ تسلیم ۔ (۱۰)۔شکر۔

پھر اللہ تعالیٰ نے فرمایا: چلے جاؤ وہ چلا گیا۔

پھر فرمایا: آجا تو وہ آگیا۔

پھر فرمایا: کلام کرو تو اس نے کلام کی اور کہا:

الحمدللہ تمام تعریفیں اس پروردگار کے لئے ہیں جس کا نہ کوئی شریک ہے اور نہ ہی کوئی ضد اور اس کی کوئی مثل، مانند اور ہمسر نہیں ہے ۔وہ خدا جس کی عظمت کے سامنے ہر چیز سر جھکائے ہوئے ہے اور سر تسلیم خم کئے ہوئے ہے۔

خدا نے فرمایا: مجھے قسم ہے اپنی عزت و جلالت کی، اے عقل! مَیں نے تجھ سے خوبصورت اور بہتر کوئی چیز پیدا نہیں کی ۔نہ تجھ سے زیادہ کوئی چیز اطاعت کرنے والی پیدا کی ہے، نہ بلند پایہ، نہ زیادہ شرافت والی اور نہ ہی تجھ سے زیادہ کوئی عزیز پیدا کی ہے ۔تیرے ذریعہ زندہ کروں گا۔ تیرے ہی ذریعہ حساب لوں گا۔ تیرے ہی ذریعہ معاف کروں گا اور تیرے ہی ذریعہ توحید کو قائم کروں گا۔ اس وقت عقل نے خدا کے دربار میں سجدہ کیا اور یہ سجدہ ایک ہزار (۱۰۰۰) سال تک طویل تھا۔

پھر پروردگار نے فرمایا: اپنا سر اُٹھاؤ! جو چاہیے مانگو تا کہ تجھے عطا کیا جائے ۔شفاعت کرو تا کہ تیری شفاعت قبول کی جا سکے۔ پھر عقل نے اپنا سر اٹھایا اور عرض کیا:

اے پروردگار! میری خواہش ہے کہ تو مجھے جس کے اندر رکھے اس کے لئے مجھے شفاعت کی اجازت دینا۔ خداوند عالم نے فرشتوں سے فرمایا:

میں تمہیں گواہ ٹھہراتا ہوں کہ میں عقل کو اُس کی شفاعت کی اجازت دوں گا جس کو میں یہ عقل عطا کروں گا"۔

یہ بھی معلوم ہونا چاہیے کہ عقل سے مراد نور محمدیؐ ہے جیسا کہ پیغمبر اکرم صلی اللہ علیہ وآلہ وسلم کا فرمان ہے:

أَوَّلُ مَا خَلَقَ اللهُ نُوْرِيْ۔ [۱]

"سب سے پہلے خدا نے میرے نُور کو پیدا کیا"۔

چنانچہ مذکورہ حدیث میں خزانہ شدہ اور پوشیدہ نُور اشارہ ہے، نورِ الٰہی کی طرف جس سے حقیقتِ محمدیہؐ خلق ہوئی ہے، اُس وقت جب مخلوقات میں سے ابھی کوئی چیز خلق نہ ہوئی تھی۔ یہی وجہ ہے کہ اس نُور سے کوئی بھی آگاہ نہ تھا یا اِس لئے کہ وہ نُورِ الٰہی ہے اور نورِ الٰہی کی معرفت اور اس کی حقیقت کو جاننے سے تمام عاجز ہیں۔ پس علم جو کمالات میں سے اشرف ہے، اسے نفس قرار دیا۔

نورِ محمدیؐ وہ نُور ہے جو تمام مخلوق کی حقیقتوں سے آگاہ اور عالم ہے۔ فہم جو ملکات میں سے افضل ترین ملکہ ہے اُسے روح کی طرح بنایا۔ اس لئے آپؐ کے فہم کو سمجھنے سے صاحبانِ فہم کی فہم قاصر اور عاجز ہے یعنی نُورِ محمدی کو سمجھ نہیں سکتے۔

زُہد کو جو صفاتِ کمالیہ کا سردار ہے نُورِ محمدیؐ کا سر قرار دیا۔ اس لئے شریعت کا قیام اور اس کا وجود نُورِ محمدیؐ کے سبب سے ہے۔ اسی وجہ سے آپؐ مخلوقات میں سب سے زیادہ زُہد رکھنے والی شخصیت ہیں۔

حیاء کو نُورِ محمدیؐ کی دو آنکھیں قرار دیا کیونکہ حیاء کا مقام آنکھ ہے۔ حکمت کو آپؐ کی زبان قرار دیا۔ جیسا کہ آپؐ فرماتے ہیں:

أُوتِيْتُ جَوَامِعَ الْكَلِمِ۔ [۲]

---

[۱]۔ بحار الانوار، ج 1 ص 97؛ عوالی اللئالی، ج 4 ص 99

[۲]۔ ارشاد القلوب، ج 1 ص 12؛ عوالی اللئالی، ج 4 ص 120
بعض منابع میں اعطیت آیا ہے۔ بحار الانوار، ج 94 ص 14؛ البرہان فی تفسیر القرآن، ج 5 ص 278

''مجھے حکمت کے تمام کلمات عطا کئے گئے ہیں''۔

آپ کی نرم دلی سب کو معلوم ہے کہ آپ سب سے زیادہ نرم دل ہیں: رحمت کو آپ کا قلب قرار دیا اور آپ کائنات کی ہر شے کے لئے رحمت بنا کر بھیجے گئے ہیں۔

خدا فرماتا ہے:

وَمَا اَرْسَلْنٰكَ اِلَّا رَحْمَةً لِّلْعٰلَمِيْنَ۔ [۱]

''ہم نے تجھے عالمین کے لئے رحمت بنا کر بھیجا ہے''۔

پس! وہ دس چیزیں جن کو اخلاقیات کے اصول شمار کیا جاتا ہے، اُن کی کرامت اور فضیلت نُورِ محمدیؐ کے ذریعہ ہے۔

پیغمبر اکرم صلی اللہ علیہ وآلہ وسلم کا فرمان ہے:

بُعِثْتُ لِأُتَمِّمَ مَكَارِمَ الْأَخْلَاقِ۔ [۲]

''میں اس لئے بھیجا گیا ہوں تا کہ مکارم اخلاق اور فضائل کو مکمل کروں''۔

یہ بات معلوم ہونی چاہیے کہ جو کسی چیز کو عطا کرتا ہے، وہ اس سے خالی نہیں ہوتا۔

اس روایت میں جو خلقتِ نور اور عقل کا ذکر ہوا ہے، اس میں لفظ اَدبار ذکر ہوا ہے۔ اس سے مراد قوسِ نزول ہے یعنی عالم ملکوت میں نزول مراد ہے تا کہ موجودات اور مخلوقات کو فیض پہنچایا جائے۔ مقامات کی بلندی کا اظہار نزول پر ہی موقوف ہے اور لفظِ اقبال سے کنایہ اور اشارہ ہے، قوسِ صعودی کی طرف۔ یہ قوسِ نزولی اور قوسِ صعودی وہ ہیں جن کی طرف اس آیت میں بیان ہوا ہے۔

خداوندِ عالم فرماتا ہے:

---

[۱]۔ سورۃ الانبیاء، آیت ۱۰۷

[۲]۔ کنزالعمال، ح 5217

شیعہ منابع: مستدرک الوسائل، ج 11 ص 187؛ تفسیر نور الثقلین، ج 5 ص 392؛ مکارم الاخلاق، ج 1 ص 8

فَكَانَ قَابَ قَوْسَيْنِ اَوْ أَدْنٰى۔ [۱]

''پھر دو کمان کا فاصلہ رہ گیا بلکہ اِس سے بھی قریب تر''۔

پھر نُورِ محمدیؐ نے گفتگو کی اور اس کے ذریعہ صفاتِ جمال اور جلال کا اعتراف کیا، اور یہی حق ہے عبودیّت کا۔ جب نُورِ محمدیؐ نے عبودیّت کا حق ادا کر دیا تو کائنات کے خالق نے شکر ادا کرنے کے صِلہ میں اُنہیں عطیات عطا فرمائے اور آپؐ کو فیض کا واسطہ قرار دیا۔ پس! جب خدا کے ان عطیات کو دیکھا تو نُورِ محمدیؐ سجدہ ریز ہوگیا۔ سجدہ سے مراد یعنی خشوع و خضوع کی آخری منزل اور محبتِ الٰہی میں فنا ہو جانا ہے۔ جب خدا کے دربار میں سجدہ کے ذریعہ شکرانہ قبول ہوگیا تو بارگاہِ الٰہی کی طرف سے عالم امکان یعنی تمام کائنات جو اللہ کے علاوہ ہے اُس کے فیض نُورِ محمدیؐ کے سپرد کر دیئے۔

اس کے بعد نُورِ محمدیؐ نے خواہش کی کہ اُس کے محبّ اور پیروکار بخش دیئے جائیں اور خدا کی خاص عنایت اُن کے شامل حال ہو جائے۔ یہ جملہ جس میں عقل یعنی نورِ محمدیؐ عرض کرتا ہے کہ یہ عقل جس میں رکھی جائے اُس کے بارے میں میری شفاعت قبول کرنا، اسی کی طرف اشارہ کرتا ہے۔ پھر خدا نے اس دعا کو قبول فرمالیا اور فرشتوں کو قبولیت کا گواہ بنایا۔

خداوندِ عالم قرآن میں فرماتا ہے:

وَلَسَوْفَ يُعْطِيكَ رَبُّكَ فَتَرْضٰى۔ [۲]

''عنقریب تیرا رب تجھے اتنا عطا کرے گا کہ تو راضی ہو جائے گا''۔

اس آیت کا اشارہ اسی طرف ہے جو خدا نے نورِ محمدیؐ کو عطا فرمایا ہے۔

جب اس حدیث کے ذریعہ عقل کی حقیقت معلوم ہوگئی ہے تو یہ بھی معلوم ہونا چاہیے کہ یہ صفات اور اثرات جو ذکر ہوئے ہیں یہ سب عقل یعنی حضرت محمد مصطفیٰ صلی اللہ علیہ وآلہ وسلم کے اثرات اور علامتیں ہیں۔

---

[۱]۔ سورۂ نجم، آیت ۹

[۲]۔ سورۂ ضحیٰ، آیت ۵

پس! جو بھی ان اخلاق اور آداب کا مالک ہوگا، وہ عاقل ہوگا اور خاندان محمدؐ کا محبّ ہوگا۔ یہ بھی معلوم ہونا چاہیے کہ یہ بیان اہل معقول یعنی فلاسفر کے نظریہ کے خلاف نہیں ہے جو وہ عقل کے بارے میں رکھتے ہیں۔

ہم یہاں پر فلاسفر کی گفتگو کو بطور اشارہ ذکر کرتے ہیں:

فلاسفر کہتے ہیں:

العقل هو الجوهر المجرّد فی ذاته و فی فعله۔

''عقل وہ جوہر ہے جو اپنی ذات اور فعل میں مجرّد ہے''۔

یعنی عقل نام ہے اس وجود کا جو مادہ اور جسم سے خالی ہے۔ وہ تمام موجودات میں سے پہلا وجود ہے اور خالق ومخلوق کے درمیان فیض کا واسطہ ہے۔

یہ تمام فلاسفر کے نزدیک اتفاق ہے کہ عقل ہر چیز سے پہلے ہے۔ اُن کی یہ دلیل اس مطلب کے لئے قاعدہ اور برہان ہے:

الواحد لا یصدر منه الا الواحد۔

''واحد سے صرف واحد ہی صادر ہوتا ہے''۔

چونکہ اللہ تعالیٰ ہر جہت اور ہر حیثیت سے واحد اور یکتا ہے۔ اس لئے اس سے صادر ہونے والی چیز بھی واحد ہی ہے اور وہ عقل اوّل ہے جو واحد کی واحدیّت کی وجہ اور سبب سے ہے۔ کیونکہ اسے تمام مخلوق پر قابلیت اور شرافت حاصل ہے اس لئے وہ تمام مخلوق پر مقدّم بھی ہے۔

متواتر روایات جو عقل کی مدح اور تعریف میں وارد ہوئی ہیں، اُن میں عقل ہی کی طرف اشارہ ہے اور یہ وہی نورِ محمدیؐ کا ہی مرتبہ ہے۔

یہ گفتگو اور نظریہ اس حدیث کے ساتھ اختلاف نہیں رکھتا، جس میں ارشاد ہوا ہے۔

اَوَّلُ مَا خَلَقَ اللّٰهُ نُوْرِیْ۔

''سب سے پہلے خدا نے میرا نور خلق فرمایا ہے''۔

مختلف عبارتیں اور کئی نام اس بات کی دلیل نہیں ہیں کہ چیزیں زیادہ ہیں جیسا کہ ایک عربی زبان کا شعر اسی بات کو بیان کرتا ہے:

عِبَارَاتُنَا شَتَّى وَحُسْنُكَ وَاحِدٌ   وَكُلٌّ إِلَى ذَاكَ الْجَمَالِ يُشِيرُ

''ہماری عبارتیں مختلف ہیں تیرا حُسن ایک ہے۔ یہ سب چیزیں تیرے
جمال کی طرف اشارہ کرتی ہیں''۔

فلاسفر عقول کی تعداد میں اختلاف رکھتے ہیں۔ ارسطو اور فلاسفر کا وہ گروہ جو ارسطو کا مرید ہے وہ اس بات کے قائل ہیں کہ عقول صرف دس ہیں۔

ایک دوسرا گروہ اس بات کا قائل ہے کہ عقول لاتعداد ہیں اور ان میں ہر ایک پہلے والی بعد والی پر مرتبہ اور وجود کے لحاظ سے مقدّم ہے۔

عقلِ اوّل اگرچہ واحد ہے اور واحد سے صرف واحد ہی صادر ہوتا ہے لیکن عقلِ اوّل ممکن و معلول اور حادث ہے۔ اس لئے اُس کی حیثیتیں اور جہتیں بھی زیادہ ہو جاتی ہیں! لہٰذا اس کی تین جہات ہیں۔

اوّل: من حيث نسبته الى علته۔
یعنی اُس کا وجودِ غیری۔

دوم: من حيث ذاته و وجوده۔
یعنی اس کا وجودِ امکانی۔

سوم: من حيث ماهيته و حقيقته۔
یعنی اس کی ماہیّتِ امکانی۔

پس! اس سے تین معنی حاصل ہوئے ہیں۔

(۱)۔ وجودِ غیری۔ (۲)۔ وجودِ امکانی۔ (۳)۔ ماہیّتِ امکانی۔

اس حیثیت سے کہ وہ اپنے مبداء اور وجودِ غیری کے ساتھ تعلق رکھتی ہے، اس سے عقلِ ثانی نکلی ہے۔

اس حیثیت سے کہ وہ وجودِ امکانی رکھتی ہے اس سے فلکِ اعلیٰ کا نفس خلق ہوا ہے۔

اس کی ماہیّت اور حقیقت کی حیثیت سے فلکِ اعلیٰ کا جسم پیدا ہوا ہے۔

اسی طرح کی گفتگو باقی عقلوں میں بھی آئے گی اور یہ سلسلہ دسویں عقل تک جا پہنچے گا۔ جسے عقل فعال کہتے ہیں اور وہ عقلوں میں سے آخری عقل ہے۔آخری اس لئے کہ اس سے کوئی اور عقل نہیں نکلتی۔کیونکہ یہ اپنے مبداء اصلی سے بہت زیادہ دوری رکھتی ہے۔

اس بیان سے معلوم ہوتا ہے کہ تمام عقلیں جن کی تعداد دس ہے، یہ سب ایک دوسرے کے لئے واسطہ فیض ہیں۔یہ عقیدہ فلاسفر میں سے مشائین کا ہے۔

فلاسفر کا ایک دوسرا گروہ یہ کہتا ہے: عقول کی تعداد منحصر نہیں ہے بلکہ لامتناہی ہے لیکن حق اور صحیح قول پہلا ہے کہ اس سے عقول منحصر دس ہیں نہ کہ لامتناہی ہیں۔

کیونکہ پروردگار کی عظمت اور اس کی لامتناہی قدرت پر سب سے زیادہ دلالت کرنے والی چیز اُس کے اسماء ہیں جو ہر شئے کو گھیرے ہوئے ہیں اور اُس کی یہ وسیع قدرت ہے جو ہر شئے کو شامل ہے۔

اس بات پر تمام فلاسفر کا اتفاق ہے کہ عقل اوّل اور صادر اوّل تمام مخلوق سے افضل ہے۔وہ تمام جہانوں میں فیض کا واسطہ ہے اور وہ ہے نورِ محمدیؐ یا یہ کہ نورِ محمدیؐ کا بھی وہی مرتبہ ہے جو عقل اوّل کا ہے۔اس لئے آنحضرت صلی اللہ علیہ وآلہ وسلم کی معرفت، اللہ تعالیٰ کی معرفت کا سبب ہے اور وہ مبداء اور مخلوق کے درمیان واسطہ ہیں یعنی خدا اور مخلوق کے درمیان فیض کا واسطہ ہیں۔

آپؑ فرماتے ہیں:

بِنَا عُرِفَ اللّٰہُ۔[1]

"ہمارے ہی ذریعہ اللہ کی معرفت ہوئی ہے"۔

ایک دوسری حدیث میں بھی اسی معنی کو بیان کیا گیا ہے:

---

[1]۔ بصائر الدرجات، ص 64؛ بحار الانوار، ج 23 ص 102؛ ارشاد القلوب، ج 2 ص 414

نَزِّلُوْنَا عَنِ الرَّبُوْبِيَّةِ وَ قُوْلُوْا فِيْنَا مَا شِئْتُمْ۔ [۱]

''ہمیں مرتبہ میں ربوبیت سے نیچے رکھو اس کے علاوہ ہمارے متعلق جو چاہتے ہو کہو''۔

خلاصۂ مطلب یہ کہ اس مطلب پر بہت سی روایات دلالت کرتی ہیں جو بامعرفت لوگوں پر مخفی نہیں ہیں۔ کیونکہ انوارِ مقدسہ طاہرہ محمدیہؐ کی اصل ایک ہی ہے۔

جیسا کہ پیغمبر اکرم صلی اللہ علیہ وآلہ وسلم فرماتے ہیں:

أَنَا وَ عَلِيٌّ مِنْ شَجَرَةٍ وَاحِدَةٍ۔

''مَیں اور علی علیہ السلام ایک شجرہ سے ہیں''۔

اس لئے ان تمام انوارِ مقدسہ میں عقلِ اوّل کا نام صادق آتا ہے۔ یہ تمام موجودات اور مخلوقات انہی کے وجودِ مبارک سے ہیں!

جیسا کہ حدیث قدسی میں موجود ہے:

خَلَقْتُكَ لِأَجْلِيْ، وَ خَلَقْتُ النَّاسَ لِاَجْلُكَ۔ [۲]

''مَیں نے تجھے اپنے لئے خلق کیا ہے اور تمام مخلوق کو تمہارے لئے خلق کیا ہے''۔

نورِ محمدیؐ کے لئے درجات ہیں:

نورِ محمدیؐ کے ایک درجہ سے حضرت امیر المومنین علیہ السلام خلق ہوئے ہیں۔ ایک دوسرے درجہ اور مرتبہ سے صدیقہ طاہرہ حضرت فاطمۃ الزہرا سلام اللہ علیہا خلق ہوئی ہیں۔ ایک اور درجہ سے دوسرے آئمہ معصومین علیہم السلام خلق ہوئے ہیں۔ رشتہ نبوت اور ولایت یعنی حضرت امیر المومنین علیہ السلام اور حضرت صدیقہ طاہرہ سلام اللہ علیہا سے عقیلۂ بنی ہاشم حضرت زینب سلام اللہ علیہا کا ظہور رہوا۔

---

[۱]۔ البصائر، ص 256؛ الجزء الخامس، الباب 10، الحدیث 5

[۲]۔ بصائر الدرجات، ص 64؛ بحار الانوار، ج 23 ص 102

لہٰذا شہزادیؑ عقل اوّل کا نتیجہ ہیں۔اس لئے آپؑ کو عاقلہ کا لقب دیا گیا ہے۔

بلکہ حضرت عبداللہ ابن عباسؓ نے جب بھی شہزادیؑ سے حدیث نقل کی ہے تو یہ جملہ استعمال کیا ہے:

حدثنی عقیلتنا۔[1]

''ہماری عقیلہؑ نے مجھ سے یہ حدیث بیان کی ہے''۔

اسی وجہ سے آپؑ کو عقیلۂ قریش کے لقب سے یاد کیا جاتا ہے۔

''اشارہ'':

اِن بیانات سے معلوم ہوتا ہے کہ شہزادیؑ تمام کمالات کا مجموعہ تھیں۔کیونکہ شہزادیؑ میں عقل کے تمام کمالات موجود تھے۔جیسا کہ حدیثِ مذکورہ سے ظاہر ہوتا ہے، یہ مخدرہ عقل اوّل کا نتیجہ ہیں۔اس لئے کہ عقل کے تمام آثار آپؑ میں موجود تھے۔یہی وجہ ہے کہ آپؑ کو کاملہ اور عاملہ بھی کہا جاتا ہے۔

=====❖=====

[1]۔ مقاتل الطالبیین ص60؛ طراز المذاہب ص294؛ زینب کبریٰؑ ص35

چودھویں فضیلت:

مکرّمہؑ کاایک لقب ''موثقہ'' ہے

شہزادیؑ کے القابات میں سے ایک لقب (موثقہ) ہے۔

آپؑ کو موثقہ اس لئے کہا جاتا ہے کہ آپؑ خداوندِ قدوس، حضرت سید الشہداء علیہ السلام اور حضرت امام سجاد علیہ السلام کے نزدیک موردِ وثوق اور قابل اعتماد ہیں۔

اسی وجہ سے آپؑ الٰہی امانتوں اور اَسرارِ محمدیہؐ کی محافظہ ہیں۔ بلکہ تمام لوگوں کے نزدیک قابل وثوق ہیں۔

چنانچہ حضرت امام سجاد علیہ السلام جب بھی حدیث یا روایت بیان کرتے اور لوگ اُسے قبول بھی کر لیتے تو آپؑ حضرت زینب سلام اللہ علیہا کا حوالہ دیتے اور اُن سے نقل کرتے تھے۔

اسی طرح ابن عباسؓ جو ایک معتبر شخصیت تھی، وہ بھی شہزادیؑ کا حوالہ دیا کرتے تھے اور یہ جملہ نقل کرتے ہوئے فرمایا کرتے تھے:

''ہمیں ہماری عقیلۂ قریشؑ نے یہ حدیث بیان کی ہے''۔

یہاں پر ہم اُن احادیث کی طرف اشارہ کریں گے، جن کی سند میں شہزادیؑ کا نام موجود ہے۔

علّامہ مجلسی ''بحار الانوار'' کی آٹھویں اور دسویں جلد میں نقل کرتے ہیں:

عن زائدة، عن زين العابدين، عن زينب، عن اُمّ ايمن، عن رسول الله۔۔۔۔

''زائدہ سے روایت ہے، وہ امام زین العابدین علیہ السلام سے نقل کرتی

ہیں، وہ حضرت زینب سلام اللہ علیہا سے، وہ اُمّ ایمن سے اور وہ رسولِ خدا صلی اللہ علیہ وآلہ وسلم سے نقل کرتی ہیں"۔

اس کے علاوہ خطبہ فدک والی حدیث ہے جو علّامہ مجلسی نے آٹھویں جلد میں بابِ فدک کے تحت شیخ صدوق علیہ الرحمۃ کی کتاب "علل الشرائع" سے نقل کی ہے:

عن احمد بن محمد بن جابر عن زینب علیها السلام بنتِ علی علیہ السلام۔۔۔

"احمد بن محمد بن جابر سے روایت ہے وہ حضرت زینب بنتِ علی علیہ السلام سے نقل کرتے ہیں۔۔۔"

ایک اور سند اس طرح ہے:

عن عبید اللہ بن محمد العلوی عن رجال من اهل بیتہ عن زینب علیها السلام بنتِ علی علیہ السلام، عن فاطمۃ علیها السلام۔۔۔

"عبید اللہ بن محمد علوی سے روایت ہے، وہ اپنے اہلِ بیت علیہم السلام کے کچھ مردوں سے روایت کرتے ہیں اور وہ حضرت زینب بنتِ علی علیہ السلام سے روایت کرتے ہیں اور وہ اپنی والدہ حضرت فاطمہ سلام اللہ علیہا سے روایت کرتی ہیں۔۔۔"

ایک اور روایت کی سند میں اس طرح ذکر ہوا ہے:

عن زید بن علی بن الحسینؑ عن عمتہ زینب علیها السلام بنتِ علی علیہ السلام، عن فاطمۃ علیها السلام۔۔۔

"زید بن علی بن الحسین علیہ السلام سے روایت ہے کہ حضرت علی علیہ السلام بن الحسین علیہ السلام یعنی امام زین العابدین علیہ السلام اپنی پھوپھی حضرت زینب بنتِ علی سلام اللہ علیہا سے روایت کرتے ہیں! اور انہوں نے اپنی والدہ

حضرت فاطمۃ الزہرا سلام اللہ علیہا سے روایت کی ہے“۔

یہ وہ چند روایات تھیں جن کی سند میں شہزادیؑ کا نام ذکر ہوا ہے۔ [1]

اس سے معلوم ہوتا ہے کہ مکرمہ تمام لوگوں کے نزدیک قابل وثوق اور قابل اعتماد تھیں۔

=====❖=====

[1]۔ تاریخ مدینۃ دمشق (تراجم النساء، ص 120؛ نساء اہل البیتؑ فی ضوء القرآن والحدیث، ص 647؛ بحارالانوار، ج 10 ص 388؛ ج 43 ص 155 ح 1؛ ج 29 ص 218-219؛ ج 45 ص 180؛ ریاحین الشریعۃ، ج 3 ص 72-73؛ اعلام النساء المؤمنات، ص 380؛ من لایحضرہ الفقیہ، ج 3 ص 372 باب معرفۃ الکبائر، ح 1754؛ معجم رجال الحدیث، ج 23 ص 190؛ المجدی، ص 18؛ جامع الرواۃ، ج 10 ص 477؛ کامل الزیارات، ص 263 بہ بعد، عوالم، ج 17 ص 362

پندرہویں فضیلت:

آپؑ کا ایک لقب ''کعبۃ الرزایا'' ہے

شہزادیؑ کے القابات میں سے ایک لقب ''کعبۃ الرزایا'' ہے۔

معلوم ہونا چاہیے کہ مخدرہؑ کو کعبہ کے ساتھ تشبیہ اس لئے دی گئی ہے کہ جس طرح اللہ کے گھر کعبہ کی زیارت کے لئے دنیا کے ہر گوشہ وکنار سے لوگ حاضر ہوتے ہیں، اسی طرح آپؑ کے روضہ کی زیارت کے لئے بھی کائنات کی تمام اطراف سے لوگ حاضر ہوتے ہیں۔

شہزادیؑ مظلومہ پر ہر طرف سے یعنی کربلا سے لے کر کوفہ اور کوفہ سے شام اور شام سے مدینہ پہنچنے تک مصائب وآلام نازل ہوتے رہے ہیں۔ بلکہ خلقت اور پیدائش کے پہلے دن سے لے کر وفات تک ان مصائب و آلام کو برداشت کرتی رہی ہیں۔ اس وجہ سے آپؑ کو مظلومہ کے لقب سے بھی یاد کیا جاتا ہے۔

اس لقب میں شہزادیؑ اپنے ناناؐ، باباؑ، والدہؑ، بھائی اور خاص طور پر سید الشہداء علیہ السلام کے ساتھ شریک تھیں۔ اگرچہ یہ لقب یعنی ''مظلوم'' حضرت امام حسین سید الشہداء علیہ السلام کے لئے خاص طور پر اور زیادہ استعمال ہوتا ہے۔ دراصل خاندانِ محمدیؐ کے تمام افراد اس نام میں شریک ہیں۔

بعض کتب میں آپؑ کو وحیدہ کے لقب سے بھی یاد کیا گیا ہے۔ یہ لقب اس لئے دیا گیا ہے کہ آپؑ ہر لحاظ سے وحیدہ تھیں۔ یعنی منفرد تھیں۔ یعنی توحید کی معرفت میں وحیدہ، صفات میں وحیدہ، کمالات اور مقامات میں وحیدہ، فضائل ومناقب میں وحیدہ، اسی طرح مصائب و آلام میں بھی وحیدہ ہیں۔

بلکہ جس طرح ہم یہ کہتے ہیں:

''مَیں گواہی دیتا ہوں کہ اللہ کے سوا کوئی معبود نہیں ہے وہ ایک ہے، نہ کوئی اُس کی ذات میں شریک ہے اور نہ ہی صفات میں''۔

اسی طرح یہ بھی کہا جاسکتا ہے:

''مَیں گواہی دیتا ہوں کہ جو فضائل ومناقب ذکر کیے گئے ہیں، ان میں مخدرہؑ کے ساتھ کوئی شریک نہیں ہے یعنی وہ منفرد ہیں''۔

اس شہادت میں اشارہ ہے اس بات کی طرف کہ شہزادیؑ اس کے ساتھ شباہت رکھتی ہیں جس کے بارے میں یہ کہا جائے کہ اس کی خلقت میں اس کا کوئی مشابہ (مانند، مثل اور ہم شکل) نہیں ہے۔

سولہویں فضیلت:

شہزادیؑ کا ایک لقب ''الفصیحۃ والبلیغۃ'' ہے

شہزادیؑ کے القابات میں سے ایک لقب ''الفصیحۃ والبلیغۃ'' ہے۔

یہ بات واضح ہے کہ انسان کے کمالاتِ نفسانی اور فضائل صوریہ میں ایک فضیلت فصاحت و بلاغت ہے۔ ان کمالات کے ذریعہ بہت سے لوگوں نے نجات پائی ہے۔ اس کمال اور فضیلت کے لئے اتنا ہی کافی ہے کہ خالق کائنات نے سید الانبیاء صلی اللہ علیہ وآلہ وسلم کے معجزات میں سے اسے ایک معجزہ قرار دیا۔ حضرت امیر المومنین علیہ السلام کی طرف ایک قول منسوب ہے کہ آپؑ نے فرمایا:

نعم الناصر الجواب الحاضر۔[۱]

''بہترین مددگار حاضر جوابی ہے''۔

فصاحت و بلاغت جیسے کمال کے بانی، اللہ کے لسانِ ناطق حضرت علی علیہ السلام ہیں۔ ہمارے اس دعویٰ کی تصدیق ہر وہ شخص کرے گا جو حضرتؑ کے خطبوں کا مطالعہ کرتا ہے۔ فصاحت و بلاغت کے ماہر لوگ حضرت امیر المومنین علیہ السلام کے متعلق کہتے ہیں:

کلامہ دون کلام الخالق و فوق کلام المخلوق۔[۲]

''حضرتؑ کا کلام خالق کے کلام سے نیچے ہے اور مخلوق کے کلام سے اُوپر ہے''۔

حضرت امیر المومنین علیہ السلام خود فرماتے ہیں:

---

[۱]۔ روضۃ الاخبار المنتخب من ربیع الابرار المؤلف: الاماسی الجزء:1 ص 201

[۲]۔ شرح نہج البلاغۃ، ابن ابی الحدید، ج 1 ص 24

إِنَّا لَأُمَرَاءُ الْكَلَامِ ۔[1]

''یعنی میں کلام کا امراء ہوں''۔

خلاصۂ مطلب یہ ہے کہ حضرت علی علیہ السلام کے اس کمال کا کوئی بھی منکر نہیں ہے اور یہ کمال آپؑ سے عقیلۂ قریشؑ تک پہنچا ہے۔

چنانچہ جو شخص بھی سیدہؑ کے خطبوں کا مطالعہ کرتا ہے تو وہ اس بات کی تصدیق کرے گا کہ آپؑ کے خطبے فصاحت و بلاغت میں بے مثل ہیں۔

ان خطبوں میں حضرت امیر المومنین علیہ السلام کی طرح فصاحت و بلاغت دکھائی دیتی ہے۔ بلکہ جو بھی شہزادیؑ کے خطبوں کو سنتا تھا وہ گمان کرتا تھا کہ حضرت امیر المومنین علیہ السلام ہی کلام فرما رہے ہیں۔

راوی کہتا ہے:

كَأَنَّمَا تُفْرِغُ عَنْ لِسَانِ أَبِيْهَا۔

''گویا کہ زینب سلام اللہ علیہا نے اپنے والد امیر المومنین علیہ السلام کی زبان سے (فصاحت و بلاغت) کو حاصل کیا ہے''۔

ایک فارسی شاعر کہتا ہے:

تکلم کردنش راهر که دیدی فاش میگفتی
لسان حیدریؑ گویا که درطی لسان دارد

''ان کے کلام کرنے کو جب بھی کوئی دیکھتا تھا تو برملا کہتا تھا کہ گویا اِن کی زبان کے نیچے زبانِ حیدریؑ موجود ہے''۔

شہزادیؑ کا یہ کمال بازار کوفہ اور دربارِ یزید شام میں واضح اور روشن نظر آتا ہے۔

بہر حال کوفہ میں:

---

[1]۔ بحار الانوار، ج 71 ص 292؛ نہج البلاغہ، خ 233؛ اعلام الدین فی صفات المؤمنینؑ، ج 1 ص 321؛ غرر الاخبار، ج 1 ص 122

قَالَ بَشِيْرُ بْنُ خُزَيْمٍ الْأَسَدِیُّ: وَ نَظَرْتُ إِلَى زَيْنَبَ بِنْتِ عَلِیٍّ يَوْمَئِذٍ وَ لَمْ أَرَ خَفِرَةً وَ اللهِ أَنْطَقَ مِنْهَا كَأَنَّهَا تَفَرَّعُ مِنْ لِسَانِ اَمِيرِ الْمُؤْمِنِينَ عَلِیِّ بْنِ أَبِی طَالِبٍ عَلَيْهِ السَّلَامُ وَ قَدْ أَوْمَأَتْ إِلَى النَّاسِ أَنِ اُسْكُتُوا فَارْتَدَّتِ الْأَنْفَاسُ وَ سَكَنَتِ الْأَجْرَاسُ ثُمَّ قَالَتْ: اَلْحَمْدُ لِلّٰهِ وَالصَّلَاةُ عَلَى أَبِی مُحَمَّدٍ وَ آلِهِ الطَّيِّبِينَ الْأَخْيَارِ۔[1]

بشیر بن خزیم اسدی کہتا ہے:

”میں نے اس دن حضرت زینب بنتِ علی سلام اللہ علیہا کو کلام کرتے ہوئے دیکھا گویا کہ آپؑ علی ابن ابی طالب علیہ السلام کی زبان میں بول رہی ہیں۔ شہزادیؑ نے لوگوں کی طرف اشارہ کیا: خاموش ہو جاؤ!

اسی وقت لوگوں کے سانس رُک گئے اور جانوروں کے گلے میں گھنٹیاں خاموش ہوگئیں۔

پھر فرمایا:

تمام تعریفیں اللہ کے لئے ہیں اور درود وسلام میرے بابا محمد صلی اللہ علیہ وآلہ وسلم اور اُنؑ کی چُنی ہوئی پاک آلؑ پر۔۔۔۔۔۔۔“

”اشارہ“:

اس حال میں لوگوں کا خاموش ہو جانا جب کہ اس قدر لوگوں کا رش اور شوروغل تھا۔ ڈھول اور دیگر فوجی ساز وسامان کی آوازیں تھیں ان سب آوازوں کا خاموش ہو جانا تعجب سے خالی نہیں ہے۔ اس کی کئی وجوہات دکھائی دیتی ہیں:

---

[1] بحار الانوار، ج 45 ص 108؛ الاحتجاج، ج 2 ص 29؛ عوالم، ج 17 ص 378؛ الفتوح، ج 3 ص 139؛ لہوف، ص 146؛ مثیر الاحزان، ص 86

اوّل:

ایک احتمال یہ بھی ہے کہ یہ تصرّفِ تکوینی تھا جوان مخدرہؑ کے ذریعہ حکم خدا سے ہوا تھا۔ جیسا کہ عاشور کے دن حضرت سید الشہداء علیہ السلام نے لشکرِ اشقیاء کے سامنے اپنے تصرّف کا حق استعمال کیا۔ عاشور کے دن حضرتؑ نے اُن کو وعظ و نصیحت کرنے کی کوشش کی اور وہ خاموش نہ ہوئے بلکہ حضرتؑ کی توہین کرنے لگے۔ اُس وقت حضرت امام حسین علیہ السلام نے تکوینی اختیارات کا حق استعمال کیا اور حکم امامت سے اُن سب کو خاموش کر دیا۔ حتیٰ اُن کے گھوڑوں کی حرکت بھی بند ہوگئی۔

دوم:

ایک احتمال یہ بھی ہے کہ اہل کوفہ حضرت امیرالمومنین علیہ السلام کی خلافت کے ایام میں حضرتؑ کے فرامین اور خطبات کو ہمیشہ سنتے اور فیض حال کرتے رہتے تھے اور اس نعمت سے بہرہ مند ہوتے رہتے تھے۔ حضرت امیرالمومنین علیہ السلام کی شہادت کے بعد لوگ اس فیض اور نعمت سے محروم ہو چکے تھے۔ اُن کے دل چاہتے تھے کہ کاش دوبارہ یہ نعمت اور فیض حاصل ہو جائے۔ اس نا اُمیدی کی حالت میں بغیر کسی زحمت کے اُن کو یہ نعمت دوبارہ مل گئی جس کی وجہ سے وہ لوگ مکمل طور پر ہر چیز سے بے خبر ہو کر شہزادیؑ کے کلام کی طرف متوجہ رہے۔ اس کی تائید راوی کی یہ بات کرتی ہے کہ اُس وقت لوگ مخدرہؑ کی گفتگو کو سُن کر اس قدر متاثر ہوئے کہ مَیں نے ایک بوڑھے شخص کو دیکھا جو کھڑا رو رہا تھا اور بار بار کہہ رہا تھا:

بِأَبِيْ أَنْتُمْ وَ أُمِّيْ كُهُولُكُمْ خَيْرُ الْكُهُوْلِ وَ نِسَآؤُكُمْ خَيْرُ النِّسَآءِ۔ [1]

’’تم پر میرے ماں باپ قربان ہوں۔ تمہارے مرد کائنات کے

---

[1] ۔ بحارالانوار، ج45 ص108؛ الاحتجاج، ج2 ص29؛ عوالم، ج17 ص378؛ الفتوح، ج3 ص139؛ لہوف، ص146؛ مثیر الاحزان، ص86

بہترین مرد ہیں اور تمہاری عورتیں کائنات کی بہترین عورتیں ہیں‘‘۔

سوم:

ایک احتمال یہ بھی ہے کہ شہزادیؑ کی فصاحت و بلاغت اس قدر بلند تھی کہ لوگ آپؑ کے کلام کی خوبصورتی اور حلاوت کو سننے کے لئے خاموش ہو گئے تھے۔

چہارم:

ایک احتمال یہ بھی ہے کہ لوگوں نے یہ بات سُن رکھی تھی کہ یہ لوگ خارجی ہیں۔ جس بُری حالت میں اُن کو بازار میں لایا گیا تھا تو لوگ منتظر تھے کہ دیکھیں یہ خارجی کہاں سے آئے ہیں اور ان کا قصور کیا ہے۔ اسی اثناء میں مخدرہؑ نے خطبہ دینا شروع کر دیا اور لوگ خاموش ہو گئے تا کہ اُن کی بات سُن سکیں۔ یہ تمام احتمالات شہزادیؑ کی عظمت کی گواہی دیتے ہیں۔

’’ایک اور اشارہ‘‘:

اسی مقام پر یہ ہے کہ اکثریا کلی طور پر بیٹے باپ کے ساتھ شباہت رکھتے ہیں اور بیٹیاں ماں کے ساتھ لیکن سوائے حضرت فاطمۃ الزّہرا سلام اللہ علیہا اور حضرت زینب سلام اللہ علیہا کے کہ حضرت فاطمۃ الزّہرا سلام اللہ علیہا کی گفتگو کا انداز رسولِ خدا صلی اللہ علیہ وآلہٖ کی طرح تھا اور حضرت زینب سلام اللہ علیہا کلام میں اپنے بابا حضرت علی علیہ السلام کے ساتھ شباہت رکھتی تھیں!

’’ایک اور اشارہ‘‘:

حضرت زینب سلام اللہ علیہا اور حضرت فاطمۃ الزہرا سلام اللہ علیہا کے خطبہ میں چند اعتبار سے شباہت اور مماثلت تھی۔

اوّل:

فصاحت و بلاغت کے لحاظ سے یعنی جو فصاحت و بلاغت حضرت فاطمۃ الزہرا سلام اللہ علیہا کے خطبے میں تھی، اُسی طرح حضرت زینب سلام اللہ علیہا کے خطبے میں بھی تھی۔

دوم:

دونوں کے خطبے بطور احتجاج تھے یعنی لوگوں پر حجت قائم کرنے کے لئے دلیلوں کے ساتھ پیش کئے گئے تھے۔

سوئم:

دونوں مظلومہ نے اپنے خطبوں کے ذریعہ اپنی مظلومیت کو ثابت کیا ہے۔

چہارم:

دونوں کے خطبوں کا مقصد اتمامِ حجت اور اسلام کی بنیادوں کو مضبوط کرنا اور منافق کے مظالم اور عیب ثابت کرنا مقصود تھا۔

ایک حکایت:

ایک بہت بڑے عالم جلیل مولانا ابوالحسن الحاج شیخ محمد باقر قاینی جنہوں نے بہت سی کتابیں لکھی ہیں، جن میں ''کبریت احمر'' کے نام سے بھی اُن کی ایک کتاب ہے۔ وہ اپنی کتاب ''کشکول''، جس کو ''سفینۃ القماش'' بھی کہتے ہیں، میں لکھتے ہیں: مَیں نجفِ اشرف میں علم حاصل کرنے میں مصروف تھا۔ اُن دنوں وہاں پر ایک سید کو برائے زیارت حرمِ مطہر میں دیکھا۔ مَیں نے دیکھا کہ ایک ترکی مومن حضرت امیر المومنینؑ کے روضۂ مبارک کے سر کی طرف بیٹھ کر قرآنِ پاک کی تلاوت میں مصروف ہے۔ وہ سید کہتا ہے: میں نے خود سے کہا کہ ترک و دیلم سے تو لوگ آ کر تیرے نانا کی کتاب کی تلاوت کر کے فیض و برکات حاصل کر رہے ہیں اور تو اس لائق بھی نہیں ہے کہ کوئی فیض و برکت حاصل کر سکے۔

وہ سید کہتا ہے: یہ سوچ کر میرے دل میں غیرت جاگی، مَیں نے اپنے تحصیل علم کے اَوقات میں سے کچھ وقت زائرین کو پانی پلانے کے ساتھ مختص کر دیا اور باقی اَوقات میں اپنی تعلیم کو جاری رکھا۔ اپنے آباؤ اجداد کی برکات سے میں نے تھوڑے ہی وقت میں ایک بلند علمی مقام حاصل کر لیا۔ آخری ایام میں حجۃ الاسلام مرزا محمد حسن شیرازی مرحوم کے درس میں

بھی حاضر ہوتا رہا۔‘‘بلکہ یہ بھی احتمال ہے کہ مقام اجتہاد پر وہ سیّد فائز تھے اور تقویٰ و پرہیز گاری میں مشہور و معروف تھے‘‘۔

یہی سیّد زادے حکایت کرتے ہیں: ایک دن میں نے عالم خواب میں حضرت حجۃ ابن الحسن علیہ السلام کو پریشان حالت میں دیکھا۔ مَیں آپؑ کی خدمت میں حاضر ہوا اور سلام کیا اور آپؑ سے اس پریشانی کے بارے میں سوال کیا:

حضرت نے فرمایا: جب سے میری جدّہ حضرت زینب سلام اللہ علیہا کی وفات ہوئی ہے ہر سال وفات کے دن آسمان کے فرشتے مجلس عزاء منعقد کرتے ہیں۔ جس میں وہ مخدرہؑ کے اس خطبہ کو پڑھتے ہیں جو انہوں نے بازارِ کوفہ میں دیا تھا اور گریہ کرتے ہیں اس لئے اُس مجلس میں جانا ضروری ہوتا ہے تاکہ فرشتوں کو گریہ کرنے سے چپ کراؤں۔ اس وقت میں اُسی مجلس سے واپس آرہا ہوں اس لئے میری یہ حالت ہے۔

صاحبِ کتاب لکھتے ہیں: اس سیّد نے مجھے وہ دن بھی بتایا تھا لیکن افسوس کہ مجھے یاد نہیں رہا۔

حضرت زینب سلام اللہ علیہا کی فصاحت اظہر من الشّمس ہے یعنی واضح اور روشن ہے۔ جیسا کہ مخدرہؑ نے ابن زیاد کے دربار میں خطبہ ارشاد فرمایا اور دلیلوں کے ساتھ اپنے پاک خاندان کی برتری کو ثابت کیا۔ ابن زیاد سن کر حیران ہوگیا اور کہنے لگا:

ھی شجّاعتہ۔

’’یہ بہادر خاتون ہیں‘‘۔

اَلَا لَعۡنَۃُ اللّٰہِ عَلَی الظّٰلِمِیۡنَ۔ [1]

’’آگاہ ہو جاؤ کہ ظالمین پر خدا کی لعنت ہے‘‘۔

---

[1]۔ سورۃ ھود، آیت ۱۸

سترہویں فضیلت:

معظمہؑ کا ایک لقب ''الشجاعۃ'' ہے

شہزادیؑ کے القابات میں سے ایک لقب ''الشجاعۃ'' ہے۔ یہ بھی معلوم ہونا چاہیے کہ شریف ترین ملکات اور صفات میں ایک صفت شجاعت ہے جو انبیاءؑ کی صفت ہے۔شجاعت سے مراد قوتِ قلب یعنی دل کی قوت و طاقت ہے۔ دل اعضائے جسم میں سے ایک ایسا عضو ہے، جس سے قوت باقی تمام اعضائے جسم کی طرف منتقل ہوتی ہے۔

یہ صفت کسبی ہے۔یعنی اپنی محنت وکوشش کے ذریعہ حاصل ہوتی ہے۔اس صفت کے فضائل اس قدر زیادہ ہیں کہ بیان نہیں کئے جاسکتے۔روایات میں اس صفت کی بڑی تعریف کی گئی ہے۔ [1]

خدا نے کائنات میں سب سے بڑے شجاع حضرت محمد مصطفیٰ صلی اللہ علیہ وآلہ وسلم اور حضرت امیر المومنین علی ابن ابی طالب علیہ السلام کو ہی پیدا کیا ہے۔پیغمبر اکرم صلی اللہ علیہ وآلہ وسلم کی شجاعت پوشیدہ تھی اور آپؐ سے اہل بیت علیہم السلام کی طرف منتقل ہوئی ہے۔شجاعتِ حیدری علیہ السلام حضرت زینب سلام اللہ علیہا کی طرف منتقل ہوئی۔شہزادیؑ نے اپنی اس شجاعت کے ذریعہ تمام مصائب و آلام کا بڑے اچھے انداز سے مقابلہ کیا اور کئی مقامات پر یہ شجاعت آپؑ میں نمایاں نظر آتی ہے۔وہ مقامات یہ ہیں:

اوّل:

میدانِ کربلا میں عصرِ عاشور جب یزیدی لشکر نے خیموں کو لوٹنے کے لئے حملہ کیا اور چاہا کہ بیمار امام حضرت سجاد علیہ السلام کو شہید کر دیں۔اُس وقت شہزادیؑ نے شجاعت و بہادری کا

---

[1]۔ میزان الحکمت، ج5 ص26

مظاہرہ کرتے ہوئے اپنے بیمار بھتیجے کو بچایا۔

دوم:

اس وقت جب حضرت امام سجاد علیہ السلام نے خطبہ دیا تو ابن زیاد کے دربار کوفہ میں ہلچل مچ گئی۔اس وقت ابن زیاد نے امامؑ کے قتل کا حکم دیا تو حضرت زینب سلام اللہ علیہا نے اپنے بھتیجے کے گلے میں بازو ڈال کر فرمایا: میں اُس وقت تک اپنے بیٹے سے جدا نہیں ہوں گی جب تک تم اسے قتل کرنے کا ارادہ رکھتے ہو۔میرے ہوتے ہوئے تم اس کو قتل نہیں کر سکتے۔ [۱]

سوئم:

حضرت زینب سلام اللہ علیہا کی یہ شجاعت کس قدر شباہت رکھتی ہے۔حضرت فاطمہ زہرا سلام اللہ علیہا کی شجاعت کے ساتھ جو جنابِ سیدہؑ نے اس وقت دکھائی جب باباؐ کی امت کے لوگوں نے آپؑ کے گھر پر حملہ کیا تاکہ حضرت علی علیہ السلام کو گرفتار کر کے بیعت کے لئے لے جائیں۔

جب حضرتؑ کو گھسیٹ کر مسجد کی طرف لے جا رہے تھے تو حضرت فاطمہ زہرا سلام اللہ علیہا نے آ کر پکڑ لیا اور فرمایا: میرے ہوتے ہوئے تم حسنین علیہم السلام کے باباؑ کو نہیں لے جا سکتے۔ لوگوں نے بڑی کوشش کی کہ علی علیہ السلام کو چھڑا لیں لیکن نہ چھڑا سکے۔ بنتِ رسولؐ پر تازیانے برسائے گئے، تلوار کی نیام سے مارا گیا اور حضرتؑ کو لے گئے۔ [۲]

لیکن اس وقت حضرت امیر المومنین علیہ السلام بیمار نہ تھے، گلے میں طوق اور ہاتھوں میں کڑیاں نہ تھیں اور حضرت زہرا سلام اللہ علیہا کو وہ قتل کرنے کا ارادہ نہ رکھتے تھے۔

لیکن حضرت زہرا سلام اللہ علیہا کی بیٹی حضرت زینب سلام اللہ علیہا کو تو وہ قتل کرنا چاہتے تھے۔

أَلَا لَعْنَةُ اللّٰهِ عَلَى الظَّالِمِينَ۔ [۳]

''آگاہ ہو جاؤ کہ ظالمین پر خدا کی لعنت ہے''۔

---

[۱]۔ بحار الانوار، ج 45 ص 117؛ لہوف، ص 96

[۲]۔ الامامۃ والسیاسۃ، ج 1 ص 14؛ فاطمۃ الزہراءؑ بہجۃ قلب المصطفیٰ، فصل 21 ص 315

[۳]۔ سورہ ھود، آیت ۱۸

اٹھارہویں فضیلت:

مکرمہ کا ایک لقب "عابدہ" ہے

حضرت زینب سلام اللہ علیہا کے القابات میں سے ایک لقب "عابدہ" ہے۔ یہ بات واضح ہے کہ شکر بجالانے کے لئے عبادات کا جائزہ ہونا خدا کی طرف سے عطیہ ہے۔ اس لئے کہ نعمت دینے والے کا شکرادا کرنا ہر انسان پر واجب ہے۔ عقل کہتی ہے نعمت دینے والے اور احسان کرنے والے کی عبادت کرتے ہوئے جان اور مال کو خرچ کرنے میں کوتاہی نہیں برتنی چاہیے۔ خدا کی نعمتیں اس قدر زیادہ ہیں کہ ان کو نہ گنا جاسکتا ہے اور نہ شمار کیا جاسکتا ہے۔

قرآن فرماتا ہے:

وَاِنۡ تَعُدُّوۡا نِعۡمَةَ اللّٰهِ لَا تُحۡصُوۡهَا۔ [۱]

"اگر تم اللہ کی نعمتوں کو شمار کرنے لگو تو شمار نہیں کر سکتے"۔

جس طرح خدا کی نعمتوں کو شمار نہیں کیا جاسکتا اس لئے کہ وہ بے شمار ہیں۔ اسی طرح اُس کی عبادت کے طریقے بھی بے شمار ہیں۔

جیسا کہ ایک فرمان ہے:

الطرق الی اللہ عدد انفاس الخلائق۔ [۲]

"اللہ کی طرف جانے والے راستے اتنے ہیں جتنی مخلوقات کی سانسوں کی تعداد ہے"۔

اس لئے جو عباداتِ مالیہ ہیں، جیسے خمس، زکوٰۃ اور دوسرے صدقات وعبادات مالیہ

---

[۱] ۔ سورۃ النحل، آیت ۱۸

[۲] ۔ کتاب نص النصوص، ص 20؛ موسوعۃ العقائد الاسلامیہ۔ محمد الریشہری، ج 3 ص 110

اُن نعمتوں کا شکر ہے جو مالی نعمتیں شمار ہوتی ہیں اور جو خدا نے بدنی اور جسمانی نعمات عطا فرمائے ہیں، اُن کے مقابلہ میں عبادات بدنیہ اور جسمانیہ شکرانہ کے طور پر ہیں۔

کسی فارسی شاعر نے کہا:

ازدست و زبان کہ براید　　　کہ از عہدۂ شکرش بدراید

''ہاتھ اور زبان سے جو کچھ بھی انجام پائے گا۔اُس کے ذریعہ خدا کا شکر ادا کرنے کی کوشش کی جائے گی لیکن اُس کے شکر کا حق ادا نہ ہو سکے گا''۔

اس کے باوجود انسان کو کوتاہی نہیں کرنی چاہیے۔خدا کے واجبات اور محرمات کا خیال رکھے تاکہ بلند ترین مقامات اور درجات پر فائز ہو سکے۔جیسا کہ اہلِ تحقیق کہتے ہیں: بلند تر مقامات میں سے جو مقام ہے وہ خدا کی بندگی ہے۔

جیسا کہ ایک فرمان ہے:

قَالَ الصَّادِقُ عَلَیْہِ السَّلاَمُ : اَلْعُبُودِیَّۃُ جَوْھَرَۃٌ کُنْھُھَا الرُّبُوبِیَّۃُ۔[1]

''خدا کی بندگی ربوبیت کی حقیقت کا جوہر ہے''۔

خلاقِ عالم اپنی اول مخلوق حضرت خاتم المرسلین صلی اللہ علیہ وآلہٖ وسلم کی بندگی اور عبادت کی وجہ سے تعریف فرماتا ہے اور ہمیں حکم دیا ہے کہ ہم شہادت دیتے ہوئے آپؐ کی عبدیت اور بندگی کی گواہی دیں۔ہمارا یعنی مؤمنین کا یہ گواہی دینا انؐ کی معراجِ کمال ہے۔ہم جب کہتے ہیں:

اَشْھَدُ اَنْ لَّا اِلٰہَ اِلَّا اللّٰہُ وَحْدَہٗ لَا شَرِیْکَ لَہٗ وَاَشْھَدُ اَنَّ مُحَمَّدًا عَبْدُہٗ وَرَسُوْلُہٗ۔

''میں گواہی دیتا ہوں کہ اللہ کے سوا اور کوئی عبادت کے لائق نہیں وہ ایک ہے اُس کا کوئی شریک نہیں اور میں گواہی دیتا ہوں کہ محمد صلی اللہ علیہ وآلہٖ وسلم

[1]۔ میزان الحکمت، ج 6 ص 13؛ تفسیر نور الثقلین، ج 4 ص 556؛ تفسیر الصافی، 4 ص 365؛ تفسیر کنز الدقائق وبحر الغرائب، ج 11 ص 459

اللہ کے بندے اور اُس کے رسولؐ ہیں"۔

خداوند عالم ہمیں حکم دیتا ہے کہ ہم اس کے رسولؐ کی عظمت کو اس کی بندگی کی گواہی سے ظاہر کریں۔ پس! جو بھی کسی درجہ یا مقام پر فائز ہوا ہے وہ عبودیت اور بندگی کی برکت سے ہوا ہے اور وہ بندگی اور عبادت کے ذریعہ سے جانا جائے گا۔

حضرت زینب صدیقہ صغریٰ سلام اللہ علیہا نے اپنی ساری زندگی عبادت اور بندگی میں صرف کردی۔ اگر یہ کہا جائے کہ آپؑ عبادت اور بندگی کی جان تھیں تو یہ بے جا نہ ہوگا کیونکہ آپؑ کی تمام حرکت وسکنات یعنی پوری کی پوری زندگی عبادت ہی عبادت تھی۔ آپؑ کا مرنا اور جینا ہی عبادت تھا۔ آپؑ کے بارے میں حضرت امام حسین علیہ السلام کا یہ فرمان اس بات کی گواہی دیتا ہے جو آپؑ نے اپنی بہن حضرت زینب سلام اللہ علیہا کو وصیّت کرتے ہوئے ارشاد فرمایا تھا:

یااختاہ لاتنسینی فی نافلۃ اللیل۔[1]

"اے بہن: مجھے نمازِ شب میں فراموش نہ کرنا"۔

کتابِ کبریّت احمر کے مصنف عالم جلیل مولانا حاج شیخ محمد باقر اپنی ایک کتاب میں بعض کتب مقاتل معتبرہ سے نقل کرتے ہیں کہ حضرت امام سجاد علیہ السلام فرماتے ہیں:

"کوفہ وشام کے سفر میں اس کے باوجود کہ اتنے مصائب اور تکلیفیں تھیں لیکن میری پھوپھی نے نمازِ شب کو ترک نہیں کیا"۔

انسان جتنی بھی فکر کرے شہزادیؑ کے کمالات کو درک کرنا مشکل ہے۔ انہی عبادت کی وجہ سے مکّرمہؑ کو عابدہ کے نام سے یاد کیا جاتا ہے۔ اس لقب میں بھی آپؑ اپنے بھتیجے حضرت امام زین العابدین علیہ السلام کے ساتھ شریک ہیں۔

---

[1]۔ زینب الکبریٰ، ص 62؛ ریاحین الشریعہ، ج 3 ص 62؛ عوالم، ج 11 ص 954

انیسویں فضیلت:

شہزادیؑ کا ایک لقب ''باکیۃ'' ہے

شہزادیؑ کے القابات میں سے ایک لقب ''باکیۃ'' ہے۔ معلوم ہونا چاہیے کہ خوفِ خدا میں گریہ اور حضرت محمد مصطفیٰ صلی اللہ علیہ وآلہ وسلم کے اہلِ بیت علیہم السلام پر رونا اشرف عبادت ہے۔

خوفِ خدا میں اور آلِ محمد علیہم السلام کے غم میں رونا بہت زیادہ ثواب رکھتا ہے جو شمار نہیں کیا جا سکتا۔ اس کا اَجر روایات اور احادیث میں بے حد ذکر ہوا ہے جو اہلِ معرفت سے پوشیدہ نہیں ہے۔ یہ بات بھی کسی سے پوشیدہ نہیں ہے کہ ان دو مقامات کے علاوہ گریہ کرنا مکروہ ہے لیکن خوفِ خدا میں گریہ کرنے کے جائز ہونے کے لئے معصومؑ کا یہ فرمان کافی ہے:

معصومؑ فرماتے ہیں:

كُلُّ عَيْنٍ بَاكِيَةٌ يَوْمَ الْقِيَامَةِ إِلَّا أَرْبَعَةَ أَعْيُنٍ عَيْنٌ بَكَتْ مِنْ خَشْيَةِ اللهِ۔[1]

''قیامت کے دن ہر آنکھ روئے گی سوائے اس آنکھ کے جو خوفِ خدا میں گریہ کرتی رہی ہو''۔

حضرت امام حسین علیہ السلام کا فرمان ہے:

اِنَّ فِي الْقِيَامَةِ عَقَبَةً لَا يَجُوزُهَا إِلَّا الْبَكَّاؤُونَ مِنْ خَشْيَةِ اللهِ۔

''قیامت میں ایک گھاٹی ہے جس سے کوئی نہیں گزرے گا مگر وہ جو خوفِ خدا میں گریہ کرتا رہا ہو''۔

---

[1]۔ کشف الغمہ فی معرفۃ الآئمہؑ، ج2 ص 99

اب ہم اُن روایات کا ذکر کرتے ہیں جو خاندانِ رسالتؐ پر گریہ کے جائز ہونے کو ذکر کرتی ہیں۔ان میں بعض روایات وہ ہیں جو آلِ محمد علیہم السلام کے مصائب پر گریہ کرنے کے جائز ہونے کو ذکر کرتی ہیں۔بعض روایات وہ ہیں جو ہر معصومؑ کے مصائب پر گریہ کرنے کے جائز ہونے کو ذکر کرتی ہیں۔خاص طور پر بعض وہ روایات ہیں جو حضرت امام حسین علیہ السلام پر گریہ کرنے کے جواز کو بیان کرتی ہیں۔

اس عبادت یعنی گریہ کے بارے میں اس قدر اہتمام اور خصوصیّت کے ساتھ تذکرہ ہوا ہے، جس سے یہ ثابت ہوتا ہے کہ اگر ہم کہیں کہ یہ افضل ترین عبادتوں اور اشرف ترین اطاعتوں میں سے ہے اور اُن اہم ترین چیزوں میں سے ہے جو خدا کی قربت کا سبب بنتی ہیں تو برحق ہے۔اس لئے کہ ہر عبادت کے لئے شرائط ہیں لیکن اس عبادت کے لئے کوئی شرط نہیں ہے۔ہر وقت، ہر حال، ہر زبان اور ہر مکان میں ہو سکتی ہے۔اس میں کوئی مانع اور رکاوٹ نہیں ہے۔اس عبادت کے لئے مراتب ہیں اور ہر مرتبہ کے لئے خاص اجر ہے۔اس عبادت کا کمترین مرتبہ رونے کی شکل بنانا ہے۔اس مرتبہ کا اَجر و ثواب بہشت ہے۔

جیسا کہ فرمانِ معصومؑ ہے:

وَ مَنْ بَکَیٰ أَوْ أَبْکَیٰ أَوْ تَبَاکَیٰ فَلَهُ الْجَنَّةُ۔[1]

''جس نے گریہ کیا یا گریہ کروایا یا گریہ کرنے والے کی شکل بنائی اس کے لئے جنت واجب ہے''۔

یہ روایت مرحوم شیخ کی کتاب ''خصائص'' میں موجود ہے۔اسی طرح کی ایک حدیث اور بھی ہے جس میں خداوندِ قدوس نے حضرت موسیٰ علیہ السلام سے خطاب کرتے ہوئے فرمایا ہے۔

بہر حال یہ بات مشہور ہے کہ گریہ بہت بڑی عبادت ہے۔یہاں پر یہ نکتہ بیان کرنا ضروری ہے کہ بعض روایات میں یہ ذکر ہوا ہے کہ جو کوئی بھی مظلومِ کربلاؑ پر گریہ کی شکل بنائے گا، اس پر جنت واجب ہے۔بعض روایات میں یہ بھی ذکر ہوا ہے کہ جو کوئی بھی گریہ کرے گا

---

[1]۔ لہوف، ص 5؛ عوالم، ص 532؛ الخصائص الحسینیہ، ص 16

اُس کے لئے جنت واجب ہے۔

بعض روایات میں گریہ کرنے اور گریہ کی شکل بنانے کی مقدار بیان کی گئی ہے اور بعض روایات میں گریہ کی مقدار کا تعین نہیں کیا گیا۔ روایات میں یہ اختلافات اس لئے ہے کہ جنت میں درجات ہیں۔ اس لئے اُن درجات کو حاصل کرنے کے لئے گریہ کرنا اور گریہ کرنے والے کی شکل بنانے والے کے لئے بھی درجات ہیں تاکہ گریہ کے مطابق جنت کے درجات کو حاصل کرسکے۔

چند لحاظ سے حضرت زینب سلام اللہ علیہا اپنی والدہ فاطمۃ الزہرا سلام اللہ علیہا کے ساتھ گریہ کرنے میں شریک اور شباہت رکھتی ہیں۔

اوّل: اس لحاظ سے کہ دونوں مخدراتِ عصمتؑ نے خوفِ خدا میں اس قدر گریہ کیا کہ اپنے آنسوؤں کو ایک شیشی میں سنبھال کر رکھا اور وصیت کی کہ اس شیشی کو مرنے کے بعد قبر میں رکھا جائے۔

دوم: اس لحاظ سے کہ حضرت فاطمہ زہرا سلام اللہ علیہا کے متعلق ہے:

فمازالت بعد أبیها معصّبة الرأس باکیة العین ناحلة الجسم۔

"بابا کی وفات کے بعد ہمیشہ غم کا لباس پہنے رکھا آنکھوں سے روتی رہیں اور رنج میں مبتلا رہیں"۔

وَ دَخَلَتْ اُمُّ سَلَمَةَ عَلَى فَاطِمَةَ عَلَيْهَا السَّلَامُ فَقَالَتْ لَهَا كَيْفَ اَصْبَحْتِ عَنْ لَيْلَتِكِ يَا بِنْتَ رَسُولِ اللهِ قَالَتْ اَصْبَحْتُ بَيْنَ كَمَدٍ وَ كَرْبٍ فُقِدَ النَّبِيُّ صَلَّى اللهُ عَلَيْهِ وَ آلِهِ وَسَلَّمْ وَ ظُلِمَ الْوَصِيُّ وَ [هُتِكَ] وَ اللهِ حُجُبُهُ اَصْبَحَتْ إِمَامَتُهُ مُقْتَصَّةً عَلَى غَيْرِ مَا شَرَعَ اللهُ فِي التَّنْزِيْلِ وَ سَنَّهَا النَّبِيُّ فِي التَّأْوِيْلِ وَ لَكِنَّهَا اَحْقَادٌ

بَدْرِيَّةٌ وَ تِرَاتٌ اُحُدِيَّةٌ كَانَتْ عَلَيْهَا قُلُوْبُ النِّفَاقِ۔[1]

"ایک روایت میں ہے: جناب سیدہ سلام اللہ علیہا کی بیماری کے دنوں میں حضرت اُمّ سلمہؓ آپؑ کی تیماری داری کے لئے آئیں اور آپؑ سے صحت کے بارے میں سوال کیا۔ حضرت فاطمۃ زہرا سلام اللہ علیہا نے جواب دیا: میں غم واندوہ میں مبتلا ہوں کیونکہ اللہ کے نبیؐ چھوڑ کر جا چکے ہیں اور اللہ کے نبیؐ کے وصیؑ پر جو ظلم ڈھائے گئے ہیں، ان کی وجہ سے۔ خدا کی قسم! اس کی ہتکِ حرمت کی گئی، جس کی امامت کو چھوڑ کر لوگوں نے قرآن اور سنت کے خلاف راستہ اختیار کیا۔ ان لوگوں نے اپنے امام یعنی حضرت علی علیہ السلام پر اس نفاق اور کینہ کی وجہ سے ظلم کیا جو بدر اور اُحد کی جنگوں کی وجہ سے اُن کے دِلوں میں موجود تھا"۔

حضرت فاطمہ زہرا سلام اللہ علیہا نے اپنے بیٹے سید الشہداء علیہ السلام کے لئے کئی مقام پر گریہ کیا، ایک اُس وقت جب امام حسین کی ولادت ہوئی۔

رہی بات عقیلۂ بنی ہاشم حضرت زینب سلام اللہ علیہا کے گریہ کی تو شہزادیؑ کا خوفِ خدا میں گریہ کرنا ایک علیحدہ اور مستقل باب میں ذکر کیا جائے گا۔

شہزادیؑ کا گریہ کرنا اپنے بھائی امام حسین علیہ السلام پر تو وہ آپؑ کی ساری زندگی جاری و ساری رہا۔

جناب فاضل الحاج شیخ محمد حسین عرف ضیاء الدین حضرت زینب سلام اللہ علیہا کے متعلق ایک قصیدہ میں فرماتے ہیں:

فواللہ ما انسی الحسین ملطخا   و بین بدیہ زینب وھی تندب
أخی یاأخی انت ابن امی علی الثریٰ   لعمرک ھذا فی العجائب اعجب
أخی کیف لا أبکی دماءً بمدامعی   وجثمانک المجروح بالدم تنخب

---

[1] بحار الانوار، ج 43 ص 156؛ مناقب ابن شہر آشوب، ج 2 ص 205؛ عوالم العلوم، ج 11 ص 829

''اللہ کی قسم میں نے حسین علیہ السلام جو خون و ریت میں لت پت تھے کو فراموش نہیں کیا اور اُن کے سامنے زینب سلام اللہ علیہا ندبہ کر رہی ہے''۔

''کہ اے میرے بھائیؑ! اے میرے بھائیؑ! تو میرا ماں جایا ہے اور نیزے پر سوار ہے تیری قسم! یہ بڑی عجیب بات ہے''۔

''میرے بھائی! میں خون کے آنسو کیوں نہ روؤں جب کہ تیرا زخمی بدن خون میں لت پت ہے''۔

یہاں پر ہم اہلِ بیت اطہار کی فضیلت کی حدیث کو ذکر کرنا لازمی جانتے ہیں؟ خاص طور پر حضرت سید الشہداء علیہ السلام کے بارے میں۔

عَنِ اَلرَّیَّانِ بْنِ شَبِیبٍ قَالَ: دَخَلْتُ عَلَی الرِّضَا عَلَیْهِ السَّلاَمُ فِی اَوَّلِ یَوْمٍ مِنَ الْمُحَرَّمِ فَقَالَ لِیْ:

یَا اِبْنَ شَبِیبٍ أَ صَائِمٌ أَنْتَ؟

فَقُلْتُ: لَا۔

فَقَالَ إِنَّ هَذَا الْیَوْمَ هُوَ الْیَوْمُ الَّذِیْ دَعَا فِیْهِ زَکَرِیَّا عَلَیْهِ السَّلاَمُ رَبَّهُ عَزَّ وَ جَلَّ:

فَقَالَ: ''رَبِّ هَبْ لِیْ مِنْ لَّدُنْكَ ذُرِّیَّةً طَیِّبَةً إِنَّكَ سَمِیْعُ الدُّعَاءِ''۔

فَاسْتَجَابَ اللهُ لَهُ وَ اَمَرَ الْمَلاَئِكَةَ فَنَادَتْ زَکَرِیَّا وَ هُوَ قَائِمٌ یُصَلِّیْ فِی الْمِحْرَابِ اَنَّ اللهَ یُبَشِّرُكَ بِیَحْیٰی، فَمَنْ صَامَ هَذَا الْیَوْمَ ثُمَّ دَعَا اللهَ عَزَّ وَ جَلَّ اِسْتَجَابَ اللهُ لَهُ، كَمَا اِسْتَجَابَ لِزَکَرِیَّا عَلَیْهِ السَّلاَمُ۔

ثُمَّ قَالَ یَا اِبْنَ شَبِیبٍ، إِنَّ الْمُحَرَّمَ هُوَ الشَّهْرُ الَّذِیْ كَانَ أَهْلُ الْجَاهِلِیَّةِ فِیْمَا مَضَی یُحَرِّمُوْنَ فِیْهِ الظُّلْمَ وَ الْقِتَالَ لِحُرْمَتِهِ،

فَمَا عَرَفَتْ هَذِهِ الْأُمَّةُ حُرْمَةَ شَهْرِهَا، وَلَا حُرْمَةَ نَبِيِّهَا صَلَوَاتُ اللهِ عَلَيْهِ وَآلِهِ لَقَدْ قَتَلُوْا فِيْ هَذَا الشَّهْرِ ذُرِّيَّتَهُ وَ سَبَوْا نِسَاءَهُ وَ اِنْتَهَبُوا ثِقَلَهُ فَلَا غَفَرَ اللهُ لَهُمْ ذٰلِكَ أَبَداً۔

يَا اِبْنَ شَبِيبٍ، إِنْ كُنْتَ بَاكِياً لِشَيْءٍ فَابْكِ لِلْحُسَيْنِ بْنِ عَلِيِّ بْنِ أَبِيْ طَالِبٍ عَلَيْهِ السَّلَامُ، فَإِنَّهُ ذُبِحَ كَمَا يُذْبَحُ الْكَبْشُ وَ قُتِلَ مَعَهُ مِنْ اَهْلِ بَيْتِهِ ثَمَانِيَةَ عَشَرَ، رَجُلاً مَا لَهُمْ فِي الْأَرْضِ شَبِيْهٌ، وَ لَقَدْ بَكَتِ السَّمَاوَاتُ السَّبْعُ وَ الْأَرَضُونَ لِقَتْلِهِ، وَلَقَدْ نَزَلَ إِلَى الْأَرْضِ مِنَ الْمَلَائِكَةِ أَرْبَعَةُ آلَافٍ لِنَصْرِهِ فَوَجَدُوْهُ قَدْ قُتِلَ، فَهُمْ عِنْدَ قَبْرِهِ شُعْثٌ غُبْرٌ إِلَى اَنْ يَقُومَ الْقَائِمُ فَيَكُوْنُوْنَ مِنْ اَنْصَارِهِ، وَ شِعَارُهُمْ يَا لَثَارَاتِ الْحُسَيْنِ۔

يَا اِبْنَ شَبِيبٍ لَقَدْ حَدَّثَنِيْ اَبِيْ عَنْ أَبِيْهِ عَنْ جَدِّهِ عَلَيْهِمُ السَّلَامُ، أَنَّهُ لَمَّا قُتِلَ جَدِّيَ الْحُسَيْنُ صَلَوَاتُ اللهِ عَلَيْهِ أَمْطَرَتِ السَّمَاءُ دَماً وَ تُرَاباً أَحْمَرَ۔

يَا اِبْنَ شَبِيبٍ إِنْ بَكَيْتَ عَلَى الْحُسَيْنِ عَلَيْهِ السَّلَامُ حَتَّى تَصِيْرَ دُمُوْعُكَ عَلَى خَدَّيْكَ غَفَرَ اللهُ لَكَ كُلَّ ذَنْبٍ اَذْنَبْتَهُ صَغِيْراً كَانَ اَوْ كَبِيْراً قَلِيْلاً كَانَ اَوْ كَثِيْراً۔

يَا اِبْنَ شَبِيبٍ إِنْ سَرَّكَ اَنْ تَلْقَى اللهَ عَزَّ وَ جَلَّ وَ لَا ذَنْبَ عَلَيْكَ فَزُرِ الْحُسَيْنَ عَلَيْهِ السَّلَامُ۔

يَا اِبْنَ شَبِيبٍ إِنْ سَرَّكَ اَنْ تَسْكُنَ الْغُرَفَ الْمَبْنِيَّةَ فِي الْجَنَّةِ مَعَ النَّبِيِّ وَآلِهِ صَلَوَاتُ اللهِ عَلَيْهِمْ فَالْعَنْ قَتَلَةَ الْحُسَيْنِ عَلَيْهِ السَّلَامُ۔

يَا ابْنَ شَبِيبٍ إِنْ سَرَّكَ أَنْ يَكُونَ لَكَ مِنَ الثَّوَابِ مِثْلَ مَا لِمَنِ اُسْتُشْهِدَ مَعَ الْحُسَيْنِ عَلَيْهِ السَّلَامُ فَقُلْ مَتَى مَا ذَكَرْتَهُ يَا لَيْتَنِي كُنْتُ مَعَهُمْ فَأَفُوْزَ فَوْزاً عَظِيماً۔

يَا ابْنَ شَبِيبٍ إِنْ سَرَّكَ اَنْ تَكُوْنَ مَعَنَا فِي الدَّرَجَاتِ الْعُلَى مِنَ الْجِنَانِ فَاحْزَنْ لِحُزْنِنَا وَ افْرَحْ لِفَرَحِنَا وَعَلَيْكَ بِوَلَايَتِنَا فَلَوْ اَنَّ رَجُلاً تَوَلَّى حَجَراً لَحَشَرَهُ اللهُ مَعَهُ يَوْمَ الْقِيَامَةِ۔[1]

”راوی کہتا ہے کہ میں روایت کرتا ہوں اپنے استاد سے اور وہ روایت کرتے ہیں ابن شبیب سے، وہ کہتا ہے: مَیں حضرت امام رضا علیہ السلام کی خدمت میں حاضر ہوا یہ محرم الحرام کا پہلا دن تھا۔

امام علیہ السلام نے فرمایا:

اے ابن شبیب! کیا آج تیرا روزہ ہے؟

میں نے عرض کیا: نہیں۔

حضرتؑ نے فرمایا: یہ وہ دن ہے جس دن حضرت زکریا علیہ السلام نے اپنے پروردگار سے دعا کی اور خدا نے آپؑ کی دعا قبول فرمائی۔ حضرت زکریا علیہ السلام نے خدا سے اس طرح دعا کی:

”اے پروردگار! مجھے بیٹا عطا فرما“۔

خدا نے فرشتوں سے فرمایا:”

زکریا علیہ السلام کو بیٹے کی بشارت دے دو جس کا نام یحییٰ ہوگا“۔

پس! آج کے دن جو کوئی بھی روزہ رکھے گا اور خدا سے دعا کرے گا تو خداوندِ عالم اس کی دعا کو قبول فرمائے گا۔ جس طرح خدا نے حضرت

---

[1]۔ بحار الانوار، ج 44 ص 285؛ اقبال الاعمال، ج 2 ص 544؛ الامالی (للصدوق) ص 129؛ عیون اخبار الرضا علیہ السلام ص 299

زکریا علیہ السلام کی دعا کو قبول فرمایا تھا۔

پھر حضرت امام رضا علیہ السلام نے فرمایا:

اے ابن شبیب! محرم ایسا مہینہ ہے جس میں اہلِ جاہلیت بھی جنگ وستم کو حرام جانتے تھے لیکن اس اُمت نے اس ماہ کی اور اپنے رسولؐ کی حرمت کو پامال کیا۔

اس مہینہ میں انہوں نے پیغمبر اکرم صلی اللہ علیہ وآلہ وسلم کے بیٹے کو قتل کیا، اور رسول اکرم صلی اللہ علیہ وآلہ وسلم کے خاندان کی عورتوں کو قید کیا اور اُن کے اموال کو لوٹ لیا۔

خدا اُن کو ہرگز نہ بخشے گا۔

اے ابن شبیب! اگر تو کسی پر رونا چاہتا ہے تو حسین ابن علی علیہ السلام پر گریہ کرو کیونکہ آپؑ کو اس طرح ذبح کیا گیا، جیسے جانور کو ذبح کیا جاتا ہے اور آپؑ کے ساتھ اٹھارہ ایسے جوانوں کو قتل کیا گیا جو آپؑ کے خاندان سے تھے، زمین میں ان کے مانند اور مثل کوئی نہ تھا اور آسمانوں اور زمین نے ان پر گریہ کیا۔ چار ہزار فرشتے ان کی مدد کے لئے آسمان سے نازل ہوئے لیکن وہ اُس وقت پہنچے جب ان کو قتل کر دیا گیا۔ پس وہ فرشتے گرد وغبار سے بھرے ہوئے اس وقت تک قبر امام حسین علیہ السلام پر موجود رہیں گے یہاں تک کہ حضرت امام مہدی علیہ السلام کا ظہور ہو اور آپؑ قیام فرمائیں۔ وہ فرشتے آپؑ کے مددگاروں میں شامل ہوں گے اور ان کا نعرہ ہوگا:

''یالثارات الحسینؑ''۔

''یعنی ہم خونِ امام حسین علیہ السلام کا انتقام لینے والے ہیں''۔

اے ابن شبیب! میرے والد نے اپنے والد سے اور انہوں نے اپنے جد صلی اللہ علیہ وآلہ وسلم سے نقل فرمایا ہے: جب حضرت امام حسین علیہ السلام شہید کئے گئے تو

آسمان سے خون رِسا اور سرخ ریت آسمان سے نیچے گری۔

اے ابن شبیب! اگر تُو امام حسین علیہ السلام پر اتنا گریہ کرے کہ جس سے آنسو تمہارے چہرے پر جاری ہوں تو تمہارے تمام گناہ معاف کر دیئے جائیں گے، وہ گناہ صغیرہ ہوں یا کبیرہ۔کم ہوں یا زیادہ۔

اے ابن شبیب! اگر تم چاہتے ہو کہ جب تُو خدا سے ملاقات کرے تو تمہارے نامۂ اعمال میں کوئی گناہ نہ ہو تو قبر امام حسین علیہ السلام کی زیارت کیا کرو۔

اے ابن شبیب! اگر تم چاہتے ہو کہ جنت کے محلات میں رہو اور پیغمبر اکرم صلی اللہ علیہ وآلہ وسلم کے ساتھ رہو تو ان لوگوں پر لعنت کرو جنہوں نے حضرت امام حسین علیہ السلام کے ساتھ جنگ کی اور انہیں قتل کیا۔

اے ابن شبیب! اگر تم چاہتے ہو کہ تمہیں اُن شہداء کے برابر ثواب ملے جو حضرت امام حسین علیہ السلام کے ساتھ شہید ہوئے ہیں تو جب بھی ان کی یاد آئے تو یہ کہا کرو: کاش! میں بھی ان کے ساتھ ہوتا اور ان کے ساتھ عظیم کامیابی یعنی شہادت پر فائز ہوتا۔

اے ابن شبیب! اگر تم چاہتے ہو کہ بہشت میں ہمارے برابر بلند درجات کو حاصل کرو تو ہمارے غم میں غم مناؤ اور ہماری خوشی میں خوشی اور ہماری ولایت کا دامن پکڑ لو۔ پس اگر کوئی پتھر کے ساتھ ولایت رکھتا ہو گا تو خدا قیامت کے دن اُسے پتھر کے ساتھ محشور کرے گا"۔

اس حدیث شریف میں بہت سے مطالب موجود ہیں۔جن کو بیان کرنے کے لئے تفصیل کی ضرورت ہے۔ہم یہاں پر کچھ مطالب کو اجمالاً اور اختصار کے ساتھ بیان کرتے ہیں۔اس لئے کہ اگر تمام مطالب بیان نہ ہوسکیں تو سب کو ترک تو نہیں کرنا چاہیے۔

(۱) محرم الحرام کی بڑی فضیلت ہے جو شہر الحسین علیہ السلام کے نام سے مشہور ہے۔اسی طرح

جیسے رمضان المبارک بڑی فضیلت رکھتا ہے اور شہر اللہ یعنی خدا کا مہینہ ہے، کے نام سے مشہور ہے۔ یہ بھی جاننا ضروری ہے کہ محرم الحرام کے مہینہ میں خدا نے بہت سی خصوصیات اور فضائل کو رکھا ہے۔ اس لئے کہ یہ مہینہ سید الشہداء حضرت امام حسین علیہ السلام کے ساتھ تعلق رکھتا ہے۔

(۲) اس ماہ کے پہلے دن کی خصوصیت یہ ہے کہ اس میں دعا قبول ہوتی ہے جیسا کہ اس حدیث میں بیان ہوا ہے۔ اسی دن حضرت ادریس علیہ السلام نے جنت کی پرواز کی تھی۔

(۳) اس ماہ کے تیسرے دن حضرت یوسف علیہ السلام کنویں سے باہر آئے تھے۔ پانچویں دن حضرت موسیٰ علیہ السلام نے دریائے نیل عبور کیا تھا اور محرم کی نویں تاریخ کو کوہِ طور پر خدا کے ساتھ مناجات کیں۔ نیز اسی دن حضرت یونس علیہ السلام مچھلی کے پیٹ سے باہر آئے تھے۔ اسی دن حضرت موسیٰ علیہ السلام، حضرت یحییٰ علیہ السلام اور حضرت مریم سلام اللہ علیہا کی ولادت ہوئی تھی۔

(۴) دس محرم کو حضرت امام حسین علیہ السلام کی شہادت واقع ہوئی۔ محرم کی سولہ تاریخ کو بیت المقدس کو نماز کے لئے قبلہ بنایا گیا۔ محرم کی سترہ (۱۷) تاریخ کو اصحابِ فیل پر عذاب نازل کیا گیا۔ ایک روایت میں ہے: حضرت فاطمہ زہراؑ کی رخصتی بھی اِسی دن ہوئی تھی۔ محرم کی پچیس (۲۵) تاریخ کو حضرت امام سجاد علیہ السلام کی شہادت ہوئی۔

(۵) اس ماہ کا جاہلیّت کے دور میں بھی بہت زیادہ احترام کرتے تھے اور قتل وغارت کو حرام جانتے تھے۔ لیکن اس اُمت کے منافقوں اور بدبخت لوگوں نے پیغمبر آخر الزمان صلی اللہ علیہ وآلہ وسلم کے بیٹوں اور پیروکاروں کو اس ماہ میں قتل کرنا حلال جانا اور اہلِ بیت علیہم السلام کی عزت وحرمت کو پامال کردیا۔

جب اس ماہ کی خصوصیات واضح اور روشن ہوگئی ہیں تو اب اس ماہ کی رمضان المبارک کے ساتھ شباہت کا ذکر کیا جائے گا۔ جس طرح رمضان المبارک کے کئی نام ہیں۔

جیسے شہراللہ، شہرالرحمۃ، شہرالمغفرۃ اور شہرالعتق من النار۔

اسی طرح محرم الحرام کے بھی کئی نام ہے۔ جیسے شہرالحسینؑ، شہرالعزاء، شہرالحزن ،شہرالبکاء اور شہرالتباکی۔

یہ رمضان المبارک ایسا مہینہ ہے جس میں لوگوں کو اللہ کی مہمانی کی طرف بلایا جاتا ہے اوراس ماہ میں خدا کی دعوت کی طرف ملائکہ ہر طرف سے لوگوں کو بلاتے ہیں۔اسی طرح ملائکہ محرم الحرام میں لوگوں کو عزاء الحسین علیہ السلام کی طرف بلاتے ہیں اور دعوت دیتے ہیں بلکہ عزاء خانے کی طرف دعوت دینے والے اور بھی ہیں۔

اوّل: ان دعوت دینے والوں میں خود خداوندِ عالم آغازِ خلقت سے تمام جہانوں میں، عالم ارواح اور عالم مثال میں اس عزاء خانے کی طرف دعوت دیتا رہا ہے۔

دوم: اس کے علاوہ تمام ملائکہ آغازِ خلقت سے لے کر قیامت تک مختلف زبانوں اور مختلف حالتوں میں خاص طور پر مقرب فرشتے اس عزاء کو قائم کرنے والے اور دعوت دینے والے رہے ہیں۔

سوم: تمام انبیاء نے اس عزاء خانے کی طرف دعوت دی ہے۔تمام انبیاء خدا سے التجا کرتے رہے ہیں کہ وہ اس عزاء خانے میں شریک ہوں۔ انبیاء میں سے مقرب انبیاء جیسے حضرت ابراہیم علیہ السلام اور حضرت زکریا علیہ السلام کو یہ خصوصی عنایت حاصل ہوئی ہے۔

چہارم: ان کے علاوہ خاص طور پر حضرت رسول اکرم صلی اللہ علیہ وآلہ وسلم مظلوم کربلاؑ کی ولادت کے دن سے لے کر اپنی رحلت کے دن تک اس عزاء خانے کی طرف دعوت دیتے ہوئے رخصت ہو گئے اور خود بھی عزاء قائم کرتے رہے۔اسی طرح امام حسین علیہ السلام کے والد محترم حضرت امیر المومنین علیہ السلام، آپؑ کی والدہ محترمہ حضرت صدیقہ طاہرہ سلام اللہ علیہا، آپؑ کے بھائی امام حسن علیہ السلام اور آپؑ کی اولاد اور آئمہ اطہار علیہم السلام ساری زندگی اس عزاء کی طرف دعوت دیتے رہے اور خود بھی عزاء قائم کرتے رہے۔

پنجم: حضرت زینب سلام اللہ علیہا بھی صاحب عزاء تھیں۔مختلف مجلس میں عزاء کرتی رہیں۔ کربلا

میں آنے سے لے کر کوفہ وشام کے بازاروں اور درباروں میں، شام کے دروازہ پر، اونٹوں پر، ابن زیاد ملعون اور یزید ملعون کے درباروں میں، زندانِ شام میں، قید سے رہائی کے بعد شام کے شہر میں، شام کی عورتوں میں، کربلا واپسی پر، مدینہ کی طرف واپسی پر، مدینہ کے دروازے پر، ناناؐ کے روضہ پر، اپنی ماںؑ کی قبر کے سرہانے اور اپنے گھر میں۔ تمام زندگی خود بھی عزاء کو قائم کیا اور امام حسین علیہ السلام کے عزاء خانے کی طرف سب سے بڑی دعوت دینے والی بھی آپؑ تھیں۔

ششم: علاوہ ازیں خود حضرت امام حسین علیہ السلام بھی اپنی عزاء کی طرف مختلف صورتوں اور حالتوں میں دعوت دیتے رہے۔ سب سے پہلے تو عالم مثال میں دعوت دی۔ اس کے بعد اس عالم میں، اپنے ناناؐ کے زمانے میں، اپنے والدؑ اور والدہؑ اور بھائیؑ کے زمانے میں اور ان کے بعد کئی مرتبہ عزاء کی طرف دعوت دیتے رہے۔ خصوصاً اس وقت جب آپؑ نے مکہ سے خروج کیا۔ اس کے بعد کربلا میں وارد ہونے سے پہلے، جس مقام اور منزل پر بھی آپ علیہ السلام نزول فرماتے، ہر روز، خاص طور پر کربلا میں عاشور کے دن مختلف طریقوں سے، کبھی زبان سے وعظ و نصیحت فرماتے، کبھی اپنی غریبی اور تنہائی کا استغاثہ دے کر، کبھی جنگ اور دفاع کے ساتھ اور کبھی "ہل من ناصر ینصرنا" کہہ کر۔ ان تمام مقامات کے علاوہ آپؑ اپنے ماننے والوں کو یاد کر کے عزاء کی طرف دعوت دیتے رہے۔ جیسا کہ آپؑ فرماتے ہیں:

لَيْتَكُم فِيْ يَوْمِ عَاشُوْرَا جَمِيْعاً تَنْظُرُوْنِيْ۔
اَوْ سَمِعْتُمْ بِغَرِيْبٍ اَوْ شَهِيْدٍ فَانْدُبُوْنِيْ۔ [1]

"کاش! تم عاشورہ کے دن ہوتے تو تم دیکھتے کہ میری کیا حالت تھی۔
جب تم کسی غریب یا شہید کی خبر سننا تو مجھ پر گریہ کر لینا"۔

ہفتم: اس کے علاوہ حضرت امام حسین علیہ السلام کا وہ پارہ پارہ کُرتہ جو کوفہ وشام اور مدینہ میں

[1] مصباح کفعمی، ص 741؛ مقتل المقرم، ص 397؛ نفس المہموم، ص 377

لوگوں کو حیران و پریشان کرتا رہا اور ان کو مظلوم کی عزاء کی طرف دعوت دیتا رہا۔
عاشور کے دن سے لے کر قیامت کے دن تک ہر سال محرم کی پہلی تاریخ کو اس کُرتہ کو عرش سے زمین کی طرف لٹکایا جاتا ہے۔ یہ اوّل محرم سے روزِ عاشور تک اسی طرح لٹکتا رہے گا۔ اس وجہ سے کائنات کی تمام چیزیں جو حضرت امام حسین علیہ السلام کے ساتھ تعلق رکھتی ہیں، اوّل محرم سے عاشور کے دن آخر تک حزن وغم میں رہتی ہیں۔

ہشتم: تمام عوالم، جہانِ علوی ہو یا سفلی یعنی اُوپر والے ہوں یا نیچے والے، تمام افلاک اور تمام زندہ چیزیں طول وعرض میں حضرت امام حسین علیہ السلام کے عزاء خانے کی طرف دعوت دیتے ہیں اور خود بھی عزاء قائم کرتے ہیں۔

اسی طرح رمضان اور محرم میں اور بھی کئی طرح سے شباہت ہے۔ وہ یہ کہ جس طرح ماہِ رمضان میں دعائیں قبول ہوتی ہیں، اسی طرح محرم الحرام میں بھی دعائیں قبول ہوتی ہیں۔ جس طرح رمضان میں سونا عبادت ہے اور رمضان میں روزہ رکھنے والے کے سانس تسبیح شمار ہوتے ہیں، اسی طرح محرم الحرام میں حضرت امام حسین علیہ السلام کے غم میں مغموم ہونا عبادت اور امامؑ کے غم میں سانس لینے والے کی سانسیں تسبیح شمار ہوتی ہیں۔ [1]

رمضان المبارک قرآن کی فصلِ بہار ہے، اسی طرح محرم الحرام بکاء اور گریہ کی فصلِ بہار ہے۔ جس طرح رمضان المبارک قیام وصیام کا مہینہ ہے، اسی طرح محرم الحرام بھی قیام و صیام کا مہینہ ہے:

محرم الحرام کو صیام کا مہینہ کہنے کے دو سبب ہیں۔

اوّل: اس لحاظ سے کہ محرم الحرام میں حضرت امام حسین علیہ السلام نے خود روزہ رکھا اور آپؑ کا روزہ ایسا روزہ تھا کہ اوّلین اور آخرین میں سے کسی نے ایسا روزہ نہ رکھا۔ بلکہ آپؑ کا روزہ روزے کی زندگی اور بقاء کا سبب بنا ہے۔ حضرت امام حسین علیہ السلام کا ایسا روزہ تھا کہ آپؑ نے اپنے نفس کو ان تمام چیزوں سے دور کر لیا جن کے ذریعہ روزہ

---

[1]۔ امالی طوسی، ص 115؛ امالی شیخ مفید، ص 338؛ بشارۃ المصطفیٰؐ، ص 257؛ کافی، ج 2 ص 226

باطل ہوتا ہے۔ حتیٰ کہ اپنے اہل و عیال اور اولاد کی محبت کو بھی قربان کر دیا۔ اموال، اصحاب، دوستوں اور بھائیوں کی محبت کو بھی قربان کر دیا۔ بلکہ ہر چیز کو خدا کی راہ میں کوئی اہمیت نہ دی۔ اس کے لئے تفصیل کی ضرورت ہے جو یہاں پر بیان نہیں ہو سکتی۔

دوم: اس لحاظ سے کہ آنحضرتؐ کی اولاد اور پیروکار حزن وغم میں مصروف ہونے کی وجہ سے جو وہ امام حسین علیہ السلام کے لئے کرتے تھے تمام لذتوں سے خود کو محفوظ رکھتے تھے۔

رمضان المبارک میں ایک رات شبِ قدر بھی ہے جو ہزاروں راتوں کی عبادتوں سے افضل عبادت کا ثواب رکھتی ہے اور بنی اُمیہ کی ہزار مہینوں کی حکومت وسلطنت سے بھی بہتر ہے۔ اسی طرح محرم الحرام کی بھی ایک رات شبِ قدر ہے جو عاشور کی رات ہے۔ یہ وہ رات ہے جو بنی اُمیہ کی ہزار مہینوں کی حکومت کو ختم کرنے کا سبب بنی اور تمام مخلوقات کے حزن وغم کا سبب بنی ہے۔ اس رات میں نوحہ اور گریہ کرنا نواسۂ رسولؐ پر شبِ قدر کی عبادت سے کہیں افضل ہے بلکہ اگر اس رات پانی کا ایک گھونٹ پیتے وقت حضرت امام حسین ابن علی علیہ السلام کی پیاس کو یاد کیا جائے تو اس کا ثواب بھی شبِ قدر سے زیادہ ہے۔

پہلا مطلب:

رمضان المبارک کی راتوں میں اور دنوں میں خاص طور پر شبِ قدر کی راتوں میں توسل پیدا کرنے والوں کے لئے جنت کے دروازے کھول دیئے جاتے ہیں اور جہنم کے دروازے بند کر دیئے جاتے ہیں۔ اسی طرح محرم الحرام جو شہر الحسین علیہ السلام ہے اس میں بھی حضرت امام حسین علیہ السلام کے ساتھ توسل پیدا کرنے والوں کے لئے جنت کے دروازے کھول دیئے جاتے ہیں اور جہنم کے دروازے بند کر دیئے جاتے ہیں۔ جیسا کہ روایت میں ہے:

"جو بھی غمِ حسین علیہ السلام میں ایک قطرہ آنسو بہائے گا تو خدا اُس پر جہنم کے دریاؤں کو خاموش کر دے گا"۔

دوسرا مطلب:

اس میں اُمت کے عیوب بیان کئے جائیں گے یعنی اُمت کی خامیوں پر نگاہ ڈالیں گے۔ زمانۂ جاہلیت میں بھی لوگ اپنی جہالت اور حماقت کے باوجود اور حیوانات کی طرح اخلاق رکھنے کے باوجود محرم کے مہینہ کا احترام کرتے تھے۔ جنگ و جدال اور اموال کی لوٹ مار جواُن کی عادت تھی، اس مہینہ کے احترام میں بند کر دیتے تھے۔ جب تک یہ مہینہ ختم نہیں ہوتا تھا، آرام سے اپنے اپنے گھروں میں رہتے تھے۔ لیکن یہ اُمت جو اسلام کے علم کے زیر ِسایہ پروان چڑھی اور جنہوں نے حضرت محمد مصطفیٰ صلی اللہ علیہ وآلہٖ وسلم کے بتائے ہوئے قوانین کے مطابق اپنی زندگی کو ڈھال لیا تھا، انہوں نے اولادِ پیغمبر صلی اللہ علیہ وآلہٖ وسلم پر ایسے وحشیانہ ظلم کئے کہ ہر صاحبِ ضمیر سُن کر کانپ جاتا ہے۔ کوئی باشعور انسان اپنے سخت سے سخت ترین دشمن کے ساتھ بھی ایسے مظالم کرنے کو تیار نہیں ہوتا۔ جبکہ پیغمبر اکرم صلی اللہ علیہ وآلہٖ وسلم کی اولاد تھے جو اُمت کے اخلاق کو سنوارنے اور اُن کے درمیان فیض و برکت کا وسیلہ تھے۔ تمام عرب آلِ محمد علیہم السلام پر ایسے مظالم کئے ہیں کہ اگر کسی مذہب میں اَولادِ رسول علیہم السلام کو تکلیف دینا اور اُن پر ظلم کرنا سب سے اچھی عبادت ہوتی تو وہ بھی اس سے بڑھ کر ظلم نہ کرتے جو کئے گئے۔

عجب تو یہ ہے کہ وہ نبیؐ جو عالمین کے لئے رحمت تھے، جن کا جنازہ آسمان کی طرف نہیں لے جایا گیا تاکہ کہیں اس اُمت پر عذاب نازل نہ ہو جائے۔ حالانکہ اس امت کے لوگوں نے اُس نبیؐ کو تیئیس سال تکلیفیں دیں۔ اس کے باوجود آپؐ ان کو اخلاق سکھاتے رہے اور اِن کے حق میں دعا کرتے رہے۔ جبکہ پہلے والے انبیاء اپنی ان اُمتوں کے لئے جو نافرمان تھیں اور انہیں تکلیفیں پہنچاتی تھیں، بددعا کرتے تھے۔ یہ آخری پیغمبرؐ جو اس قدر صاحبِ رحمت اور مہربان تھے، ابھی اس دنیا سے آنکھ بند کی ہی تھی کہ اُمت نابکار آپؐ کے خاندان اور اولاد کو ختم کرنے کے لئے آمادہ ہوگئی۔

یہ اُمت اس پر مُصِّر تھی کہ نبیؐ کے رحم کو قطع کر دیا جائے اور اَولادِ رسولؐ پر مصائب کے پہاڑ ڈھا دیئے جائیں اور سب سے پہلے اُن سے حکومت چھین لی جائے۔ دنیا جہان

کے انصاف پسند لوگو! آلِ محمد علیہم السلام کی اس مظلومیت کو سنیں اور انصاف کریں۔

کیا اجر رسالت ایسے دیا جاتا ہے کہ رسول صلی اللہ علیہ وآلہ وسلم کی اولاد کے ساتھ بدسلوکی اور ظلم وستم کیا جائے؟ کسی کو شہید کر دیا اور کسی کو قید اور کوئی گھر سے بھاگ کر جان بچا رہا ہے۔

اسلامی اور غیر اسلامی تاریخوں میں لکھا ہوا ہے خاص طور پر ایک عیسائی مؤرخ ''جرجی زیدان'' اپنی کتاب ''تمدنِ اسلامی'' کی پہلی جلد میں لکھتا ہے:

آغازِ اسلام میں جب پیغمبر اسلامؐ نے اپنے قریبی رشتہ داروں کو اپنے گھر میں دعوت دی تا کہ اسلام کی تبلیغ کریں تو ان سے فرمایا: کون ہے جو ایمان لائے اور وہ میرا بھائی اور وصی بنے؟ اس وقت علی ابن ابی طالب علیہ السلام کے علاوہ کوئی بھی نہ تھا جس نے جواب دیا ہو۔ صاحبانِ عقل پر یہ بات پوشیدہ نہیں ہے کہ پیغمبر اکرم صلی اللہ علیہ وآلہ وسلم کی یہ بات حضرت علی علیہ السلام کی ولایت اور وصایت پر نص اور دلیل ہے، اور اُنؑ کی خلافت اس سے ثابت ہوتی ہے۔

اس کے علاوہ باقی تمام دلیلوں کو ایک طرف رکھتے ہوئے ہم سوال کرتے ہیں: کیا یہ انصاف ہے کہ ایک بادشاہ اس دنیا سے جائے اور اُس کا ایک داماد پیچھے موجود ہو جو ہر لحاظ اور ہر جہت سے قابلیت رکھتا ہو، اُسے خانہ نشین کر دیا جائے اور کسی غیر کو لا کر کرسی پر بٹھا دیا جائے؟ پھر اُس کے اہلِ خانہ اور طرف داروں کے ساتھ برا سلوک کیا جائے؟ ہاں! یہ کام وہی کر سکتا ہے جو بدترین انسان ہو اور جو قابلِ اصلاح نہ ہو۔

چنانچہ خداوندِ تعالیٰ اپنے اس قول میں خبر دے چکا ہے اور بتا چکا ہے:

وَمَا مُحَمَّدٌ إِلَّا رَسُولٌ قَدْ خَلَتْ مِنْ قَبْلِهِ الرُّسُلُ ۚ أَفَإِنْ مَاتَ أَوْ قُتِلَ انْقَلَبْتُمْ عَلَىٰ أَعْقَابِكُمْ ۚ [1]

''محمد صلی اللہ علیہ وآلہ وسلم صرف رسولؐ ہیں اس سے پہلے بہت سے رسول گزرے ہیں اگر رسول مر گئے یا قتل ہو گئے تو تم اپنی اصلیت پر پلٹ جاؤ گے''۔

خدا یہ فرماتا ہے:

---

[1] سورۃ آل عمران، آیت ۱۴۴

وَلَا تَحۡسَبَنَّ اللّٰہَ غَافِلًا عَمَّا یَعۡمَلُ الظّٰلِمُوۡنَ ۔[1]

''تم گمان نہ کرو کہ خدا اس سے غافل ہے جو ظالم لوگ انجام دے رہے ہیں''۔

تیسرا مطلب:

اس بیان میں رونے والے کے لئے اور جس پر مصیبت آئی ہے، اس کے لئے قاعدہ اور قانون کا تذکرہ ہے۔

حضرت امام رضا علیہ السلام فرماتے ہیں:

''اگر تم چاہتے ہو کہ کسی چیز پر روئے تو اسے چاہیے کہ حضرت سید الشہداء علیہ السلام پر گریہ کرے''۔

اس دستور کا مقصد یہ بھی ہوسکتا ہے کہ حضرت امام حسین علیہ السلام پر گریہ کرنے کا اجر وثواب بہت زیادہ ہے، اس لئے اگر کسی انسان پر کوئی مصیبت آئے تو وہ اپنی مصیبت پر گریہ نہ کرے بلکہ حضرت امام حسین علیہ السلام کی مصیبت پر گریہ کرے تا کہ اُس کے اجر وثواب میں اضافہ ہو۔

شاید یہ حکم اس لئے دیا گیا ہو کہ حضرت سید الشہداء علیہ السلام کی مصیبتیں اس قدر زیادہ ہیں کہ ان کے مقابلہ میں ہر مصیبت چھوٹی نظر آتی ہے۔ اس لئے جب مصیبت زدہ انسان اپنے غم ومصیبت میں امامؑ کے غم ومصیبت کو یاد کرے گا تو اس کی اپنی مصیبت ختم ہو جائے گی اور وہ اُسے بھول جائے گا اور صرف سید الشہداء علیہ السلام کی مصیبت یاد رہے گی۔

یا یہ بھی مقصد ہوسکتا ہے کہ جب مصیبت زدہ انسان اپنی مصیبت میں سید الشہداء علیہ السلام کی مصیبت کو یاد کرے گا تو اس بات کی طرف توجہ کرے گا کہ یہ مصیبت جو مجھ پر نازل ہوئی ہے تو کیا ہوا، اس سے بڑھ کر تو امام حسین علیہ السلام جیسی شخصیت پر نازل ہوئی ہے جو اس کائنات کی خلقت کا سبب ہیں۔ جب آپؑ پر مصیبت نازل ہوسکتی ہے تو میں کون ہوتا ہوں۔ یوں

---

[1] ۔ سورۂ ابراہیم، آیت ۴۲

اسے اپنی یہ مصیبت بہت کم نظر آئے گی۔ ایسا کرنے سے اُسے دو فائدے حاصل ہوں گے۔ ایک تو اس کی اپنی مصیبت اور غم کم ہوگا اور دوسرا یہ کہ حضرت امام حسین علیہ السلام پر گریہ کرنے سے اُسے ثواب بھی حاصل ہوگا۔

شاید اسی مطلب کی طرف سید الشہداء علیہ السلام کا یہ فرمان اشارہ کرتا ہے:

اَوْ سَمِعْتُمْ بِغَرِيْبٍ اَوْ شَهِيْدٍ فَانْدُبُوْنِي۔

”جب تم کسی شہید یا غریب کی خبر سنو تو مجھے یاد کرلیا کرو“۔

اس سے مراد یہ بھی ہوسکتا ہے کہ امام علیہ السلام مصیبت زدہ اور غم زدہ کو اپنی مصیبت اور غم میں مبتلا کر کے اُس کی مصیبت اور غم کو اس کی یاد سے نکالنا چاہتے ہوں۔

یہاں پر ایک اہم بات کی طرف اشارہ ہے۔ وہ یہ کہ معصوم علیہ السلام کا یہ فرمان کہ اپنی مصیبت میں اگر رونا چاہتے ہو تو حسین علیہ السلام پر گریہ کرو۔ یہ حکم اُس حکم اور دستور کے مشابہ ہے جو خدا نے مصیبت زدہ لوگوں کو دیا ہے جس میں وہ فرماتا ہے:

ٱلَّذِينَ إِذَآ أَصَٰبَتۡهُم مُّصِيبَةٞ قَالُوٓاْ إِنَّا لِلَّهِ وَإِنَّآ إِلَيۡهِ رَٰجِعُونَ۔ [1]

”یہ وہ لوگ ہیں جب ان پر کوئی مصیبت آتی ہے تو وہ کہتے ہیں: ہم خدا کے لئے ہیں اور اسی کی طرف لوٹ کر جانا ہے“۔

اہلِ تفکّر کے لئے یہاں پر جو شباہت اور مماثلت موجود ہے وہ پوشیدہ نہیں ہے۔

چوتھا مطلب:

اس مطلب میں حضرت امام حسین علیہ السلام کی شہادت کے واقعات و حالات کا بیان کیا گیا ہے۔

حضرت امام رضا علیہ السلام نے فرمایا!

”سید الشہداء علیہ السلام کو ایسے ذبح کیا گیا جیسے بھیڑ بکری کو ذبح کیا جاتا ہے“۔

---

[1] سورۂ بقرہ، آیت ۱۵۶

اس مشابہت اور مماثلت میں بہت سے احتمالات پائے جاتے ہیں۔اس میں ایک تو یہ احتمال پایا جاتا ہے کہ جس طرح بھیڑ بکری کو بغیر کسی خوف وخطرہ کے ذبح کرنے کے لئے لایا جاتا ہے اور خوشی و سرور کے ساتھ اسے ذبح کر دیتے ہیں، اسی طرح کربلا کے میدان میں حضرت سید الشہداء علیہ السلام کو بغیر کسی خوف وخطرہ کے خوشی خوشی لا کر ذبح کر دیا گیا۔

ایک احتمال یہ بھی ہے: یہ شباہت اس لئے دی گئی ہے کہ جس طرح بھیڑ بکری کا ذبح کرنا حلال و جائز ہوتا ہے اور ہر کسی کے سامنے بغیر کسی رکاوٹ کے ذبح کیا جاتا ہے اسی طرح حضرت امام حسین علیہ السلام کو بھی جائز اور حلال سمجھ کر شہید کیا گیا اور سب کے سامنے اور بغیر کسی رکاوٹ کے ذبح کیا گیا اور آپؑ کا خون بہانا مباح جانا گیا۔

جیسا کہ خود حضرت امام حسین علیہ السلام فرماتے ہیں:

فَبِمَ تَسْتَحِلُّوْنَ دَمِیْ۔[۱]

”میرا خون بہانے کو کیوں حلال جانتے ہو؟“

لیکن حضرت سید الشہداء علیہ السلام کی شہادت اور بھیڑ بکری کے ذبح کرنے میں کافی فرق ہے۔

یاد رہے! بکری کو پیاسا ذبح نہیں کرتے اور اس سے سر کو بارہ ضربوں کے ساتھ تن سے جدا نہیں کرتے۔ بھیڑ بکری کو تیر و تلوار اور نیزے کے ساتھ ذبح نہیں کرتے اس کے برعکس امام مظلوم علیہ السلام کو ان سب چیزوں کے ساتھ شہید کیا گیا بلکہ آپؑ کے لاشہ کو پامال کرنے کے لئے گھوڑے دوڑائے گئے۔

جیسا کہ امام علیہ السلام فرماتے ہیں:

وَبِجُرْدِ الْخَیْلِ بَعْدِ الْقَتِلَ عَمْداً سَحَقُوْنِیْ۔[۲]

---

[۱]۔ الامالی (للصدوق)، ج1 ص150

[۲]۔ ثمرات الاعواد مصنف الہاشمی الخطیب، علی بن الحسینؑ، ج1 ص103

''قتل کرنے کے بعد گھوڑوں کے سموں کیساتھ مجھے پامال کیا گیا''۔

حضرت امام سجاد علیہ السلام فرماتے ہیں:

أَنَا ابْنُ مَنْ قُتِلَ صَبْراً۔[1]

''مَیں اس کا بیٹا ہوں جس کو صبر کی حالت میں قتل کیا گیا''۔

صبر کے ساتھ قتل کرنے کا اشارہ اسی طرف ہے جس کا ذکر کیا گیا ہے۔ بھیڑ بکری کو نحر نہیں کیا جاتا بلکہ اُونٹ کو نحر کیا جاتا ہے جبکہ مظلومِ کربلا علیہ السلام کو اُونٹ کی طرح نحر کیا گیا۔

یہ تمام حالتیں امامِ مظلومؑ کی شہادت میں بھیڑ بکری کے ذبح کرنے سے کہیں زیادہ ہیں۔

اَلَا لَعْنَۃُ اللهِ عَلَى الظَّالِمِيْنَ۔[2]

''آگاہ ہو جاؤ کہ ظالمین پر خدا کی لعنت ہے''۔

پانچواں مطلب:

اس میں حضرت سید الشہداء علیہ السلام پر گریہ کرنے کے اجر و ثواب کا تذکرہ ہوگا جو اکسیر اعظم، با اثر کیمیا، کبریّت اَحمر اور ایسی دوا ہے جس کے ذریعہ گناہوں کے امراض اور بیماریوں کو دور کیا جا سکتا ہے۔

معصوم علیہ السلام فرماتے ہیں:

''اگر تم حسین علیہ السلام پر اتنا گریہ کرو کہ جس سے ایک آنسو جاری ہو جائے تو خداوندِ تعالیٰ تمہارے تمام صغیرہ و کبیرہ ہوں یا کم و زیادہ تمام گناہ معاف فرما دے گا''۔

یہ بات بھی قابلِ ذکر ہے کہ مظلومِ کربلاؑ پر گریہ کرنے کے عجیب و غریب اثرات ہیں اور اتنے زیادہ فائدے ہیں کہ زبان ان کے بیان کرنے اور قلم لکھنے سے عاجز ہے۔ لیکن

---

[1]۔ لہوف، ص 68؛ بحار الانوار، ج 45 ص 113؛ مثیر الاحزان، ص 48؛ عوالم، ج 17 ص 381

[2]۔ سورہ ھود، آیت ۱۸

یہاں پر محبوں کی آنکھوں کو روشن کرنے کے لئے ٹوٹے ہوئے اور نالائق قلم سے کچھ اثرات اور فائدوں کی طرف اشارہ کریں گے۔

پہلا فائدہ:۔

یہ بات واضح اور روشن ہے کہ تمام جائز عبادات اور منقول اطاعتوں کا اجر وثواب مُعیّن ہے جب بھی ان عبادات کو اُن کی شرائط اور اجزاء کے ساتھ بجالایا جائے گا تو اُسے وہی ثواب عطا کیا جائے گا جو مقررہ ہے لیکن جو اجر وثواب مظلومِ کربلا حضرت امام حسین علیہ السلام کے ساتھ توسل کرنے کا ہے اُس کا اجر وثواب حد سے باہر اور شمار نہیں ہوسکتا۔

روایت میں ہے:

''جو شخص سید الشہداء علیہ السلام پر اس قدر گریہ کرے کہ اُس کی آنکھ سے اتنا آنسو نکل آئے جس سے مکھی کا پر تَر ہو جائے تو خداوندِ عالم اُس کے تمام گناہ معاف فرما دے گا[1]، اگرچہ وہ گناہ دریاؤں کی جھاگ کے برابر ہوں''۔[2]

اگر اس سے زیادہ گریہ ہو تو اُس کا اجر بھی زیادہ ہوگا۔پس گریہ کرنے کا کم سے کم عطیہ گناہوں کا معاف ہونا اور بہشت میں جانا ہے۔

علّامہ مجلسی ''بحار الانوار'' میں سید ابن طاؤس ؒ سے حدیث نقل کرتے ہیں:

وَ مَنْ بَكَى وَ أَبْكَى وَاحِداً فَلَهُ الْجَنَّةُ وَ مَنْ تَبَاكَى فَلَهُ الْجَنَّةُ۔[3]

''جو شخص خود روئے اور کسی ایک شخص کو رُلائے اُس کے لئے جنت ہے اور جو کوئی رونے کی شکل بنائے اُس کے لئے جنت ہے''۔

---

[1] ۔ بحار الانوار، ج 44 ص 285

[2] ۔ بحار الانوار، ج 44 ص 288؛ کامل الزیارات، ص 104؛ قرب الاسناد، ص 26

[3] ۔ بحار الانوار، ج 44 ص 282؛ اللہوف علی قتلی الطفوف، ص 10؛ عوالم العلوم، ج 17 ص 532

رونے کی شکل بنانا جو توسل کا نچلا درجہ ہے، اس پر بھی جنت ملے گی تو پھر توسل کے بڑے درجات کا مقام کیا ہوگا۔

پس! اگر کوئی اپنی ساری زندگی مظلومِ کربلا حضرت امام حسین علیہ السلام پر گریہ کرنے میں گزار دے تو اس کا کیا مقام ہوگا؟ اس کے لئے ہم حضرت زینب سلام اللہ علیہا کے مقام و مرتبہ کو دَرک نہیں کر سکتے کیونکہ آپؑ نے اپنی ساری زندگی مظلومِ کربلا علیہ السلام پر رونے اور رُلانے میں گزار دی حالانکہ آپؑ اُن تمام مشکلات اور مصائب میں جو حضرت امام حسین علیہ السلام پر وارد ہوئے اور شہادت کے موقع پر اپنے بھائی کے ساتھ شریک تھیں۔

اہم ترین مطلب:

میں نے اپنے والد ماجد اور چچا جان الحاج آقا سید محمد مہدی اور اپنے ماموں جناب آقا سید محمد حسن خدا ان پر رحمت نازل کرے اور اپنے دادا سید احمد مرحوم مغفور سے سنا: میرے دادا جان نے محمد تقی بختیاری سے کچھ رقم قرض لینی تھی۔ میرے دادا جان اپنا قرض لینے کے لئے محمد تقی بختیاری کے پاس گئے۔ انہوں نے قرض کی کچھ رقم ادا کی اور میرے دادا کو اپنے پاس روک لیا۔

عاشورہ محرم کے دن قریب تھے اور اتفاق سے ان دِنوں عاشورہ کی مجالس مرزا حبیب اللہ اور ہمارے گھر میں برپا ہوتی تھیں، اس لئے میرے دادا جان واپس جانے کے لئے اصرار کر رہے تھے تاکہ گھر جا کر تعزیہ داری کے انتظامات کر سکیں۔ لیکن محمد تقی بختیاری ضد کر رہے تھے کہ وہ ان کے پاس رہیں۔

آخر کار میرے دادا جان نے مان لیا اور اُن کے ہاں رہنے پر راضی ہو گئے اور مجالس ایک عشرہ بعد رکھ لیں۔ رات کو سوئے تو خواب میں دیکھتے ہیں کہ سادات کی ایک مجلس ہے جس میں انہوں نے میرے دادا جان مرحوم کو پانی کا ایک کاسہ دیا جس کے اطراف میں یہ شعر لکھا تھا:

درهر موجی گناه فوجی بخشد　　　اینجا بنظر قطرهٔ آنجا دریا

خواب سے بیدار ہونے کے بعد شعر کو لکھ کر پوچھ گچھ کرنے لگے کہ یہ شعر کس شاعر کا ہے۔لیکن کسی سے معلوم نہ ہو سکا۔ یہ دیکھتے ہی تیاری کی اور اپنے گھر واپس آ گئے اور عاشورہ سے پہلے ایامِ عزاء کے لئے مجالس عزاء اور تعزیہ داری کے انتظامات میں مصروف ہو گئے۔

دوسرا فائدہ:

جیسا کہ ہم پہلے اشارہ کر چکے ہیں:

ہر عبادت کے کچھ مقدمات، اجزاء اور شرائط ہوتے ہیں جو عبادت کے لئے ضروری ہوتے ہیں۔عبادت اُن کے بغیر نہیں ہو سکتی اور جب وہ تمام چیزیں موجود ہوتی ہیں تو اُس وقت عبادت کا اثر اور نتیجہ بھی حاصل ہوتا ہے۔

لیکن وہ عبادت جو بغیر کسی مقدمہ اور شرائط کے ہے، وہ مظلومِ کربلا علیہ السلام کے ساتھ توسل پیدا کرنا ہے اور اس میں کسی قصد کی ضرورت نہیں ہوتی۔اگر کوئی شخص خالی الذھن ہو اور کسی چیز کا قصد نہ بھی کرے تو وہ عبادت کا درجہ حاصل کرے گا۔جیسے سید الشہداء علیہ السلام کا اگر کوئی نام لے اور اُس کی حالت تبدیل ہو جائے تو یہ بھی عبادت میں شمار ہوگا۔حضرتؑ کے نام میں یہ اثر پوشیدہ ہے کہ جب بھی کوئی اس نام کو زبان پر جاری کرتا ہے تو اس کی حالت تبدیل ہو جاتی ہے۔

چنانچہ مظلومِ کربلا علیہ السلام کی محبت دلوں میں پوشیدہ ہے اور ایمان کی علامتوں میں سے دل کا ٹوٹ جانا ہے۔یقیناً آپؑ کا نام سنا جاتا ہے تو گریہ جاری ہو جاتا ہے۔

جیسا کہ حضرت آدم علیہ السلام نے حضرت امام حسین علیہ السلام کا نام سنا تو عرض کیا:

فِيْ ذِكْرِ الْخَامِسِ يَنْكَسِرُ قَلْبِيْ۔[1]

''اس نام کے سننے سے میرا دل ٹوٹ گیا ہے''۔

یہی اثر مظلومِ کربلا علیہ السلام کی ہمشیرہ حضرت زینب سلام اللہ علیہا کے نام میں بھی پوشیدہ ہے۔اس بارے میں انشاء اللہ آئندہ ذکر ہوگا۔

---

[1]۔ العوالم، ج17 ص104؛ بحارالانوار، ج44 ص245

تیسرا فائدہ:

ہر عبادت کے لئے کئی مسائل و مشکلات اور آفات ہیں۔ جس کی وجہ سے انسان عبادت کرتا ہے لیکن وہ بجائے عبادت و ثواب کے گناہ بن جاتا ہے اور وہ عبادت کے بجائے شرک ہو جاتا ہے۔

کیونکہ شیطان نفس انسان پر اس قدر غالب اور مسلّط ہے کہ گناہ کو عبادت اور عبادت کو گناہ کی صورت میں پیش کر دیتا ہے۔ عبادت کو ریاکاری اور دکھلاوے کے ذریعہ ضائع کر دیتا ہے۔

لیکن غمِ حسین علیہ السلام ایک ایسی عبادت ہے کہ یہ تمام آفات سے محفوظ ہے اور شیطان کا اس میں کوئی عمل دخل نہیں ہوتا، اس لئے کہ عاشور کے دن شیطان کربلا سے بھاگ گیا تھا۔ پس! امام مظلومؑ کے ساتھ توسل اور آپؑ کا غم منانا دل کا مقام رکھتا ہے۔ جس طرح شیطان تمام اعضاء پر غالب آجاتا ہے سوائے دل کے۔ اس لئے کہ دل صرف خدا کی ذات کے ساتھ خاص ہے اور اس میں فقط تجلیاتِ خداوندی کا ظہور ہوتا ہے۔ اس طرح شیطان ہر عبادت میں اثر پیدا کرنے کی صلاحیّت رکھتا ہے، سوائے غمِ امام حسین علیہ السلام کے۔ اس لئے کہ یہ غم دل کا مقام رکھتا ہے اور یہ غم بھی تجلیاتِ خداوندی کے ماہر ہونے کا مقام ہے۔ اس طرح غمِ امام حسین علیہ السلام بھی ایک ایسی عبادت ہے، اس کو تمام اعضاء پر حکومت و سلطنت حاصل ہے۔

اوّل سے لے کر آج تک ملائکہ، انبیاء، مرسلین اور خدا کے مقرب بندوں میں سے جو بھی کسی مرتبہ و مقام پر فائز ہوا ہے، وہ غمِ امام حسین علیہ السلام کے توسل سے ہوا ہے۔

خداوندِ عالم اپنے مقرب بندوں کے سامنے جو امام حسین علیہ السلام کا تذکرہ فرما رہا ہے، اس کی حکمت اور وجہ یہی ہے کہ وہ اس ذکر کے ذریعہ توسل کریں اور خدا کے دربار میں بلند مقام و مرتبہ حاصل کریں اور اس عظیم عبادت کو حاصل کریں جو اشرف ترین عبادت ہے۔

حتیٰ کہ مظلومِ کربلاؑ کے جدِّ بزرگوارؐ جو اشرف انبیاءؑ ہیں، ان کے لئے بھی جبرائیل علیہ السلام

کئی بار آپؑ کے بیٹے کی شہادت کی خبر لے کر آئے [1]۔ بلکہ ولادت کے وقت تمام ملائکہ نے حضرت سید الشہداء علیہ السلام کی ولادت کی مبارک کے ساتھ ساتھ آپؑ کی شہادت کی تعزیت بھی پیش کی۔ حضرتؑ اِس صورتِ حال سے آگاہی کے بعد غمگین ہو گئے اور گریہ کرنے لگے تا کہ آپؑ اس گریہ کے ذریعہ باقی تمام انبیاء سے زیادہ مقاماتِ عالیہ حاصل کرسکیں۔

اسی طرح پیغمبر اکرم صلی اللہ علیہ وآلہ وسلم نے بھی سید الشہداء علیہ السلام کے والدِ محترم، والدۂ محترمہ اور بھائی کو متعدد مقامات پر آپؑ کے مصائب بیان کئے۔ وہ بھی اس لئے تا کہ وہ غمگین ہو کر گریہ کریں اور اس عظیم عبادت کو حاصل کرسکیں جو خدا کا افضل ترین وسیلہ ہے اور وہ اس عبادت سے محروم نہ رہ جائیں۔

پس کسی شک وشبہ کے بغیر جو عبادت خداوند ِقدوس کے دربار میں سب سے زیادہ قبولیّت کا درجہ رکھتی ہے، وہ غمِ امام حسین علیہ السلام کے ذریعہ توسل حاصل کرنا ہے۔

جیسا کہ آپ جان چکے ہیں کہ غمِ امام حسین علیہ السلام ایک ایسی عبادت ہے، جس کا اجر و ثواب حد سے باہر ہے۔ یہاں پر یہ بات بھی قابل ذکر ہے کہ غمِ حسین علیہ السلام ایسی عبادت ہے، جس کے ذریعہ کئے ہوئے مظالم کا جبران اور تدارک بھی ہوسکتا ہے۔ کیونکہ ہر گناہ کا عقاب اور سزا محدود و معین ہے اور اس کے مقابلہ میں غم امام حسین علیہ السلام ایسی عبادت ہے جس کا اجر وثواب غیر معین اور غیر محدود ہے۔ جب قیامت کا دن ہو گا تو غمِ امام حسین علیہ السلام کے ثواب میں سے اجر کم کر دیا جائے گا اور صاحبِ حق کو اس کا حق ادا کیا جائے گا۔

یہاں پر اگر یہ کہا جائے کہ غمِ امام حسین علیہ السلام منانے والوں کے ثواب میں سے کوئی چیز کم نہ کی جائے گی تو بے جا نہ ہو گا بلکہ خود مظلوم کربلا امام حسین علیہ السلام حق داروں کو اپنی طرف سے ان کا حق دے کر اِن پر ہونے والے مظالم کا ازالہ کر دیں گے اور ان کو راضی کر دیں گے۔ یہ بعید بھی نہیں ہے کیونکہ قیامت کے مقامات میں ایک مقام وہ ہے جس کا نام

---

[1]۔ صواعق المحرقہ، ص190 و191؛ کنز العمال، ج2 ص 223 ح294، 2943، 3944، 3936، 3941؛ ذخائر العقبیٰ ص 148؛ تذکرۃ الخواص ص 260 و259

''ہبات'' ہے۔ یہ وہ مقام ہے جہاں پر مؤمنین خداوند ِقدوس کی رحمتوں اور لطف و کرم کا نظارہ کریں گے اور خدا کے اس فیض کو حاصل کرنے کے لئے ایک دوسرے سے جو انہوں نے حق لینا ہوگا، اُس سے دستبردار ہو جائیں گے اور اس کے ذریعہ بلند درجات تک پہنچ جائیں گے۔

وہ مؤمنین جو اس جہاں میں سید الشہداء علیہ السلام کے لئے اپنی جان و مال کی قربانی دینے کے لئے تیار ہیں، جب قیامت کے دن یہ دیکھیں گے کہ مظلومِ کربلاؑ میدانِ محشر میں کٹے ہوئے سر کے ساتھ تشریف لا رہے ہیں اور تمام اہلِ محشر یہ حالت دیکھ کر گریہ کرنے لگیں گے تو اس وقت آپؑ تمام مؤمنین سے یہ تقاضا کریں گے کہ اپنے مؤمن بھائیوں کو معاف کر دو تو کیا آپ اُس وقت معاف نہیں کریں گے؟

کیوں نہیں! کون سی عقل سلیم اس مطلب کو قبول نہیں کرتی۔ اس لئے غمِ امام حسین علیہ السلام منانے والوں کے اجر و ثواب سے کوئی چیز کم نہ ہوگی۔

جب یہ بات معلوم ہو چکی ہے کہ غمِ امام حسین علیہ السلام افضل ترین عبادت اور اکمل ترین خداوندی وسیلہ ہے تو یہ مطلب بھی معلوم ہونا چاہیے کہ جو جتنا غم منائے گا، وہ اسی قدر دوسروں سے زیادہ اجر حاصل کرے گا۔

جیسا کہ ہماری گزشتہ گفتگو سے معلوم ہو چکا ہے اور بعد میں بھی معلوم ہو گا کہ حضرت زینب سلام اللہ علیہا نے اپنی تمام تر زندگی اس عظیم عبادت کو حاصل کرنے میں صرف کر دی۔ روزِ عاشور سے لے کر وفات تک تمام عمر گریہ و نالہ میں صرف کر دی۔ کس طرح مخدرہؑ کے مقاماتِ عالیہ اور فضائل کو شمار کیا جا سکتا ہے۔ بہتر یہ ہے کہ اعتراف کر لیا جائے کہ آپؑ کے فضائل کا شمار کرنا ممکن ہی نہیں۔ قلم یہاں پر پہنچ کر ٹوٹ جاتا ہے۔ اگر اہلِ ذوق ہو تو سمجھ چکے ہوں گے۔ اس سے زیادہ وضاحت ممکن نہیں ہے۔

وضاحت:

شاید کچھ لوگ کم معرفت کی وجہ سے تعجب کریں کہ اتنے سے غم حسین علیہ السلام کے صِلہ میں

اتنا زیادہ ثواب اور اجر عطا ہوگا؟ تو ایسے شخص کو معلوم ہونا چاہیے کہ یہ تمام عطا اور اجر وثواب ان توسلات اور غمِ حسین علیہ السلام کی قیمت نہیں ہے۔

ایک مثال: ایک شخص بادشاہ سے ملنے کے لئے گیا تو وہ اپنے ساتھ تحفہ کے طور پر ایک سیب بھی لے گیا۔ بادشاہ نے اس تحفہ کے بدلہ میں اس شخص کو قیمتی لباس اور بہت سے دوسرے عطیّات عطا کئے حالانکہ اس سیب کی کوئی قیمت نہ تھی اور اس مختصر ہدیہ کے مقابل عطا بہت زیادہ تھی۔

پس! بادشاہ نے جو نا چیز ہدیہ کے صلہ میں اتنے زیادہ تحائف دیئے، وہ بادشاہ کے شایانِ شان عمل تھا۔ اسی طرح غمِ حسین علیہ السلام کے صلہ میں جو اتنا زیادہ اجر وثواب عطا کیا جائے گا، وہ کائنات کے سب سے بڑے کریم اور سخی کے خزانہ کے عطیّات ہیں، جو ختم نہیں ہوتے۔ کیونکہ وہ ایسی ذات ہے جس کا اپنی مخلوق کو کثرت سے عطا کرنا سوائے جود و کرم کے اور کسی چیز میں اضافہ نہیں کرتا۔

اس کے علاوہ یہ تمام عطیّات اور اجر وثواب مظلومِ کربلا امام حسین علیہ السلام کی ان خدمات اور زحمتوں کا اجر ہے جو آپؑ نے اسلام کے لئے انجام دیں اور وہ اجر حضرتؑ کے ماننے والوں میں تقسیم ہوگا۔ کیونکہ آپؑ کی خدمات بہت بڑی ہیں اس لئے اجر بھی بڑا ہے۔ حضرت امام حسین علیہ السلام کو ماننے والے کے نامۂ اعمال میں یہ عمل ہر عمل سے اعلیٰ و اکمل ہے، اس لئے جو بھی حضرت سید الشہداء علیہ السلام کے ساتھ توسل کرے گا اور اس کی گردن پر کوئی گناہ یا غلطیاں ہوں گی تو خداوندِ عالم مظلومِ کربلاؑ کی عظمت کی خاطر اُن کو معاف فرمادے گا تا کہ اُن کے مقاماتِ عالیہ ظاہر ہوں۔ چاہے وہ گناہ چھوٹے ہوں یا بڑے، کم ہوں یا زیادہ۔

یہاں پر غم کچھ مطالب اور اَسرار کو ذکر کرتے ہیں کیونکہ مظلومِ کربلاؑ دینِ مبین کی بقاء کا سبب ہیں۔ پس! جو لوگ حضرتؑ کے ساتھ غم منانے کے ذریعہ متوسل ہوئے ہیں اگر وہ غفلت یا جہالت کی وجہ سے دینی معاملات میں لاپرواہی کریں گے، تو حضرتؑ کی عظمت و مقام کی وجہ سے خدا کی رحمت کے بادل اُن پر سایہ کریں گے۔ مظلومِ کربلاؑ نے جو اتنے

مصائب اٹھائے ہیں، وہ حضرتؑ کے ساتھ توسل کرنے والے گناہ گاروں کے گناہوں کا جبران اورتدارک کریں گے۔

حضرتؑ کے دل کے زخم ان گناہ گاروں کے دل کے گناہوں کاازالہ کریں گے۔ حضرتؑ کے چھوٹے زخم گناہانِ صغیرہ کا ازالہ کریں گے۔حضرتؑ کے بدن کے زخم اُن گناہوں کاازالہ کریں گے جو بدن کے گناہ ہوں گے۔

کسی عربی شاعرنےکیاخوب کہاہے:

إِذَا شَئْتَ النَّجَاةَ فَزُرْ حُسَيناً
لَكَيْ تَلْقِيْ الإله قَرِيْرَ عِيْنِ [۱]

''اگرتو چاہتاہے کہ نجات پائےتوحسین علیہ السلام کی زیارت کروتاکہ تُو قیامت کے دن ٹھنڈی آنکھ کےساتھ خداسےملاقات کرسکے''۔

اسی طرح حضرتؑ نے تمام عبادات کوحقیقی طورپرانجام دیاہےتاکہ یہ عبادات غمِ حسین علیہ السلام منانے والے گناہ گاروں کی عبادات میں جوکمی ہوگی،اس کوپوراکریں۔

مثال کےطورپرنمازافضل عبادت ہےاس بارے میں فرمانِ معصومؑ ہے:

اَلصَّلاۃُ خَیرُ مَوْضُوعٍ۔ [۲]

''نمازبہترین عبادت ہے''۔

اَلصَّلاۃُ عَمُوْدُ اَلدِّیْنِ فَإِنْ قُبِلَتْ قُبِلَ مَا سِوَاهَا۔ [۳]

''نماز دین کاستون ہے، اگرنماز قبول ہوگی تو دوسری عبادات بھی

---

[۱]۔ مجالس المومنین،ج1 ص555؛اسم الکتاب:إذا شئت النجاة فزر حسيناً ويليه زيارة عاشوراء، المؤلف:الخاتمی، مصطفیٰ

[۲]۔ مکارم الاخلاق،ص472؛الامالی (للطوسی)،ص539؛تنبیہ الخواطر ونزہۃ النواظر (مجموعۃ ورّام)،ج2ص66؛ ارشادالقلوب،ج1ص139

[۳]۔ اس کا مضمون بحارالانوار،ج82ص25؛میزان الحکمت ج5ص374

قبول ہو جائیں گی‘‘۔

حضرت امام حسین علیہ السلام نے نماز کو زندہ کیا ہے اور روحِ نماز کو بھی زندہ کیا۔اس سے غمِ حسین علیہ السلام منانے والے نمازیوں کی نماز میں جو کمی ہو گی وہ پوری ہو جائے گی۔

عظیم عبادات میں سے ایک عبادت روزہ ہے جو ارکانِ اسلام میں سے ہے۔

حضرت سید الشہداء علیہ السلام نے اسے زندہ کیا ہے اور انجام بھی دیا جس طرح انجام دینا چاہیے۔ یہ بھی عزاداروں کے روزہ کی کمی کو پورا کرے گا۔

حضرتؑ نے اپنا مال اور سارا گھر راہِ خدا میں قربان کر دیا تاکہ عزاداروں کی مالی عبادت کے نقائص اور کمی کو پورا کرے۔

خلاصۂ مطلب:

روزِ عاشور مظلومِ کربلاؑ نے ہر عبادت کو سرانجام دیا اور وہ بھی اکمل طریقے سے سرانجام دیا۔ ہر ناقص عبادت کے مقابلہ میں ایک کامل عبادت ہوتی ہے جو ناقص عبادت کا جبران اور تدارک کرتی ہے۔

مظلومِ کربلاؑ نے قرآن پڑھا اور آپؑ سے بڑھ کر کوئی قاری قرآن نہیں۔اہلِ بصیرت پر قرآن کے فضائل پوشیدہ نہیں ہیں۔اس کی حفاظت اور احترام ہر شخص پر واجب و لازم ہے۔قرآن کی شرافت کے لئے اتنا ہی کافی ہے کہ وہ کلام الٰہی ہے اور رسالت مآبؐ کی طرف سے اس اُمت کے پاس امانت ہے۔

حضرت پیغمبر اکرم صلی اللہ علیہ وآلہ وسلم نے فرمایا:

إِنِّيْ تَارِكٌ فِيكُمُ الثَّقَلَيْنِ كِتَابَ اللهِ وَعِتْرَتِيْ اَهْلَ بَيْتِيْ۔[1]

---

[1]۔ مسند احمد بن حنبل، ج2 ص17

شیعہ منابع:۔اثبات الہداۃ، ج 2 ص 277؛ البرہان فی تفسیر القرآن، ج 1 ص 21؛ تفسیر الصافی، ج 5 ص 110؛ تفسیر القمی، ج 2 ص 345

''میں تم میں دو گرانقدر چیزیں چھوڑ کر جا رہا ہوں، اللہ کی کتاب اور میری اہل بیتؑ''۔

قرآن قیامت کے دن شفاعت کرنے والوں میں سے ہوگا۔ پس! حضرت امام حسین علیہ السلام نے مختلف مواقع پر قرآن کی تلاوت کی تاکہ قرآن کے بارے میں عزاداروں کی کمی کو پورا کیا جا سکے۔ نیز آپؑ نے ابن زیاد اور یزید کے دربار میں قرآن کی تلاوت اسی لئے فرمائی تھی۔ اپنے اموال قربان کئے اور اصحاب کو قربان کیا تاکہ گناہ گار عزاداروں کی شفاعت کی جا سکے۔

اپنے جوان بیٹے حضرت علی اکبر علیہ السلام کی قربانی دی تاکہ اپنے بدکردار نوجوان عزاداروں کی نجات ہو سکے۔ اپنے خاندان کی خواتین کی رسوائی اور قید کو برداشت کیا تاکہ بدکردار عزادار خواتین کی نجات ہو سکے۔ کئی مقامات پر مظلوم کربلا علیہ السلام نے شرمساری اور شرمندگی کا سامنا کیا تاکہ قیامت کے دن آپؑ کے عزادار لوگوں کے سامنے شرمسار اور شرمندہ نہ ہو سکیں۔

یہاں پر ہم کچھ ایسے مقامات کا ذکر کریں گے، جہاں پر مظلومِ کربلاؑ کو شرمندگی کا سامنا کرنا پڑا۔

پہلا مقام: اس وقت جب شبیہ پیغمبر صلی اللہ علیہ وآلہ وسلم شہزادہ علی اکبر علیہ السلام نے آپؑ سے پانی طلب کیا۔

دوسرا مقام: وہ مقام جب حضرت علیہ السلام نے پانی طلب کیا۔

تیسرا مقام: اپنی بیٹی سکینہ سلام اللہ علیہا سے کئی مقامات پر۔

چوتھا مقام: شہزادہ علی اصغر علیہ السلام سے جب آپؑ شہزادہ کو میدان کی طرف پانی پلانے کے لئے لے گئے اور پانی کے بجائے تین شعبہ تیر گلے پر لگا۔

پانچواں مقام: حضرت رباب سلام اللہ علیہا سے جب شہزادہ علی اصغر علیہ السلام کو میدان سے واپس لے کر آئے۔

چھٹا مقام: شہزادہ علی اکبر علیہ السلام کی والدہ سے جب اُن تک بیٹے کی شہادت کی اطلاع پہنچی۔

ساتواں مقام: تمام اہل بیت علیہم السلام سے جب آپؑ ان کو ظالموں کے چنگل سے نہ بچا سکے۔

آٹھواں مقام: مظلوم کربلا علیہ السلام اپنی بہن زینب سلام اللہ علیہا سے ہمیشہ کے لئے شرمسار ہیں۔

جیسا کہ حضرت سکینہ سلام اللہ علیہا بنت الحسین علیہ السلام فرماتی ہیں: مَیں نے خواب میں دیکھا کہ حضرت فاطمہ سلام اللہ علیہا نے حضرت سید الشہداء علیہ السلام سے فرمایا کہ اپنی بہن کی طرف کیوں نہیں دیکھتے؟ مظلوم کربلا علیہ السلام نے والدہ سے عرض کیا:

مجھے اپنی بہن کی طرف دیکھتے ہوئے شرم آتی ہے۔

جیسا کہ نقل ہوا ہے کہ جب حضرتؑ کا سر نیزہ پر یا طلائی طشت میں ہوتا تھا اور آپؑ کی نگاہ حضرت زینب سلام اللہ علیہا کی طرف پڑتی تھی تو مظلومِ کربلاؑ آنکھیں بند کر لیتے تھے اور آنکھیں دوسری طرف پھیر لیتے تھے۔ یہ صرف اس لئے تھا کہ حضرتؑ کو بہن کی طرف دیکھتے ہوئے شرم آتی تھی کہ ننگے سر زینب سلام اللہ علیہا جیسی بہن کو کیسے دیکھے؟

ان تمام مطالب سے معلوم ہوتا ہے کہ جو بھی اپنے نامۂ اعمال کی طرف دیکھے اور اس میں بداعمالیوں پر نگاہ پڑے تو اسے چاہیے کہ مظلومِ کربلاؑ سے توسل پیدا کرے تو وہ مایوس اور نااُمید نہ ہوگا۔ کیونکہ روزِ عاشور حضرت مظلومِ کربلاؑ اور آپؑ کے اصحاب و انصار اور اہل بیت علیہم السلام نے اپنی زندگی کی نجات سے نااُمید ہو کر اپنے ماننے والوں کو آخرت میں نااُمید اور مایوس ہونے سے بچا لیا۔ ہم سب گناہوں میں غرق ہیں لیکن ہمارے پاس نجات کے لئے ایک حسین علیہ السلام موجود ہے۔

یہاں پر مَیں ایک گناہ گار بندہ ہونے کی حیثیت سے بارگاہِ الٰہی میں عرض کرتا ہوں:

اے پروردگار! جب میں اپنے نیکیوں کے نامۂ اعمال کی طرف دیکھتا ہوں تو اسے خالی پاتا ہوں اور جب اپنے گناہوں کی طرف دیکھتا ہوں تو اسے سیاہ پاتا ہوں۔ جس گناہ کی طرف نگاہ کرتا ہوں تو اُسے بڑے سے بڑا پاتا ہوں۔ جب اپنے سفر کی طرف دیکھتا ہوں تو وہ بڑا طویل نظر آتا ہے اور جب ضروریاتِ سفر کی طرف دیکھتا ہوں تو نہ ہونے کے برابر یعنی سفر طویل ہے اور زادِ راہ موجود نہیں ہے۔

جب قیامت کے دن کا تصور کرتا ہوں تو تمام لوگوں کو دو صفوں میں پاتا ہوں۔ ایک اصحابِ یمین اور دوسرے اصحابِ شمال۔ اگر اصحابِ یمین کی طرف دیکھتا ہوں تو خود کو اس میں نہیں پاتا اور جب اصحابِ شمال کی طرف دیکھتا ہوں تو تیرے عقاب اور عذاب سے ڈرتا ہوں۔ اس حال میں حیران و پریشان ہوں۔ اگر اس حال میں کوئی اُمید ہے تو وہ عقیلۂ بنی ہاشم حضرت زینب سلام اللہ علیہا کی چادر کے لطف و کرم کی ہے۔ شہزادیؑ اُمّ المصائب کی چادر کے سایہ کی اُمید ہے۔ وہ بی بیؑ جس نے امام حسین علیہ السلام کے بچوں کو بنی اُمیہ کے مظالم سے نجات دی۔ اے پروردگار! اے کریم مولا! اے کردگار! میری اُمید کو نا اُمیدی میں تبدیل نہ کرنا۔ اس کتاب کا مطالعہ کرنے والوں سے میری التماس ہے کہ میرے لئے اس دعا کو فراموش نہ کریں"۔

"اشارہ":

یہاں تک حضرت سید الشہداء علیہ السلام کے لئے جتنی خصوصیات ذکر ہوئی ہیں ان تمام میں حضرت زینب سلام اللہ علیہا اپنے بھائی کے ساتھ شریک ہیں۔ پس! جس طرح تمام فائدے عزاداروں کو مظلومِ کربلا علیہ السلام سے حاصل ہوں گے، اسی طرح جو بھی حضرت زینب سلام اللہ علیہا سے متوسّل ہوگا، اسے بھی یہ تمام فائدے حاصل ہوں گے کیونکہ تمام مصائب میں شہزادیؑ اپنے بھائی کے ساتھ شریک تھیں۔

چھٹا مطلب: اس میں حضرت سید الشہداء علیہ السلام کی زیارت کی فضیلت کا ذکر ہوگا۔

حضرت امام رضا علیہ السلام فرماتے ہیں:

"اے ابن شبیب! اگر تم چاہتے ہو کہ قیامت کے روز پروردگار عالم کے ساتھ اس حال میں ملاقات کرے کہ تمہاری گردن پر کوئی گناہ نہ ہو تو حسین ابن علی علیہ السلام کی زیارت کیا کرو"۔ [1]

---

[1]۔ بحار الانوار، ج 44، کامل الزیارات وکتاب الفضل

معلوم ہونا چاہیے کہ سید الشہداء علیہ السلام کی زیارت کی فضیلت کے بارے میں بہت سی روایات ملتی ہیں۔ پہلے ہم حقیقت زِیارت کو بیان کریں گے کہ زیارت سے مراد کیا ہے؟ پھر اُن روایات کو ذکر کریں گے جو فضیلتِ زیارت کو بیان کرتی ہیں۔ پھر مختلف قسم کی روایات کو جمع کریں گے۔

زیارت سے مراد صاحبِ قبر کے پاس حاضر ہونا ہے۔ یہ اس لئے کہ صاحبِ قبر شرافت اور مقام و مرتبہ رکھتا ہے۔ صاحبِ قبر جس قدر بلند مقام و مرتبہ رکھتا ہو گا، اُسی قدر زیارت کا ثواب بھی زیادہ ہو گا۔ چنانچہ عرفِ عام میں مثال دی جاتی ہے کہ زیارت صاحبِ قبر کے مقاماتِ عُلیا کے اظہار کے لئے ہے۔

مثال کے طور پر کسی بادشاہ کا کوئی وزیر یا مشیر اُس بادشاہ کی جتنی خدمت کرے گا، بادشاہ اُسی قدر اُس کو اہمیت اور مقام و مرتبہ دے گا۔ اُس کے مقام و مرتبہ کو دوسرے وزراء کے سامنے بڑھا کر پیش کرے گا تا کہ دوسرے وزراء بھی ایسی ہی مثال پیش کر سکیں۔ کبھی ایسا بھی ہوتا ہے کہ تمام وزراء اس بلند مقام و مرتبہ والے وزیر کو مبارک باد دینے کے لئے اُس کی خدمت میں پیش ہوتے ہیں۔

یاد رہے! خاندانِ عصمت وطہارتؑ نے جو خدمات بارگاہِ الٰہی میں سرانجام دی ہیں وہ دائمی اور ہمیشہ رہنے والی ہیں۔ اس لئے تمام بندگانِ خدا کا فرض بنتا ہے کہ وہ ہمیشہ اُنؑ کی خدمت میں حاضر ہوتے رہیں اور اس بلند مقام و مرتبہ کی مبارکباد پیش کرتے رہیں۔ اللہ تعالیٰ نے اس کام کو واجب اس لئے نہیں کیا تا کہ بندگانِ خدا کے لئے مشکلات پیدا نہ ہو جائیں۔ لیکن اس زیارت کے اَجر و ثواب کو زیادہ سے زیادہ معین کیا تا کہ لوگ اس کو حاصل کرنے کے لئے اُنؑ کی زیارت کو جائیں۔

حضرت سید الشہداء علیہ السلام کی زیارت کے فائدے اس قدر زیادہ بیان ہوئے ہیں کہ بعض نے تو اس سے یہ سمجھا کہ زیارت واجب ہے۔ اس سے یہ نہیں سمجھنا چاہیے کہ حضرت سید الشہداء علیہ السلام کی زیارت پیغمبر اکرم صلی اللہ علیہ وآلہ وسلم کی زیارت سے افضل ہے۔

اہلِ بصیرت اس بات سے آگاہ ہیں کہ منافقین اور ان کے دشمنوں کے منہ بند کرنے کے لئے سیدالشہداء علیہ السلام کی زیارت کا اجر وثواب اس قدر زیادہ بیان ہوا ہے۔ کیونکہ ان کی ہمیشہ کوشش رہی ہے کہ خدا کے نُور کو بجھا دیں لیکن جسے خدا خود روشن رکھنے کا ارادہ رکھتا ہو اُسے کون بجھا سکتا ہے۔ اسی لئے خدا نے سیدالشہداء علیہ السلام کی زیارت کا ثواب اس قدر زیادہ مقرر فرمایا ہے۔ حضرتؑ کی زیارت عظیم ترین شعائر الٰہی میں شمار ہوتی ہے۔

اس زیارت کا اجر وثواب عقل کے تصوّر میں نہیں آسکتا۔ اس لئے جتنی بھی روایات اس سلسلہ میں وارد ہوئی ہیں، وہ ہر راوی کی استعداد یعنی معرفت کے مطابق بیان ہوئی ہیں۔ بعض روایات میں نوے حج کا ثواب ذکر ہوا ہے اور بعض روایات میں ہزار حج کا ثواب ذکر ہوا ہے۔ [۱]

ایک روایت میں ہے:

مَنْ زَارَ الْحُسَيْنِ عَلَيْهِ السَّلاَمُ عَارِفاً بِحَقِّهِ كَمَنْ زَارَ اللهَ فِيْ عَرْشِهِ۔ [۲]

''جس نے امام حسین علیہ السلام کی زیارت کی آپؑ کے حق کی معرفت رکھتے ہوئے تو وہ ایسے ہے جیسے اُس نے خدا کی زیارت کی ہو اُس کے عرش پر''۔

ایک دوسری روایت میں ہے:

''جب زائر حسین علیہ السلام اپنے گھر سے چلتا ہے تو فرشتے اُس کے لئے استغفار کرتے ہیں اور ہر جگہ پر اس کا استقبال کرتے ہیں۔ حضرت سیدالشہداء علیہ السلام عرش کے دائیں طرف کھڑے ہو کر اُسے دیکھتے ہیں۔ حضرتؑ کی نظر کرم اُس پر رہتی ہے یہاں تک کہ زائر کربلا میں داخل ہو

---

[۱]۔ فضل زیارت الحسینؑ

[۲]۔ بحار الانوار، ج 101 ص 76؛ کامل الزیارات، ص 147؛ فضل زیارت الحسینؑ، ص 75

جاتا ہے۔ جب وہ قبہ امام حسین علیہ السلام میں داخل ہوتا ہے اور قبر کے پاس آ کر کھڑا ہوتا ہے تو اُس زائر کی عزت واحترام کی خاطر سب سے پہلے اُس کے گناہ معاف کر دئیے جاتے ہیں“۔

اس کے علاوہ اور بھی روایات ہیں جو کثرت سے ہیں۔

ایک روایت میں ہے:

مَنْ زَارَ قَبْرَ الْحُسَيْنِ عَلَيْهِ السَّلَامُ غَفَرَ اللهُ لَهُ مَا تَقَدَّمَ مِنْ ذَنْبِهِ وَ مَا تَأَخَّرَ۔ [۱]

”جو کوئی بھی امام حسین علیہ السلام کی زیارت کرے گا خدا اُس کے تمام اگلے پچھلے گناہ معاف فرمادے گا“۔

ملائکہ اُس سے مخاطب ہو کر کہیں گے:

اِسْتَأْنِفِ الْعَمَلَ۔ [۲]

”اپنے عمل نئے سرے سے شروع کرو“۔

ان تمام روایات کو جمع کرنے کے دو طریقے ہیں:

(۱) ایک یہ کہ زیارت کا ثواب اس قدر زیادہ ہے جس کو ہمارا علم معین نہیں کر سکتا۔ روایات میں جو اجر وثواب ذکر ہوا ہے، وہ صرف راویوں کی معرفت کو دیکھتے ہوئے زیارت کے فوائد وفضائل ذکر ہوئے ہیں۔

(۲) دوسرا یہ کہ وہ زائرین کی معرفت کو مدِنظر رکھتے ہوئے ہے یعنی جس کی جتنی معرفت ہو گی اُسے اسی قدر اجر وثواب عطا کیا جائے گا۔

ایک خوشخبری:

روایات سے معلوم ہوا ہے کہ حضرت سید الشہداء علیہ السلام پر گریہ کرنا گناہوں کی معافی کا

---

[۱] ۔ بحار الانوار، ج 101 ص 22؛ فضل زیارت الحسینؑ، ص 75۔

[۲] ۔ کامل الزیارات، ص 167؛ وسائل الشیعۃ، ج 10 ص 380۔

سبب ہے۔ یعنی گناہ لوحِ محفوظ میں لکھے جاتے ہیں لیکن خدا کی طرف سے مغفرت و بخشش اُن کو ختم کر دیتی ہے۔ کیونکہ لوحِ محفوظ میں زیارت پر جانے والے شخص کا بھی علم ہوتا ہے اس لئے اس کے گناہ لکھے تو جاتے ہیں لیکن واقعی طور پر نہیں لکھے جاتے۔ جب وہ زیارت کرتا ہے تو اُن گناہوں کو محو کر دیا جاتا ہے۔ [۱]

اس حدیث کا یہی مطلب ہے جس میں فرمایا گیا ہے کہ خدا زیارت کرنے والے کے اگلے اور پچھلے گناہ معاف کر دیتا ہے۔ یعنی لوحِ محفوظ میں لکھے گئے تھے لیکن جب زیارت کے لئے جائے گا تو خدا اُن کو معاف فرمادے گا۔

اس آیت کریمہ کا اشارہ بھی اسی مطلب کی طرف ہے جس میں خدا فرماتا ہے:

يَمْحُوا اللّٰهُ مَا يَشَآءُ وَيُثْبِتُ وَعِنْدَهٗٓ اُمُّ الْكِتٰبِ۔ [۲]

''خدا جو چاہتا ہے ہو کر رہتا ہے اور جو چاہتا ہے لکھ لیتا ہے اور اس کے پاس اُمّ الکتاب ہے''۔

ان تمام بیانات سے واضح ہو جاتا ہے کہ حضرت امام رضا علیہ السلام نے جو اپنے فرمان میں ارشاد فرمایا ہے:

''اگر چاہتے ہو کہ خدا سے اس حالت میں ملاقات کرے کہ تمہاری گردن پر کوئی گناہ نہ ہو تو حسین علیہ السلام کی زیارت کرو''۔

اس کی حقیقت اور معنی و مفہوم کیا ہے؟ یعنی امام علیہ السلام یہ فرمانا چاہتے ہیں کہ مظلومِ کربلا کی زیارت کرنے والے کے گناہ لوحِ محفوظ سے صاف کر دیئے جائیں گے۔

خدا تعالیٰ فرماتا ہے:

إِنَّ الْحَسَنٰتِ يُذْهِبْنَ السَّيِّاٰتِ۔ [۳]

---

[۱]۔ کامل الزیارات، ص 165

[۲]۔ سورۂ الرعد، آیت ۳۹

[۳]۔ سورۂ ھود، آیت ۱۱۴

"بے شک نیکیاں گناہوں کو ختم کر دیتی ہیں"۔

یہاں پر چند ایک مطلب کی طرف اشارہ ضروری ہے۔

اوّل: حضرت امام حسین علیہ السلام کی زیارت کرنے والے کے لئے اتنا بڑا اہتمام اور اجر و ثواب کسی کو عجیب و غریب نہ لگے کیونکہ یہ تمام انعام و اکرام سید الشہداء علیہ السلام کی مصیبتوں کا صلہ ہے جو حضرتؑ نے مدینہ سے مکّہ اور مکّہ سے عراق تک برداشت کیں تا کہ خدا کے حقوق کی حفاظت ہو سکے۔

پس! جب حضرت امام حسین علیہ السلام نے ایسا کیا اور ٹوٹے ہوئے دل کے ساتھ وہ عطیّات مقرر فرما دیئے جن کو بیان کرنا ہمارے بس کی بات نہیں ہے۔ اُن عطیات میں سے ایک عطیّہ یہ تھا: اللہ تعالیٰ نے حضرتؑ کی زیارت کو وہ مقام و مرتبہ عطا فرمایا کہ خود اللہ تعالیٰ نے اپنی زیارت کو بھی امام حسین علیہ السلام کی زیارت پر موقوف کر دیا۔

دوم: مظلومِ کربلاؑ کے زائر کو وہ مقام عطا فرمایا کہ اُنؑ کے زائر کو اپنے زائر پر مقدّم کر دیا کیونکہ عرفہ کے دن پہلے خداوندِ عالم حضرت امام حسین علیہ السلام کے زائر کی طرف نظر کرم فرماتا ہے اور پھر اپنے زائر کی طرف۔

سوم: خدا نے اپنی زیارت کی قبولیّت کے لئے شرائط اور اجزاء مقرر کئے ہیں، جن کے بغیر خدا کے گھر کی زیارت یعنی حج باطل ہو جاتا ہے اور بعض اُمور کے نہ بجا لانے پر کفارہ واجب ہو جاتا ہے۔ لیکن سید الشہداء علیہ السلام کی زیارت کے لئے کسی شرائط اور اجزاء کی ضرورت نہیں ہے اگرچہ بعض روایات میں معرفت کے ساتھ زیارت کرنے کا ذکر ہوا ہے مگر اُس سے مراد مرتبہ کمال ہے۔

چہارم: خدا نے زیارت مظلومِ کربلاؑ کو درجات کی بلندی اور بلند مقامات تک پہنچنے کا سبب قرار دیا ہے۔ جیسا کہ خداوندِ تعالیٰ نے یہ فرمایا ہے کہ جمعہ کی راتوں میں انبیاء، اوصیاء، مومنین کے ارواح اور ملائکہ مقربین سید الشہداء علیہ السلام کی زیارت کے لئے جائیں تا کہ فوزِ عظیم تک پہنچ سکیں۔ اسی لئے جو کوئی شبِ جمعہ کو حضرتؑ کی زیارت

کرے گا تو ایک لاکھ چوبیس ہزار انبیاء کی ارواح اس کے ساتھ مصافحہ کرتی ہیں۔

پنجم: مظلوم کربلاؑ کا سب سے پہلا زائر خود خدا ہے۔ اگر چہ ابتدائے خلقت سے خالق کائنات نورِ حسینیؑ کی زیارت کرتا رہا ہے لیکن چند مقامات پر یہ زیارت خصوصیّت رکھتی ہے۔

الف: عالم مثال میں خدا نے جب حضرتؑ کو خلق فرمایا۔

ب: جب حضرتؑ کی ولادت ہوئی۔

ج: بچپن کے ایام میں اُس وقت جب پیغمبرؐ نے فرمایا:

وَضَعَ اللّٰہُ یَدَہُ عَلَی رَأْسِ الْحُسَیْنِ۔[1]

"خدا نے اپنا ہاتھ حسین علیہ السلام کے سر پر رکھا"۔

د: جب آپؑ مکّہ سے کربلا کی طرف روانہ ہوئے اور جبرائیلؑ حاضر ہو کر حضرتؑ کی بیعت کے لئے پکار رہے تھے۔

ھ: عصرِ عاشور جب حضرتؑ کی روح کو اعلیٰ علیّین کی طرف لے گئے۔

ششم: عرش کو اٹھانے والے فرشتے، مقرب ملائکہ اور تمام ملائکہ نے کئی بار حضرتؑ کی زیارت کی۔ کبھی اس وقت جب محمد صلی اللہ علیہ وآلہ وسلم و آل محمد علیہم السلام کے انوارِ مقدسہ خدا کی تسبیح و تقدیس کر رہے تھے۔ کبھی اُس وقت جب حضرتؑ پیدا ہوئے اور فرشتے آپؑ کو آسمان کی طرف لے گئے۔ زندگی کے ایام میں کئی بار اور شہادت کے بعد ہر شب ِجمعہ۔

اس کے علاوہ آپؑ کے جدِّ بزرگوارؐ، آپؑ کے والدؑ، والدہؑ اور بھائیؑ ولادت سے لے کر اُس وقت تک جب تک اس دنیا میں رہے حضرتؑ کی زیارت کرتے رہے اور شہادت کے وقت بھی موجود تھے۔ جیسا کہ حضرت علی اکبر علیہ السلام کا کلام اس طرف اشارہ کرتا ہے اور حضرت اُمّ سلمہؑ کا خواب بھی اس بات کی گواہی دیتا ہے کہ شہادت کے وقت ان حضرات کی اَرواح کربلا میں موجود تھیں اور محرم کی گیارہ تاریخ کی رات یعنی شام غریباں کو بھی زیارت کے لئے آتے رہے ہیں۔

---

[1]۔ بحارالانوار، ج44 ص238؛ کامل الزیارات، ص70

بلکہ کائنات کی ہر شی حضرتؑ کے زائرین میں شامل ہے اور ہر کسی نے اپنی اپنی قابلیت اور استعداد کے مطابق فیض حاصل کیا۔ یہ بات یقینی ہے کہ جس نے زیادہ زیارت کی اُس نے اجر وثواب بھی زیادہ حاصل کیا اور اس کے مقامات بلند تر ہو گئے۔

پس! حضرت زینب سلام اللہ علیہا نے سب سے زیادہ حضرت سید الشہداء علیہ السلام کی زیارت کی ہے اور شہزادیؑ کی زیارت ہر لحاظ سے کامل تھی۔ اس لئے آپؑ کے مقامات بھی ہر لحاظ سے کامل واکمل ہیں۔ کیونکہ شہزادیؑ نے سب سے زیادہ حضرتؑ کی زیارت کی ہے اور ہر وقت زیارت کے لئے حاضر رہی ہیں اس لئے آپؑ کے مقامات بھی سب سے زیادہ بلند ہیں۔

یہاں پر بعض مقامات کو ہم خصوصی طور پر ذکر کریں گے کہ جن اوقات میں حضرت زینب سلام اللہ علیہا نے سید الشہداء علیہ السلام کی زیارت کی:

اوّل: ایام بچپن میں جب کبھی شہزادیؑ کو اپنے بھائی حضرت امام حسین علیہ السلام نظر نہیں آتے تھے تو آپؑ روتی تھیں۔

دوم: شہزادیؑ کی یہ وہ زیارت ہے جو آپؑ بڑے ہو کر کرتی تھیں۔ آپؑ کے خصائص محبت میں واضح ہے کہ آپؑ نے کربلا میں بھائیؑ کے وداع کے وقت چار مرتبہ زیارت کی۔ حضرت سید الشہداء علیہ السلام بار بار اس لئے وداع کرنے کے لئے آتے تھے تا کہ بہنؑ کو تسلی دیں۔

سوئم: مقامِ قتل پر شہزادیؑ نے زیارت کی اور یہ بھی کئی بار۔

ایک: اُس وقت جب آپؑ نے دیکھا کہ بھائیؑ پر تلوار کے ساتھ حملہ کر رہے ہیں۔

دوسرا: اس وقت جب شمر ملعون حضرتؑ کے سینۂ مبارک پر بیٹھا تھا۔

تیسرا: اُس وقت جب آپؑ کربلا سے کوفہ کی طرف روانہ ہوئیں اور بھائیؑ کی الوداعی زیارت کے لئے مقتل میں تشریف لائیں۔ یہ وہ وقت تھا کہ آپؑ نے بھائیؑ کی ایسی

زیارت کی، جس نے تمام کائنات کو حیران کر دیا اور ہر چیز رونے لگی حتیٰ کہ دشمن اور دشمنوں کے گھوڑے اور پتھروں سے بھی رونے کی آوازیں آئیں۔

چہارم: کوفہ میں شہزادیؑ نے اپنے بھائیؑ کی کئی بار زیارت کی، دروازۂ کوفہ پر، کوفہ کے بازار اور گلیوں میں، ابن زیاد ملعون کے دربار میں، اس زیارت میں فقط سر کی زیارت کی۔

پنجم: شام میں زیارت کی۔ دروازۂ شام پر، شام کے بازار اور گلیوں میں، یزید ملعون کے دربار میں، شام کے خرابہ میں اور اس مجلس میں جو رہائی کے بعد عزاداری کے لئے منعقد ہوئی تھی، شہزادیؑ نے بھائی کے سر کی زیارت کی۔

ششم: شام سے واپسی پر: مدینہ جاتے ہوئے کربلا آ کر زیارت کی۔ یہ زیارت تفصیل کے ساتھ تھی۔

ان بیانات سے معلوم ہو جاتا ہے کہ حضرت زینب سلام اللہ علیہا اُس بلند مقام پر فائز تھیں، جس کو عقل درک نہیں کر سکتی۔ خاص طور پر حضرت زینب سلام اللہ علیہا کا دل حضرت حسین علیہ السلام کا حرم ہے۔ جس میں انوارِ حسینیؑ تجلی کرتے ہیں۔

کسی عارف نے کیا خوب جملہ کہا ہے:

''جو بھی حسین علیہ السلام کے دیدار کا مشتاق ہے تو اُسے چاہیے حضرت زینب سلام اللہ علیہا کے خون روتے ہوئے دل کی طرف نگاہ کرے''۔

پس مخدرہؑ ہمیشہ اپنے بھائیؑ کی زیارت کرنے والی تھیں۔

یہ تمام اجر و ثواب زائرین کے لئے مظلومِ کربلاؑ کی غربت اور بے کسی کا صلہ ہیں جو آپؑ نے خدا کی رضا کے لئے برداشت کئے۔ خدا نے زائرین کے لئے اتنا ثواب معین کیا ہے تاکہ وہ مظلوم جسے غربت میں شہید کیا گیا، اس کا حرم غریب نہ رہے۔

اسی لئے اب حضرتؑ کے حرم میں ہر وقت زائرین کی آمد و رفت رہتی ہے اور حرمِ امامؑ کبھی خالی نہیں ہوتا۔

''خوشخبری'':

جیسا کہ معلوم ہوا ہے: یہ تمام اَجر وثواب امامؑ کی خدمات کے صلہ میں ہے تو یہ دعویٰ بھی کیا جا سکتا ہے کہ یہی اجر وثواب حضرت زینب سلام اللہ علیہا کے زائر کے لئے بھی مقرر ہے۔ کیونکہ شہزادیؑ تمام خدمات میں اپنے بھائیؑ کے ساتھ شریک رہیں بلکہ شہزادیؑ کا کردار اہم تھا۔ اگر مخدومہؑ کی اسیری نہ ہوتی تو امام حسین علیہ السلام کی خدمت بھی ناقص رہ جاتی۔ جس طرح خداوندِ عالم حضرت امام حسین علیہ السلام کو قتل ہوتا ہوا دیکھنا چاہتا تھا، اسی طرح خداوندِ عالم حضرت زینب سلام اللہ علیہا کو قیدی ہونا دیکھنا چاہتا تھا۔

پس یہاں دو مطلب ہیں: ایک سید الشہداء علیہ السلام کی شہادت اور دوسرا حضرت زینب سلام اللہ علیہا کی اَسیری۔ یہ دونوں چیزیں ایسی ہیں، جن کے بارے میں خدا کا ارادہ تعلق رکھتا ہے۔ اس لئے ان دونوں کے صلہ میں جو اجر وثواب مقرر ہوا ہے، وہ بہت عظیم ہے۔ چنانچہ سید الشہداء علیہ السلام پر گریہ کرنے اور حضرت زینب سلام اللہ علیہا پر گریہ کرنے کا اجر بھی عظیم ہے، جس کی تفصیل ذکر کریں گے۔

اب مظلومِ کربلا حضرت امام حسین علیہ السلام کے دشمنوں اور قاتلوں پر لعنت کرنے کا اجر و ثواب ذکر کیا جائے گا۔

معلوم ہونا چاہیے کہ تبرّا کرنا فروعِ دین میں سے ہے۔ اس کا ثواب حد سے باہر اور اس کا فلسفہ واضع و روشن ہے۔ یہ اہلِ ایمان کا حق ہے کہ دشمنوں کے ساتھ دشمنی رکھیں اور اُن پر لعنت کریں۔ تبرّا ایسی عبادت ہے جس پر دلیل قرآن وسنت، عقل اور اجماع ہیں۔ جس کی تفصیل ہم یہاں پر بیان نہیں کر سکتے لیکن مظلومِ کربلاؑ کے دشمنوں سے برأت طلب کرنا ایک فضیلت ہے اور اس میں حضرتؑ کے مقام کا احترام ہے۔ یہاں پر ہم ایک حدیث کو ذکر کرتے ہیں جس میں تبرّا کرنے کا اجر وثواب بیان ہوا ہے۔

معصومؑ فرماتے ہیں:

''جو بھی سید الشہداء علیہ السلام کے دشمنوں پر لعنت کرے تو وہ اُس بہشت میں ہوگا جو عنبر سے مزیّن ہوگی اور وہ اُس میں سایہ الٰہی کے نیچے خوش خوش رہے گا''۔

یہ مطلب واضح ہے کہ بلند ترین درجات سید الشہداء علیہ السلام کے ساتھ تعلق رکھتے ہیں۔ اس سے یہ نتیجہ نکالا جا سکتا ہے کہ تبرّا اہم ترین عبادت ہے، خاص طور پر مظلومِ کربلاؑ کے دشمنوں پر تبرّا کرنا۔

اوّل: سب سے پہلے جس نے حضرتؑ کے دشمنوں پر تبرّا کیا وہ خود ذاتِ اقدس ہے۔ جس نے تمام بندوں کی توبہ قبول کرنے کو اپنے اوپر واجب کیا، سوائے مظلومِ کربلاؑ کے قاتلین کے۔ حالانکہ وہ الرحم الراحمین، اکرم الاکرمین اور تواب المذنبین ہے یعنی نہایت رحم کرنے والا، نہایت عزت دینے والا اور سب سے بڑھ کر گناہ گاروں کی توبہ قبول کرنے والا ہے۔ اس کے باوجود اس نے اپنی ذات پر واجب کیا ہے کہ امام حسین علیہ السلام کے قاتلوں کے ساتھ نہایت قہاریّت کے ساتھ پیش آئے کیونکہ وہ نہایت رحم کرنے والا ہونے کے ساتھ ساتھ سخت سے سخت عقاب اور عذاب دینے والا بھی ہے۔

دوم: خدا کی ذات کے بعد جس نے مظلومِ کربلاؑ کے دشمنوں پر لعنت کی وہ ذاتِ مصطفیٰ صلی اللہ علیہ وآلہ وسلم ہیں۔ جبکہ آپؐ رحمت للعالمین ہیں، شفیع مذنبین ہیں اور شیطان بھی آپؐ کی شفاعت کی اُمید رکھتا ہے۔ لیکن سید الشہداء علیہ السلام کے قاتل اس فیض سے بھی محروم رہیں گے۔

جیسا کہ خود حضرتؐ فرماتے ہیں:

لَا يَنَالُهُمُ اللهُ شَفَاعَتِي۔ [1]

''خدا اُن تک میری شفاعت نہیں پہنچائے گا''۔

---

[1]۔ تاریخ بغداد، ج3 ص209؛ ملحقات الاحقاق، ج11 ص323؛ تاریخ دمشق، ج4 ص339

شیعہ منابع:۔ بصائر الدرجات، ج1 ص48؛ بحار الانوار، ج23 ص136

اترجوا امة قتلت حسيناً شفاعه جدّه يوم الحساب

''جس اُمت نے امام حسین علیہ السلام کو قتل کیا ہے کیا وہ اُمید کر سکتے ہیں کہ قیامت کے دن اُن کے نانا اُن کی شفاعت کریں گے''۔

اس کے علاوہ پیغمبر اکرم صلی اللہ علیہ وآلہ وسلم نے ان قاتلوں پر خود لعنت کی ہے۔

سوم: تمام انبیاءؑ اور اوصیاءؑ نے حضرت امام حسین علیہ السلام کے قاتلوں پر لعنت کی ہے۔ بلکہ اکثر انبیاءؑ اور اوصیاءؑ نے ان قاتلوں پر لعنت کر کے بلاؤں سے نجات پائی۔

چہارم: تمام ملائکہ بلکہ تمام آسمانی مخلوق نے بھی سید الشہداء امام حسین علیہ السلام کے قاتلوں پر لعنت کی ہے۔

پنجم: تمام آئمہ طاہرین علیہم السلام نے مختلف مقامات پر لعنت کی ہے اور خود کو لعنت کرنے کی وجہ سے خطرے میں ڈالتے رہے۔

ششم: تمام مؤمنین و مؤمنات امام حسین علیہ السلام کے قاتلوں پر لعنت کرنے والے ہیں کیونکہ ان کے دل اُن قاتلوں کے ظلم کی وجہ سے زخمی ہیں۔ وہ اُن پر لعنت کر کے اپنے دل کو تسلی دیتے ہیں۔

ہفتم: امامؑ کے قاتلوں پر لعنت کرنے والوں میں سے ہمیشہ لعنت کرنے والی حضرت سیّدہ زینب سلام اللہ علیہا ہیں، جنہوں نے مختلف مقامات پر دشمنوں پر لعنت کی اور اُن کے عیبوں کو بیان کرتی رہیں۔

حتیٰ کہ مخدرہؑ نے ابن زیاد ملعون کے دربار میں اس انداز میں تبرّا اور لعنت کی کہ ملعون نے مخدرہؑ کے قتل کا ارادہ کرلیا۔ یزید لعین کے دربار میں اس انداز سے تبرّا کیا کہ بنی اُمیہ کا کفر واضح اور روشن ہوگیا اور تمام درباری یہ صورتِ حال دیکھ کر گریہ کرنے لگے یہاں تک کہ مخدرہؑ کا یہ تبرّا بنی اُمیہ کی سلطنت کے ختم ہونے کا سبب بنا۔

یہاں پر اس بات کی طرف اشارہ کرنا ضروری ہے کہ مظلومِ کربلاؑ کے دشمنوں پر تبرّا کرنے کا یہ تمام اجر و ثواب ان زخموں کے صلہ میں ہے جو دشمنوں نے زبان کے

ساتھ حضرتؑ پر لگائے تھے جو تیر و تلوار کے زخموں سے بھی زیادہ تھے اور حضرتؑ اُن کو برداشت کرتے رہے۔

جیسا کہ کسی شاعر نے کہا ہے:

جراحات السنان لها التیام　　　ولا یلتام ماجرح اللّسان

''تیر و تلوار کے زخموں کے لئے تو مرہم ہے لیکن زبان کے زخموں کے لئے کوئی مرہم نہیں ہے''۔

لہٰذا جس طرح مظلومِ کربلاؑ نے میدان میں دشمنوں کی زبان کے زخم کھائے ہیں، اسی طرح حضرت زینب سلام اللہ علیہا نے بھی دشمنوں کی زبان کے زخم برداشت کئے ہیں۔ اس لئے مخدرہؑ اپنے بھائیؑ کے ساتھ اس میں بھی شریک ہیں۔ جس طرح امام حسین علیہ السلام کے دشمنوں پر لعنت کرنے کا اجر و ثواب ہے، اسی طرح حضرت زینب سلام اللہ علیہا کے دشمنوں پر بھی لعنت کرنے کا اجر و ثواب ہے۔

یہاں پر ایک اور اہم مطلب کی طرف اشارہ کرنا ضروری ہے۔ وہ یہ ہے کہ مومنین اور مومنات پر واجب ہے کہ وہ ہر روز اپنی طاقت و قوت کے مطابق آلِ محمد علیہم السلام اور مظلومِ کربلاؑ پر تبرّا کرتے رہے۔

آلِ محمد علیہم السلام کے دشمنوں پر لعنت کرنا اہم ترین عبادات میں سے ہے لیکن اکثر لوگ اس سے غافل ہیں۔ خاص طور پر سادات کرام جو اس عبادت کے بجا لانے میں زیادہ ذمہ داری رکھتے ہیں، وہ زیادہ غافل ہیں۔

ہشتم: مظلومِ کربلاؑ کے شیعوں اور محبوں کے لئے خوشخبری کے بارے میں ہے۔

حضرت امام علی علیہ السلام نے فرمایا:

''جو شخص یہ چاہتا ہے کہ وہ مقام حاصل کرے جو کربلا میں سید الشہداء علیہ السلام کے اصحاب کو حاصل ہوا ہے تو اُسے چاہیے کہ وہ کربلا میں حاضر ہونے کی تمنا کرے''۔

اس اُمت کے لئے یہ عطیہ الٰہی ہے کہ جب بھی کسی نیک کام کی تمنا اور نیّت کرتے

ہیں تو ایک نیکی ان کے نامۂ اعمال میں لکھ دی جاتی ہے اور جب کسی برائی کی نیت کرتے ہیں تو اس کا گناہ نہیں لکھا جاتا۔

جیسا کہ ایک فرمان ہے:

مَنْ أَحَبَّ عَمَلَ قَوْمٍ أُشْرِكَ فِي عَمَلِهِمْ ۔[1]

''جو کسی قوم کے عمل کو پسند کرے گا وہ اس قوم کے ساتھ عمل کرنے میں شریک ہوگا''۔

حضرت جابر ابن عبداللہ انصاریؓ جو پیغمبر اکرم صلی اللہ علیہ وآلہ وسلم کے عظیم صحابی تھے، وہ بھی کربلا میں اسی مطلب کو یاد دلانا چاہتے ہیں اور تمام گزشتہ انبیاءؑ اسی تمنا یعنی کربلا میں ہونے کی تمنا کی وجہ سے بلند مقامات پر فائز ہوئے۔

عاشور کے دن جس نے سب سے پہلے شہادت کی خواہش کی، وہ عقیلۂ بنی ہاشم حضرت زینب سلام اللہ علیہا ہیں۔ اس وقت جب آپؑ اپنے دو بیٹے سیدالشہداء علیہ السلام کی خدمت میں لے کر آئیں تو شہادت کی تمنا کی۔

یہاں پر یہ بات بھی نہیں بھولنی چاہیے کہ کربلا میں ہونے کی تمنا کے صلہ میں اتنا بڑا اجر وثواب خلافِ عدل نہیں ہے۔ جیسا کہ کچھ لوگ کہتے ہیں:

''یہ کیسے ہوسکتا ہے کہ وہ لوگ جو صرف کربلا میں ہونے کی تمنا کریں، اور اصحابِ حسین علیہ السلام کا درجہ حاصل کرلیں؟''

اس کا جواب واضح ہے: یہ تمام اجر اللہ تعالیٰ کی طرف سے ہے جو کچھ اِن کو عطا فرماتا ہے اور یہ اُس کا فضل ہے۔

جیسا کہ وہ خود فرماتا ہے:

وهو يعطی لمن يشاء ما يشاء كيف يشاء۔

''وہ عطا کرتا ہے جس کو چاہتا ہے، جتنا چاہتا ہے، جیسا چاہتا ہے''۔

یہاں پر یہ اشارہ کرنا بھی ضروری ہے کہ یہ تمام عطیّات اس تمنا کے صلہ میں ہیں جو

---

[1] ۔ بحار الانوار، ج 65 ص 130؛ بشارۃ المصطفیٰ، ص 74

سید الشہداء علیہ السلام نے کی تھی کہ عاشور کے دن یہ لوگ حاضر ہوتے۔

مظلومِ کربلاؑ فرماتے ہیں:

لَيْتَكُمْ فِيْ يَوْمِ عَاشُوْرَاءِ جَمِيْعاً تَنْظُرُوْنِيْ۔

''کاش! تم سب عاشور کے دن کربلا ہوتے تو تم مجھے دیکھتے''۔

یہاں پر ایک خوشخبری بھی ہے: وہ یہ کہ جو یہ تمنا کرے کہ کاش! میں اُس وقت ہوتا تو حضرت زینب سلام اللہ علیہا کی مدد کرتا تو اسے بھی اتنا ہی اَجر ملے گا۔

نہم: یہ مطلب علامت شیعہ کے بارے میں ہے اور اس میں تولّی کا ذکر کیا جائے گا۔

معصومؑ فرماتے ہیں:

شِيْعَتُنَا مِنَّا خَلَقُوْا مِنْ فَاضِلِ طِيْنَتِنَا وَ يَحْزَنُوْنَ لِحُزْنِنَا وَ يَفْرَحُوْنَ بِفَرَحِنَا۔ [1]

''ہمارے شیعہ کو ہماری فاضل طینت سے پیدا کیا گیا ہے۔ وہ ہماری غمی میں غمگین ہوتے ہیں اور ہماری خوشی میں خوش ہوتے ہیں''۔

پس! اگر تم خود کو آزمانا چاہتے ہو اور دیکھنا چاہتے ہو کہ آلِ محمد علیہم السلام کے شیعوں میں سے ہو یا نہیں تو دیکھئے کہ آپ غم کے دنوں میں غمگین اور خوشی کے دنوں میں خوش ہوتے ہیں تو آپ کو مبارک ہو کہ تم اس بلند مقام پر فائز ہو جس کی تمنا انبیاءؑ کرتے ہوئے چلے گئے۔ خالق کائنات نے اس بلند مقام پر فائز ہونے والوں کے لئے درجات معین کر رکھے ہیں۔

(۱) ان کا ایک درجہ یہ ہے کہ وہ ان کو معاف فرمادے گا۔

(۲) دوسرا درجہ یہ ہے کہ ان کو وہ عطیّات عطا فرمائے گا جو مقربین میں سے کسی کو نہ دیئے ہوں گے۔

جب حضرت ابراہیم علیہ السلام کے لئے ملکوتی پردے ہٹا دیئے گئے اور انہوں نے دیکھا

---

[1] ۔ بحارالانوار، ج44 ص287؛ امالی شیخ طوسی، ص305؛ بشارۃ المصطفیٰ، ح389

کہ آلِ محمد علیہم السلام کے شیعہ کا اتنا بڑا درجہ ہے تو تمنا کی کہ وہ بھی ان مقامات پر فائز ہوں؟

ان کو بتایا گیا: یہ مقامات و درجات تو علی علیہ السلام کے شیعوں کے لئے ہیں۔

اس وقت حضرت ابراہیم علیہ السلام نے دعا کی کہ ان کو حضرت علی علیہ السلام کے شیعوں میں شامل فرما تو اُن کی دعا قبول ہوئی۔

خداوندِ عالم ارشاد فرماتا ہے:

وَإِنَّ مِنْ شِيْعَتِهٖ لَإِبْرَاهِيْمَ۔ [۱]

''ان کے شیعوں میں سے تھے ابراہیم علیہ السلام''۔

یہ نکتہ بھی معلوم ہونا چاہیے کہ یہ علامت کامل اور یہ دو اثر نیک شیعوں کے لئے ہیں۔

اس کا فلسفہ بھی واضح اور روشن ہے کیوں کہ امامؑ اور شیعہ ایک طینت سے ہیں۔

امامؑ بدن میں روح کی طرح ہوتے ہیں اور لوگوں کے طبقات جسم کے اعضاء کا مقام رکھتے ہیں۔ جس طرح روح کو تکلیف پہنچتی ہے تو تمام جسم کو تکلیف ہوتی ہے اور جسم کو تکلیف پہنچتی ہے تو روح کو تکلیف ہوتی ہے۔ اسی طرح جب امامؑ کو تکلیف پہنچتی ہے تو امامؑ کے ماننے والوں کو تکلیف ہوتی ہے اور جب ماننے والوں کو تکلیف پہنچتی ہے تو امامؑ کو تکلیف ہوتی ہے۔

اب تولّی کے متعلق بیان ہوگا یعنی آئمہ علیہم السلام اور ان کے محبوں سے محبت رکھنا۔ یہ معلوم ہونا چاہیے کہ تولّی ایک ایسی عبادت ہے جو ازل سے ہے۔

معصومؑ فرماتے ہیں:

لَمْ يُنَادَ بِشَيْءٍ مَا نُودِيَ بِالْوَلَايَةِ۔ [۲]

''ولایت کی طرح کسی چیز کو ان میں سے ندا نہیں دی گئی''۔

---

[۱]۔ سورہ صافات، آیت ۸۳

تاویل الآیات، ج2 ص296؛ بحارالانوار، ج85 ص80؛ مستدرک، ج4 ص187

[۲]۔ کافی، ج2 ص11؛ وسائل الشیعہ، ج1 ص10

تولّی فروعِ دین میں سے ہے۔ اس کے واجب ہونے پر عقل بھی دلالت کرتی ہے۔ آیات اور روایات بھی دلالت کرتی ہیں۔

جیسا کہ ایک قول ہے:

مَنْ أَحَبَّ شَيْئاً أَحَبَّ آثَارَهُ۔

”جو کسی شئے سے محبت کرتا ہے تو وہ اس کے آثار اور نتائج سے بھی محبت کرتا ہے“۔

اس لئے جو شیعہ ہونے کا دعویٰ کرتے ہیں لیکن آئمہ علیہم السلام کے محبوں کے ساتھ دشمنی رکھتے ہیں، وہ شیعہ نہیں ہیں۔ اپنے آپ کو درست کریں اور اپنے بھائیوں کے ساتھ دشمنی نہ کریں جو ایک ہی طینت سے ہیں۔ خاص طور پر سادات کرام سے جو اولادِ پیغمبر صلی اللہ علیہ وآلہ وسلم اور حضرت علی و فاطمہ علیہم السلام کے تن کے ٹکڑے ہیں۔ ان سے دشمنی نہ رکھیں، اُن کو ذلیل نہ کریں اور اُن کے حقوق کا خیال رکھیں کیونکہ سادات میں نیک لوگ طوبیٰ کی شاخیں اور شجرۂ مبارکہ ہیں اور سادات میں سے گناہ گار لوگ اس لئے احترام کے قابل ہیں کہ ان کی نسبت پیغمبر اکرم صلی اللہ علیہ وآلہ وسلم کی طرف ہے۔ معلوم ہونا چاہیے کہ سادات روئے زمین پر برکت کا سبب ہیں۔ پیغمبر اکرم صلی اللہ علیہ وآلہ وسلم اور آئمہ اطہار علیہم السلام کی آنکھیں اُن کی وجہ سے روشن اور ٹھنڈی ہوتی ہیں۔

سب سے بڑھ کر تولّی حضرت زینب کبریٰ سلام اللہ علیہا کی ذات میں تھا۔ اس مطلب کے لئے کسی دلیل کی ضرورت نہیں ہے بلکہ واضح اور روشن ہے۔

یہاں پر اس مطلب کی طرف اشارہ کرنا ضروری ہے کہ حضرت سید الشہداء علیہ السلام کی محبت کی خصوصیات ہیں۔

معصومؑ فرماتے ہیں:

اِنَّ لِلْحُسَيْنِ فِيْ قُلُوْبِ الْمُؤْمِنِيْنَ مُحَبَّةً مَّكْتُوْمَةً۔ [1]

”بے شک امام حسین علیہ السلام کے لئے مؤمنین کے دلوں میں چھپی ہوئی

---

[1]۔ الخرائج، ج2 ص 842۔

محبت ہے“۔

حضرت سید الشہداء علیہ السلام کی محبت کو تمام عبادات اور اطاعات میں اوّل مقام حاصل ہے اور اس کے لئے ایک خاص اجر ہے۔ اس کی وجہ یہ ہے کہ حضرتؑ نے راہِ حق میں تمام تعلقات سے منہ موڑ لیا تھا، اس لئے ذاتِ حق نے تمام عبادات اور اطاعات سے بڑھ کر محبت حسین علیہ السلام کو مقام عطا فرمایا ہے۔ اسی لئے پیغمبر اکرم صلی اللہ علیہ وآلہ وسلم، حضرت امیر المومنین علیہ السلام، حضرت فاطمہ سلام اللہ علیہا اور دیگر معصومین علیہم السلام سید الشہداء علیہ السلام کے ساتھ محبت رکھتے تھے۔ یہ محبت اس لئے نہ تھی کہ باپ اور اولاد کا تعلق ہے جو ایک طبعی چیز ہے بلکہ یہ محبت محبتِ الٰہی کا مظہر تھی۔ کیونکہ حضرت امام حسین علیہ السلام اللہ تعالیٰ کی محبت میں فناء تھے اور یہ سب ہستیاں حضرتؑ کی محبت میں فناء ہو کر خدا کی محبت میں فنا تھیں۔

یہاں پر ایک اور مطلب کی طرف اشارہ ضروری ہے۔ وہ یہ ہے کہ حضرت زینب سلام اللہ علیہا اپنے بھائیؑ کی محبت میں اس بلند مقام پر فائز تھیں، جس کا تصور ہمارے لئے ممکن نہیں ہے۔ جیسا کہ بعد میں اس کا تذکرہ ہو گا۔ شہزادیؑ نے ذاتِ حق کی محبت میں ہر چیز کو قربان کر دیا۔ اس لئے اس مخدرہؑ کے ساتھ محبت کرنا بھی عظیم اطاعتوں اور افضل ترین چیزوں میں سے ہے جو قربِ الٰہی کا وسیلہ ہیں۔ اس مکرّمہؑ کے مقامات و درجات بھی اس قدر بلند ہیں کہ تصور سے باہر ہیں۔ خداوندِ عالم ہمیں شہزادیؑ کے پیروکاروں میں سے قرار دے۔ آمین! اس مقام تک ہم نے شہزادیؑ کے القابات کو بیان کیا ہے۔

اب ہم مکرّمہؑ کے کمالات اور مقامات کو بیان کریں گے۔ شروع میں ہم آلِ محمد علیہم السلام کے محبوں کے لئے مخدرہؑ کے نیک عادات ذکر کریں گے۔

اے پروردگار! اے کریم مولا! اے رحیم و مہربان آقا!

توفیق عطا فرما۔ نیت خالص عطا کر اور شیطانی وسوسوں سے محفوظ فرما تا کہ حضرت زینب کبریٰ سلام اللہ علیہا کے بلند و بالا مقامات کو واضح اور روشن طریقہ سے بیان کر سکیں۔

(آمین)۔

بیسویں فضیلت:

معظمہؑ کی سیرت اور دلیلیں

اس حصہ میں دختر اسداللہ الغالب علیہ السلام حضرت زینب سلام اللہ علیہا کی سیرت بیان کی جائے گی۔کسی فارسی شاعر نے اس مقام پر کیا خوب کہا ہے:

یک دهن خواهم بپهنای فلک تابگویم مدح آن رشک ملک

”آسمان کے نیچے ایسی زبان مانگتا ہوں جس کے ذریعہ اُس ہستی کی مدح کروں جس پر فرشتے رشک کرتے ہیں“۔

یہاں پر ہم اجمالاً ذکر کرتے ہیں کہ مخدرہؑ بلند و بالا قدر رکھتی تھیں۔ چہرہ مبارک ہزاروں چاند اور سورج کی طرح روشن تھا گویا کہ وہ ایک کوکبِ دُرّی اور خدا کا روشن چراغ تھیں۔جسم کے اعضاء قوی اور مضبوط تھے،اپنی والدہ کے برعکس کہ اُنؑ کے اعضاء کمزور اور لاغر تھے۔آپؑ مناسب اعضاء کی مالک تھیں۔

شہزادیؑ کا قیافہ اُنؑ کی زندگی اور ہیبت پر دلالت کرتا ہے۔مخدرہؑ میں صفاتِ کمال اور صفاتِ جمال اعلیٰ درجہ کی موجود تھیں۔صورت اور معنوی فضائل ہر جہت اور لحاظ سے موجود تھے۔ یہ عجیب بات نہیں ہے کیوں کہ یہ وہ خانوادہ ہے جن کے سبب ہر کسی کو کمال و جمال نصیب ہوا ہے۔ یہ آپ جانتے ہیں کہ کوئی چیز عطا کرنے والا اُس سے بہتر ہوتا ہے جس کو عطا کرتا ہے۔

خلاصہ یہ ہے:اس شہزادیؑ کی خصوصیت معنویہ اپنے نانا حضرت محمد مصطفیٰ صلی اللہ علیہ وآلہ وسلم کے ساتھ شباہت رکھتی تھیں۔فصاحت و بلاغت میں اور طرزِ کلام میں اپنے والد محترم حیدر صفدر علیہ السلام کے مانند تھیں۔عصمت و عفت اور حیاء میں اپنی والدۂ محترمہ صدیقۂ کبریٰ سلام اللہ علیہا انسانی حُور کے مانند تھیں۔

حلم و بردباری میں اپنے بھائی امام حسن مجتبیٰ علیہ السلام کے مانند تھیں۔ شجاعت و بہادری اور صبر و مصائب میں اپنے بھائی سید الشہداء امام حسین علیہ السلام کی طرح تھیں۔ جلالت و وقار، متانت و بزرگواری میں اپنی نانی ملکۂ بطحاء حضرت خدیجۃ الکبریٰ سلام اللہ علیہا کے مانند تھیں۔

یہ عجیب بات نہیں کہ مخدرہؑ میں یہ تمام خصوصیات اور کمالات پائے جاتے تھے کیونکہ آپؑ کی تربیت سید الانبیاء صلی اللہ علیہ وآلہ وسلم اور سرورِ اوصیاء علیہ السلام کے دامن میں ہوئی۔ آپؑ نے عصمت وطہارت کا دودھ پیا ہے! اور عرش کے دو گوشوارے حسن علیہ السلام وحسین علیہ السلام کے ساتھ زندگی گزاری ہے۔ خدا ہی جانتا ہے کہ اس ذاتِ مخدرہؑ مکرمہ میں کتنی استعداد و قابلیّت تھی اور یہ تمام کمالات مخدرہؑ کے اس جہان میں ظاہر و روشن ہوئے۔

خدائے واحد کی قسم! اگر آپؑ نہ ہوتیں جو خدا کے پوشیدہ انوار میں سے ہیں تو کوئی بھی اتنے مصائب کے برداشت کرنے پر قدرت نہ رکھتا۔ کیوں کہ مصائب اس قدر زیادہ تھے کہ اگر اُن میں سے دسویں حصے کا دسواں حصہ بھی پہاڑوں پر پڑتا تو وہ ریزہ ریزہ ہو جاتے اور اپنی جگہ سے سیلاب کی طرح بہہ جاتے۔ آپؑ نے اس جلالت و عظمت کے ساتھ خدائے بزرگ و برتر کی عبادت اور اطاعت کے لئے قیام کیا اور تمام درجات اور مقامات کو اس طرح حاصل کیا کہ آپؑ کا مرتبہ نبوت و امامت کے قریب جا پہنچا بلکہ خاص نیابت حاصل کر لی چنانچہ اس بارے میں بعد میں معلوم ہوگا۔

پس! یہاں پر اجمالاً ذکر کرتے چلیں کہ آپؑ کی والدۂ ماجدہ حضرت صدیقہ کبریٰ سلام اللہ علیہا کے بعد آپؑ کے مانند اوّل سے لے کر آخر تک نہ کوئی آیا ہے اور نہ ہی کوئی قیامت تک آئے گا۔ یہ باعظمت خاتون معرفت و تقویٰ، علم و حلم، فہم و فراست، عصمت و عفت، دیانت، متانت، طاقت، غیرت، حمیّت، عبادت اور باقی تمام کمالاتِ جسمانی اور روحانی بلکہ ہر وہ کمال جس کا ہم تصور کر سکتے ہیں، اپنے اندر کامل و اکمل رکھتی تھیں اور مقامِ امتحان میں اس مخدرہؑ کے یہ تمام کمالات ظاہر اور روشن ہوئے۔

اکیسویں فضیلت:

شہزادیؑ کے حالاتِ زندگی کے بارے میں اجمالی گفتگو

یہاں پر ہم شہزادیؑ بنتِ حیدر کرار علیہ السلام، عقیلۂ بنی ہاشم سلام اللہ علیہا کے حالاتِ زندگی کو مختصر طور پر ذکر کریں گے۔

کتاب ''بحر المصائب'' میں شہزادیؑ کی ولادتِ باسعادت کے بارے میں ذکر ہوا ہے کہ آپؑ کی ولادتِ باسعادت ماہِ شعبان المعظم سن ۶ ہجری میں ہوئی۔ ہم نے بھی اسی قول کو ترجیح دی ہے اور منتخب کیا ہے۔ اس کے برعکس اور بھی اقوال ہیں۔ بعض کے نزدیک آپؑ کی ولادتِ باسعادت پانچ ہجری، بعض کے نزدیک چھ ہجری اور بعض کے نزدیک سات ہجری کے شعبان میں ہوئی۔ اس اختلاف کی وجہ یہ ہے کہ حضرت امام حسین علیہ السلام کی ولادتِ باسعادت کے بارے میں بھی روایات مختلف ہیں۔

شیخ مفید علیہ الرحمۃ کے نزدیک حضرت امام حسین علیہ السلام کی ولادتِ باسعادت پانچ شعبان المعظم سن چار ہجری کو ہوئی۔ شہید اوّل اپنی کتاب دروس میں آپؑ کی ولادتِ باسعادت سن تین ہجری ربیع الاوّل کے آخر میں ذکر کرتے ہیں۔

شیخ مفید علیہ الرحمۃ کے قول کے مطابق اگر حضرت امام حسین علیہ السلام کی ولادتِ باسعادت چار ہجری پانچ شعبان المعظم کو ہوئی ہے تو پھر دو ولادتوں کے درمیان فاصلہ کو مدنظر رکھیں جو قرآن کی آیت کے مطابق تیس (۳۰) ماہ بنتے ہیں۔ کیوں کہ حضرت امام حسین علیہ السلام کی ولادت اور حضرت زینب سلام اللہ علیہا کی ولادت کے درمیان تیس (۳۰) ماہ یعنی اڑھائی سال ہیں۔ حضرت حسین علیہ السلام کے حمل کی مدت چھ ماہ اور دودھ پلانے کی مدت دو سال ہے۔

قرآن فرماتا ہے:

وَحَمْلُهُ وَفِصَالُهُ ثَلَاثُونَ شَهْرًا۔ [1]

''اس کے حمل اور دودھ پلانے کی مدت تیس ماہ ہے''۔

اس بناء پر حضرت زینب سلام اللہ علیہا کی ولادتِ باسعادت سات ہجری ربیع الثانی کے آخر میں ہوئی ہے۔ اگر شہید اوّل کے قول کو لیا جائے تو چھ ہجری محرم کے مہینہ میں حضرت زینب سلام اللہ علیہا کی ولادتِ باسعادت بنتی ہے۔

ایک اور قول کے مطابق حضرت زینب سلام اللہ علیہا کی ولادت حضرت امام حسین علیہ السلام کی ولادتِ باسعادت کے دس ماہ بعد واقع ہوئی ہے جو پانچ ہجری کے جمادی الاوّل کے شروع میں بنتی ہے۔ ''اصولِ کافی'' کی روایت کے مطابق امام حسین علیہ السلام نے دوسرے بچوں کی طرح اپنی والدۂ محترمہ کا دودھ نہیں پیا، بلکہ وہ اپنے نانا حضرت محمد مصطفیٰ صلی اللہ علیہ وآلہ وسلم کی انگلی کو چوس کر سیراب ہو جاتے تھے۔

یہ بھی ممکن ہے کہ جو روایت حضرت فاطمۃ الزہرا سلام اللہ علیہا کی طرف سے بیان کی گئی ہے کہ امام حسین علیہ السلام کی ولادتِ باسعادت پانچ ہجری جمادی الاوّل کی پانچ کو ہوئی ہے۔ ہوسکتا ہے کہ راوی کو یہ اشتباہ ہوگیا اور حقیقت میں یہ ولادت حضرت زینب سلام اللہ علیہا کی بیان کی گئی ہو۔

اس مطلب کی تائید وہ روایت بھی کرتی ہے جو شیخ کلینی علیہ الرحمۃ کی کتاب ''اصولِ کافی'' میں ہے جس میں وہ فرماتے ہیں کہ حضرت امام جعفر صادق علیہ السلام نے فرمایا:

كَانَ بَيْنَ الْحَسَنِ وَ الْحُسَيْنِ عَلَيْهِمَا السَّلَامُ طُهْرٌ وَ كَانَ بَيْنَهُمَا فِي الْمِيلَادِ سِتَّةُ اَشْهُرٍ وَ عَشْراً۔ وَاَرَادَ بِالطُّهْرِ تَعْدَادَ أَقَلِّ زَمَانِهِ وَهُوَ عَشَرَةُ أَيَّامٍ۔ [2]

---

[1]۔ سورۂ احقاف، آیت ۱۵

[2]۔ الکافی، ج 1 ص 463؛ وسائل الشیعہ، ج 21 ص 381؛ الوافی، ج 3 ص 758

''حسین اور حسن علیہم السلام کے درمیان ایک طہر فاصلہ ہے یعنی امام حسین علیہ السلام
اور امام حسن علیہ السلام کی ولادت کے درمیان فاصلہ چھ ماہ دس دن ہے!
اور طہر سے مراد پاکیزگی کی کم از کم مدت ہے اور وہ دس دن ہے''۔

اس حدیث سے یہ مطلب بھی لیا جا سکتا ہے کہ جس طرح حضرت امام حسین علیہ السلام اور حضرت امام حسن علیہ السلام کی ولادت کے درمیان چھ ماہ دس دن کا فاصلہ تھا۔ اسی طرح باقی اولادوں کی ولادت کے درمیان بھی یہی فاصلہ تھا۔ اس لئے حضرت امام حسین علیہ السلام اور حضرت زینب سلام اللہ علیہا کی ولادت کے درمیان بھی یہی فاصلہ ہو سکتا ہے۔

حضرت زینب سلام اللہ علیہا جو انسانی حُور ہیں ان کا نورِ مقدس عالم غیب میں موجود تھا اور یہ نُورِ اقدس حضرت فاطمہ سلام اللہ علیہا کے نورِ اقدس سے ایک قندیل کے طور پر جُدا ہوا تھا۔ تاکہ اس کائنات کی تاریکی اور ظلمت کو دُور کیا جا سکے اور یہ عالم غیب میں خدا کی تسبیح و تقدیس میں مشغول تھا۔

جب حضرت زہرا سلام اللہ علیہا کے نُورِ مقدس سے اس عالم ظاہر میں قندیلوں کی شکل میں اِن نوروں نے کبھی امام حسن علیہ السلام اور کبھی امام حسین علیہ السلام کی صورت میں جدا ہو کر ظاہر ہونا شروع کیا تو مختلف روایات کے مطابق نورِ مقدس حضرت زینب سلام اللہ علیہا نے بھی پانچ ہجری یا چھ ہجری کے مہینہ جمادی الاوّل کی پانچ تاریخ کو مدینہ کی سرزمین پر قدم رکھا اور ظہورِ پُرنُور کے ذریعہ اسے نُورانی کر دیا۔۔۔۔

کسی عرب شاعر نے کیا خوب کہا ہے:

أشرقت شمس زینب بضیاها　　　فأضائت بنورها ماسواها

''حضرت زینب سلام اللہ علیہا کا سورج اپنی ضیاء اور نورانیت کے ساتھ روشن
ہوا اور اس نے تمام چیزوں کو نورانی کر دیا''۔

کتاب ''طراز المذاہب'' کے مؤلف نے جولسان الواعظین سے روایت نقل کرتے ہیں جس میں مخدرہؑ کی ولادتِ باسعادت نو ہجری کے رمضان المبارک میں ذکر ہوئی ہے، وہ

قابل قبول نہیں ہے ۔اہلِ مطالعہ اس بات سے آگاہ ہیں ۔

پس ! پہلے مطلب کی بناء پر جب رسولِ خدا صلی اللہ علیہ وآلہٖ وسلم کی وفات ہوئی تو حضرت ثانی زہرا سلام اللہ علیہا کی عمر مبارک پانچ یا چھ سال تھی ۔ابھی وفاتِ پیغمبر صلی اللہ علیہ وآلہٖ وسلم کی مصیبت تازہ تھی کہ والدۂ محترمہ صدیقۃ الکبریٰ سلام اللہ علیہا کی وفات اور جدائی کی مصیبت آن پڑی ۔حضرت فاطمہ زہرا سلام اللہ علیہا کی وفات کے بعد حضرت زینب سلام اللہ علیہا اور حضرت اُمّ کلثوم سلام اللہ علیہا اپنے والد بزرگوار حضرت علی علیہ السلام کے زیرِ تربیت پرورش پا رہی تھیں ۔

حضرت فاطمہ زہرا سلام اللہ علیہا کی وصیّت کے مطابق آپؑ نے امامہ کے ساتھ شادی کر لی جو ایک نیک و صالح خاتون تھیں ، وہ آپؑ کے گھر میں آئیں ۔امامہ کے ساتھ پیغمبر اکرم صلی اللہ علیہ وآلہٖ وسلم بڑی محبت کرتے تھے ۔امامہ امام حسن علیہ السلام ، امام حسین علیہ السلام ، حضرت زینب سلام اللہ علیہا اور حضرت اُمّ کلثوم سلام اللہ علیہا کے ساتھ بڑی محبت کرتی تھیں ۔حضرت زینب سلام اللہ علیہا کی عمر مبارک والدۂ ماجدہؑ کی وفات کے وقت تقریباً سات سال تھی ۔

کتاب ''ناسخ التواریخ'' کے مطابق جب حضرت صدیقہ طاہرہ سلام اللہ علیہا کی وفات ہوئی تو امام حسن علیہ السلام اور امام حسین علیہ السلام اپنے والد بزرگوار حضرت علی علیہ السلام کے پاس بیٹھے رو رہے تھے ۔حضرت اُمّ کلثوم سلام اللہ علیہا اور زینب سلام اللہ علیہا برقع پہنے ہوئے تھیں ۔ پردے کی حالت میں اپنی والدۂؑ کے قریب آئیں اور یہ جملہ فرمایا:

> ''نانا جانؐ ! اے اللہ کے رسول صلی اللہ علیہ وآلہٖ وسلم ! اس وقت آپؐ کی جدائی کا ہمیں یقین ہو گیا ہے ، ہمیں پتہ چل گیا ہے کہ آپؐ کی زیارت نصیب نہیں ہوگی'' ۔

عقیلۂ بنی ہاشمؑ نے اپنے والدِ بزرگوارؑ کے زیرِ سایہ پرورش پائی ۔احکامِ دین اور معارفِ الٰہی کی تعلیم حاصل کی اور حدِ بلوغ کو پہنچ گئیں ۔

کتبِ تاریخ اور سنی و شیعہ روایات کے مطابق یہ مکرّمہؑ تمام خواتین بنی قریش ، بنی ہاشمؑ اور دخترانِ آلِ عبدالمطلبؑ میں خاتونِ اوّل شمار ہوتی تھیں ۔اپنے زمانے کی تمام

خواتین سے زُہد وتقویٰ، عبادت، عفت، عصمت، عقلمندی، اخلاقیات، آداب اور جلالت و بزرگی میں بلند مقام و مرتبہ رکھتی تھیں۔ بلکہ اپنی جدّہ ملیکۃ العرب والعجم حضرت خدیجۃ الکبریٰ سلام اللہ علیہا اور والدۂ محترمہ صدیقۃ الکبریٰ حضرت فاطمۃ الزہرا سلام اللہ علیہا کی تمام صفاتِ جمیلہ وحمیدہ آپؑ میں موجود تھیں۔

اس لئے حضرت امیرالمومنین علیہ السلام اپنی بیٹی کا بڑا احترام کرتے تھے لہٰذا جب کبھی شہزادیؑ نے خواہش کی کہ ناناؐ کے روضہ کی زیارت کے لئے جانا ہے تو حضرت امیرالمومنین علیہ السلام رات کے وقت زیارت پر جانے سے پہلے حکم دیتے تھے کہ مسجد کے چراغ بجھا دیئے جائیں۔ آپؑ خود اور امام حسن علیہ السلام و امام حسین علیہ السلام شہزادیؑ کے ہمراہ ہوتے تھے اور زیارت کے بعد آپؑ کو اپنے ساتھ گھر لے آتے تھے۔

بعض کتبِ تاریخ اور ''شرح نہج البلاغہ'' ابن ابی الحدید میں لکھا ہے:

> ''اشعث بن قیس جو قبیلہ بنی کندہ کے سرداروں میں سے تھا، نے حضرت علی علیہ السلام سے حضرت زینب سلام اللہ علیہا کی خواستگاری کی۔ امیرالمومنین علیہ السلام اس کی بات سن کر جلال میں آگئے اور فرمایا: تُو نے یہ جرأت کیسے کی کہ مجھ سے زینب سلام اللہ علیہا کی خواستگاری کرتے ہو؟ تمہیں معلوم ہے کہ زینب خدیجۃ الکبریٰ سلام اللہ علیہا کی شبیہ ہے اور دامن عصمت کی پروردہ ہیں۔ تمہاری کیا مجال کہ تُو اس کا مقابلہ کر سکے۔ اس خدا کی قسم! جس کے قبضۂ قدرت میں میری جان ہے اگر تُو نے دوبارہ یہ بات کی تو میں تمہاری بات کا جواب تلوار سے دوں گا۔ تمہاری کیا جرأت کہ تُو یادگارِ زہرا سلام اللہ علیہا سے بات کر سکے''۔

ہائے افسوس کہ امیرالمومنین علیہ السلام راضی نہ ہوئے کہ اشعث بن قیس اُن کی بیٹی کی خواستگاری کر سکے۔ معلوم نہیں اس وقت حضرتؑ کی کیا حالت ہوگی جب مخدرہؑ ابن زیاد کے ساتھ کلام کرنے پر مجبور ہوئیں۔

جب شہزادیؑ کی عمر تقریباً بارہ سال کے قریب ہوئی تو خاندانِ بنی ہاشم کے ایک کریم چشم و چراغ جناب عبداللہ بن جعفر بن ابی طالب علیہ السلام جو قدر و منزلت اور جلالت و عظمت میں مشہور تھے، اپنے چچا حضرت امیرالمومنین علیہ السلام کے پاس آئے اور آپؑ سے شہزادیؑ کی خواستگاری کی۔اس مقام پر اسی مناسبت سے ہم حضرت عبداللہ بن جعفر علیہ السلام کی زندگی کے متعلق کچھ بیان کریں گے۔

جناب عبداللہ بن جعفر علیہ السلام کی ولادت اس وقت ہوئی جب حضرت جعفر ابن ابی طالب علیہ السلام مکّہ سے ہجرت کر کے حبشہ میں قیام پذیر ہوئے۔آپؑ کی والدہ کا اسمِ گرامی اسماء بنتِ عمیس ہے جو ہجرتِ حبشہ کے وقت حضرت جعفر علیہ السلام کے ساتھ تھیں۔حضرت جعفر بن ابو طالب علیہ السلام کے آپ سے تین بیٹے تھے۔عبداللہ علیہ السلام،عون علیہ السلام اور محمد علیہ السلام۔

اس ہجرت کی وجہ یہ تھی کہ کفارِ مکّہ مسلمانوں کو بڑی تکلیفیں دیتے تھے۔مسلمانوں نے رسولِ اکرم صلی اللہ علیہ وآلہ وسلم سے شکایت کی۔آپؐ نے حبشہ کی طرف ہجرت کرنے کی اجازت دے دی۔اجازت ملنے پر مکّہ کے مسلمانوں کی ایک جماعت جس کی تعداد عورتوں اور بچوں کے علاوہ اسّی (۸۰) مرد تھے حبشہ کی طرف ہجرت کر گئے۔ان میں حضرت جعفر بن ابو طالب علیہ السلام بھی شامل تھے۔

حضرت اُمِّ سلمہؓ سے روایت ہے آپؓ فرماتی ہیں:

جب ہم حبشہ کی سرزمین پر پہنچے اور حبشہ کے حاکم نجاشی کے پاس گئے تو اُس نے ہمارے ساتھ بڑا اچھا سلوک کیا۔ہم مسلسل اپنے دین پر تھے اور اسلام کے طریقہ کے مطابق خدا کی عبادت کرتے تھے۔کسی کو کوئی اعتراض نہ تھا اور نہ ہی کسی سے کوئی تکلیف اور اذیّت تھی۔

جب مشرکین مکّہ کو اس بات کا علم ہوا تو انہوں نے عبداللہ بن ربیعہ مخزومی اور عمرو بن العاص کو کثیر تعداد میں تحفے دے کر نجاشی بادشاہ کے پاس بھیجا۔انہوں نے آ کر بادشاہ سے درخواست کی کہ مسلمانوں کو اُن کے سپرد کر دیں اور ساتھ ہی تحفے بھی پیش کئے تا کہ بادشاہ کو

اس کام پر راضی کر سکیں۔

درخواست میں کہنے لگے: کچھ بیوقوف ہمارے جوان اپنے قبیلہ کے دین اور آئین کو چھوڑ کر حبشہ کی طرف آگئے ہیں۔جنہوں نے حضرت عیسیٰ علیہ السلام کے دین کو اختیار نہیں کیا بلکہ ایک نئے دین کے پیروکار بن گئے ہیں۔مکّہ سے ہمارے بڑوں نے ہمیں آپ کی خدمت میں بھیجا ہے تا کہ ان کو واپس لے کر جائیں۔

نجاشی کے دربار میں وزراء اور مشیروں نے بھی ان کی تصدیق کی کہ اِن لوگوں کو واپس بھیج دینا چاہیے۔جب نجاشی بادشاہ نے اُن کی بات کو سنا تو غصہ میں کہا: مجھے خدائے برتر کی قسم! میں ہرگز اِن لوگوں کو دشمن کے حوالے نہ کروں گا جنہوں نے مجھ سے پناہ لی ہے۔ چنانچہ مَیں اُن سے بات کروں گا تا کہ حقیقت ِحال سے آگاہی حاصل کرسکوں۔پھر اس نے اصحابِ رسول صلی اللہ علیہ وآلہ وسلم کو اپنے پاس بلایا۔جب وہ حاضر ہوئے تو حکم دیا کہ دربار کو آراستہ کیا جائے۔نجاشی نے اپنے مذہب کے علماء کو بھی دربار میں بلایا اور وہ دربار میں اپنے صحیفے کھول کر بیٹھ گئے۔

اس کے بعد نجاشی بادشاہ نے مہاجرین کی طرف منہ کیا اور ان سے پوچھا: یہ کون سا دین ہے جس کو تم نے اپنایا ہے اور اپنے قبیلہ سے جُدا ہو گئے ہو؟

یہ سن کر سب سے پہلے حضرت جعفر ابن ابو طالب علیہ السلام نے جواب دینا شروع کیا اور فرمایا: اے بادشاہ! ہم ایک ایسی جماعت سے تھے جو جہالت اور جہل میں چل رہے تھے اور ہم بتوں کی پرستش کرتے تھے، مردہ حیوانوں کا گوشت کھاتے تھے،ظلم و زیادتی ہماری عادت تھی، قطع رحمی اور گالی گلوچ ہماری صفات تھیں اور ہمارے کمزور افراد، طاقتور افراد کے شکنجے میں تھے۔

اس حال میں خدا نے ہماری طرف اس رسول صلی اللہ علیہ وآلہ وسلم کو بھیجا جو امین ہے۔جس کا نسب ہمیں معلوم ہے۔اس کی سچائی اور امانتداری سے بھی ہم آگاہ ہیں۔اس نے ہمیں خدا کی طرف بلایا، اس کی توحید اور عبادت کی طرف ہمیں حکم دیا۔ہمیں اس سے روکا جس پر ہم اور ہمارے

آباء و اجداد صدیوں سے چل رہے تھے اور ہمیں حکم دیا کہ سچ بولو، امانت ادا کرو، صلہ رحمی کرو، ہمسائے کے ساتھ اچھا سلوک کرو، نجاستوں سے دور رہو اور قتل و غارت گری نہ کرو۔

اس رسول صلی اللہ علیہ وآلہ وسلم نے ہمیں حکم دیا کہ برائیوں سے بچو، جھوٹ نہ بولو، یتیم کا مال نہ کھاؤ اور پاک دامن عورتوں پر تہمت نہ لگاؤ۔ اس رسولؐ نے ہمیں خداوند تعالیٰ کی عبادت کا حکم دیا اور اس کا شریک نہ ٹھہرانے کا فرمایا۔ اس نے ہمیں حکم دیا کہ نماز پڑھو، روزہ رکھو اور زکوٰۃ دو۔

ہم نے اس کی تصدیق کی اور اس پر ایمان لے آئے ہیں۔ جب ہماری قوم کو پتہ چلا تو انہوں نے ہم پر ظلم کرنا شروع کر دیا۔ صورت حال یہ تھی کہ ہم حجاز میں نہ رہ سکے اور مجبور ہو کر آپ کے ملک کی طرف چل پڑے آپ کو ایک انصاف پسند شخص جانتے ہوئے آپ سے پناہ لی ہے۔ اب ہم یہ اُمید رکھتے ہیں کہ آپ ہمیں ظالموں کے سپرد نہیں کریں گے۔

نجاشی نے کہا: جن آیات اور کلمات کو تُو نے بیان کیا ہے، ان میں سے کچھ آپ کے پاس ہیں، جن کو آپ کے پیغمبر اکرم صلی اللہ علیہ وآلہ وسلم خدا کی طرف سے لے کر آئے ہیں؟

حضرت جعفر علیہ السلام نے فرمایا: ہاں!

نجاشی نے کہا: ان میں سے میرے سامنے کچھ تلاوت کرو۔

حضرت جعفر علیہ السلام نے ان آیات کی تلاوت شروع کر دی۔

بِسۡمِ اللّٰہِ الرَّحۡمٰنِ الرَّحِیۡمِ۔ کٓہٰیٰعٓصٓ۔ ذِکۡرُ رَحۡمَتِ رَبِّکَ عَبۡدَہٗ زَکَرِیَّا۔ اِذۡ نَادٰی رَبَّہٗ نِدَآءً خَفِیًّا۔ [1]

اس کے بعد ان آیات کی تلاوت کی:

وَ اذۡکُرۡ فِی الۡکِتٰبِ مَرۡیَمَ ۘ اِذِ انۡتَبَذَتۡ مِنۡ اَہۡلِہَا مَکَانًا شَرۡقِیًّا۔ فَاتَّخَذَتۡ مِنۡ دُوۡنِہِمۡ حِجَابًا۔ فَاَرۡسَلۡنَاۤ اِلَیۡہَا رُوۡحَنَا فَتَمَثَّلَ لَہَا بَشَرًا سَوِیًّا۔ [2]

---

[1] ۔ سورۂ مریم، آیت ۱ تا ۳

[2] ۔ سورۂ مریم، آیت ۱۶۔ ۱۷

''اور پیغمبر صلی اللہ علیہ وآلہ وسلم اپنی کتاب میں مریم سلام اللہ علیہا کا ذکر کرو کہ جب وہ اپنے گھر والوں سے الگ مشرقی سمت کی طرف چلی گئیں۔ اور لوگوں کی طرف پردہ ڈال دیا تو ہم نے اپنی روح کو بھیجا جو ان کے سامنے ایک اچھا خاصا آدمی بن کر پیش ہوا''۔

نجاشی نے ان آیات کو سنا تو اتنا گریہ کیا کہ اس کے آنسوؤں سے اس کی داڑھی تر ہو گئی۔ اُس کی قوم کے علماء اتنا روئے کہ اُن کے صحیفے آنسوؤں سے تر ہو گئے۔

اُس وقت نجاشی نے کہا: خدائے بزرگ و برتر کی قسم! یہ آیات بالکل اُن آیات کی طرح ہیں جن کو موسیٰ علیہ السلام اور عیسیٰ علیہ السلام لے کر آئے ہیں۔

پھر عمرو بن العاص اور اس کے ساتھیوں کی طرف متوجہ ہو کر ان سے کہا: جس راستے سے آئے ہو، واپس چلے جاؤ۔ مجھے خداوندِ تعالیٰ کی قسم! انہیں تمہارے سپرد نہیں کروں گا۔ جب عمرو بن العاص دربار سے باہر آیا تو اس نے کہا: کل دوبارہ نجاشی کے پاس جاؤں گا اور اس کے سامنے ان لوگوں کے وہ عیب بیان کروں گا کہ وہ تمام حقیقت سے آگاہ ہو جائے گا۔

عبداللہ ابن ربیعہ نے کہا: یہ کام نہ کرو۔ وہ لوگ ہمارے قبیلے والے اور خاندان کے ہیں۔ عمرو نے کہا: خدا کی قسم! میں نجاشی بادشاہ کو ضرور بتاؤں گا کہ ان کا یہ عقیدہ ہے کہ حضرت عیسیٰ علیہ السلام ابن مریم سلام اللہ علیہا عبد اور بندہ ہے۔

جب صبح ہوئی تو عمرو بن العاص نے نجاشی بادشاہ سے آ کر یہ سب کچھ بیان کر دیا۔

نجاشی بادشاہ نے اصحابِ رسول صلی اللہ علیہ وآلہ وسلم کی جماعت کے پاس پیغام بھیجا کہ آپ کا حضرت عیسیٰ علیہ السلام کے بارے میں کیا عقیدہ ہے؟

حضرت اُمِ سلمہ رضی اللہ عنہا فرماتی ہیں: جب سے ہم یہاں آئے ہیں ہم پر اس طرح کی مشکل پیش نہ آئی تھی۔ تمام مہاجرین مسلمانوں نے اکٹھے ہو کر مشورہ کیا کہ کیا جواب دیا جائے۔ اگر بادشاہ نے ہم سے حضرت عیسیٰ علیہ السلام کے متعلق پوچھ لیا تو؟

حضرت جعفر علیہ السلام نے فرمایا: ہم اور کچھ نہیں کہیں گے، صرف وہی کہیں گے جو

میرے چچازاد اللہ کی طرف سے لے کر آئے ہیں۔

جب مسلمانوں کی جماعت بادشاہ کے پاس آئی تو بادشاہ نے پوچھا: حضرت عیسیٰ علیہ السلام کے متعلق آپ کا کیا عقیدہ ہے؟

حضرت جعفر علیہ السلام نے فرمایا: ہمارا عقیدہ حضرت عیسیٰ علیہ السلام کے متعلق وہی ہے جو ہمارے پیغمبر صلی اللہ علیہ وآلہ وسلم اللہ کی طرف سے لے کر آئے ہیں۔

> وَ هُوَ عَبْدُاللّٰهِ وَ رُوْحُهُ وَ كَلِمَتُهُ اَلْقَاهَا اِلٰى مَرْيَمَ الْعَذْرَاءَ الْبَتُوْلِ۔ [1]

> ”وہ اللہ کے بندے اور اس کی روح اور اس کا کلمہ ہیں جو اُس نے مریم بتولِ عذراء سلام اللہ علیہا کی طرف القاء کیا ہے“۔

جب نجاشی بادشاہ نے یہ بات سنی تو خود کو زمین پر گرا دیا اور ایک لکڑی ہاتھ میں پکڑ کر کہا: جو تُو نے کہا ہے وہی حضرت عیسیٰ علیہ السلام نے بھی فرمایا ہے، اس سے زیادہ نہیں فرمایا۔ پھر وہ اصحابِ رسول صلی اللہ علیہ وآلہ وسلم کی طرف منہ کر کے کہنے لگا: تم میری امان میں ہو کسی میں طاقت نہیں ہے کہ تمہیں کچھ کہہ سکے۔

نجاشی نے کہا: یہ لوگ جو ہیرے اور تحفے لے کر آئے ہیں ان کو واپس کر دو مجھے ان کی ضرورت نہیں ہے۔ خدا کی قسم! میں نے کبھی رشوت نہیں لی۔ عمرو بن عاص اور عبداللہ بن ربیعہ نا اُمید اور مایوس ہو کر واپس لوٹ گئے اور بعد میں نجاشی بادشاہ بھی اسلام لے آیا۔

ابونعیم اصفہانی کی روایت کے مطابق حضرت جعفر ابن ابوطالب علیہ السلام نے دربار میں آنے سے پہلے اپنے مسلمان ساتھیوں سے مشورہ کیا کہ آج دربار میں مَیں خود گفتگو کروں گا۔ جب مسلمان دربار میں پہنچے تو دربار کے کارندوں نے اشارہ کیا کہ سجدہ کرو تو حضرت جعفر علیہ السلام نے فرمایا: ہم وہ جماعت اور گروہ ہیں جو ذاتِ خدا کے سوا کسی کو سجدہ نہیں کرتے۔

جب نجاشی نے اُن کو دیکھا تو کہا: شاباش تم پر اور اس پر جس کی طرف سے تم آئے

---

[1]۔ بحارالانوار، ج95 ص376؛ نہج الدعوات ص113

ہو۔ میں گواہی دیتا ہوں کہ حضرت عیسیٰ علیہ السلام نے جس کے ظہور کی بشارت دی ہے وہ تمہارے ہی پیغمبر صلی اللہ علیہ وآلہ وسلم ہیں۔ اگر اُمورِ سلطنت کی ذمہ داری میرے سپرد نہ ہوتی تو میں یہ سب کچھ چھوڑ کر ان کے پاس جا کر ان کی جوتی کا بوسہ دیتا۔

بعض مفسرین کا یہ نظریہ اور عقیدہ ہے کہ خدا کا یہ فرمان نجاشی اور اُس کے درباریوں کے بارے میں نازل ہوا ہے جس میں خداوندِ عالم فرماتا ہے:

وَإِذَا سَمِعُوا مَآ أُنزِلَ إِلَى الرَّسُولِ تَرَىٰٓ أَعْيُنَهُمْ تَفِيضُ مِنَ الدَّمْعِ ..... [1]

''جب وہ لوگ سنتے ہیں اُس کو جو خدا نے رسول صلی اللہ علیہ وآلہ وسلم کی طرف نازل کیا ہے تو ان کی آنکھوں سے آنسو جاری ہو جاتے ہیں''۔

اس واقعے کے بعد بڑے آرام اور سکون کے ساتھ مسلمان نجاشی کے پاس زندگی گزارنے لگے۔ نجاشی کو حضرت جعفر علیہ السلام کے ساتھ محبت اور الفت ہوگئی۔ وہ اکثر اوقات حضرت جعفر علیہ السلام سے ملاقات کر کے خوش ہوتا اور آپؑ کی گفتگو سے فائدہ اٹھاتا۔ اس دوران حضرت جعفر علیہ السلام کے حضرت اسماء بنتِ عمیس سے تین بیٹے پیدا ہوئے۔ پہلے بیٹے کا نام عبداللہ علیہ السلام ہے جو حضرت جعفر علیہ السلام کی اولاد میں سب سے بڑے تھے۔

ابن جوزی کی روایت کے مطابق جو تذکرہ میں موجود ہے۔ جب حضرت جعفر علیہ السلام کے بڑے بیٹے حضرت عبداللہ علیہ السلام پیدا ہوئے تو نجاشی کے ہاں بھی خدا نے ایک بیٹا دیا جو کئی سالوں کی انتظار کے بعد پیدا ہوا تھا۔ نجاشی اپنے بیٹے کی پیدائش کا سبب حضرت عبداللہ علیہ السلام کی ولادت کو جانتا تھا اور نجاشی جب بھی حضرت عبداللہ علیہ السلام کے بارے میں غور و خوض کرتا تو اُن میں نیکی اور سرداری کے اثرات کا مشاہدہ کرتا تھا۔

اس لئے نجاشی نے بھی اپنے بیٹے کا نام عبداللہ رکھا اور حضرت جعفر علیہ السلام سے درخواست کی کہ حضرت اسماء اپنے دودھ میں سے تھوڑا سا میرے بیٹے کو بھی پلا دیں تا کہ اس کا بیٹا بھی

---

[1]۔ سورہ مائدہ، آیت ۸۳

پاک دودھ سے پرورش پائے اور اس میں بھی اچھے اخلاق اور عادات پیدا ہو جائیں۔

حضرت عبد اللہ علیہ السلام جیسی شخصیت کے بارے میں کسی عرب شاعر نے کیا خوب کہا ہے:

فی المھد ینطق عن سعادۃ جدّہ اثر النجابۃ ساطع البرھان

”گود مادر میں اپنے جد کی سعادت کی باتیں کرتا ہے یہ بزرگی کا اثر ہے جو روشن دلیل ہے“۔

یہاں پر ایک اہم نکتہ کی طرف اشارہ ضروری ہے۔ وہ یہ کہ نجاشی بادشاہ بڑی عمیق اور گہری نظر کا مالک تھا۔ اُس نے حضرت اسماء بنت عمیس کے کمالات کو بھانپ لیا تھا۔ ایک مرتبہ اُس نے حضرت جعفر علیہ السلام سے درخواست کی کہ اسماء کے دودھ سے کچھ دودھ میرے بیٹے کو مل جائے کیونکہ حضرت اسماء کے دودھ سے جس نے بھی پرورش پائی وہ ہدایت یافتہ اور نیک بخت ہوگیا۔ جیسا کہ جناب محمد بن ابی بکر نے بھی اسماء بنتِ عمیس ہی کا دودھ پیا تھا۔ جس کا اثر کسی سے پوشیدہ نہیں ہے۔ محبت امیر المومنین علیہ السلام اس دودھ کا واضح ثبوت ہے۔

خلاصہ:

حضرت جعفر علیہ السلام اور دیگر مہاجرین حبشہ میں زندگی بسر کر رہے تھے کہ اسی دوران پیغمبر اکرم صلی اللہ علیہ وآلہ وسلم نے مکہ سے مدینہ کی طرف ہجرت فرمائی۔ سات ہجری کے آغاز پر قلعۂ خیبر والوں کے ساتھ جنگ کا معاملہ پیش آنے والا تھا کہ مہاجرین و انصار میں سے پروانوں کی طرح پیغمبر اکرم صلی اللہ علیہ وآلہ وسلم کے اردگرد جمع ہو رہے تھے۔ شریعت مقدس اسلام کی رونق ہر طرف پھیلی ہوئی تھی۔ اسی اثناء میں حضرت جعفر علیہ السلام حبشہ سے مدینہ واپس تشریف لائے اور اس کے بعد قلعۂ خیبر فتح ہوا۔

ایک طرف قلعۂ خیبر حضرت امیر المومنین علیہ السلام کے دستِ مبارک سے فتح ہوا اور دوسری طرف حضرت جعفر علیہ السلام تشریف لائے تھے۔ اسی لئے پیغمبر اکرم صلی اللہ علیہ وآلہ وسلم نے فرمایا: ان دو میں سے میں کس کی خوشی مناؤں۔ قلعۂ خیبر کے فتح ہونے پر یا جعفر علیہ السلام کے واپس آنے پر۔ حضرت جعفر علیہ السلام کی آمد کے موقع پر پیغمبر اکرم صلی اللہ علیہ وآلہ وسلم نے اُن کو اپنے قریب بلایا

اور پیشانی پر بوسہ دیا[1]۔اس وقت حضرت عبداللہ بن جعفر علیہ السلام چھوٹے بچے تھے۔
جب غزوۂ موتہ کا وقت آیا تو اس وقت لشکر کی سرداری حضرت جعفر علیہ السلام کے سپرد کی گئی۔موتہ شام کے اطراف میں ایک دیہات ہے،وہاں سے بیت المقدس دومنزل کے فاصلہ پر ہے۔اس جنگ میں آپؐ نے لشکر کا علم حضرت جعفر علیہ السلام کے ہاتھ میں دیا اور آپؐ موتہ کی طرف روانہ ہوگئے۔جب موتہ کے قریب پہنچے تو لشکر اسلام اور لشکر شرحبیل جن کی تعداد ایک ہزار سے زیادہ تھی،کا مقابلہ ہوگیا۔جب حضرت جعفر علیہ السلام نے اس صورتِ حال کا مشاہدہ کیا تو غضبناک شیر کے مانند آگے بڑھے،اپنے گھوڑے کو چھوڑا اور دشمنوں پر حملہ کردیا۔دوسرے مسلمان بھی آپؑ کو دیکھ کر جنگ میں مشغول ہوگئے۔ہر طرف سخت جنگ ہو رہی تھی اور لشکر کا علم حضرت جعفر علیہ السلام کے ہاتھ میں تھا۔

''کامل التواریخ'' کی روایت کے مطابق آپ یہ رجز پڑھ رہے تھے:

یَا حَبَّذَا الْجَنَّةُ وَاقْتِرَابُهَا
طَيِّبَةٌ وَبَارِدٌ شَرَابُهَا
وَالرُّومُ رُومٌ قَدْدَنَا عَذَابُهَا
كَافِرَةٌ بَعِيدَةٌ أَنْسَابُهَا
عَلَيَّ إِذْ لَاقَيْتُهَا ضِرَابُهَا۔[2]

''اے خوبصورت اور پیاری بہشت اور اس کا قرب اور زندگی جس کا پانی ٹھنڈا اور لذیذ ہے۔روم کی مملکت جس کے لوگ کافر اور بُرے نسب والے ہیں کا عذاب قریب آ گیا۔مجھ پر بہشت کی انواع و اقسام کی ملاقات واجب ہوگئی ہے''۔

---

[1]۔ اسد الغابۃ،ج1ص287؛الاستیعاب،ج1ص212؛طبقات،ج4ص23؛البدایۃ والنہایۃ،ج3ص72؛ الدرجات الرفیعۃ،ص69؛شرح ابن أبی الحدید،ج3ص407؛مقاتل الطالبین،ص30

[2]۔ السیرۃ النبویۃ-ابن ہشام الحمیری،ج3ص833؛شعراء الرسولؐ،ص149

جب لشکرِ کفر نے یہ حالت دیکھی تو سب نے مل کر ہر طرف سے حملہ کر دیا۔ اسی دوران ایک شقی نے آپؑ کا دایاں بازو قلم کر دیا۔ آپؑ کے دائیں ہاتھ میں لشکر کا علم تھا۔ آپؑ نے علم کو بائیں ہاتھ میں لے لیا اور اس حالت میں بھی جنگ میں مشغول رہے۔ اس دوران آپؑ کے جسم پر ایک سو زخم لگے۔ ایک اور شقی نے وار کیا اور آپؑ کا بایاں ہاتھ قلم کر دیا۔ آپؑ نے علم کو اپنے سینے کے ساتھ لگایا اور وہی رجز پڑھتے رہے اور مسلمانوں کو جہاد کی طرف رغبت دلاتے رہے۔ اسی اثناء میں ایک ظالم نے وار کیا اور آپؑ زمین پر گر گئے۔ عبد اللہ بن رواحہؓ نے اس صورتِ حال کو دیکھا تو جلدی سے علم کو گرنے سے بچا کر سنبھال لیا۔

شیعہ اور سُنی روایت کے مطابق اس وقت خداوندِ عالم نے جنگِ موتہ کا میدان رسولِ اکرم صلی اللہ علیہ وآلہ وسلم کی آنکھوں کے سامنے عیاں کر دیا اور آپؐ جنگ کا نظارہ فرمانے لگے۔ مجاہدوں کو جنگ کرتے ہوئے دیکھ رہے تھے اور فرما رہے تھے: لشکر کا علم زید نے سنبھال لیا ہے پس وہ شہید ہو گیا۔ پھر جعفر علیہ السلام نے علم کو سنبھال لیا ہے پس وہ بھی شہید ہو گئے۔ پھر ابن رواحہؓ نے علم کو سنبھالا ہے اور وہ بھی شہید ہو گئے۔ آپؐ یہ جملات ارشاد فرماتے اور رو بھی رہے تھے۔ آخر کار مسلمان کامیاب ہو گئے۔

رسولِ خدا صلی اللہ علیہ وآلہ وسلم نے فرمایا: جعفر علیہ السلام کے دو ہاتھ جو جنگ میں کٹ گئے تھے، خدا نے ان کے صلہ میں انہیں جنت میں دو پر عطا فرمائے ہیں جو یاقوت سے بنے ہوئے ہیں اور وہ بہشت کی فضاؤں میں پرواز کر رہے ہیں۔

اس کے بعد رسولِ خدا صلی اللہ علیہ وآلہ وسلم نے حکم دیا: جعفر علیہ السلام کے اہلِ خانہ کے لئے کھانا تیار کیا جائے تاکہ وہ اُن کے ماتم میں سکون کے ساتھ مصروف رہ سکیں۔

حضرت جعفر علیہ السلام کی شہادت آٹھ ہجری میں واقع ہوئی۔ اس وقت آپؑ کی عمر مبارک کے اکتالیس سال گزر چکے تھے۔ حضرت جعفر علیہ السلام، زیدؓ اور عبد اللہ بن رواحہؓ کے جسدِ خاکی کو ایک ہی قبر میں دفن کر کے پھر قبر کا نشان مٹا دیا۔

کتاب ''حیاۃ الحیوان'' میں دمیری لکھتا ہے: موت کے بعد کلام کرنے والوں میں

سے ایک جعفر علیہ السلام بھی ہیں جنہوں نے اس آیت مبارکہ کی تلاوت کی:

وَلَا تَحْسَبَنَّ الَّذِينَ قُتِلُوا فِي سَبِيلِ اللهِ اَمْوَاتًا ۔ بَلْ اَحْيَآءٌ عِنْدَ رَبِّهِمْ يُرْزَقُونَ ۔ [1]

''وہ لوگ جو اللہ کی راہ میں قتل کر دیئے گئے انہیں مردہ نہ کہو وہ اپنے رب کے پاس زندہ ہیں رزق پاتے ہیں''۔

حضرت جعفر طیّار علیہ السلام کے بارے میں بہت سے شعراء نے مرثیے کہے ہیں۔ کتاب ''عمدۃ المطالب''، میں کعب بن مالک نے یہ مرثیہ نقل کیا ہے:

لا یقتدون لجعفر ولواثہ قدّام اوّلھم فنعم الاوّل
فتغیرالقمر المنیر بفقدہ والشمس قد کسفت و کادت تأمل

''حضرت جعفر طیّار علیہ السلام سب سے آگے اور سبقت لینے والے ہیں۔ آپؑ کی اور آپؑ کے علم کی پیروی کرنے کی کوئی طاقت نہیں رکھتا۔ آپؑ کے جانے سے روشن چاند تبدیل ہوگیا، سورج کو گرہن لگا، قریب تھا کہ وہ گر جاتا''۔

اس وقت حضرت عبد اللہ علیہ السلام ایک سمجھ دار بچے تھے۔ تذکرہ میں ابن جوزی روایت کرتے ہیں جو یحییٰ بن ابی العلیٰ سے مروی ہے کہ حضرت عبد اللہ علیہ السلام فرماتے ہیں: مجھے وہ وقت یاد ہے جب میرے والد حضرت جعفر بن ابو طالب علیہ السلام کی شہادت کے بعد پیغمبر اکرم صلی اللہ علیہ وآلہ وسلم میری والدہ کے پاس آئے اور آپؐ نے میرے والد کی شہادت کی خبر دی۔ اُس وقت رسولِ خدا صلی اللہ علیہ وآلہ وسلم نے مجھے اور میرے بھائی کو اپنے گلے لگا لیا اور ہمارے سر پر دستِ شفقت پھیرا۔ آپؐ کی مبارک آنکھوں سے مروارید کے موتیوں کی طرح آنسو ریش مبارک پر گر رہے تھے اور آپؐ ہمارے حق میں دعا فرما رہے تھے اور فرما رہے تھے:

اَللّٰهُمَّ اِنَّ جَعْفَرًا قَدْ قَدِمَ اِلَيْكَ اِلٰى اَحْسَنُ الثَّوَابِ

---

[1]۔ سورہ آل عمران، آیت ۱۶۹

فَاخْلُفْهُ فِيْ ذُرِّيَّتِهٖ۔ [۱]

”اے پروردگار! بے شک جعفر علیہ السلام بہترین ٹھکانے کی طرف جا چکا ہے۔اب تو اس کی اولاد میں اُس کی بہترین یادگار قرار دے“۔

اس کے بعد پیغمبر اکرم صلی اللہ علیہ وآلہ وسلم نے میری والدہ کو خوشخبری دی کہ خداوند عالم نے جعفر علیہ السلام کو دو پر عطا فرمائے ہیں، جن کے ساتھ وہ بہشت میں فرشتوں کے ساتھ پرواز کرتے ہیں۔ یہ سن کر میری والدہ نے پیغمبر اکرم صلی اللہ علیہ وآلہ وسلم کی خدمت میں عرض کیا: اگر آپؐ مناسب سمجھیں تو اس خوشخبری کی اطلاع لوگوں کو بھی دے دیں۔

اس کے بعد رسولِ اکرم صلی اللہ علیہ وآلہ وسلم نے میرا ہاتھ پکڑا اور اپنے ساتھ مسجد میں لے آئے۔ آپؐ منبر پر تشریف لے گئے اور مجھے اپنے سامنے بٹھایا۔جبکہ حزن وغم کے آثار آپؐ کے چہرۂ مبارک سے ظاہر ہو رہے تھے۔

آپؐ نے فرمایا:

اِنَّ الْمَرْءَ كَثِيْرٌ [حُزْنُهُ] بِاَخِيْهِ وَ اِبْنِ عَمِّهٖ اَلَا اِنَّ جَعْفَراً قَدِ اُسْتُشْهِدَ وَ جُعِلَ لَهُ جَنَاحَانِ يَطِيْرُ بِهِمَا فِيْ الْجَنَّةِ۔ [۲]

”آگاہ ہو جاؤ! بے شک جعفر علیہ السلام شہید ہو گئے ہیں اور خدا نے ان کو دو پر دیئے عطا کئے ہیں جن کے ذریعہ وہ بہشت میں پرواز کر رہے ہیں“۔

اس کے بعد پیغمبر اسلام صلی اللہ علیہ وآلہ وسلم منبر سے نیچے تشریف لے آئے اور مجھے اپنے گھر لے آئے۔آپؐ نے میرے بھائی کو بلایا اور ہم نے حضرتؐ کے ساتھ مل کر کھانا کھایا۔حضرت اُمّ سلمہؓ نے جَو کا آٹا بنایا، اُس کی زیتون کے تیل کے ساتھ روٹی بنائی، اُس پر کچھ مرچ لگا کر ہمیں دی، ہم نے اسے کھایا۔تین دن تک میں اپنے بھائی کے ساتھ رسولِ اکرم صلی اللہ علیہ وآلہ وسلم کے ہمراہ آپؐ کی ازواج کے گھر سے کھانا کھاتے رہے۔کھانا کھانے کے بعد ہم اپنے گھر چلے جاتے

---

[۱]۔ زینب الکبریٰ النقدی، الشیخ جعفر، ج1 ص79

[۲]۔ تذکرہ الخواص، ص190؛ لباب الانساب، ج1

شیعہ منابع:۔ اعلام الوریٰ، ص213؛ بحار الانوار، ج21 ص56

تھے۔ پیغمبر اکرم صلی اللہ علیہ وآلہ وسلم ملاقات کے لئے ہمارے گھر تشریف لاتے تھے۔ جب کبھی آپؐ ملاقات کے لئے آتے تو میں بکریوں کو چارا دے رہا ہوتا تھا۔ جب آپؐ مجھے دیکھتے آپؐ کی آنکھوں سے آنسو جاری ہو جاتے تھے۔ اُس وقت آپؐ میرے لئے دعا فرما رہے تھے:

اَللّٰھُمَّ بَارِكْ فِيْ صَفْقَتِهٖ۔

''اے پروردگار! اس کے مال ومتاع میں برکت عطا فرما''۔

اس دعا کی برکت سے میں نے جو بھی کاروبار کیا اور خرید و فروخت کی، ہمیشہ مجھے خیر و برکت ہی نصیب ہوئی ہے۔

تذکرہ ابن جوزی میں ہے:

جب حضرت جعفر علیہ السلام کے سوگ کو تین دن گزر گئے تو رسولِ خدا صلی اللہ علیہ وآلہ وسلم اولادِ جعفر علیہ السلام کے گھر تشریف لائے اور فرمایا: میرے بھائی کے بچوں کو بلاؤ۔ حضرت جعفر علیہ السلام کے تین بیٹے تھے۔ محمد علیہ السلام، عون علیہ السلام اور عبداللہ علیہ السلام۔ مرغی کے چوزوں کی طرح تینوں بچے خدمت پیغمبر صلی اللہ علیہ وآلہ وسلم میں حاضر ہوئے۔ اس کے بعد آپؐ نے حجام کو بلایا اور بچوں کے سر منڈوائے۔

پھر فرمایا: محمد صلی اللہ علیہ وآلہ وسلم میرے چچا حضرت ابو طالب علیہ السلام کی شبیہ ہیں۔ عون علیہ السلام شکل و صورت اور اخلاق میں میری شبیہ ہیں اور اس کے بعد عبداللہ علیہ السلام کا ہاتھ پکڑ کر فرمایا:

اَللّٰھُمَّ اَخْلِفْ جَعْفَرًا فِيْ اَهْلِهٖ بِخَيْرٍ، وَبَارِكْ لِعَبْدِ اللّٰهِ فِيْ صَفْقَتِهٖ بِيَمِيْنِهٖ۔ [1]

''اے پروردگار! جعفر علیہ السلام کے اہلِ خانہ میں صبر نازل فرما اور عبداللہ علیہ السلام کے مال ومتاع میں برکت عطا فرما''۔

یہ دیکھ کر اسماء بنتِ عمیسؓ نے اپنے بچوں کی صورتِ حال پر خوشی کا اظہار کیا۔

رسولِ خدا صلی اللہ علیہ وآلہ وسلم نے ان سے فرمایا:

[1] اعلام الوریٰ ص 213؛ بحار الانوار، ج 21 ص 56

اَلْعَيْلَةَ تَخَافِيْنَ عَلَيْهِمْ، وَاَنَا وَلِيُّهُمْ فِي الدُّنْيَا وَالْآخِرَةِ؟[1]

”کیا آپ ان کے فقر اور تنگدستی کے بارے میں فکرمند ہیں! حالانکہ میں دنیا اور آخرت میں ان کا ولی اور سرپرست ہوں“۔

”بحارالانوار“ میں علامہ مجلسی روایت ذکر کرتے ہیں: جب حضرت جعفر علیہ السلام درجہ شہادت پر فائز ہوئے تو پیغمبر اکرم صلی اللہ علیہ وآلہ وسلم نے حضرت فاطمہ زہرا سلام اللہ علیہا کو حکم دیا کہ تین دن تک حضرت جعفر علیہ السلام کے اہلِ خانہ کے لئے کھانا تیار کر کے بھیجیں۔ اس کے بعد یہ عمل سنتِ نبویؐ کی شکل اختیار کر گیا۔

تذکرہ ابن جوزی میں حضرت عبداللہ بن جعفر علیہ السلام سے روایت ہے:

رسولِ خدا صلی اللہ علیہ وآلہ وسلم کا دستور تھا کہ جب کبھی سفر سے واپس تشریف لاتے تو اہل بیت علیہم السلام کے بچوں سے ملاقات کے لئے اُن کے گھروں میں تشریف لاتے۔ آپؐ ایک سفر سے واپس لوٹے تو سب سے پہلے میرے ساتھ ملاقات کی۔ مجھے آپؐ نے بلایا اور اپنی گود میں بٹھایا۔ اس کے بعد حضرت فاطمہ زہرا سلام اللہ علیہا کے بچوں میں سے ایک امام حسن علیہ السلام یا حسین علیہ السلام کو آپؐ کے پاس لایا گیا۔ آپؐ نے اُسے اپنی سواری پر اپنے پیچھے بٹھا لیا۔ اس طرح ہم آپؐ کے ہمراہ مدینہ میں داخل ہوئے۔

حسن ابن سعد روایت کرتے ہیں کہ میں نے کریم سید حضرت عبداللہ بن جعفر علیہ السلام سے سنا کہ آپؐ نے فرمایا: ایک دن رسولِ اکرم صلی اللہ علیہ وآلہ وسلم نے مجھے اپنے پیچھے سوار کیا اور ایک خفیہ حدیث میرے لئے بیان کی اور مجھ سے فرمایا: یہ حدیث کسی کے سامنے بیان نہ کرنا۔

اسی کتاب میں ہے: ایک دن عبداللہ بن زبیر نے حضرت عبداللہ بن جعفر بن ابوطالب علیہ السلام سے کہا: کیا آپ کو کچھ یاد ہے، وہ دن جس دن میں اور ابن عباسؓ اور آپ نے رسولِ خدا صلی اللہ علیہ وآلہ وسلم کے ساتھ ملاقات کی تھی؟

حضرت عبداللہ علیہ السلام نے فرمایا: ہاں! مجھے یاد ہے آپؐ مجھے اپنے ہمراہ لے گئے

---

[1]۔ تذکرۃ الخواص، ص 189

تھے اور تجھے وہیں پر چھوڑ گئے تھے۔ یہ سن کر عبداللہ ابن زبیر بڑا شرمندہ ہوا۔

کتاب ''ناسخ''، میں ہے: حضرتؑ کے معجزات میں سے یہ بھی ہے کہ آپؑ نے حضرت عبداللہ علیہ السلام کے حق میں دعا کی:

اللھم بارک فی صفقة یمینہ۔

''اے پروردگار: عبداللہ علیہ السلام کے مال ومتاع میں برکت عطا فرما''۔

اس دعا کی برکت سے خداوندِ عالم نے حضرت عبداللہ علیہ السلام کو اتنا مال عطا فرمایا اور اس قدر عزت و دولت اور سخاوت و کرامت عنایت فرمائی کہ مدینہ کے لوگ جب آپؑ سے قرض لیتے تو اس قرض کی ادائیگی کا وعدہ حضرت عبداللہ علیہ السلام کی عطا کے مطابق کرتے۔

ابوالفرج اپنی کتاب ''آغانی''، میں روایت کرتے ہیں:

''حضرت عبداللہ علیہ السلام کا بچپن تھا، ایک دن رسولِ خدا صلی اللہ علیہ وآلہ وسلم حضرت عبداللہ علیہ السلام کے پاس سے گزرے اور یہ دیکھا کہ عبداللہ علیہ السلام دوسرے بچوں کی طرح گیلی مٹی سے اونٹ بنا رہا ہے۔ آپؐ یہ دیکھ کر مسکرائے اور فرمایا: (اس کے ساتھ) یہ کیا کر رہے ہو؟

حضرت عبداللہ علیہ السلام نے عرض کیا: میں اسے فروخت کروں گا۔

رسول اکرم صلی اللہ علیہ وآلہ وسلم نے فرمایا: اس کے پیسوں کا کیا کرو گے؟

حضرت عبداللہ علیہ السلام نے عرض کیا: کھجور خرید کر کھاؤں گا۔

حضور اکرم صلی اللہ علیہ وآلہ وسلم نے ان کے حق میں دعا کرتے ہوئے فرمایا:

اللھم بارک فی صفقة یمینہ۔

''اے پروردگار! عبداللہ کے مال ومتاع میں برکت عطا فرما''۔

اس دعا کی برکت سے جب بھی میں نے زندگی میں کوئی خرید و فروخت کی تو اس میں فائدہ ہی ہوا''۔

خلاصۂ مطلب یہ ہے کہ حضرت عبداللہ علیہ السلام اور حضرت جعفر علیہ السلام کے دیگر بچے ہمیشہ

پیغمبر اکرم صلی اللہ علیہ وآلہ وسلم کے زیرِ شفقت زندگی گزارتے رہے۔ یہاں تک کہ آپؐ کی رحلت کا وقت آ گیا۔ حضرتؐ کی رحلت کے بعد یہ بچے ہمیشہ حضرت امیر المومنین علیہ السلام کے زیرِ سایہ رہے اور جوان ہوئے۔ حضرت عبداللہ علیہ السلام کو بنی ہاشم کے درمیان حسن و جمال، مال وثروت اور سخاوت میں ایک خاص مقام حاصل تھا۔

امیر المومنین علیہ السلام ان کے ساتھ خصوصی عنایت ومہربانی کے ساتھ پیش آتے تھے۔ جب عقیلۂ بنی ہاشم حضرت زینب سلام اللہ علیہا اپنی عمر کی اُس حد کو پہنچیں جس میں بچوں کی شادی کی جاتی ہے تو حضرت عبداللہ علیہ السلام اپنے چچا کے پاس آئے اور اُن سے شہزادیؑ کی خواستگاری کی۔ بنی ہاشم کے بزرگوں نے بھی اس کام میں حضرت عبداللہ علیہ السلام کی مدد کی۔ حضرت عبداللہ علیہ السلام میں اس وقت جو خصوصیات موجود تھیں وہ قریش کے کسی فرد میں موجود نہ تھیں۔

پہلی خصوصیت:

یہ کہ حضرت عبداللہ علیہ السلام بن جعفر علیہ السلام رسول خدا صلی اللہ علیہ وآلہ وسلم کے والد ماجد حضرت عبداللہ علیہ السلام کے ہم شکل تھے، اسی وجہ سے آپؑ کا نام عبداللہ علیہ السلام رکھا گیا۔

دوسری خصوصیت:

آپؑ علم وفقہ میں ایک خصوصی مقام رکھتے تھے اور آپؑ کا شمار حدیث کے راویوں اور قرآن کے مفسرین میں ہوتا تھا۔ امامِ وقت کے بارے میں معرفت و آشنائی میں آپؑ کو ایک خصوصی مقام حاصل تھا۔ آپؑ کی فصاحت و بلاغت بھی ایک خاص مقام ومرتبہ پر تھی، جس کا اظہار معاویہ اور یزید کے دربار میں مناظروں سے ہوتا ہے۔ اسی طرح آپؑ کا وہ خطبہ بھی آپؑ کی فصاحت و بلاغت کی گواہی دیتا ہے جو آپؑ نے جنگ صِفین کے مواقع پر حکمین کے بارے میں ارشاد فرمایا تھا۔ اس کے علاوہ اہلِ سنت اور اہل تشیع کی کتب میں بھی آپؑ کے بارے میں روایات کثرت سے ذکر کی گئی ہیں۔

تیسری خصوصیت:

آپؑ کی شرافت نسب اور نسبت حضرت خاتم الانبیاء صلی اللہ علیہ وآلہ وسلم کے ساتھ منسلک ہے۔آپؑ حضرت جعفر طیارؑ علیہ السلام کے بیٹے ہیں جو حضرت ابو طالب علیہ السلام کے فرزند اور لختِ جگر ہیں۔آپؑ حضرت عبدالمطلب علیہ السلام کے پوتے، رسولِ خدا صلی اللہ علیہ وآلہ وسلم کے چچا زاد اور حضرت امیرالمومنین علیہ السلام کے بھتیجے ہیں۔آپؑ کا نسب رسولِ اکرم صلی اللہ علیہ وآلہ وسلم کے بہت زیادہ قریب ہے۔

چوتھی خصوصیت:

آپؑ کا مالدار ہونا، صاحبِ ثروت و دولت ہونا اور سخی و کریم ہونا، اس لحاظ سے آپؑ اتنے زیادہ سخی تھے کہ لوگ آپؑ کو بحرالجود یعنی سخاوت کے سمندر کے نام سے پکارتے تھے اور عبداللہ جواد نام لے کر بلاتے تھے۔

آپؑ کی سخاوت کی حکایات اہل سنت اور شیعہ کی کتب میں بے حد موجود ہیں۔ حضرت عبداللہ علیہ السلام کے بارے میں اس دور کے شعراء نے جو اشعار کہے ہیں کتابوں میں کثرت سے موجود ہیں لیکن ہم طوالت کے خوف سے یہاں پر ان کا ذکر نہیں کر سکتے۔

خلاصۂ مطلب یہ ہے:

جب حضرت عبداللہ علیہ السلام نے اپنے چچا حضرت امیرالمومنین علیہ السلام سے عقیلۂ بنی ہاشم حضرت زینب سلام اللہ علیہا کی خواستگاری کی تو آپؑ نے یہ درخواست قبول فرمالی۔

پانچویں خصوصیت:

وہ یہ ہے: آپؑ کو حضرت امیرالمومنین علیہ السلام کا داماد اور حضرت زینب سلام اللہ علیہا کا شوہر ہونے کا بھی فخر وشرف حاصل ہوا۔پس مولائے متقیان حضرت امیرالمومنین علیہ السلام نے حضرت زینب سلام اللہ علیہا کی شادی حضرت عبداللہ علیہ السلام کے ساتھ کر دی۔حضرتؑ نے اپنی شہزادیؑ کو جن کی عمر مبارک اس وقت گیارہ سال تھی، بنی ہاشم کی خواتین کے ایک گروہ کے ساتھ حضرت عبداللہ علیہ السلام کے گھر روانہ کیا۔

اس شادی کو حضرت امیر المومنین علیہ السلام نے پیغمبر اکرم صلی اللہ علیہ وآلہ وسلم کی وصیت پر عمل پیرا ہوتے ہوئے سرانجام دیا۔ اس لئے کہ ایک دن پیغمبر اسلام صلی اللہ علیہ وآلہ وسلم کی نگاہ حضرت علی علیہ السلام اور حضرت جعفر علیہ السلام کی اولاد پر پڑی تو آپؐ نے فرمایا:

بَنَاتُنَا لِبَنِینَا وَ بَنُونَا لِبَنَاتِنَا۔ [1]

''ہماری بیٹیاں ہمارے بیٹوں کے لئے ہیں اور ہمارے بیٹے ہماری بیٹیوں کے لئے ہیں''۔

پس! جب حضرت عبداللہ علیہ السلام کی حضرت زینب سلام اللہ علیہا سے شادی ہوگئی اور صدیقہ کبریٰ سلام اللہ علیہا نے اپنے قدم مبارک حضرت عبداللہ علیہ السلام کے گھر میں رکھے تو حضرت عبداللہ علیہ السلام نے دعوتِ ولیمہ کا انتظام کیا، جس میں فقراء اور مساکین پر مال خرچ کیا۔

جب حضرت امیر المومنین علیہ السلام نے حضرت زینب سلام اللہ علیہا کو حضرت عبداللہ علیہ السلام کے گھر روانہ کیا تو آپؑ حضرت عبداللہ علیہ السلام کے گھر اپنی بیٹی کی ملاقات کے لئے تشریف لاتے تھے۔ آپؑ حضرت زینب سلام اللہ علیہا اور حضرت عبداللہ علیہ السلام کے ساتھ محبت سے پیش آتے اور ان کے لئے دعا فرماتے۔ آپؑ جو سلوک اور محبت اپنی اولاد کے ساتھ یعنی امام حسن علیہ السلام و حسین علیہ السلام، حضرت اُمّ کلثوم سلام اللہ علیہا اور حضرت زینب سلام اللہ علیہا کے ساتھ کرتے تھے، وہی سلوک اور محبت حضرت جعفر علیہ السلام کی اولاد کے ساتھ بھی کرتے تھے۔ آپؑ کبھی حضرت اُمّ کلثوم سلام اللہ علیہا اور کبھی حضرت زینب سلام اللہ علیہا کے گھر، کبھی ایک رات امام حسن علیہ السلام کے گھر اور کبھی ایک رات امام حسین علیہ السلام کے گھر میں قیام فرمایا کرتے تھے۔ اسی طرح آپؑ حضرت جعفر علیہ السلام کی اولاد سے بھی ہمدردی کا اظہار فرمایا کرتے تھے۔

حضرت امیر المومنین علیہ السلام کی شہادت کی روایت میں ملتا ہے: جب آپؑ کو ظاہری حکومت ملی اور آپؑ نے کوفہ کی طرف ہجرت کی تو اپنی اولاد کو بھی اپنے ساتھ لے گئے تھے۔

---

[1]۔ بحار الانوار، ج 42 ص 92؛ وسائل الشیعہ، ج 4 ص 49؛ من لا یحضرہ الفقیہ، ج 2 ص 249؛ مکارم الاخلاق، ص 204

حضرت زینب سلام اللہ علیہا بھی آپؑ کے ساتھ کوفہ گئیں تھیں اور اولادِ حضرت جعفر علیہ السلام بھی کوفہ منتقل ہوگئی تھی۔

حضرت زینب ِکبریٰ سلام اللہ علیہا کی جلالت وعظمت کا یہ مقام تھا کہ کوفہ کی محترم اور معظم خواتین آپؑ کی ملاقات پرفخر کرتیں اور آپؑ کے آستانہ پرقدم بوسی کو اپنی عظمت شمار کرتی تھیں۔

حضرت عبداللہ علیہ السلام تمام جنگوں اور غزوات میں حضرت علی علیہ السلام کے ہمراہ رہے۔ جب حضرت امیرالمومنین علیہ السلام کو مسجد کوفہ کے محراب ِعبادت میں ضرب لگی جس کی وجہ سے آپؑ درجۂ شہادت پر فائز ہوئے اور امامت وخلافت حضرت امام حسن علیہ السلام کی طرف منتقل ہوئی۔ حضرت امام حسن مجتبیٰ علیہ السلام نے پہلے تو معاویہ کے ساتھ جنگ کا ارادہ کیا لیکن آخر میں اس کے ساتھ صلح کرنے پر مجبور ہو گئے۔ آپؑ چالیس ہجری میں کوفہ سے مدینہ کی طرف روانہ ہوئے۔ حضرت زینب سلام اللہ علیہا بھی دوسرے اہل بیت علیہم السلام کے ساتھ مدینہ واپس آگئیں۔

یہ تمام محترم صاحب عظمت خواتین اپنے نانا کے روضہ کے زیرِ سایہ زندگی گزار رہی تھیں کہ حضرت امام حسن علیہ السلام کو زہر دے کر شہید کر دیا گیا۔ اس کے بعد خلافت وامامت کا معاملہ حضرت امام حسین علیہ السلام کے ساتھ منسلک ہوگیا۔ حضرت امام حسین علیہ السلام نے بھی اپنے بھائی حضرت امام حسن علیہ السلام کی صلح کو معاویہ کے ساتھ برقرار رکھا۔ آپؑ کسی جنگ اور مخالفت کی طرف نہ گئے۔

اس وقت خاندانِ بنی ہاشم کی سرداری حضرت امام حسین علیہ السلام کے پاس تھی۔ آپؑ بھی اپنی بہن حضرت زینب سلام اللہ علیہا کے ساتھ بڑی شفقت ومحبت کے ساتھ پیش آتے تھے اور حضرت عبداللہ علیہ السلام کے ساتھ بھی کمال محبت کا اظہار فرماتے تھے۔

تاریخ کی کتابوں میں اس کے متعلق اختلاف پایا جاتا ہے کہ حضرت عبداللہ بن جعفر علیہ السلام کی حضرت زینب سلام اللہ علیہا سے کتنی اولاد تھی۔ ہماری نظر میں وہ صحیح ہے جو ابن جوزی اپنی کتاب میں لکھتا ہے: وہ یہ ہے کہ شہزادیؑ کی اولاد میں چار بیٹے اور ایک بیٹی تھی۔ جن کے نام

یہ ہیں: علی علیہ السلام، عون الاکبر علیہ السلام، محمد علیہ السلام، عباس اور حضرت اُمّ کلثوم۔ عون و محمد علیہ السلام کربلا میں شہید ہوئے۔ جس کی شرح بیان کریں گے۔

''بحارالانوار'' میں لکھا ہے: حضرت اُمّ کلثوم حضرت زینب سلام اللہ علیہا کی بیٹی صفات و کمال، حسن و جمال اور عقل مندی میں اپنی مثال آپ تھیں۔ حضرت امام حسین علیہ السلام کی امامت کے زمانے میں جوان ہوگئی تھیں۔

معاویہ ابن ابی سفیان جو دھوکا اور فریب میں بے نظیر تھا اس نے یزید کی خلافت کو مضبوط کرنے کے لئے منصوبہ بنایا، جس کے ذریعہ وہ بنی ہاشم اور بنی اُمیہ کو قریب کرنا چاہتا تھا۔ اس لئے اُس نے یزید کے لئے حضرت اُمّ کلثوم بنتِ عبداللہ بن جعفر علیہ السلام کی خواستگاری کے لئے مروان جو مدینہ کا گورنر تھا، کو حضرت عبداللہ بن جعفر علیہ السلام کے پاس بھیجا۔ مروان نے حضرت عبداللہ بن جعفر علیہ السلام کے پاس جا کر یہ درخواست پیش کی۔

حضرت عبداللہ بن جعفر علیہ السلام نے فرمایا: اس کا اختیار میرے پاس نہیں بلکہ یہ اختیار بنی ہاشم کے سردار حضرت امام حسین علیہ السلام کے پاس ہے، اس لئے کہ آپؑ اُمّ کلثوم کے ماموں ہیں۔ اس کے بعد مروان حضرت امام حسین علیہ السلام کے پاس آیا اور آپؑ سے معاویہ کی طرف سے یزید کے لئے خواستگاری کی۔

حضرت امام حسین علیہ السلام نے فرمایا: میں اس معاملہ کے متعلق خدا سے استخارہ کروں گا اُمّ کلثوم کے حق میں اور اس وقت فیصلہ کروں گا، جب لوگ مسجد نبویؐ میں جمع ہوں گے۔ مروان اپنے بزرگوں کی ایک جماعت کو لئے ہوئے مسجد میں حضرت امام حسین علیہ السلام کی خدمت میں آ کر بیٹھ گیا۔

اس کے بعد مروان نے اپنی بات شروع کی اور کہنے لگا: معاویہ نے مجھے حکم دیا ہے کہ یزید کی اُمّ کلثوم کے ساتھ شادی کروں۔ اس کا حق مہر جو بھی اس کا باپ معین کرے گا وہی ہوگا اس کے ساتھ بنی ہاشم اور بنی اُمیہ کے درمیان صلح بھی ہو جائے گی اور عبداللہ علیہ السلام کے تمام قرضے بھی ادا کر دیں گے۔ میں جانتا ہوں کہ یزید کے ساتھ رشتہ داری کی وجہ سے

لوگ آپؑ پر رشک کریں گے اور کتنے لوگ ایسے ہیں جو یزید پر رشک کرتے ہیں۔ یزید وہ شخص ہے جس کے پر سر بادل سایہ کرتا ہے۔ عرب لوگ یہ جملہ اس وقت بولتے ہیں، جب کسی کی بے حد تعریف اور تعظیم مقصود ہوتی ہے۔

اس کے بعد مروان خاموش ہوگیا اور حضرت امام حسین علیہ السلام نے اپنی گفتگو کا آغاز فرمایا: آپؑ نے خدائے سبحان کی حمد وثناء کے ساتھ اپنے خطبے کا آغاز فرمایا۔ آپؑ نے فرمایا:

"تمہارا یہ کہنا کہ اُمِّ کلثومؑ کا حق مہر اس کا باپ معیُّن کرے۔ تو سُنو! حق مہر کے بارے میں۔ ہم اپنی عورتوں اور بیٹیوں کا حق مہر سنتِ رسول صلی اللہ علیہ وآلہ وسلم کے علاوہ نہیں رکھتے۔

تمہارا یہ کہنا کہ عبداللہ بن جعفر علیہ السلام کے جتنے قرضے ہوں گے، ہم ادا کریں گے۔ تو سنو! ہماری عورتوں نے حق مہر میں اپنے والدین کے قرضوں کو کب ادا کیا ہے؟

تمہارا یہ کہنا کہ یہ رشتہ داری بنی ہاشم اور بنی اُمیہ کے درمیان صلح کا سبب بنے گی۔ تو سنو! ہم نے تمہارے ساتھ خدا کی خاطر دشمنی کی ہے، اب دنیا کی خاطر تمہارے ساتھ صلح نہیں کریں گے۔

تمہارا یہ کہنا کہ یزید کے ساتھ رشتہ داری ہمارے فائدے میں ہے۔ اور لوگ یزید کی رشتہ داری کی وجہ سے ہم پر رشک کریں گے۔ تو جان لو! ہمارے ساتھ رشک کرنے والے (یعنی غیرت کرنے والے اور برابری کرنے والے) جاہل ہیں اور اس کے ساتھ رشک وحسد کرنے والے عقل مند ہیں۔

تمہارا یہ کہنا کہ بادل یزید کے دیدار کے ساتھ بارش برساتا ہے تو سنو! یہ مقام رسولِ خدا صلی اللہ علیہ وآلہ وسلم کے علاوہ کسی کو حاصل نہیں ہے۔

اس کے بعد آپؑ نے اس شعر کی طرف اشارہ کیا جو حضرت ابوطالب علیہ السلام

نے پیغمبر اکرم صلی اللہ علیہ وآلہ وسلم کی شان میں کہا ہے وہ شعر یہ ہے:

وَ اَبْيَضَ يُسْتَسْقَى الْغَمَامُ بِوَجْهِهِ ثِمَالُ الْيَتَامَى عِصْمَةٌ لِلْأَرَامِلِ۔ [1]

''وہ جس کے سفید چہرہ کے ذریعہ بادل بارش برساتا ہے، وہ جو یتیموں کا سہارا اور بے چاروں کا ٹھکانا ہے''۔

اس کے بعد حضرت امام حسین علیہ السلام نے فرمایا: تمام لوگ گواہ ہیں کہ مَیں نے اُمِّ کلثوم بنت ِعبداللہ بن جعفر علیہ السلام کا عقد اس کے چچازاد قاسم بن محمد بن جعفر علیہ السلام کے ساتھ کیا اور اس کا مہر سنت ِرسول صلی اللہ علیہ وآلہ وسلم قرار دیا ہے۔ مَیں نے اُسے اپنی زمینوں میں سے زمین کا ایک ٹکڑا دیا، جس کی سالانہ آمدنی آٹھ ہزار دینار ہے۔ انشاء اللہ یہ آمدنی ان کی ضروریاتِ زندگی کو پورا کرے گی''۔

مروان یہ صورتِ حال دیکھ کر غصہ میں آگیا اور کہنے لگا: بنی ہاشم ہمارے ساتھ صلح سے باہر چلے گئے ہیں، انہوں نے سوائے دشمنی کے اور کسی چیز کو قبول نہیں کیا۔ حضرت امام حسین علیہ السلام نے مروان کو یاد دلایا کہ یاد کرو! جس وقت حسن علیہ السلام نے عثمان کی بیٹی عائشہ کا رشتہ مانگا تھا لیکن تو نے حسن علیہ السلام کو رشتہ دینے کے بجائے عبداللہ ابن زبیر کو دے دیا تھا۔

یہ بات معلوم ہونی چاہیے کہ یہ قصہ مختلف عبارتوں کے ساتھ مختلف کتابوں میں ذکر ہوا ہے جو ترجمہ یہاں پر ذکر کیا گیا ہے، اس کے ساتھ اختلاف رکھتا ہے جو ''بحار الانوار'' میں ذکر ہے۔

اب ہم پھر اصل مطلب کی طرف لوٹتے ہیں۔ حضرت زینب سلام اللہ علیہا مدینہ میں اپنے شوہر حضرت عبداللہ علیہ السلام کے ساتھ زندگی گزار رہی تھیں اور ہر وقت ان کی خدمت گزاری

---

[1]۔ تاریخ الخمیس، ج1 ص287؛ اعیان الشیعہ، ج39 ص126؛ الغدیر، ج7 ص345؛ بنقل از الدرہ الغراء فی شعر شیخ البطحاء، ص33؛ المواہب اللدنیہ، ج1 ص48؛ الخصائص الکبریٰ، ج1 ص86؛ السیرہ الحلبیہ، ج1 ص125؛ ابوطالب منظوم تاریخ، ج4 ص1151؛ زینب الکبریٰ، ص129؛ بحارالانوار، ج44 ص120؛ کامل، ج3 ص114؛ تاریخ مدینہ سمہودی، ج3 ص263؛ مناقب، ج2 ص171

میں حاضر رہتی تھیں۔حضرت امام حسین علیہ السلام ان کے ساتھ خاص اُنس ومحبت رکھتے تھے۔ یہاں تک کہ ساٹھ ہجری کو معاویہ واصل جہنم ہوااور دنیا کے غلاموں نے یزید پلید وملعون کی بیعت کی۔

یہ ملعون تمام اوقات کھیل کود میں مشغول رہتا تھا۔اس نے اپنی حکومت کو مضبوط بنانے کے لئے مدینہ کے گورنر کو خط لکھا کہ حضرت امام حسین علیہ السلام سے بیعت لے۔اس کی مکمل تفصیل تاریخ کی کتابوں میں موجود ہے۔

حضرت امام حسین علیہ السلام نے مجبور ہو کر حرمِ خدا اور روضہ رسول صلی اللہ علیہ وآلہ وسلم کو چھوڑنے کاارادہ کر لیا۔جب حضرت زینب سلام اللہ علیہا آپؑ کے ارادہ سے مطلع ہوئیں تو بڑی پریشان ہوئیں کہ کہیں عبداللہ بن جعفر علیہ السلام اُن کو بھائی کے ساتھ جانے سے منع نہ کر دیں۔آپؑ نے حضرت عبداللہ علیہ السلام کے پاس آ کر گریہ کرنا شروع کر دیا۔حضرت عبداللہ علیہ السلام حضرت زینب سلام اللہ علیہا کا بڑا احترام کرتے تھے،آپؑ کو روتا دیکھ کر کہنے لگے! اے علی مرتضیٰ علیہ السلام کی بیٹی! آپؑ کو کیا ہوا ہے؟ خدا آپؑ کو رونے سے محفوظ رکھے؟

حضرت زینب سلام اللہ علیہا نے عرض کیا! اے میرے چچا کے بیٹے! میرے بھائی عراق کی طرف جارہے ہیں، آپؑ جانتے ہیں کہ مَیں اپنے بھائی کے ساتھ کتنی محبت کرتی ہوں،مَیں ان کے بغیر زندہ نہیں رہ سکتی۔کوئی عورت اپنے شوہر کی اجازت کے بغیر گھر سے باہر نہیں جاسکتی۔اس لئے میں آپؑ کے پاس آئی ہوں تاکہ آپؑ مجھے جانے کی اجازت دیں اور اگر چاہیں تو اجازت نہ دیں لیکن یہ جان لیں کہ میں اپنے بھائی کے بغیر زندہ نہیں رہوں گی۔

حضرت عبداللہ علیہ السلام نے جب شہزادیؑ کی طرف دیکھا کہ اس قدر پریشان ہیں تو تھوڑی دیر کے لئے سوچنے لگے کہ اگر مَیں ان کو جانے سے روکتا ہوں تو مکرّمہؑ کی روح پرواز کر جائے گی۔یہ صورتِ حال دیکھ کر حضرت عبداللہ علیہ السلام کی آنکھوں سے آنسو جاری ہو گئے اور حضرتؑ نے فرمایا: اے عقیلۂ بنی ہاشم! اتنی پریشان کیوں ہو؟ جیسے چاہتی ہو کرو۔یہ

سُن کر بنتِ مرتضیٰ علیہا السلام خوش ہو گئیں۔

اس کے بعد شہزادیؑ اپنے بھائی کے گھر چلی گئیں اور بھائی کے ساتھ سفر پر روانہ ہو گئیں۔ حضرت امام حسین علیہ السلام باقی تمام مستورات سے زیادہ شہزادیؑ کا احترام کرتے تھے۔

راوی کہتا ہے: میں نے چالیس محملوں کو دیکھا جو قیمتی پردوں کے ساتھ مزین تھے۔ حضرت امام حسین علیہ السلام نے بنی ہاشم سے فرمایا: اپنے اپنے اہلِ خانہ کو سوار کریں۔ اس دوران بڑی حشمت و جلالت کے ساتھ پردہ دار خواتین کے سوار ہونے کا انتظام کیا گیا تھا۔ مَیں نے اچانک ایک جوان کو حسین ابن علی علیہ السلام کے گھر سے جلدی سے نکلتے ہوئے دیکھا، جو چاند کی طرح چمکتا ہوا چہرہ رکھتا تھا اور ان کے چہرے پر سیاہ تل تھا، وہ بنی ہاشم کے افراد سے کہہ رہا تھا: مجھے رستہ دو۔

اس کے بعد مَیں نے دو پاک دامن مستورات کو دیکھا، جنہوں نے سر سے لے کر پاؤں تک چادر کے ساتھ پردہ کیا ہوا تھا اور کنیزوں نے اطراف سے ان دونوں مستورات کو گھیرا ہوا تھا۔ اس جوان نے محمل حاضر کیا اور ایک ایک خاتون کو زانو سے پکڑ کر سوار کیا۔ حضرت امام حسین علیہ السلام نے حضرت زینب سلام اللہ علیہا کو سوار کیا۔ جب یہ دونوں مستورات سوار ہو گئیں تو راوی کہتا ہے: مَیں نے کسی سے سوال کیا کہ یہ دونوں مستورات کون تھیں؟

اس نے کہا: امیر المومنین علیہ السلام کی دو بیٹیاں حضرت زینب سلام اللہ علیہا اور حضرت اُمِّ کلثوم سلام اللہ علیہا تھیں اور وہ جوان جو سوار کروا رہا تھا، وہ قمر بنی ہاشم عباس ابن امیر المومنین علیہ السلام تھا۔

اس عزت و احترام کے ساتھ شہزادیؑ اپنے بھائی کے ساتھ سفر کر رہی تھیں۔ جب یہ قافلہ منزلِ خذیمہ پر پہنچا تو ایک دن اور رات وہاں پر قیام کیا۔ صبح ہوئی تو وہاں پر حضرت زینب سلام اللہ علیہا اپنے بھائی کی خدمت میں حاضر ہوئیں اور عرض کیا: بھائی جان! میں آپؑ کو بتاؤں کہ رات کو مَیں نے کسی کو کچھ کہتے ہوئے سُنا ہے۔

امام علیہ السلام نے فرمایا: کیا سنا ہے؟ شہزادیؑ نے عرض کیا: مَیں نے رات کو ایک ہاتف کو کہتے ہوئے سنا ہے جو کہہ رہا تھا:

ألا يا عين فاحتفلي بجهد
ومن يبكي على الشهداء بعدي
على قوم تسوقهم المنايا
بمقدار إلى إنجاز وعد۔[1]

''آگاہ ہو جاؤ! اے آنکھ بہت زیادہ گریہ کرو اور کون گریہ کرے گا، اس قوم کے شہداء پر جو خود موت کی طرف اور آہستہ آہستہ اپنے وعدہ گاہ کی طرف جارہی ہے''۔

ان اشعار میں اُن مصائب و آلام کی طرف اشارہ ہے جو اس قافلہ پر نازل ہونے والے تھے۔ اس کے جواب میں حضرت امام حسین علیہ السلام نے فرمایا: اے بہن! جو لکھا جاچکا ہے، وہ ہو کر رہے گا۔

بہرحال! حضرت زینب سلام اللہ علیہا اپنے بھائی کے ساتھ سفر میں مشغول تھیں۔ جب آپؑ نے مکہ سے چند میل دور منزلِ تنعیم پر قیام کیا تو حضرت عبداللہ بن جعفر علیہ السلام نے اپنے دو بیٹوں عون علیہ السلام و محمد علیہ السلام کو ایک خط دے کر بھیجا جو اس منزل پر آ کر قافلہ کے ساتھ مل گئے اور جو خط حضرت امام حسین علیہ السلام کے نام تھا، وہ آپؑ کے حوالے کیا۔

خط کی تحریر یہ تھی:

اَمَّا بَعْدُ فَإِنِّیْ اَسْأَلُكَ بِاللهِ لَمَّا انْصَرَفْتَ حِينَ تَنْظُرُ فِیْ كِتَابِیْ هَذَا فَإِنِّیْ مُشْفِقٌ عَلَيْكَ مِنْ هَذَا التَّوَجُّهِ الَّذِیْ تَوَجَّهْتَ لَهُ اَنْ يَكُوْنَ فِيْهِ هَلَاكُكَ وَ اِسْتِئْصَالُ اَهْلِ بَيْتِكَ إِنْ هَلَكْتَ الْيَوْمَ طَفِئَ نُورُ الْأَرْضِ فَإِنَّكَ عَلَمُ الْمُهْتَدِينَ وَ رَجَاءُ الْمُؤْمِنِينَ وَ لَا تَعْجَلْ بِالسَّيْرِ فَإِنِّیْ فِیْ اَثَرِ كِتَابِیْ۔[2]

---

[1] ۔ بحار الانوار، ج44 ص372؛ مناقب آل ابی طالبؑ، ج4 ص95

[2] ۔ بحار الانوار، ج44 ص365؛ کتاب: الارشاد: الشیخ المفیدؒ، ج2 ص69

''امابعد! مَیں آپؑ کو واسطہ دیتا ہوں ذاتِ پروردگار کا، جب آپؑ کو میرا خط ملے تو اس سفر پر جانے سے رُک جانا اور جان لیں! یہ بات میں اس لئے کہہ رہا ہوں کہ میں آپؑ کے لئے شفیق ومہربان ہوں اور مجھے ڈر ہے کہ کہیں اس سفر میں آپؑ اور آپؑ کے اہل بیت علیہم السلام ہلاک نہ ہو جائیں۔ اگر آج آپؑ اس دنیا پر نہ رہے تو زمین پر اللہ کا نور بجھ جائے گا۔ آپؑ ہدایت پانے والوں کے سردار اور مؤمنین کی اُمید ہیں۔ آپؑ اس سفر میں جلدی نہ کریں۔ اس خط کے پیچھے پیچھے میں آپؑ کے پاس آنے والا ہوں''۔

حضرت عبداللہ بن جعفر علیہ السلام اس خط کے بھیجنے کے بعد خود مکّہ کے گورنر عمرو بن سعید کے پاس آئے اور اس سے کہا: حضرت امام حسین علیہ السلام کے پاس امان کا خط بھیجو اور انہیں مکہ بلاؤ۔ عمرو بن سعید نے خط لکھا اور اپنے بھائی یحیٰی کے ہاتھ روانہ کر دیا۔

حضرت عبداللہ بن جعفر علیہ السلام بھی یحیٰی کے ہمراہ حضرت امام حسین علیہ السلام کی خدمت میں پہنچے۔ دونوں نے عمرو بن سعید کا خط دیا اور مکّہ جانے پر اصرار کیا۔ ان کے جواب میں حضرتؑ نے فرمایا: رسولِ خدا صلی اللہ علیہ وآلہ وسلم مجھے خواب میں ملے ہیں۔ آپؐ نے مجھے ایک کام کا حکم دیا ہے، میں رسولِ خدا صلی اللہ علیہ وآلہ وسلم کی نافرمانی نہیں کر سکتا۔

انہوں نے عرض کیا: کون سا حکم دیا؟

حضرتؑ نے فرمایا: جب تک زندہ ہوں کسی کو نہ بتاؤں گا۔ یہاں تک کہ خدا سے ملاقات کروں۔

حضرت عبداللہ علیہ السلام نے سنا اور سمجھ گئے کہ آپؑ واپس نہ آئیں گے تو اپنے دونوں بیٹوں کو بلا کر فرمایا: میں تمہیں وصیّت کرتا ہوں کہ حضرتؑ کے ساتھ جاؤ اور ہمیشہ آپؑ کے ساتھ رہنا اور آپؑ پر جان قربان کرنے سے دریغ نہ کرنا۔ اس کے بعد آپ علیہ السلام یحیٰی بن سعید کے ہمراہ مکّہ واپس آگئے۔

یہ بات واضح ہو جانی چاہیے کہ حضرت عبداللہ بن جعفر علیہ السلام جیسی عظیم ہستی کے بارے میں یہ نہیں کہا جا سکتا کہ آپؑ حضرت امام حسین علیہ السلام کی اجازت کے بغیر حضرتؑ کے ساتھ نہ گئے ہوں اور امامؑ کی مدد کرنے سے پیچھے رہے ہوں۔ ممکن ہے خود حضرت امام حسین علیہ السلام نے مکّہ اور مدینہ میں بنی ہاشم کی حفاظت کے لئے ان کو پیچھے رہنے اور ساتھ نہ جانے کا حکم دیا ہو کیونکہ یزید ملعون اس قدر شقی تھا کہ وہ نہیں چاہتا تھا کہ زمین پر ایک بھی بنی ہاشم موجود ہو۔

حضرت عبداللہ بن جعفر علیہ السلام اپنے فضائل وکمالات اور سخاوت کی بناء پر تمام لوگوں کے ہاں محترم تھے اور آپؑ کی بات مانی جاتی تھی۔ امام علیہ السلام نے بنی ہاشم کی حفاظت کی خاطر انہیں رُکنے کا حکم دیا تھا۔ جیسا کہ رسولِ خدا صلی اللہ علیہ وآلہ وسلم نے غزوۂ تبوک کے موقع پر حضرت علی علیہ السلام کو مدینہ میں اپنی جگہ پر رہنے کا حکم دیا۔ رسولِ اکرم صلی اللہ علیہ وآلہ وسلم کی نظر میں اس کی وجہ یہ تھی کہ اہل مدینہ کو منافقین کے شر سے حضرت علی علیہ السلام کے ذریعہ محفوظ رکھا جاسکے۔

یہی وجہ حضرت عبداللہ بن جعفر علیہ السلام کے نہ جانے میں بھی پائی جاتی ہے۔ یہ کیسے ہو سکتا ہے کہ ایک شخص اپنے عزیز ترین دو بیٹے تو قربان کرنے کے لئے حاضر کر دے اور خود اس قربانی کے لئے حاضر نہ ہو۔ اس بات کی تائید یہ چیز بھی کرتی ہے کہ واقعۂ کربلا کے بعد جب حضرت عبداللہ علیہ السلام کو ان کے بیٹوں کی شہادت کی مدینہ میں اطلاع دی گئی تو آپؑ نے فرمایا:

اِنَّا لِلّٰہِ وَاِنَّا اِلَیۡہِ رَاجِعُوۡنَ۔

حضرت عبداللہ علیہ السلام کا ایک غلام تھا، جس کی کنیت ابوالسلاسل تھی۔ جب اس نے اپنے آقا کے دو شہزادوں کے قتل ہونے کی خبر سنی تو اس نے کہا: یہ سب کچھ حسین بن علی علیہ السلام کی وجہ سے ہوا ہے۔

جب حضرت عبداللہ علیہ السلام نے یہ سنا تو غصہ میں آگئے اور ابوالسلاسل کو جوتے کے ساتھ مارا اور فرمایا: اے بد بخت! تو حسین علیہ السلام کے بارے میں یہ کہتا ہے؟ اگر میں آپؑ کے ساتھ

ہوتا تو کبھی آپؑ سے جدا نہ ہوتا۔ یہاں تک کہ آپؑ کے ساتھ قتل ہو جاتا۔ خدا کی قسم! حسین علیہ السلام وہ ذات ہے جن کے لئے اپنے دو بچوں کے علاوہ میں خود کو بھی آپؑ پر قربان کر دیتا۔ مجھے خوشی اس بات پر ہے کہ میرے دو فرزند، میرے بھائی اور میرے چچازاد بھائی آپؑ پر قربان ہوئے اور آپؑ کے ساتھ ہمدردی اور استقامت سے پیش آئے ہیں۔

ان تمام باتوں سے معلوم ہوتا ہے کہ حضرت عبداللہ علیہ السلام خود بھی شہادت کے خواہش مند تھے۔ آپؑ کے حالاتِ زندگی کا اگر مطالعہ کریں تو بھی یہی وجہ نظر آتی ہے۔

حضرت زینب سلام اللہ علیہا یہ جانتے ہوئے کہ اس سفر میں اتنے مصائب و آلام برداشت کرنا ہوں گے، بڑی خوشی سے اپنے بھائی کے ساتھ عازمِ سفر رہیں اور امن و امان کی زندگی چھوڑ کر بھائی کا ساتھ دیتی رہیں۔

جب عبداللہ ابن عباس رضی اللہ عنہ نے حضرت امام حسین علیہ السلام سے یہ درخواست کی کہ آپؑ کوفہ کی طرف نہ جائیں اور امامؑ نے یہ درخواست رد کر دی تو ابن عباس رضی اللہ عنہ نے عرض کیا: جب آپؑ قتل ہونے کے لئے جا رہے ہیں تو ان خواتین اور بچوں کو ساتھ کیوں لے کر جا رہے ہیں؟

جب حضرت زینب سلام اللہ علیہا نے یہ سنا تو جلال میں آ کر فرمایا: اے ابن عباس رضی اللہ عنہ! تم کہتے ہو کہ ہمارے آقا و سردار اکیلے چلے جائیں اور ہمیں یہاں پر چھوڑ جائیں۔ خدا کی قسم! ہم آپؑ کے ساتھ زندہ ہیں اور انہیں کے ساتھ مریں گے۔

حضرت زینب سلام اللہ علیہا اسی طرح اپنے بھائی کے ساتھ رہیں یہاں تک کہ کربلا آ گیا۔ کربلا کے راستہ میں اکثر مقامات پر حضرت زینب سلام اللہ علیہا کے متعلق بہت سے واقعات ملتے ہیں جو کتب تواریخ میں ذکر ہیں۔ شہزادیؑ نے کربلا میں اپنے بھائی کی صحبت میں اتنے مصائب برداشت کئے کہ اگر ان کا دسواں حصہ بھی پہاڑوں پر پڑتا تو وہ پانی کی طرح بہہ جاتے۔ یہ تمام مصائب مقتل کی کتابوں میں تفصیل کے ساتھ موجود ہیں۔ ان مصائب میں ایک یہ ہے کہ آپؑ کے دو بچے میدانِ کربلا میں شہید ہوئے۔

شہزادیؑ اپنے بیٹوں کو اپنے ہاتھوں سے جنگ کا لباس پہنا کر میدانِ کربلا کی طرف روانہ کرنے کے لئے اپنے بھائی کے پاس لے آئیں۔ امام علیہ السلام نے انہیں کافروں سے جنگ کرنے کی اجازت دے دی۔

پہلے حضرت محمد بن عبداللہ علیہ السلام جنگ کرنے کے لئے میدانِ کربلا کی طرف گئے اور جاتے ہوئے یہ رجز پڑھ رہے تھے:

نشكو إلى الله من العدوان

قتال قوم في الرّدى عميان

قد تركوا معالم القرآن

و محكم التنزيل و التبيان

و أظهروا الكفر مع الطغيان۔[1]

''مَیں خدا سے دشمنوں کی شکایت کرتا ہوں، یہ ایسی قوم ہے جو اندھی ہو کر جنگ کر رہی ہے۔ جس نے قرآن کی تعلیمات کو چھوڑ دیا ہے، جس قوم نے قرآن کے واضح اور روشن احکام کو ترک کر دیا ہے۔ وہ قوم جس نے کفر اور سرکشی کو ظاہر کیا ہے''۔

یہ رجز پڑھتے ہوئے میدانِ جنگ میں جا پہنچے اور دشمنوں کے ساتھ جنگ کرنے لگے۔ آپؑ نے دشمن کے دس افراد کو تلوار اور تیروں کے ساتھ واصل جہنم کیا۔ اسی اثناء میں ملعون عامر بن نہشل تمیمی نے حملہ کر کے شہزادےؑ کو شہید کر دیا۔

اس کے بعد حضرت عون بن عبداللہ علیہ السلام میدانِ جنگ کی طرف گئے اور جاتے ہوئے یہ رجز پڑھ رہے تھے:

إن تنكروني فأنا ابن جعفر

شهيد صدق في الجنان أزهر

---

[1]۔ عوالم العلوم، ج 17 ص 273؛ شرح الاخبار فی فضائل الآئمۃ الاطہارؑ: القاضی النعمان المغربی، ج 3 ص 203

يطير فيها بجناح أخضر
كفى بهذا شرفا فى المحشر۔[1]

''اگر تم نہیں جانتے ہو تو جان لو کہ میں اس جعفر علیہ السلام کا پوتا ہوں جو شہید صداقت ہے اور بہشتِ انور میں ہے۔ وہ جعفر علیہ السلام جو بہشت میں سبز پروں کے ساتھ پرواز کرتے ہیں اور ہمارے لئے میدانِ محشر میں یہی شرف کافی ہے''۔

شہزادہ حضرت عون علیہ السلام یہ رجز پڑھتے ہوئے میدان میں حملہ آور ہوئے اور قومِ اشقیاء کے تین سواروں اور آٹھ پیدل افراد کو واصل جہنم کیا۔ ایک روایت کے مطابق ملعون عبداللہ بن بطہ الطائی کے ہاتھوں اور دوسری روایت کے مطابق عبداللہ بن قطنۃ النبہانی ملعون کے ہاتھوں آپؑ درجۂ شہادت پر فائز ہوئے۔

حضرت زینب سلام اللہ علیہا کا یہ کمال ہے کہ آپؑ نے کبھی بھی روتے وقت اپنے دو بیٹوں کے نام لے کر مرثیے نہیں پڑھے۔ آپؑ نے اپنے بھائی کی محبت میں جو مصائب کربلا اور کوفہ تک برداشت کئے وہ کم نہیں ہیں۔ اسی کوفہ میں ایک وقت شہزادیؑ کی وہ عزت تھی کہ کوفہ کی اشراف زادیاں آپؑ کی خدمت میں آنے کو فخر جانتی تھیں لیکن اب یہ شزادیؑ کس ذلت و رسوائی کے ساتھ کوفہ میں داخل ہو رہی ہے۔ کسی شریف کے لئے یہ بڑا سخت وقت ہوتا ہے کہ اتنی عزت کے بعد اتنی ذلت ملے۔

روایات اور تاریخ سے معلوم ہوتا ہے کہ کربلا سے کوفہ کی طرف اہل بیتِ اطہار علیہم السلام اس حال میں روانہ ہوئے کہ عاشور کے دن خیال لوٹ لئے گئے۔ عمر ابن سعد ملعون نے اپنے مقتولوں کو دفن کرنے کا حکم دیا۔ اس کے بعد عاشور کی عصر یا دوسرے دن یعنی گیارہ محرم کو اہل بیت علیہم السلام کے لئے کوفہ روانہ ہونے کا حکم دیا۔ شہدائے کربلا کے سروں کو جنگ میں شریک افراد کے قبیلہ کے سرداروں میں تقسیم کیا۔ سروں کو اس طرح تقسیم کرنے کا مقصد

---

[1]۔ بحار الانوار، ج 45 ص 34؛ الارشاد، ج 2 ص 111

یہ تھا کہ راستہ میں اگر کوئی مقابلہ کے لئے یا انتقام لینے کے لئے آئے تو ان سے کہہ دیا جائے کہ یہ تمام قبائل عرب اس جنگ میں اور خون بہانے میں برابر کے شریک ہیں۔اس لئے اگر تم ان سے مقابلہ کرو گے تو یہ سب تمہارے مقابلہ میں آجائیں گے لہٰذا ایسا کوئی کام نہ کرنا۔

حضرت سید الشہداء علیہ السلام کا سر مبارک خولی ملعون کے سپرد کیا۔اس کی وجہ محققین یہ بیان کرتے ہیں کہ ملعون ابن سعد اور خولی کے درمیان کوئی جھگڑا تھا اور عمرو ابن سعد نے خولی کو امام علیہ السلام کا سر دے کر اس جھگڑے کو ختم کر کے صلح میں تبدیل کیا تھا۔

آخر کار اہل بیت اطہار علیہم السلام کے قیدیوں کا قافلہ کربلا سے روانہ ہوا اور شام کے وقت کوفہ کے دروازہ پر پہنچ گیا۔کوفہ شہر کے باہر اطراف میں ایک محلّہ تھا۔اس محلّہ کے ایک گھر میں ایک عورت رہتی تھی، جس کا نام مستورہ تھا۔وہ واقعۂ کربلا سے آگاہ نہ تھی۔اس بے خبری کے عالم میں وہ اپنے گھر کے اندر مصلیٰ عبادت بچھا کر اپنے خدا کے ساتھ راز و نیاز میں مشغول تھی۔

اچانک اُس کے کانوں میں شدید شور و غل کی آواز سنائی دی۔یہ پاک دامن عورت باپردہ ہو کر اپنے گھر کی چھت پر آ کر دیکھنے لگی۔کیا دیکھتی ہے کہ سپاہیوں کی فوج ہے۔ان کے ساتھ نیزوں پر کچھ نورانی سر ہیں اور کچھ قیدی عورتیں ہیں جنہوں نے اپنے سر شرم کی وجہ سے نیچے جھکائے ہوئے ہیں۔

ان تمام مستورات کے آگے آگے ایک بلند قد و قامت والی مستور ہے، جس کی گود میں ایک بچہ ہے جو پریشان حال ہے۔یہ مستور اس بچے کے بارے میں بہت پریشان ہے اور وہ بچہ پانی مانگ رہا ہے مگر اس مستور کے پاس دینے کے لئے پانی نہیں ہے۔جس کی وجہ سے شرم کے مارے اس کا چہرہ زرد پڑا ہوا ہے۔

کوفہ کی اس خاتون نے جب اس صورتِ حال کا مشاہدہ کیا تو غم زدہ ہوگئی اور بے چین ہو کر جلدی سے اُس قیدی مستور سے سوال کیا: اے بی بی! آپ کس خاندان کی قیدی ہو؟

اس قیدی مستور نے اپنا سر اُوپر اٹھایا اور فرمایا:

''ہم خاندانِ آلِ محمد علیہم السلام کے قیدی ہیں اور اولادِ رسول صلی اللہ علیہ وآلہ وسلم ہیں''۔

اس عورت نے جب یہ سنا تو اپنے منہ پر طمانچہ مارا اور عرض کیا:

''اے جھکی ہوئی کمر والی بی بی! آپ کا نام کیا ہے؟ آپ کی شکل وصورت تو شاہِ ولایت کی بیٹی سے ملتی ہے اور یہ سب سے آگے کس کا سر ہے؟''

علی علیہ السلام کی بیٹی نے سر بلند کیا اور اس عورت سے فرمایا:

''تُو ہم سے کیا پوچھتی ہے؟ سن میں زینب سلام اللہ علیہا ہوں اور یہ سر شاہِ شہیدان میرے بھائی امام حسین علیہ السلام کا ہے''۔

اس عورت نے جب یہ سنا تو جلدی سے اپنے گھر میں آئی اور چند چادریں اور لباس لے کر قیدی مستورات کو دیئے۔ اسیرانِ آلِ محمد علیہم السلام اسی حالت میں اگلے دن تک کوفہ شہر کے باہر رہے۔ پھر کوفہ میں داخل ہوئے۔ اہل کوفہ تماشا دیکھنے کے لئے آئے ہوئے تھے۔ اس حالت میں اُمّ حبیبہ قیدیوں کی ملاقات کے لئے آئی۔ اس کی تفصیل مقتل کی کتابوں میں موجود ہے۔

جب اہلِ کوفہ نے اس ذلت وخواری کو دیکھا جو اہل بیتِ اطہار علیہم السلام کے ساتھ روا رکھی گئی تو انہوں نے رحم کھا کر قیدیوں کو روٹی اور کھجوریں دیں۔ بچوں نے وہ کھجوریں کھانا شروع کر دیں۔ اُمّ کلثوم سلام اللہ علیہا نے دیکھا تو بچوں کے منہ سے نکال نکال کر پھینکنے لگیں اور فرما رہی تھیں: یہ صدقہ ہے اور صدقہ آلِ محمد علیہم السلام پر حرام ہے۔

یہ بھی احتمال پایا جاتا ہے کہ یہ اُمّ کلثوم سلام اللہ علیہا حضرت عقیلہؑ بنی ہاشمؑ ہی ہوں کیونکہ یہی شہزادیؑ سب سے زیادہ امام حسین علیہ السلام کے بچوں کا خیال رکھتی تھیں۔ اس لئے شہزادیؑ نے پسند نہ کیا کہ بچے صدقہ کھائیں کیونکہ بچے اس حالِ اضطرار میں نہ پہنچے تھے کہ حرام صدقہ کھاتے جبکہ تمام مخلوق ان کا صدقہ کھاتی ہے۔

شہزادیؑ اس حالت میں بھی امر بالمعروف اور نہی عن المنکر میں مشغول تھیں اور فرماتی تھیں: اے کوفہ والو! اپنی آنکھیں بند کرلو اس کے بعد شہزادیؑ نے خطبۂ غراء دیا۔ خطبہ

سن کر تمام اہلِ کوفہ پریشان ہو گئے۔ اس وقت ابن زیاد نے قیدیوں کو دربار میں حاضر ہونے کی اجازت دی اور ملعون ابن زیاد کا دربار لوگوں سے کھچا کھچ بھر گیا۔

اس نے کہا: شہداء کے سر اور قیدی مستورات کو دربار میں حاضر کیا جائے۔ جب قیدیوں کو دربار میں حاضر کیا گیا تو عقیلۂ بنی ہاشمؑ دربار میں ایک گوشہ میں آ کر بیٹھ گئیں۔ کنیزوں نے آپؑ کو ہر طرف سے گھیرا ہوا تھا اور آپؑ کو چھپایا ہوا تھا۔

ابن زیاد کو یہ چیز پسند نہ آئی۔ اس نے پوچھا: یہ گوشہ میں بیٹھی ہوئی مستور کون ہے؟

کسی نے اس کا جواب نہ دیا۔ تین بار تکرار کے بعد دربار کے ایک خادم نے کہا: یہ ''زینب بنتِ علی ابن ابی طالب علیہ السلام'' ہے۔

ابن زیاد ملعون نے ملکۂ عصمت وطہارت کی طرف منہ کر کے کہا: اس خدا کی حمد جس نے تمہیں ذلیل کیا اور تمہارے جھوٹ کو ظاہر کیا۔

حضرت زینب سلام اللہ علیہا نے فرمایا:

> ''تمام تعریفیں اس خدا کی جس نے ہمیں اپنے نبی حضرت محمد صلی اللہ علیہ وآلہٖ وسلم کے ذریعہ عزت دی اور ہمیں نجاستوں سے دور کیا۔ صرف فاسق رسوا ہوگا اور فاجر جھوٹ بولتا ہے اور وہ ہمارے علاوہ ہے''۔

ابن زیاد لعین نے کوئی حیا نہ کیا اور بُرا بھلا کہنے لگا۔ اس نے کہا: تو نے کیسا دیکھا خدا نے تیرے بھائی کے ساتھ کیا کیا؟

مظلومہؑ نے فرمایا:

> ''میں نے سوائے اچھائی کے کچھ نہیں دیکھا۔ یہ ایک گروہ تھا، جن کے لئے خدا نے شہید ہونا لکھا تھا۔ پس! وہ اپنی قتل گاہ کی طرف شوق سے آگے بڑھے۔ بہت جلد خدا تجھے اور ان کو ایک جگہ جمع کرے گا اور تمہارے درمیان فیصلہ کرے گا۔
>
> اے ابن زیاد! بے شک تیرے سامنے ایک عدالت ہے، اپنے

کاموں کے لئے جواب تلاش کرلو اور تُو اس وقت کیا جواب دے گا۔

جب اللہ کے حضور حاضر ہوگا۔

اے ابن مرجانہ! تیری ماں تیرے ماتم میں بیٹھے، اس دن کو یاد کرو،

جس دن کوئی جواب نہ لے گا''۔

جب مظلومہؑ کی گفتگو ختم ہوئی تو ابن زیاد غصہ میں آگیا اور اس نے مظلومہؑ کے قتل کا حکم دیا۔ عمرو بن حریث دربار میں موجود تھا، جب اس نے ابن زیاد کے ارادہ کو جانا تو اس نے کہا: یہ تو عورت ہے اور عورت کی بات پر کوئی سزا نہیں دیتا۔

ابن زیاد ملعون نے دوبارہ گفتگو شروع کی اور مظلومہ سے کہنے لگا: خدا نے نافرمان حسین علیہ السلام اور انؑ کے سرکش ساتھیوں کو قتل کرنے کے ساتھ میرے دل کو شفاء دی ہے۔

جب شہزادیؑ نے اس کی گفتگو کو سنا تو گریہ کیا اور فرمایا: اگر تیری شفاء اسی میں ہے تو تُو نے شفاء پالی۔

ابن زیاد بولا: یہ خاتون ایک ایسی خاتون ہے جو اپنا کلام اور گفتگو بڑی مناسب کرتی ہے۔

ابن زیاد کے دربار میں جو کچھ ہوا اس کی تفصیل کتب مقاتل میں موجود ہے۔ ہم یہاں پر اس سلسلہ کو ختم کرتے ہیں۔ اگر کوئی شخص شہزادیؑ کی گفتگو کے بارے میں غور وخوض کرے تو یہ جان لے گا کہ ہم شہزادیؑ کے کمالات اور مراتب عالیہ کو سمجھنے سے قاصر ہیں۔

اس کے بعد ابن زیاد ملعون نے حکم دیا اور قیدیوں کو کوفہ کی جامع مسجد کے پاس ایک خرابہ میں قید کر دیا۔ ابن زیاد یزید کے خط کا انتظار کرنے لگا کہ اس کی طرف سے کیا حکم آتا ہے۔

یہ خرابہ کسی قید خانے سے کم نہ تھا۔ اگرچہ قید خانہ نہ تھا مگر جامع مسجد کے قریب اس خرابہ میں رکھنے کے کچھ مقاصد تھے۔

(۱) ایک مقصد یہ تھا کہ کوئی ان سے ملاقات کرنے کے لئے نہ آئے۔ اس لئے کہ اگر کسی

اور جگہ پر ہوتے تو ان کے ماننے والے ان سے ملاقات کے لئے آسکتے تھے۔لیکن جامع مسجد ایسی جگہ تھی جہاں پر ہر کوئی آتا جاتا رہتا تھا۔اس لئے یہاں پر کسی کی یہ جرأت نہ تھی کہ ان سے کوئی ملاقات کے لئے آتا۔

(۲) مسجد کوفہ کے قریب خرابہ میں رکھنے کی دوسری وجہ یہ تھی کہ ابن زیاد خود نمازِ جماعت کی امامت کے لئے جا کر اہل بیت علیہم السلام کو تکلیف دینا چاہتا تھا کیونکہ دراصل یہ حق اہل بیت علیہم السلام کا تھا اور اب یہ ملعون اس جگہ پر آ گیا۔اس کی یہ حرکت آلِ محمد علیہم السلام کی توہین اور صدمہ کا باعث تھی۔

پس! اہل بیت علیہم السلام کے قیدی اس خرابہ میں تھے۔ان کی ملاقات کے لئے کوئی بھی نہ آتا تھا، سوائے کنیزوں کے۔کیونکہ وہ بھی قید کی تکلیف جانتی تھیں۔اسی لئے حضرت زینب سلام اللہ علیہا فرماتی ہیں: قید کے دوران ہماری ملاقات کے لئے کوئی عرب عورت نہ آتی تھی صرف کنیزیں آتی تھیں کیونکہ وہ بھی اس تکلیف سے گزر چکی تھیں۔

خلاصۂ مطلب:

اس پاک خاندان کی پاک مستورات گیارہ یا بارہ محرم سے کوفہ میں تھیں۔ابن زیاد ملعون نے ایک قاصد شام کی طرف روانہ کیا، جس نے یزید ملعون کو اس واقعہ کی اطلاع دی۔اس ملعون نے اپنے خاص آدمیوں کے ساتھ مشورہ کیا۔ان سب نے مشورہ دیا کہ شہداء کے سروں کے ساتھ قیدیوں کو بھی شام میں لایا جائے۔

یزید ملعون نے ابن زیاد کو جواب میں خط لکھا: شہداء کے سر اور قیدیوں کو ان کے مال ومتاع کے ساتھ کچھ سرداروں اور لشکر کے بڑوں کی نگرانی میں شام کی طرف بھیج دو اور ساتھ ہی ایک لشکر بھی روانہ کرو تا کہ راستہ میں ہر قسم کی مزاحمت کو روکا جا سکے۔

اس کے بعد ابن زیاد قیدیوں کو شام کی طرف روانہ کرنے کے لئے تین دن تک انتظامات کرواتا رہا۔اس نے سوار اور پیدل لشکر کے دستے تیار کئے اور خرابہ کو چاروں طرف سے گھیرنے کے لئے روانہ کر دیئے۔خرابہ میں قید بچوں نے جب یہ صورتِ حال دیکھی تو

خوف کے مارے اپنے بڑوں سے چمٹ گئے۔

اس کے بعد قیدیوں کے قافلہ کو یزید ملعون کی طرف روانہ کر دیا گیا۔ درمیان میں جو منزلیں آئیں جیسا کہ دیر راہب کا واقعہ اور دیگر واقعات پیش آئے جن کا ذکر مقتل کی کتابوں میں موجود ہے، ملاحظہ فرمائیں۔

یہ بد بخت لوگ جب شام کے شہر دمشق سے چار فرسخ کے فاصلہ پر پہنچے تو وہاں پر اہل بیت علیہم السلام کو روک دیا گیا۔ وہاں پر یزید کو اطلاع دی گئی اور دمشق میں داخل ہونے کے لئے اجازت طلب کی۔ یزید ملعون نے ایک خاص پروگرام کے تحت قیدیوں کے دمشق میں داخل ہونے کا ایک دن معین کیا۔

اس دن شام کے لوگ بن سنور کر، آلاتِ لہو ولعب ساتھ لے کر، ناچتے کودتے ہوئے قیدیوں کا تماشا دیکھنے کے لئے بازارِ شام میں جمع ہو گئے۔ اس حال میں قیدیوں کو سروں کے ساتھ بازار میں لایا گیا۔ لوگوں نے بچوں کو کھانے پینے کی چیزیں دینا شروع کر دیں۔ سیدہ زینب سلام اللہ علیہا بچوں کو کھانے سے منع کرتی ہیں۔ سیدہ زینب سلام اللہ علیہا نے بد بخت شامیوں سے مخاطب ہو کر فرمایا:

''اے ظالم قوم! تمہارے لئے ہلاکت ہو۔ کیا تم عظیم پروردگار سے شرم نہیں کرتے اور اُس سے ڈرتے نہیں ہو۔

اس کے بعد شمر ملعون سے فرمایا: میں تجھ سے کچھ کہنا چاہتی ہوں۔

اس نے کہا: کیا کہنا چاہتی ہو؟

شہزادیؑ نے فرمایا: اے شمر! ہمیں شہر میں اس دروازہ اور راستہ سے لے جا جہاں پر آمد ورفت کم ہو اور دیکھنے والے تھوڑے ہوں۔ اپنے سپاہیوں سے کہو کہ وہ سروں کو قافلہ کے آگے آگے لے جائیں تاکہ لوگ ان سروں کی طرف دیکھیں اور ان کی نظریں ہم پر نہ پڑیں۔ لیکن بد بخت شمر ملعون نے اس کے برخلاف کیا اور سپاہیوں کو حکم دیا کہ

سروں کو قافلہ کے درمیان رکھیں اور وہاں سے لے کر جائیں جہاں پر تماشائی زیادہ ہوں۔لہٰذا سپاہیوں نے سروں کو نیزوں پر بلند کیا اور قافلہ کے درمیان رکھا اور اس حال میں دروازہٗ شام سے اندر لے کر گئے“۔

سہل سے روایت ہے وہ کہتا ہے: مَیں نے دیکھا کہ دروازہٗ خیزران سے لے کر چلے ہیں۔میں بھی ان کے پیچھے پیچھے چل پڑا۔اٹھارہ سر شہداء کے نظر آرہے تھے جو آگے آگے تھے۔سروں کے پیچھے قیدی تھے جو ننگی سواریوں پر بیٹھے ہوئے تھے۔حضرت امام حسین علیہ السلام کا سرِ مبارک خولی ملعون کے ہاتھ میں تھا جو یہ کہتا ہوا چل رہا تھا:

”مَیں لمبے نیزے والا ہوں، مَیں حقیقی دین والا ہوں، مَیں نے سید الوصیّین علیہ السلام کے بیٹے کو قتل کیا ہے اور اُس کا سر لے کر امیر المومنین یزید کے پاس آیا ہوں“۔

حضرت زینب سلام اللہ علیہا نے فرمایا:

كذبت يا لعين بن اللعين، ألا لعنة الله على القوم الظالمين. ويلك تفخر بقتل من ناغاه فى المهد جبرائيل و ميكائيل، و من اسمه مكتوب على سرادق عرش رب العالمين، و من ختم الله بجده المرسلين، و قمع بأبيه المشركين. فمن أين مثل جدى محمّد المصطفٰى، و أبى على المرتضىٰ، و أمى فاطمة الزهراء صلوات الله عليهم اجمعين؟![1]

”اے لعین ابن لعین تو جھوٹا ہے، خبردار! خدا کی لعنت ہو ظالم قوم پر، تیرے لئے ہلاکت ہے، تو یزید ملعون ابن ملعون کے لئے فخر کر رہا ہے کہ تُو نے اس کو قتل کیا ہے جس کا جبرئیل اور میکائیل جھولا جھلاتے

[1]۔ الدمعہ الساکبہ، ص 332؛ موسوعۃ کربلاء نویسندہ: لبیب بیضون، ج2 ص 441۔

تھے۔جس کا نام خدائے عالمین کے عرش کے کناروں پر لکھا ہوا ہے۔وہ جس کے والد گرامیؑ کے ذریعہ مشرکین کی جڑ کو کاٹا گیا۔کون ہے میرے نانا محمد مصطفیٰ صلی اللہ علیہ وآلہ وسلم کے مانند۔کون ہے میرے بابا علی مرتضیٰ علیہ السلام کے مانند۔کون ہے میری ماں فاطمۃ الزہرا سلام اللہ علیہا کے مانند۔اللہ کی رحمتیں اور برکتیں ہوں اُنؑ پر"۔

اس وقت خولی ملعون نے مخدرہؑ کی طرف دیکھ کر کہا: ایسی فصاحت و بلاغت سے بھرا کلام کسی خاتون سے نہیں سنا گیا۔اس کے بعد اہل بیت علیہم السلام کے قیدیوں کو دمشق کی جامع مسجد کے دروازہ کے سامنے لا کر کھڑا کر دیا گیا۔

شعبی کی روایت کے مطابق حضرت عباس علیہ السلام کے سر مبارک کو ایک لمبے نیزے پر سوار کر کے لایا گیا۔جس کو ثعلبہ بن مرہ کلبی نے اُٹھایا ہوا تھا اور وہ یہ شعر پڑھ رہا تھا:

أنا صاحب الرمح الطويل الذى به
أصول على الأعداء فى حومة الحرب
طعنتُ به آل النبيِّ محمدٍ
لأنَّ بقلبى منهُمُ أعظمَ الكرب

"میں وہ ہوں جس کے پاس وہ لمبا نیزہ ہے جس کے ذریعہ میں میدانِ جنگ میں دشمنوں پر حاوی تھا۔اس کے ذریعہ مَیں نے آلِ نبی محمد صلی اللہ علیہ وآلہ وسلم کو مارا ہے کیوں کہ میرے دل نے اُنؑ کی طرف سے بڑے دُکھ اٹھائے ہیں"۔

حضرت اُمِّ کلثوم سلام اللہ علیہا نے اس ملعون سے فرمایا: کیا تو آلِ محمد صلی اللہ علیہ وآلہ وسلم کو قتل کر کے فخر کر رہا ہے؟ تجھ پر خدا کی لعنت ہو۔اس ملعون نے شہزادیؑ پر حملہ کرنا چاہا لیکن لوگوں نے روک لیا۔آخرکار وہ قافلہ جو آلِ اللہ کہلاتا تھا۔صبح کے وقت شام کے شہر دمشق میں داخل کیا گیا۔لوگوں کے ہجوم میں کوچہ و بازاروں سے پھراتے ہوئے، یہودیوں کے محلّہ سے

گزارتے ہوئے، سورج غروب ہونے کے وقت یزید کے محل کے پاس پہنچا۔ اس وقت قیدیوں کو دربار میں لانا ممکن نہ تھا۔ اس لئے انہیں ایک خرابہ میں ٹھہرایا گیا، جس میں نہ تو سردی سے محفوظ تھے اور نہ ہی گرمی سے جس کی وجہ سے قیدیوں کے چہرے جھلس گئے تھے اور ان کا رنگ تبدیل ہو گیا تھا اور چہروں کا گوشت گر گیا تھا۔

قیدیوں کے شام میں داخل ہونے کے واقعات اور یزید کے دربار کے واقعات کتابوں میں تفصیل کے ساتھ ذکر ہیں۔ ان کی طرف رجوع فرمائیں۔

مصنفین کتب کہتے ہیں: جب قیدیوں کا قافلہ شام میں داخل ہوا تو یزید ملعون اُس وقت شام کے قریب ایک مقام ''جیرون'' میں عیش و عشرت میں مشغول تھا۔ جب اس نے وہاں پر قریب سے گزرتے ہوئے قیدیوں کے قافلہ میں نیزوں پر سروں کو دیکھا تو یہ شعر پڑھا:

لما بدت تلك الحمول وأشرقت
تلك الشموس على ربى جيرون
نعب الغراب فقلت صح أو لا تصح
فلقد قضيت من النبي ديوني۔[1]

''جب سر ظاہر ہوئے اور جیرون کی سرزمین پر یہ سورج چمکے تو اس وقت کوّا بولنے لگا۔ مَیں نے کہا: تو چیخ یا نہ چیخ میں نے نبی محمد صلی اللہ علیہ وآلہ وسلم سے اپنا قرض لے لیا''۔

یزید ملعون نے اہل بیت علیہم السلام کو اپنے دربار میں بلایا۔ یہ بات بھی معلوم ہونی چاہیے کہ یزید نے اہل بیت علیہم السلام کو کئی بار اپنے دربار میں بلایا تھا۔

پہلی مرتبہ اُس وقت جب دربار میں بنی اُمیہ کے بڑے بڑے لوگ اور یہود و نصاریٰ بیٹھے تھے، اہل بیت علیہم السلام کے قیدیوں کو رسّیوں میں باندھ کر لایا گیا۔ حضرت امام سجاد

[1]۔ اعیان الشیعہ مقتل الحسین مُقرم ص 448

علیہ السلام فرماتے ہیں:

لما وفدنا على يزيد، أتونا بحبل و ربقونا مثل الأغنام. و كان الحبل بعنقي و عنق أم كلثوم، و بكتف زينب و سكينة و البنات (عليها السلام). و ساقونا؛ و كلما قصّرنا عن المشى ضربونا، حتى أوقفونا بين يدي يزيد، و هو على سرير مملكته۔[1]

''جب ہمیں یزید کی طرف لایا گیا تو ایک رسی منگوائی گئی ہمیں بھیڑ بکریوں کی طرح ایک دوسرے کے ساتھ باندھ دیا گیا۔میری گردن میں رسی تھی، اُمِ کلثوم سلام اللہ علیہا کی گردن میں رسی تھی، میری پھوپھی زینب سلام اللہ علیہا اور بہن سکینہ سلام اللہ علیہا اور دوسری بچیوں کے بازوؤں میں رسی بندھی ہوئی تھی۔ جب ہم چلنے سے تھک جاتے تھے تو ہمیں مارتے تھے۔اس حال میں ہمیں یزید کے پاس لایا گیا اور وہ اس تختِ سلطنت پر بیٹھا ہوا تھا''۔

یزید کے دربار میں شہزادی زینب سلام اللہ علیہا نے جو خطبہ دیا، اگر انصاف کی نگاہ سے دیکھا جائے تو معلوم ہو جائے گا کہ شہزادیؑ کا یہ خطبہ اسلام کی عظیم خدمت ہے۔کیوں کہ اہلِ شام معاویہ کو آنکھیں بند کر کے مانتے تھے، اگر وہ خدائی کا بھی دعویٰ کر دیتا تو لوگ اُسے بھی مان لیتے۔انہوں نے اہل بیت علیہم السلام کے ساتھ جو ذلت آمیز سلوک کیا اس رویہ سے حضرت امیر المومنین علیہ السلام کی عظمت و مقام کو ختم کرنا مقصود تھا۔

لیکن حضرت زینب سلام اللہ علیہا نے یزید کے دربار میں خطبہ دے کر اور بنی اُمیہ کے ڈھائے ہوئے مظالم بیان کر کے اُن کی حقیقت سے پردہ اُٹھایا۔شام میں ایک محشر برپا کر دیا اور شام کے لوگوں کو غفلت سے بیدار کر دیا۔لوگ سمجھ گئے کہ یزید نے کیا آگ لگائی ہے۔

---

[1]۔ منتخب طریحی،ص 487؛ موسوعۃ کربلاء: لبیب بیضون، ج 2 ص 456

اس وجہ سے یزید ڈر گیا اور پشیمانی کا اظہار کرنے لگا اور کوفیوں سے برأت کا اظہار کرنے لگا۔ اس قبیح کام کی نسبت ابن مرجانہ کی طرف دی اور کہنے لگا: یہ کام میں نے نہیں کیا بلکہ ابن زیاد نے کیا ہے۔ یزید کہنے لگا: اب اختیار آپ کے پاس ہے چاہے مکہ و مدینہ میں رہیں چاہے یہاں رہیں۔

اہل بیت علیہم السلام نے فرمایا:

''اے یزید! جب امام حسین علیہ السلام کو ہم سے جدا کیا گیا تو عبید اللہ ابن زیاد نے ہمیں امام حسین علیہ السلام پر رونے کی اجازت بھی نہ دی۔ اور ہم آپؑ کی عزاداری نہیں کر سکے۔ ہم اُنؑ پر رونا چاہتے ہیں اور اُنؑ کی مجلس عزاء برپا کرنا چاہتے ہیں اس کے بعد ہم مدینہ چلے جائیں گے''۔

یزید ملعون نے حکم دیا: اہل بیت علیہم السلام کے لئے ایک محل خالی کر دیا جائے۔ اُس محل میں اہل بیت علیہم السلام دن رات امام حسین علیہ السلام پر گریہ و زاری اور عزاداری کرتے رہے۔ دمشق میں کوئی بھی قریشی اور ہاشمی ایسا نہ تھا، جس نے آل محمد علیہم السلام کے ساتھ آ کر گریہ و زاری نہ کی ہو۔ اس قدر گریہ و زاری اور ماتم کا شور بلند ہوتا کہ پہاڑ بھی اپنی جگہ سے حرکت کرتے تھے۔ اہل بیت علیہم السلام ایک ہفتہ تک نوحہ اور ماتم داری میں مشغول رہے۔

ایک روایت کے مطابق حضرت زینب سلام اللہ علیہا نے فرمایا: شہداء کے سروں کو دربار میں لایا جائے۔ چنانچہ سر حاضر کئے گئے۔ یہ دیکھ کر دربار کی عجیب حالت تھی اس وقت یزید ڈر گیا کہ دربار میں اہلِ شام نے اس صورتِ حال کو دیکھ لیا تو انقلاب برپا ہو جائے گا۔ یزید کو اپنی حکومت کا خطرہ لاحق ہو گیا۔ اس لئے اس نے اس وقت یہ مناسب سمجھا کہ اہل بیت علیہم السلام کو بلا کر ان سے ہمدردی کا اظہار کرے۔ شاید یہ انقلاب دُور ہو جائے اور اہلِ شام پُر امن ہو جائیں۔ یزید نے قاصد کو حضرت امام سجاد علیہ السلام کو بلانے کے لئے بھیجا۔ حضرت زینب سلام اللہ علیہا نے امام سجاد علیہ السلام سے عرض کیا:

اے میری آنکھ کی ٹھنڈک اور دل کا چین و آرام! نرمی سے بات کرنا کیونکہ یہ ظالم بڑا

سخت ہے، بہت بڑا شقی ہے۔ خدا اور اُس کے عذاب سے نہیں ڈرتا اور اللہ کے رسول صلی اللہ علیہ وآلہ وسلم اور اس کے ولیؑ سے شرم نہیں کرتا۔

جب حضرت سجاد علیہ السلام یزید کے دربار میں گئے تو یزید نے اُٹھ کر احترام کیا اور آپؑ کو کرسی پر بٹھایا، خوشی کا اظہار کیا اور عرض کیا:

''اے علی ابن الحسین علیہ السلام! جو چاہتے ہو بتاؤ مَیں اُسے پورا کروں گا''۔

حضرتؑ نے فرمایا: ''اے یزید! مجھے تیرے ساتھ کوئی حاجت نہیں، مَیں ہر معاملہ میں اپنی پھوپھیؑ کے ساتھ بات کروں گا۔ کیونکہ وہی ہیں جو یتیموں کی دیکھ بھال کرتی ہیں اور قیدیوں کی غم گسار ہیں''۔

یزید نے جب یہ سنا تو کانپ گیا اور حکم دیا کہ دربار میں پردہ لگایا جائے۔ اس کے بعد اہل بیت اطہار علیہم السلام اور حضرت زینب سلام اللہ علیہا کو دربار میں بلایا۔ جب دربار میں آگئے تو یزید نے اُن کا احترام کا۔ لیکن اہل بیت علیہم السلام کو جب یہ یاد آیا کہ اسی دربار میں ہمارے ساتھ کس طرح کا سلوک کیا گیا تھا تو گریہ وزاری کرنے لگے۔ یزید ملعون نے کچھ دیر بعد اپنا سر اُوپر اٹھایا اور اہل بیت علیہم السلام کے ساتھ ہمدردی کا اظہار کرنے لگا اور ان کو اختیار دیا کہ چاہے یہاں رہیں یا مدینہ واپس چلے جائیں۔

حضرت زینب سلام اللہ علیہا نے یہ سن کر گریہ کرنا شروع کر دیا اور فرمایا:

''ہائے میرے بھائی، ہائے یہ رسوائی، ہائے یہ بربادی''۔

یزید یہ سن کر ڈر گیا اور کہنے لگا: یہ کون خاتون ہے جو اس طرح گریہ کر رہی ہے؟

کسی نے بتایا: یہ زینب کبریٰ سلام اللہ علیہا امام حسین علیہ السلام کی بہن ہیں۔

یزید نے ڈرتے ہوئے اور شرم کرتے ہوئے کہا:

''اب اس رونے کا کیا فائدہ صبر کرو اور بچ جانے والوں کا خیال رکھو''۔

حضرت زینب سلام اللہ علیہا نے یزید کی بات سنی تو آپؑ کی حالت تبدیل ہوگئی اور فرمایا:

''مدینہ واپسی کی خبر سن کر میرے زخم تازہ ہو گئے ہیں''۔

یزید کہنے لگا: پردیسی ہمیشہ وطن جانے کی خواہش رکھتے ہیں آپؑ بھی مدینہ جانے پر خوش ہو جائیں۔ شہزادیؑ نے یہ سن کر گریہ شروع کر دیا۔ یزید نے کہا: گزری ہوئی باتوں کو یاد نہ کرو۔ شام میں کئی دن تک عزاداری کے بعد آلِ رسول صلی اللہ علیہ وآلہ وسلم نے مدینہ کی طرف جانے کو پسند کیا۔ یزید نے آلِ رسول صلی اللہ علیہ وآلہ وسلم کے مدینہ جانے کے لئے انتظامات کئے۔ روایات اور تاریخ میں اختلاف پایا جاتا ہے کہ اہل بیت علیہم السلام شام میں کتنی مدت رہے۔ کچھ نے چالیس دن لکھے ہیں۔ کچھ نے چھ مہینے، ایک گروہ نے اٹھارہ دن، ایک نے دس دن، ایک گروہ نے آٹھ دن قیام کا ذکر کیا ہے۔ (اور بعض روایات میں یہ مدت ایک سال بھی ہے)۔

بہرحال یزید نے حکم دیا کہ اہل بیت علیہم السلام کا لوٹا ہوا مال انہیں واپس کر دیا جائے۔ نعمان بن بشیر کو اہل بیت علیہم السلام کے سفر کے لئے اونٹ اور محمل بنانے کا کام سپرد کیا گیا۔ حضرت زینب سلام اللہ علیہا نے فرمایا: محملوں پر سیاہ کپڑے چڑھائے جائیں تاکہ لوگوں کو یہ پتہ چلے کہ ہم مصیبت زدہ ہیں کیونکہ اولادِ زہرا سلام اللہ علیہا کو قتل کر دیا گیا ہے۔

بعض روایات کے مطابق حضرت سید الشہداء علیہ السلام کا سرِ مبارک حضرت امام سجاد علیہ السلام کے سپرد کیا گیا تاکہ اُسے حضرتؑ کے بدنِ مبارک کے ساتھ دفن کر دیا جائے۔

اس کے بعد یزید نے اپنے ایک سپاہی کو قافلہ کے ساتھ روانہ کیا اور کہا:

> ''اس جوان یعنی علی ابن الحسین علیہ السلام اور مستورات کو مدینہ چھوڑ آئے۔ دن کو سفر کریں اور جس منزل پر بھی قیام کریں تو تُو اور تیرے ساتھی جو قافلہ کی حفاظت کے لئے مامور ہیں قافلہ والوں سے دور رہنا تاکہ اُن کو کوئی تکلیف نہ ہو اور تم میں سے کسی کی بھی نظر اُن پر نہ پڑے''۔ [1]

اُس وقت اہلِ شام کی عورتیں اور لڑکیاں سیاہ لباس پہن کر اہل بیت علیہم السلام کے الوداع کے انتظار میں کھڑی ہوگئیں اور آلِ ابوسفیان دارالامارہ تک ان کو الوداع کرنے کے لئے آئے۔ اہل بیت علیہم السلام کو جب مدینہ سے چلنے کا وقت یاد آیا تو بلند آواز سے گریہ

---

[1]۔ ناسخ التواریخ، حضرت زینبؑ، ص ج 2 ص 486

شروع کر دیا۔ وداع کے وقت اہلِ شام کی عورتوں کے ساتھ ملتے ہوئے اتنا گریہ ہوا اور اتنا شور بلند ہوا گویا قیامت برپا ہوگئی۔

جب تک اہل بیت علیہم السلام کی سواریاں نظر آتی رہیں اہلِ شام کی عورتیں دیکھ دیکھ کر گریہ وزاری کرتی رہیں۔ جب سواریاں نظر آنا بند ہوگئیں تو تمام خواتین افسوس اور حسرت کے ساتھ شام کی طرف واپس آ گئیں۔

راستے میں جس جگہ بھی قافلہ کا قیام ہوتا تو حفاظت پر مامور افراد اہل بیت علیہم السلام سے بڑی دور قیام کرتے تھے۔ آلِ محمد صلی اللہ علیہ وآلہ وسلم قیام کے وقت نوحہ اور ماتم وگریہ میں مشغول رہتے۔ قافلہ کربلا پہنچا۔ بعض مؤرخین لکھتے ہیں: اُس دن اربعین سید الشہداء علیہ السلام تھا اور وہاں پر جابر بن عبداللہ انصاری سے بھی ملاقات ہوئی۔ چند روز قیام کے بعد کربلا سے مدینہ کی طرف روانہ ہوئے۔

جب آلِ محمد صلی اللہ علیہ وآلہ وسلم کا یہ لٹا ہوا قافلہ مدینہ کے قریب پہنچا تو محمل اُتار لئے گئے، اُونٹوں کو ایک طرف بٹھا دیا گیا اور مستورات نوحہ اور ماتم میں مصروف ہوگئیں۔ مستورات نے شہدائے کربلا علیہ السلام کی باقی ماندہ چیزیں سامنے رکھی ہوئی تھیں اور گریہ وزاری میں مصروف تھیں۔ اہل مدینہ کو اطلاع ملی تو گریہ وماتم کرتے ہوئے مہاجرین اور انصار کی خواتین آرہی ہیں کہ اہل بیت علیہم السلام کا استقبال کریں۔

جب مدینہ کی عورتوں نے اہل بیت علیہم السلام کی مستورات کو سیاہ لباس میں دیکھا تو اس قدر گریہ کیا کہ محشر برپا ہوگیا۔ مدینہ کی خواتین خیموں کی طرف بھاگیں۔ جب انہوں نے دیکھا کہ مردوں میں سوائے امام سجاد علیہ السلام کے کوئی اور واپس نہیں آیا تو بے حد گریہ کیا۔ کوئی حضرت زینب سلام اللہ علیہا کو گلے لگا کر رو رہی ہے تو کوئی حضرت اُمِ کلثوم سلام اللہ علیہا کو اور کوئی دوسری غمزدہ خواتین کے گلے مل کر رو رہی ہیں۔ مدینہ کی خواتین حضرت زینب سلام اللہ علیہا سے حالات پوچھ رہی تھیں۔ حضرت زینب سلام اللہ علیہا نے فرمایا: کیا بیان کروں۔ مجھ میں بیان کرنے کی طاقت نہیں ہے، میں تو خود اپنی زندگی سے بیزار ہوں۔

بی بیؑ نے فرمایا:

''اے قریش کی عورتو! اے بنی ہاشم کی مستورات! کیا سنو گی اور کون سا واقعہ سناؤں۔ اگر شہداء کے حالات بیان کروں تو مجھے شرم آتی ہے کہ میں یہ سب کچھ دیکھ کر بھی زندہ ہوں''۔

اس کے بعد اجمالاً بنی اُمیہ کے مظالم اور اپنے مصائب بیان کئے۔ اہلِ مدینہ یہ سن کر چیخ و پکار اور گریہ و نالہ کرنے لگے۔ اُن کے رونے کی آوازیں آسمان تک بلند ہوئیں۔ مدینہ کے مردوں نے حضرت امام سجاد علیہ السلام سے التماس کی کہ جتنا جلدی ہو سکے یہاں سے چل پڑیں۔ حضرتؑ نے محملوں کو سواریوں پر رکھنے اور وہاں سے چلنے کا حکم دیا۔ وہ مصیبت زدہ اور دل جلا دینے والی مصیبت کے ساتھ مدینہ کی طرف روانہ ہوئے۔

اہل مدینہ کے گریہ و نالہ کی آواز جو وہ واویلا اور واحسینا کر رہے تھے، ساتویں آسمان تک جا رہی تھیں۔ وہ جمعہ کا دن تھا، جب لٹا ہوا قافلہ گریہ وزاری کی حالت میں مدینہ وارد ہوا۔ اس وقت حضرت زینب سلام اللہ علیہا نے اپنے نانا صلی اللہ علیہ وآلہ وسلم کی قبر کو دیکھ کر عرض کیا:

يَا جَدَّاهْ إِنِّىْ نَاعِيَةٌ إِلَيْكَ وُلْدِكَ الْحُسَيْنَ ۔[1]

''اے نانا جانؐ! مَیں آپؐ کو آپؐ کے نواسہ حسین علیہ السلام کی شہادت کی اطلاع دیتی ہوں''۔

یہ سن کر قبر مطہر پیغمبر صلی اللہ علیہ وآلہ وسلم سے نالہ و فریاد بلند ہوئی۔ تمام لوگوں نے بھی زور زور سے رونا شروع کر دیا۔ ہر طرف گریہ اور رونے کی آوازیں تھیں۔ حضرت زینب سلام اللہ علیہا نے جو اپنے ناناؐ کے ساتھ گفتگو کی اور جو اپنی والدہ حضرت فاطمہ زہرا سلام اللہ علیہا کے ساتھ کلام کیا اس کی تفصیل مقتل کی کتابوں میں موجود ہے، اُن کی طرف رجوع فرمائیں۔

اگرچہ اہلِ مدینہ اُس وقت سے سوگ کے عالم میں تھے جب سے انہوں نے حضرت امام حسین علیہ السلام کی شہادت کی اطلاع سنی تھی۔ لیکن اَسیرانِ آلِ محمد علیہم السلام کے آنے کے بعد پندرہ

[1] ۔ بحار الانوار، ج 45 ص 198؛ ناسخ التواریخ امام حسینؑ، ج 3 ص 188؛ منتخب طریحی ص 501۔

دن تک اہلِ مدینہ نے جو سوگ منایا اور جو محشر برپا ہوا اُس کی مثال نہیں ملتی۔ واقعۂ کربلا کے بعد حضرت زینب سلام اللہ علیہا نے اپنی ساری زندگی گریہ وزاری میں گزاری۔ یہاں تک کہ مخدرۂ مظلومہ کی کمر جھک گئی اور بال سفید ہو گئے۔ باقی تفصیلات مقتل کی کتابوں میں مذکور ہیں۔ اب ہم شہزادیؑ کی وفات اور مقامِ دفن کا تذکرہ کرتے ہیں۔

یہ بات بھی معلوم ہونی چاہیے کہ شہزادیؑ کی تاریخِ وفات آج تک معین نہیں ہو سکی۔ اس بارے میں مؤرخین اختلاف کرتے ہیں۔ اسی طرح شہزادیؑ کی قبر کے بارے میں بھی شدید اختلاف موجود ہے۔ کچھ یہ کہتے ہیں کہ آپؑ مصر میں مدفون ہیں۔

مقتل کی بعض کتابوں میں تحریر ہے کہ قیدیوں کے مدینہ واپس آنے کے چار ماہ بعد حضرت اُمِ کلثوم سلام اللہ علیہا کی وفات ہوئی اور آپؑ کی وفات کے آٹھ دن بعد حضرت زینب سلام اللہ علیہا کی وفات ہوئی اور آپؑ کو مدینہ ہی میں سپردِ خاک کیا گیا۔

اس روایت کے مطابق حضرت زینب سلام اللہ علیہا کی عمر مبارک پچپن یا چھپن سال بنتی ہے۔ بعض کا کہنا ہے: حضرت زینب سلام اللہ علیہا کی وفات شام میں واقع ہوئی، جیسا کہ شہزادیؑ کی قبر وہاں پر موجود ہے۔ شام میں شہزادیؑ کے دفن ہونے کی صورتِ حال کے بارے میں بھی اختلاف پایا جاتا ہے۔ کچھ کہتے ہیں کہ مظلومہؑ کو دوبارہ قید کر کے لے جایا گیا۔ لیکن یہ بات ماننے کے قابل نہیں ہے کیونکہ قید کے پہلے ہی واقعہ میں یزید نے جو ذلت ورسوائی کا سامنا کیا تھا، اب مشکل نظر آتا ہے کہ اس نے دوبارہ قید کرنے کی جرأت کی ہو۔

بعض کہتے ہیں: یزید نے دوبارہ احتراماً شہزادیؑ کو بلایا تھا۔ لیکن یہ بھی بعید نظر آتا ہے کیونکہ یزید دل سے اہل بیت علیہم السلام کو نہیں چاہتا تھا بلکہ دشمنی رکھتا تھا۔ وہ تو پہلی مرتبہ ہی اپنی سلطنت کو خطرے میں دیکھ رہا تھا۔ دوبارہ شہزادیؑ کو شام میں بلا کر اگرچہ احتراماً ہی کیوں نہ ہو، وہ اپنی حکومت اور شاہی کو خطرے میں نہیں ڈال سکتا تھا۔ کیونکہ جس طرح پہلی مرتبہ مظلومہؑ نے یزید کے عیبوں اور مظالم سے پردہ چاک کیا تھا اور اس کی حقیقت کو لوگوں کے سامنے واضح وظاہر کیا تھا۔ اگر دوبارہ شام میں جاتیں تو پھر بی بی ایسا ہی کردار ادا کرتیں

اور یزید اس بات کا متحمل نہیں ہوسکتا تھا۔

پس جو قولِ حق نظر آتا ہے وہ پہلا ہے کہ شہزادیؑ کی وفات مدینہ ہی میں ہوئی اور وہیں پر دفن ہوئیں۔ رہی بات مصر اور شام میں مزاروں کی جو حضرت زینب سلام اللہ علیہا کے نام سے منسوب ہیں۔ ہوسکتا ہے ان دونوں مقامات پر کوئی ہاشمی سادات کی مستورات دفن ہوئی ہوں۔ بہر حال حقیقت کا علم خدا کے پاس ہے۔ لیکن مناسب یہ ہے کہ مؤمنین مدینہ، شام اور مصر میں سے جہاں پر بھی جاسکتے ہوں وہ ضرور جا کر مظلومہؑ کی زیارت سے مشرف ہوں۔ کیونکہ شہزادیؑ کی زیارت کا ثواب شہدائے کربلا علیہم السلام کی زیارت کے ثواب سے کم نہیں ہے۔

اے پروردگار! ہمیں مظلومہؑ کی زیارت اور شفاعت نصیب فرما۔ ہمیں قیامت کے دن آپؑ کے ساتھ محشور فرما اور شہزادیؑ کی محبت پر ثابت قدم رکھ۔

=====❖=====

بائیسویں فضیلت:

معظمہ سلام اللہ علیہا کا جہاد

اہلِ عرفان کا یہ عقیدہ ہے کہ حقیقتاً انسان اُسے کہتے ہیں جو اختیاری موت کے ہر مرحلہ کو حاصل کر چکا ہو۔ اسی لئے انسان کی تعریف میں کہتے ہیں:

الانسان حیوان ناطق مائت۔

''انسان حیوان ناطق مرنے والا ہوتا ہے''۔

انسان اُس حیوان پر بھی صادق نہیں آتا جو غیر ناطق ہوتا ہے اور اس حیوان کو بھی انسان نہیں کہتے جو موت اختیاری نہ رکھتا ہو۔ یہ بات جاننے کے قابل ہے کہ اختیاری موت کے چار مرتبے ہیں:

(۱) موتِ احمر: (یعنی سرخ موت)۔ اس موت کو موت الجامع اور جہادِ اکبر بھی کہتے ہیں۔ اس کو موت الجامع اس لئے کہتے ہیں کہ اس موت میں موت کے تمام مراتب موجود ہوتے ہیں۔ اس موت کا مطلب درحقیقت اپنے نفس کے ساتھ جہاد کرنا ہے اور نفس امارہ کے ساتھ جنگ کر کے اسے مغلوب کرنا ہے۔ نبی اکرم صلی اللہ علیہ وآلہ وسلم نے اسی موت کے متعلق ارشاد فرمایا ہے:

عَلَيْكُمْ بِالْجِهَادِ الْأَكْبَرِ۔ [1]

''تم پر جہادِ اکبر واجب ہے''۔

(۲) موتِ ابیض: (سفید موت) اس موت کا مطلب ہے بھوک کو برداشت کرنا۔ تاکہ

[1]۔ یہ حدیث بحار الانوار، ج 19 ص 182 و ج 70 ص 65؛ میزان الحکمت، ج 2 ص 140؛ مستدرک، ج 2 ص 270 کے مضمون آئی ہے۔

اس کے ذریعہ دِل نورانی، باطن صاف اور ضمیر روشن ہو[1]۔ذاتِ باری تعالیٰ کے دربار میں جس وقت زیادہ قرب حاصل ہوتا ہے، وہ بھوک کا وقت ہے۔جس میں بندہ اپنے رب کے زیادہ قریب ہوتا ہے۔ اس لئے انبیائے عظام علیہم السلام اور اوصیائے کرامؑ زیادہ تر اپنے آپ کو بھوک کی حالت میں رکھتے تھے۔

(۳) موتِ اخضر: (سبز موت) اس موت سے مراد ہے تن و بدن پر وہ لباس پہننا جس کو پیوند لگے ہوئے ہوں اور وہ قیمتی نہ ہو[2]۔اس لئے کہ ایسا لباس پہننے کی وجہ سے تواضع پیدا ہو جاتا ہے۔جیسا کہ فاخرہ لباس اور قیمتی لباس پہننے سے حتماً اور ضروری طور پر انسان کے اندر تکبر وغرور پیدا ہو جاتا ہے۔سوائے اُن لوگوں کے جو ذوقِ سلیم رکھتے ہوں یعنی خدا کے مخلص بندے۔موت کا یہ مرتبہ تمام انبیاء، اوصیاء اور اولیاء کے پاس موجود ہوتا ہے اور جو اس مرتبے پر کامل طور پر فائز ہوئے وہ ختم المرسلین صلی اللہ علیہ وآلہ وسلم کے بعد امیر المومنین علیہ السلام ہیں۔

آپؑ فرماتے ہیں:

لَقَدْ رَقَّعْتُ مِدْرَعَتِیْ هَذِهِ حَتَّی اِسْتَحْیَیْتُ مِنْ رَاقِعِهَا۔[3]

”میں نے اپنے کُرتے کو اتنے پیوند لگائے ہیں کہ اَب مجھے اسے پیوند لگاتے ہوئے شرم آتی ہے“۔

(۴) موتِ اسود: (یعنی سیاہ موت) اس موت سے مراد ہے دنیا والوں کی طرف سے تکلیفیں اور ملامت کو قبول کرنا[4]۔اولیائے خدا ہمیشہ اس بلا میں مبتلا رہے ہیں۔ جیسا کہ تمام پیغمبر علیہم السلام خدا کی طرف سے تبلیغ کے لئے آئے تو سب سے پہلے وہ اپنی

---

[1]۔ فرہنگ معارف اسلامی،ص1958

[2]۔ فرہنگ معارف اسلامی،ص1958

[3]۔ بحار الانوار،ج77ص392؛الامالی (للصدوق)،ص620۔

[4]۔ فرہنگ معارف اسلامی،ص1958

امت کی طرف سے اسی مصیبت میں مبتلا ہوئے۔ اُمت والے اپنے نبی کا مذاق اُڑاتے اور اُنؐ کی برائیاں کرتے تھے۔ پیغمبر اسلام صلی اللہ علیہ وآلہٖ وسلم اس مرتبہ میں انتہاء پر پہنچے ہوئے تھے۔

آپؐ فرماتے ہیں:

''کسی نبی کو مجھ جیسی تکلیفیں نہیں دی گئیں''۔

کسی شاعر نے کیا خوب کہا ہے:

اولیائند مست حق دائم لا یخافون لومة الائم

اجد الملامة فی هواک لذیذة حباً لذکرک فلیلمنی اللّوم

''اولیاء ہمیشہ ذاتِ خدا کی یاد میں رہتے ہیں، ان کو کسی کی ملامت کا خوف نہیں ہوتا۔ اے پروردگار! تیری محبت میں ملامت بھی میٹھی اور لذیذ لگتی ہے۔ اللہ کے ذکر کی محبت میں اے ملامت کرنے والو! مجھے ملامت کرو''۔

موتِ احمر:

شہزادیؑ میں موتِ احمر یعنی نفس کے ساتھ جہاد کی صفت اس حد تک پائی جاتی ہے کہ عقل حیران و پریشان ہے اور اس کے ادراک سے قاصر ہے۔ اس مقام میں شہزادیؑ خاتمیّت کا درجہ رکھتی ہیں۔ جیسا کہ حضرت پیغمبر اکرم صلی اللہ علیہ وآلہٖ وسلم خاتم الانبیاءؐ، حضرت مہدی علیہ السلام خاتم اوصیاءؑ اور حضرت فاطمہ زہرا سلام اللہ علیہا خاتم نساء ہیں۔ آپؑ پر بھی جہان کی چنی ہوئی عورتوں کا خاتمہ ہو جاتا ہے۔ اگر توفیق ہوئی تو اس مرتبہ کی وضاحت ہم آئندہ کریں گے یہاں پر اس کی وضاحت اہلِ ذوق کی معرفت پر چھوڑتے ہیں۔

موتِ ابیض:

یعنی بھوک برداشت کرنے کی صفت۔ شہزادیؑ میں یہ صفت اَسیری کے دوران

واضح نظر آتی ہے۔

بعض اہلِ تاریخ ذکر کرتے ہیں کہ خرابۂ شام میں حضرت امام سجاد علیہ السلام نے دیکھا کہ مظلومہؑ بیٹھ کر نماز پڑھ رہی ہیں۔ تو آپؑ نے اس کا سبب پوچھا: جواب ملا کہ بھوک کی وجہ سے میں کھڑے ہو کر نماز پڑھنے کی طاقت نہیں رکھتی۔

موتِ اخضر:

یعنی پرانا لباس پہننے کی صفت۔ واقعۂ کربلا کے بعد شہزادیؑ نے کبھی فاخرہ لباس نہ پہنا بلکہ سفرِ شام میں آپؑ کے پاس پہننے کو اچھا لباس تھا ہی نہیں۔

موتِ اسود:

یعنی لوگوں کی طرف سے تکلیف، ملامت اور بدزبانی کو برداشت کرنا۔ شہزادیؑ نے بنی اُمیہ کی دی ہوئی ایسی تکلیفوں کو برداشت کیا جن کو کوئی اور برداشت کرنے کی طاقت نہیں رکھتا۔ اگر آپؑ نے کسی مقام پر دشمنوں کی ملامت اور بدزبانی کا جواب دیا ہے تو اس لئے نہیں کہ برداشت نہیں کرسکتی تھیں۔ بلکہ یہ آلِ محمد علیہم السلام کی حقانیت کو ثابت کرنے کے لئے تھا۔

=====❖=====

تئیسویں فضیلت:

حضرت زینب سلام اللہ علیہا کا امتحان

انسانیت کے کمالات کو پرکھنے اور جانچنے کا ایک طریقہ امتحان ہے۔ جس کے ذریعہ کمالات ظاہر ہوتے ہیں اور مہارت وملکہ کا پتہ چلتا ہے۔ کوئی بھی ہو اور کسی بھی مقام پر فائز ہو، اُسے چاہیے کہ خود کو امتحان میں ڈالے۔

اہلِ معرفت اس مقام کو اس جہان میں پہچان اور معرفت کا ترازو جانتے ہیں اور ترقی کا مقام سمجھتے ہیں۔ کیونکہ جو اس مرحلہ کو طے کرتا ہے، اگر وہ اس امتحان میں کامیاب وکامران ہو جاتا ہے تو وہ بلندی کی طرف پرواز کرتا ہے۔ اگر وہ اس امتحان میں کامیاب نہیں ہو پاتا تو وہ عروج وکمال کے بجائے پستی اور حیوانیت کی طرف زوال پذیر ہو جاتا ہے۔

حضرت امام جعفر صادق علیہ السلام فرماتے ہیں:

إِنَّ اللّٰهَ رَكَّبَ فِي الْمَلاَئِكَةِ عَقْلاً بِلاَ شَهْوَةٍ وَ رَكَّبَ فِي الْبَهَائِمِ شَهْوَةً بِلاَ عَقْلٍ وَ رَكَّبَ فِي بَنِي آدَمَ كِلْتَيْهِمَا فَمَنْ غَلَبَ عَقْلُهُ شَهْوَتَهُ فَهُوَ خَيْرٌ مِنَ الْمَلاَئِكَةِ، وَ مَنْ غَلَبَ شَهْوَتُهُ عَقْلَهُ فَهُوَ شَرٌّ مِنَ الْبَهَائِمِ۔ كَالْأَنْعَامِ بَلْ هُمْ أَضَلُّ سَبِيْلاً۔ [1]

”خداوند تعالیٰ نے ملائکہ کو شہوت کے بغیر پیدا کیا ہے اور صرف عقل دی ہے اور خداوند تعالیٰ نے جانوروں کو عقل کے بغیر صرف شہوت کے ساتھ

---

[1]۔ وسائل الشیعہ، ج 15 ص 220؛ الفصول المہمہ فی اُصول الائمہ، ج 1 ص 118؛ بحار الانوار، ج 57 ص 299؛ تفسیر نور الثقلین، ج 2 ص 103

پیدا کیا ہے اور خدا نے انسان کو عقل اور شہوت دونوں کے ساتھ پیدا فرمایا ہے۔جس انسان کی عقل شہوت پر غالب آ گئی تو وہ فرشتوں سے بھی افضل ہے اور جس انسان کی شہوت عقل پر غالب آجائے گی، وہ جانوروں سے بھی بدتر ہے۔

خدا فرماتا ہے:

وہ جانوروں کی طرح ہیں بلکہ اُن سے بھی بدتر ہیں"۔

انسان درحقیقت دو چیزوں کا مرکب ہے۔

اس میں ایک جُزعلوی ہے جسے عقل کہتے ہیں۔اور دوسرا جُز سفلی ہے جسے شہوت کہتے ہیں۔امتحان کے ذریعہ انسان کا پتہ چلتا ہے کہ وہ کس طرف مائل ہے۔

کسی شاعر نے کیا خوب کہا ہے:

آدمی زاده طرفه معجو نیست　　از فرشته سرشته و از حیوان

گر کند میل این شود کم از این　　ورکند قصد آن شود به از آن

"آدم زادہ یعنی انسان کی خلقت دو چیزوں سے ہوئی ہے ایک فرشتہ اور دوسرا حیوان۔اگر یہ انسان حیوان کی طرف مائل ہو جائے تو اس سے بھی بدتر ہو جاتا ہے اور اگر فرشتہ انسان کی طرف مائل ہو جائے تو اِنسان اس سے بھی افضل بن جاتا ہے"۔

اس مقام اور مرتبہ کے ذریعہ مخلوق پر حجت اور دلیل قائم کی جاتی ہے۔یہ مقام یعنی مقامِ امتحان مخلوق میں پایا جاتا ہے حتیٰ کہ انبیاءؑ، اوصیاءؑ اور اولیاء بلکہ تمام بندگانِ خدا چاہے وہ مومن ہوں یا کافر۔

خدا فرماتا ہے:

أَحَسِبَ النَّاسُ أَنْ يُتْرَكُوٓا أَنْ يَّقُولُوٓا اٰمَنَّا وَهُمْ لَا يُفْتَنُوْنَ۔[1]

---

[1]۔ سورۂ عنکبوت، آیت ۲

''کیا لوگوں کا یہ گمان ہے کہ انہیں صرف اتنا کہنے پر چھوڑ دیا جائے گا کہ وہ ایمان لائے ہیں اور اُن کا امتحان نہیں لیا جائے گا''۔

ایک دوسری آیت بھی اسی طرف اشارہ کرتی ہے:

وَلَنَبْلُوَنَّكُمْ بِشَيْءٍ مِّنَ الْخَوْفِ وَالْجُوعِ وَنَقْصٍ مِّنَ الْأَمْوَالِ وَالْأَنْفُسِ وَالثَّمَرَاتِ۔ وَبَشِّرِ الصَّابِرِينَ۔ [1]

''بے شک ہم تمہیں آزمائیں گے خوف کے ذریعہ، بھوک کے ذریعہ، اموال اور جانوں کے ذریعہ اور ثمرات میں کمی کے ذریعہ اور صبر کرنے والوں کو خوشخبری دو''۔

پس بندوں کے طبقات میں جو فرق ہے، وہ امتحان اور آزمائش کے مطابق امتحانات ہی کی وجہ سے ہے کیونکہ خدا اپنے بندوں کو اُن کی استعداد اور طاقت کے مطابق امتحانات میں مبتلا کرتا ہے۔ اُن کے امتحانات ان کے مقامات اور فضائل کو ظاہر کرتے ہیں۔

چنانچہ انبیاءؑ کا امتحان ان کے مقامات کے مطابق ہوتا ہے۔ بعض انبیاءؑ کا امتحان دشمنوں کے خوف سے ہوا، بعض کا امتحان فقر و فاقہ کے ذریعہ ہوا، بعض کا امتحان اولاد کے چھن جانے سے ہوا، بعض کا امتحان بھائیوں کی طرف سے مصیبت کو برداشت کرنے سے ہوا اور بعض انبیاءؑ وہ ہیں جن کا امتحان اس سے بھی زیادہ سخت ہوا کیونکہ ان کا مقام و مرتبہ بلند و بالا تھا۔

جب یہ بات معلوم ہوگئی ہے تو یہ مطلب بھی واضح ہو جاتا ہے کہ حضرت زینب سلام اللہ علیہا سے جن بلاؤں اور مصیبتوں کے ساتھ امتحان لیا گیا، ایسا امتحان کسی نبی سے نہیں لیا گیا۔ بلکہ یہ امتحان صرف دو ہستیوں سے لیا گیا۔ ایک حضرت امام حسین علیہ السلام اور دوسری خود یہ مظلومہؑ ہیں۔

پس! جو مقام بھی ہم شہزادیؑ کے لئے ثابت کریں تو یہ حد سے تجاوز نہ ہوگا: کیونکہ اس مخدرہؑ کے اکثر امتحان سفر کربلا میں تھے۔ حقیقت میں کربلا وہ جگہ ہے جو ان کے قرب کا مقام

---

[1]۔ سورۂ بقرہ، آیت ۱۵۵

اور معراج ہے۔ کربلا میں امتحان کے ذریعہ اُس مقامِ قرب پر جا پہنچی جس پر آپؑ کے جدِ بزرگوار حضرت محمد مصطفیٰ صلی اللہ علیہ وآلہ وسلم فائز تھے۔ یہ وہ مقام تھا جس میں خدا نے اپنے حبیبؐ کو اس طرح خطاب فرمایا:

ثُمَّ دَنَا فَتَدَلّٰی۔ فَكَانَ قَابَ قَوْسَيْنِ اَوْ اَدْنٰی۔ [1]

''پھر وہ قریب ہوا پھر قریب ہوا پس اتنا قریب ہوا جتنا کمان کی دو طرفین ہیں''۔

یہاں پر مظلومہؑ کے کچھ امتحانات کا ذکر کیا جائے گا۔

شہزادیؑ سے امتحان خوف کے ذریعہ لیا گیا، ایسا خوف کہ دل کانپ جاتا ہے۔ کہاں ایک پردہ دار خاتون اور کہاں دشمنوں کا ہجوم۔ شہزادیؑ سے بھوک کے ذریعہ امتحان لیا گیا، پیاس کے ذریعہ امتحان لیا گیا اور یہ وہ امتحان تھا جس کو قلم تحریر کرنے سے قاصر ہے۔ مظلومہؑ سے اموال کے ذریعہ امتحان لیا گیا۔ آپؑ کے پاس جو کچھ تھا، سب امتحان میں دے دیا حتیٰ کہ اپنے گوشوارے بھی دے دیئے۔

مکرّمہؑ سے نفس کے ذریعہ امتحان لیا گیا، جسمانی اور روحانی تکلیفوں کے ذریعہ امتحان لیا گیا، اعضاء و دل کا امتحان لیا گیا۔ ان سب کو برداشت کیا اور کمال وعروج کے مقام پر فائز ہوئیں۔ مادی دنیا سے دور ہو گئیں اور میدانِ روحانیت میں داخل ہو گئیں۔ اَولاد کے ذریعہ آپؑ سے امتحان لیا گیا جو دل کا ثمر، آنکھوں کا نور اور وجود کا نتیجہ ہوتی ہے بلکہ علی اکبر علیہ السلام کی شہادت کے ذریعہ امتحان لیا گیا، جن کو آپؑ اپنی اولاد سے بھی زیادہ چاہتی تھیں۔

مظلومہؑ سے سب سے بڑا امتحان آپؑ کے بھائیؑ کی شہادت کے ذریعہ لیا گیا۔ ایسا بھائی جس کے مانند دنیا میں کوئی بھائی نہ تھا، پھر ایک بھائی نہیں بلکہ کئی بھائیوں کی شہادت کے ذریعہ امتحان لیا گیا۔

---

[1] ۔ سورہ نجم، آیت ۸۔۹

یہاں پر ایک اہم چیز کی طرف اشارہ ضروری ہے۔

وہ یہ ہے کہ شہزادیؑ نے جتنے بھی امتحان برداشت کئے ہیں وہ خاص ایسے امتحان تھے جو صرف انہوں نے برداشت کئے کسی اور نے نہیں کئے۔

جیسا کہ آپؑ خوف کے امتحان میں مبتلا ہوئیں تو یہ امتحان کسی اور نے نہیں دیا۔ آپؑ خوف کے امتحان میں کئی مرتبہ مبتلا ہوئیں۔ ایک مکّہ سے روانہ ہونے سے لے کر کربلا آنے تک، ہر منزل پر خوف کے امتحان میں مبتلا رہیں۔ کربلا میں آتے وقت راستہ میں جب حُر کے لشکر نے آ کر قافلہ کو روکا۔ [1]

نو محرم کی عصر کے وقت تک آپؑ مختلف اوقات میں خوف میں مبتلا ہوئیں۔ اس وقت جب لشکر یزید نے نو محرم کی شام کو حملہ کر دیا اور اس وقت جب بھائی کو یہ کہتے ہوئے سنا:

يَا دَهْرُ أُفٍّ لَكَ مِنْ خَلِيلِ۔۔۔۔۔

''اے زمانہ تجھ پر افسوس ہے میرے دوست کی طرف سے۔۔۔۔''

اُس وقت جب بھائی الوداع کرنے کے لئے آیا اور فرمایا:

اِسْتَسْلَمْتَ لِلْمَوْتِ ؟

''کیا آپؑ موت کے لئے تیار ہو گئے ہیں؟''

آپؑ اس وقت خوف میں مبتلا ہوئیں، جب لشکر یزید نے اہل بیت علیہم السلام کے خیموں پر حملہ کیا اور خیموں کو لوٹا۔

شہزادیؑ کوفہ و شام میں کئی بار خوف میں مبتلا ہوئیں اور امتحان دیا۔ خاص طور پر بھائی کی شہادت کے ذریعہ ایک بڑے خوف اور امتحان میں مبتلا ہوئیں۔

اسی طرح آپؑ کا اولاد کے ذریعہ امتحان ہوا اور اولاد بھی ایسی جو چاند کے ٹکڑے تھے اور مظلومیّت کے ساتھ شہید کئے گئے۔ اس سے بڑھ کر یہ کہ یہ سب امتحانات ایک ہی دن میں واقع ہوئے۔

---

[1]۔ تاریخ طبری، ج 6 ص 226؛ خطوط مقریزی، ج 2 ص 286؛ تاریخ ابن اثیر ص 280

خدا جانتا ہے کہ عقیلہ بنی ہاشم سلام اللہ علیہا میں کس قدر طاقت اور قوت برداشت تھی کہ اُن تمام امتحانات میں بڑے احسن طریقہ سے سرخرو ہوئیں اور ثابت قدم رہیں۔ اس لئے کہا جا سکتا ہے کہ شہزادیؑ کے پاس الٰہی قدرت، برداشت اور طاقت تھی جو اکثر اولو العزم انبیاءؑ کے پاس بھی نہ تھی۔

دوسرا یہ کہ امتحانات ہمیشہ مقامات و مراتب کے مطابق ہوتے ہیں۔ ان امتحانات سے معلوم ہوتا ہے کہ شہزادیؑ کے مقامات و مراتب اس قدر بلند تھے جو اکثر کے پاس وہ مقامات اور مراتب نہ تھے۔ اس میں غور وفکر کرنے کی ضرورت ہے۔

=====❖=====

چوبیسویں فضیلت:

مخدرہؑ کی معرفت اور پہچان

کمالات کا سب سے پہلا درجہ معرفت ہے۔ یہ معرفت کمالات کا سرچشمہ ہے اور معرفت کے حاصل ہونے کا سبب عقل ہے۔ خالق کائنات جنوں اور انسانوں کی خلقت کی علّت اور سبب بھی اپنے فرمان میں معرفت کو قرار دے رہا ہے۔

خداوندِ عالم فرماتا ہے:

وَمَا خَلَقْتُ الْجِنَّ وَالْإِنْسَ اِلَّا لِيَعْبُدُوْنِ۔ [۱]

''اور مَیں نے جنوں اور انسانوں کو پیدا نہیں کیا مگر اپنی عبادت یعنی معرفت کے لئے''۔

کیونکہ (لِيَعْبُدُوْنِ) کو مفسرین (لِيَعْرِفُوْنِ) کے معنی میں لیتے ہیں۔ معصومین علیہم السلام کا فرمان ہے:

اَلْمَعْرُوفُ بِقَدْرِ الْمَعْرِفَةِ۔ [۲]

''کسی کے ساتھ نیکی اس کی معرفت کے مطابق ہوتی ہے''۔

اس فرمان سے بھی معلوم ہونا چاہیے کہ معرفت ہی کمالات اور مراتب کا میزان ہے:

ایک اور مقام پر فرماتے ہیں:

''کسی کے خدا کے ساتھ قرب کا اندازہ لگانا ہے تو اس کے لمبے لمبے رکوع اور سجدوں کو نہ دیکھو بلکہ اس کی معرفت سے اندازہ لگاؤ''۔

---

[۱]۔ سورۃ الذاریات، آیت ۵۶

[۲]۔ جامع الاخبار، ص 137؛ بحار الانوار، ج 44 ص 196؛ عوالم العلوم، ج 17 ص 59

خالق کائنات اہلِ معرفت کو جو بلند مقامات اور مراتب عطا فرماتا ہے، ان کا شمار ممکن نہیں ہے۔

اس درجہ اور بلند مقام کی انتہاء تک اگر کوئی پہنچا ہے تو وہ کائنات میں موجود صرف دو ہی ہستیاں ہیں۔ایک خاتم المرسلین صلی اللہ علیہ وآلہ وسلم اور دوسرے شاہِ ولایت علی بن ابی طالب علیہ السلام۔

فرمانِ رسولِ خدا صلی اللہ علیہ وآلہ وسلم ہے:

يَا عَلِيُّ مَا عَرَفَ اللهَ إِلاَّ أَنَا وَ أَنْتَ۔[1]

”یا علیؑ! خداوندِ تعالیٰ کی حقیقی معرفت سوائے میرے اور آپؑ کے کوئی نہیں رکھتا“۔

چہاردہ معصومین علیہم السلام کے بعد اگر کوئی اس مقام پر فائز ہوا ہے تو وہ ہے عقیلۂ بنی ہاشم حضرت زینب سلام اللہ علیہا۔شہزادیؑ کے عرفان اور یقین کے مراتب کو ہرگز بیان نہیں کیا جا سکتا۔لیکن یہاں پر صرف چند مراتب کی طرف اشارہ کرتے ہیں تاکہ واضح ہو جائے کہ ہم شہزادیؑ کی معرفت کے کمالات کو شمار کرنے پر قدرت نہیں رکھتے۔

پہلا مقام:

حضرت علی علیہ السلام نے بچپن میں حضرت ابوالفضل العباس علیہ السلام کو تعلیم دیتے ہوئے فرمایا:

(قل واحد) کہو ایک۔حضرت عباس علیہ السلام نے کہا: واحد۔

آپؑ نے فرمایا: کہو (اثنین) یعنی دو۔حضرت عباس علیہ السلام نے عرض کیا: جس زبان سے ایک کہہ چکا ہوں اس پر (اثنین) یعنی دو نہیں آ سکتا۔ یہ سُن کر حضرت امیر المومنین علیہ السلام نے اپنے بیٹے عباس علیہ السلام کو چوم لیا۔

اس وقت حضرت زینب سلام اللہ علیہا نے عرض کیا:

بابا جانؑ! کیا آپؑ ہم سے محبت کرتے ہیں!؟

---

[1]۔ مختصر البصائر،ص 336؛ المحتضر ص 78؛ تأویل الآیات الظاہرۃ فی فضائل العترۃ الطاہرۃ، ج 1 ص 145

آپؑ نے فرمایا: ہاں! میری آنکھوں کے نور۔

حضرت زینب سلام اللہ علیہا نے عرض کیا:

لَنَا فَالشَّفَقَةُ لَنَا وَ الْحُبُّ لِلّٰہِ۔[1]

"محبت اللہ کے لئے اور آپؑ کی طرف سے ہم پر شفقت"۔

امیر المومنین علیہ السلام نے یہ سن کر شہزادیؑ کو شاباش دی۔

اگر کوئی شخص باپ اور بیٹی کے اس سوال اور جواب میں غور کرے تو جان لے گا کہ شہزادیؑ نے اپنے والد گرامی کے فرمان کی۔کیا بہترین تاویل پیش کی ہے، جس سے شہزادیؑ کے کمالات و مقامات عرفانیہ کا اچھی طرح اندازہ ہو جائے گا۔

دوسرا مقام:

عاشور کے دن جب شہزادیؑ اپنے دونوں بچوں کو اپنے بھائی کے پاس لے کر آئیں اور عرض کیا کہ آپؑ انہیں قبول فرمائیں اور خدا کی راہ میں ان کو قربانی کے لئے بھیج دیں۔تو اس وقت مظلومہ نے اپنے بھائی سے عرض کیا: اگر عورتوں پر جہاد واجب ہوتا تو میری ہزار جانیں آپؑ پر قربان ہوتیں۔ یہ بات شہزادیؑ کی معرفت کی بلندی کا پتہ دیتی ہے اور ساتھ ہی یہ اُمید بھی رکھتی ہیں کہ اُن کے دو بیٹے جو چاند کے مثل ہیں، راہِ خدا میں قربان ہو جائیں۔ پھر آنکھوں کے سامنے دونوں بیٹے ٹکڑے ٹکڑے ہو کر لائے گئے تو شہزادیؑ نے خندہ پیشانی سے قبول کیا۔

یہاں پر ایک اہم بات کی طرف اشارہ ہے:

کتب میں موجود ہے کہ جب حضرت ابراہیم علیہ السلام نے حضرت اسماعیل علیہ السلام کی قربانی دینے کا ارادہ کیا تو ان کی والدہؑ سے فرمایا:

"اپنے بیٹے کو بناؤ سنوارو تا کہ میں اپنے محبوب کی مہمانی کے لئے لے جاؤں"۔

جب حضرت ابراہیم علیہ السلام ان کو لے کر گئے اور قربانی کے لئے پیش کر دیا تو خدا کی

---

[1]۔ مستدرک الوسائل، ج 15 ص 215

طرف سے یوں خطاب ہوا:

وَفَدَيْنَاهُ بِذِبْحٍ عَظِيمٍ۔ [۱]

''اور ہم نے اسے ذبح عظیم کے ساتھ فدیہ کر دیا''۔

جب حضرت اسماعیل علیہ السلام قربان ہونے سے بچ گئے تو حضرت ابراہیم علیہ السلام انہیں گھر واپس لے کر آئے۔ حضرت ہاجرہ سلام اللہ علیہا نے اپنے بیٹے کے گلے پر چھری کا نشان دیکھا تو غش کھا کر زمین پر گر پڑیں۔

فرق واضح ہے:

جب حضرت زینب سلام اللہ علیہا نے اپنے بیٹوں کو قربانی کے لئے بھیجا تو خوبصورت لباس کے بجائے جنگی اسلحہ، تلوار اور دوسری چیزوں کے ساتھ مسلح کیا۔ وہ دو بیٹے جو اپنے زمانہ کے اسماعیل سلام اللہ علیہا تھے، انہیں ماں نے خود میدان میں روانہ کیا اور اپنی آنکھوں سے ان کے بدن پارہ پارہ دیکھے اور ذرا برابر پرواہ نہ کی تاکہ بھائی کی دل آزاری نہ ہو۔

لیکن جب اپنے بھائی امام حسین علیہ السلام کے بیٹے شہزادہ علی اکبر علیہ السلام کی شہادت کی خبر سُنی تو اس قدر گریہ کیا کہ خود سید الشہداء علیہ السلام کو انہیں تسلی دے کر چُپ کروانا پڑا۔ [۲]

تیسرا مقام:

عصرِ عاشور جب شہزادیؑ بھائی کی لاش پر آئیں تو گریہ و ماتم کرنے کے بعد بارگاہِ توحید میں عرض کیا: اے پروردگار! آلِ محمد علیہم السلام کی اس قلیل سی قربانی کو قبول فرما۔

شہزادیؑ کا یہ کلام عجیب ہے۔ اس کلام کا انبیاء ہدیٰ علیہم السلام کے علاوہ کوئی تصور بھی نہیں کر سکتا۔ پس! معلوم ہونا چاہیے کہ شہزادیؑ کس بلند مقام پر فائز تھیں۔ کیونکہ شہزادیؑ مقامِ معرفت میں اس قدر بلند درجہ رکھتی ہیں، اس لئے لوگ آپؑ کی معرفت حاصل کرنے سے بھی عاجز نظر آتے ہیں۔

---

[۱]۔ سورۃ الصفت، آیت ۱۰۷

[۲]۔ مقتل ابی مخنف، ص 129؛ موسوعۃ آل النبیؐ ص 704؛ تاریخ طبری، ج 3 ص 256

پچیسویں فضیلت:

شہزادیؑ کی خداوندِ عالم کے ساتھ محبت

شہزادیؑ کے بلند و بالا مقامات و درجات میں سے ایک ذاتِ پروردگار کی محبت ہے ۔اس کی شرح بیان کرنے سے پہلے ایک اہم مطلب کی طرف اشارہ ضروری ہے۔

فلاسفہ کہتے ہیں:

> ''لوگوں میں جتنے بھی طبقے ہیں، ہر ایک ذاتِ پروردگار کی صفات کا مظہر ہے۔خاص طور پر انبیائے کرام علیہم السلام میں سے ہر نبی خدا کی صفات و کمالات کا مظہر نظر آتا ہے۔ یہ بزرگوارؑ خدا کے اسماء ہیں اوران میں ہر ایک خدا کے نام کی صفات کو ظاہر کرتا ہے۔جیسا کہ حضرت داوٗد علیہ السلام خدا کی صفت عدالت کو ظاہر کرتے ہیں''۔

خدافرماتا ہے:

> يَا دَاوُدُ إِنَّا جَعَلْنَاكَ خَلِيفَةً فِي الْأَرْضِ فَاحْكُمْ بَيْنَ النَّاسِ بِالْحَقِّ۔ [1]

> ''اے داوٗد علیہ السلام! ہم نے تمہیں زمین میں اپنا خلیفہ بنایا ہے پس لوگوں کے درمیان حق کے ساتھ فیصلہ کرو''۔

حضرت سلیمان بن داوٗد علیہ السلام خدا کی صفات جاہ وجلال اور حشمت کو ظاہر کرتے ہیں۔

خداوندِ عالم آپؑ کے بارے میں فرماتا ہے:

> وَهَبْ لِي مُلْكًا لَّا يَنبَغِي لِأَحَدٍ مِّن بَعْدِي۔

[1]۔ سورۂ ص ۳۸، آیت ۲۶

"اے پروردگار! مجھے ایسا ملک عطا فرما جو میرے بعد تو کسی کو نہ دے"۔ [1]

حضرت یوسف علیہ السلام جمالِ حق کو ظاہر کرتے ہیں۔ حضرت یحییٰ علیہ السلام خدا کے جلال اور قہاریت کو ظاہر کرتے ہیں، حضرت ابراہیم علیہ السلام محبتِ الٰہی کے مظہر ہیں۔ خاتم المرسلین حضرت محمد مصطفیٰ صلی اللہ علیہ وآلہ وسلم جو تمام انبیاءؑ کے سردار اور آقا ہیں اور تمام انبیاءؑ کی صفات کے حامل ہیں، آپؐ خدا کی تمام صفات کے مظہر ہیں۔ کیونکہ آپؐ عقل کُل ہیں، ہر چیز کی خلقت کا سبب اور ہر معلول کی علّت ہیں۔ اس لئے آپؐ تمام کمالاتِ خدا کے مظہر ہیں۔ پیغمبر اکرم صلی اللہ علیہ وآلہ وسلم کے بعد یہ تمام صفات اور کمالات آپؐ کے اہل بیت علیہم السلام اور آئمہ اطہار علیہم السلام میں پائے جاتے ہیں، اس لئے وہ بھی کمالات خداوندی کے مظہر ہیں۔

اہل بیت اطہار علیہم السلام میں کچھ خاص ہستیاں ایسی بھی ہیں جو اس بلند و بالا مقام پر فائز ہوئی ہیں۔ اُن میں صدیقۂ کبریٰ حضرت بی بی فاطمۃ زہرا سلام اللہ علیہا اور صدیقہ صغریٰ حضرت زینب سلام اللہ علیہا ہیں۔ جب یہ مطلب روشن ہوگیا ہے تو اب اصل مطلب کی طرف لوٹتے ہیں اور وہ ہے: ان دو معصوم بیبیوں کے کمالات کو بیان کرنا۔

چنانچہ مقامِ محبت اہم ترین مقامات میں سے ہے اور اس کے مظہر حضرت ابراہیم علیہ السلام خلیل خدا ہیں۔ ہر ایک اس پاکیزہ و بلند مقام پر نہیں پہنچ سکتا۔ اس مقامِ محبت کے کئی نام ہیں۔ اُن میں سے ایک نام حبیب ہے۔ اس مقام کے پھر درجات ہیں اور بلند ترین درجہ پر حضرت محمد مصطفیٰ صلی اللہ علیہ وآلہ وسلم فائز ہیں، اس لئے آپؐ کو حبیب خدا کہا جاتا ہے۔ آپؐ کے بعد دوسرے درجہ پر حضرت ابراہیم علیہ السلام ہیں، اس لئے اُن کو خلیل اللہ کہتے ہیں۔

حدیثِ قدسی میں خدا فرماتا ہے:

من طلبنی وجدنی، ومن وجدنی عشقنی، ومن عشقنی عشقته، ومن عشقته قتلته، ومن قتلته فعلی

---

[1] سورۂ ص ۳۸، آیت ۳۵

دیته، وأنا دیته۔ [1]

''جس نے مجھے تلاش کیا، اس نے مجھ سے عشق کیا اور جس نے مجھ سے عشق کیا، میں نے اس سے عشق کیا اور جس سے میں نے عشق کیا، میں نے اُسے قتل کر دیا اور جس کو میں نے قتل کر دیا میں اس کا دیّہ ہوں''۔

اس کلمات سے حقیقی عاشقوں کے مقامات کا بخوبی اندازہ لگایا جا سکتا ہے۔ اگر حضرت ابراہیم علیہ السلام اس بلند مقام خلیل اللہ پر فائز ہوئے ہیں تو مقامِ عشق و محبت کے ذریعہ۔ اگر مقامِ محبت و عشق کو پایا ہے تو حضرت محمد مصطفیٰ صلی اللہ علیہ وآلہ وسلم کی محبت اور عشق کی وجہ سے اور آپ کی برکت کے سبب ہے۔

اس مقام کو حاصل کرنے کے لئے حضرت ابراہیم علیہ السلام نے اپنا تمام مال راہِ خدا اور محبت خدا میں خرچ کر دیا۔ یہاں تک کہ پروردگار کی راہ میں اپنے بیٹے کو قربان کرنے کے لئے تیار ہو گئے اور آپؑ خود آتش نمرود میں کود گئے۔ یہ اسی محبت کا اثر تھا کہ وہ آگ گلزار بن گئی۔

جب ہم عقیلۂ بنی ہاشم بنتِ علی ابن ابی طالب سلام اللہ علیہا کی طرف دیکھتے ہیں تو شہزادیؑ اس مقامِ محبت میں یگانہ اور بے مثال نظر آتی ہیں۔ شہزادیؑ محبت خدا میں اس طرح محو ہوئیں کہ جو بلا اور مصیبت بھی راہِ خدا میں نازل ہوئی اسے دل و جان اور خوشی کے ساتھ قبول کیا اور ذرا برابر بھی افسوس نہ کیا۔ آپؑ نے خدا کی محبت میں امن و امان کا گھر مدینہ رسولؐ کو چھوڑنا قبول کیا اور بے امن اور بلاؤں کی سرزمین کربلا پر آ گئیں۔ شہزادیؑ نے عاشور کے دن ایسے ایسے مصائب اور بلاؤں کو برداشت کیا جن کو سخت ترین پہاڑ بھی برداشت نہیں کر سکتا اور نہ ہی سات آسمان اور سات زمینیں ان مصائب کو برداشت کر سکتے ہیں۔ اگر یہ مصائب سات آسمان کے فرشتوں پر نازل ہوتے تو قیامت تک قیام نہ کر سکتے۔

اگر حضرت ابراہیم علیہ السلام نے راہِ خدا میں تمام مال قربان کیا تو حضرت زینب سلام اللہ علیہا

---

[1] نفس الرحمٰن فی فضائل سلمان-میرزا حسین النوری الطبرسی، ص 331

نے بھی اپنا سب کچھ راہ خدا میں دے دیا حتیٰ کہ اپنی چادر بھی قربان کر دی۔

اگر حضرت ابراہیم علیہ السلام نے راہِ خدا میں اپنا اسماعیل علیہ السلام قربان کیا تو شہزادیؑ نے اپنے دو اسماعیل راہِ خدا میں قربان کئے۔

اگر حضرت ابراہیم علیہ السلام نے آتش نمرود کو برداشت کیا تو مظلومہؑ نے اس اُمت کے نمرود کی آگ کو برداشت کیا بلکہ اس بات پر راضی ہوگئیں کہ خود بھی جلتی ہیں تو جل جائیں۔ لیکن حضرت امام سجاد علیہ السلام جو حجت خدا تھے نے فرمایا کہ نہ جلیں اور خیموں سے باہر چلی جائیں۔ جب خیموں کو آگ لگی تو بی بیؑ نے سب خواتین اور بچوں سے فرمایا: باہر چلے جائیں لیکن شہزادیؑ خود وہیں رہ گئیں تاکہ خود قربانی دے کر حضرت سید الساجدین علیہ السلام کو بچالیں۔

حضرت سید الشہداء علیہ السلام نے خداوند تعالیٰ کی محبت میں شہادت کو قبول کیا اس لئے خداوندِ عالم اُن کے لئے دیّہ یعنی خُون بہا قرار پایا۔ اس طرح حضرت زینب سلام اللہ علیہا نے بھی راہِ خدا میں شہادت قبول کی، اس لئے اُن کا دیّہ اور خُون بہا بھی خود خداوندِ متعال ہے۔

=====❖=====

چھبیسویں فضیلت:

حضرت زینب سلام اللہ علیہا اور خوفِ خدا

مقاماتِ انسانیہ اور درجاتِ عالیہ میں ایک بلند و اعلیٰ مقام خوف ہے۔اس مقام کی تحصیل کی طرف رغبت دلانے میں کافی بیانات ہیں اور حکماء یعنی فلاسفہ اس بارے میں مناسب اور قابل اعتبار عبارات رکھتے ہیں۔

انبیاءؑ میں سے حضرت یحییٰ علیہ السلام اس مقام اور کمال کے مظہر ہیں۔خدا کی بارگاہ میں اس صفت کے ساتھ متصف ہونے والوں کے لئے بے حد مقامات اور بے شمار درجات ہیں۔اس لئے حضرت یحییٰ علیہ السلام کے متعلق کچھ مقامات اور درجات کو بیان کرتے ہیں۔اُن مقامات میں سے ایک مقام خوف اور دوسرا مقامِ سیادت و سرداری ہے جو حضرت یحییٰ علیہ السلام میں پایا جاتا ہے۔

خداوندِ عالم قرآن میں ارشاد فرماتا ہے:

وَسَيِّدًا وَحَصُورًا وَنَبِيًّا مِّنَ الصَّالِحِينَ۔ [۱]

''اور وہ سید اور حصور اور صالحین میں سے نبی ہیں''۔

یہ سیادت اور سرداری والا مقام اُن لوگوں کے پاس ہوتا ہے جو علم حقیقی رکھتے ہیں۔

خدا فرماتا ہے:

إِنَّمَا يَخْشَى اللَّهَ مِنْ عِبَادِهِ الْعُلَمَٰؤُا۔ [۲]

''اس کے بندوں میں صرف علماء ہی اللہ سے ڈرتے ہیں''۔

---

[۱]۔ سورۂ آلِ عمران، آیت ۳۹

[۲]۔ سورۂ فاطر، آیت ۲۸

یہ کلمہ حصر کے ساتھ بیان ہوا ہے جس کا مطلب یہ ہے کہ جس کے پاس علم و معرفت زیادہ ہے، اس میں خوفِ خدا بھی زیادہ ہے اور جو اس مقام پر فائز ہوتے ہیں اُن کا اجر و ثواب بھی حد سے خارج ہے۔ اس مقام کا کمترین اجر و ثواب یہ ہے کہ وہ تمام ہولناک مقامات سے نجات پاتے ہیں اور قیامت کے روز تمام عذابوں سے محفوظ ہو جاتے ہیں۔ وہ عذاب جن سے تمام لوگ لرز رہے ہوں گے لیکن یہ جماعت امن و امان میں ہوگی اور نعماتِ خداوندی سے مسرور ہوگی۔

مقامِ خوف میں اگر ہم عقیلہَ بنی ہاشمؑ کے بارے میں غور کریں تو شہزادیؑ کا مقام ایک نمایاں حیثیت رکھتا ہے اور آپؑ کو اس مقام میں یگانہ و منفرد پاتے ہیں۔

اس مقام میں آپؑ کے کمال پر ایک تو آپؑ کا علم گواہی دیتا ہے اور دوسرا آپؑ کی عبادت اور اطاعات شاہد ہیں جو یہ بتاتی ہیں کہ آپؑ میں خوفِ خدا اعلیٰ درجے کا موجود تھا۔ جیسا کہ گزشتہ ابحاث میں گزر چکا ہے۔ خاص طور پر کربلا سے شام کے سفر میں اہل بیت علیہم السلام کی مستورات اور بچوں پر جو بلائیں آتی تھیں تو مظلومہؑ ان کے آگے ڈھال بن جاتی تھیں۔ جب بھی کوئی ظالم ظلم کرنے لگتا یا کوئی ملعون تازیانہ یا نیزہ سے اذیّت دیتا تو شہزادیؑ اس کے سامنے آجاتیں اور اپنے بدنِ نازک پر برداشت کر لیتی تھیں۔ اس کے باوجود کہ سب کی بلاؤں اور مصیبتوں کو خود برداشت کرتی تھیں۔ نہ تو بی بیؑ سے واجبات ترک ہوئے نہ ہی مستحبات۔ یہ صرف اس لئے تھا کہ آپؑ میں اعلیٰ درجے کا خوفِ خدا موجود تھا۔

یہاں پر ایک اہم بات کی طرف اشارہ کرتے ہیں:

حضرت یحییٰ علیہ السلام خوفِ خدا کی وجہ سے مصائب برداشت کرتے تھے، جن کی وجہ سے آپؑ کے مقامات و درجات بلند ہوئے۔ اسی طرح حضرت زینب سلام اللہ علیہا نے بھی خوفِ خدا کی وجہ سے تمام مصائب کو برداشت کیا، جس کی وجہ سے آپ علیہا السلام بلند مقامات پر فائز ہوئیں۔ لیکن ان دو ہستیوں کے درمیان فرق ہے۔ وہ یہ کہ حضرت یحییٰ علیہ السلام کے مصائب کی

حد تھی اور مظلومہؑ کے مصائب کی کوئی حد نہیں ہے۔

مثال کے طور پر حضرت یحییٰ علیہ السلام نے دیکھا کہ بادشاہ زنا کرنے کا ارادہ رکھتا ہے تو آپؑ نے خدا کے خوف کی وجہ سے اُسے بُرائی سے روکا، جس کی وجہ سے اُنہیں شہید کر دیا گیا۔

اسی طرح مظلومہؑ نے بھی جب ابن زیاد ملعون کی منحوس محفل میں دیکھا کہ حجت ِخدا علیہ السلام کے سامنے دشمنانِ خدا کسی بھی بُرائی سے دریغ نہیں کر رہے بلکہ وہ حجتِ خدا علیہ السلام کے قتل کا بھی ارادہ رکھتے ہیں تو سیّدہؑ نے خوفِ خدا کی وجہ سے اُن کو امر بالمعروف اور نہی عن المنکر کیا۔ اس امر بالمعروف اور نہی عن المنکر کی وجہ سے ظالموں نے شہزادیؑ کو بھی قتل کرنے کا ارادہ کرلیا۔

حضرت یحییٰ علیہ السلام کا سرِ مبارک سونے کے طشت میں رکھ کر بادشاہ کے دربار میں پیش کیا گیا۔

اسی طرح مظلومہؑ نے بھی اپنی آنکھوں سے دیکھا کہ یزید کے دربار میں آپؑ کے بھائی کے سر کو سونے کے طشت میں رکھ کر پیش کیا گیا۔ شہزادیؑ پر یہ اس قدر سخت و ناگوار گزرا کہ اگر خود اُن کا سر کاٹ کر اس طرح سونے کے طشت میں رکھا ہوتا تو وہ آسان تھا۔ کیونکہ جب شہزادیؑ نے بھائی کے سر کو اس حال میں دیکھا تو آپؑ کے ہاتھ بندھے ہوئے تھے اور شہزادیؑ کے سامنے یزید اور اس کے درباری شطرنج کھیل رہے تھے اور شراب پینے اور قمار بازی میں مشغول تھے۔ یزید امامؑ کے دانتوں پر چھڑی مار رہا تھا اور مظلومہؑ کے بھائی اور والدؑ کو سَب وشتم اور بُرا بھلا کہہ رہا تھا۔ ان سب حالات کے باوجود شہزادیؑ نے امر بالمعروف اور نہی عن المنکر کو ترک نہ کیا۔

=====❖=====

ستائیسویں فضیلت:

حضرت زینب سلام اللہ علیہا اور تسلیم و رضا

بلند و بالا مقامات اور درجاتِ عظیمہ میں سے ایک مقام تسلیم و رضا ہے۔ یہ دو قوتیں اور طاقتیں یعنی تسلیم اور رضا، یہ ایسا ملکہ ہے جو تمام ملکات سے شرافت میں زیادہ ہے۔ ان کا حاصل کرنا سب سے مشکل اور محنت طلب کام ہے۔ رضا کا مطلب ہے اپنے آپ کو پروردگارِ عالم کی مرضی پر چھوڑ دینا۔ یعنی جو بھی تکلیف یا اذیّت پہنچے اُسے خدا کی طرف سے جانتے ہوئے خلوصِ دل کے ساتھ قبول کر لینا۔ حوادثاتِ زمانہ میں سے جو بھی تیر دل پر آ کر لگیں، اُن پر شاکر رہنا اور شکوہ نہ کرنا یقیناً یہ بڑا مشکل مقام ہے۔

اہلِ عرفان کہتے ہیں:

> ''تسلیم و رضا خدا کے بڑے دروازوں میں سے ایک دروازہ ہے بہشت کے خازن کا نام بھی اسی لئے رضوان ہے جو رضا سے نکلا ہے۔ اس درجہ پر فائز ہونے والوں کو بہشت میں مقام عطا کیا جائے گا''۔

ایک حدیث میں اسلام کی تعریف اس طرح کی گئی ہے:

اَلْإِسْلاَمَ هُوَ التَّسْلِيْمُ ۔[1]

''اسلام تسلیم کا نام ہے''۔

اِن دو صفات تسلیم و رضا کے اعلیٰ ترین مظہر صرف حضرت ختمی مرتبت رسولِ خدا صلی اللہ علیہ وآلہ وسلم ہیں۔ اس لئے کہ باقی تمام انبیاءؑ کا مقامِ تسلیم و رضا جب انتہاء کو پہنچ جاتا تھا تو وہ اپنی اُمت کے سرکشوں کے لئے خود ہی لعنت کرتے تھے لیکن رسولِ اکرم صلی اللہ علیہ وآلہ وسلم کی تسلیم و رضا کا یہ عالم

---

[1]۔ الکافی، ج8 ص2؛ الوافی، ج26 ص97؛ بحار الانوار، ج75 ص210؛ عوالم العلوم، ج20 ص856

ہے کہ تمام جسمانی اور روحانی تکلیفوں کے باوجود ہمیشہ تسلیم و رضا میں رہتے تھے۔ آپؐ سے کبھی کوئی نازیبا بات سرکشوں کے متعلق ظاہر نہیں ہوئی۔ بلکہ آپؐ ہر وقت ان کی ہدایت کے لئے خدا سے دعا کرتے تھے۔

پس! جب پیغمبر اسلام صلی اللہ علیہ وآلہ وسلم تسلیم و رضا کے اس مقام پر فائز تھے تو خدا نے بھی آپؐ کو ہر وہ چیز عطا فرما دی جو آپؐ نے طلب فرمائی۔ آپؐ جس کی بھی شفاعت کریں گے اسے بخش دیا جائے گا۔

خدا فرماتا ہے:

وَلَسَوۡفَ يُعۡطِيكَ رَبُّكَ فَتَرۡضٰى۔ [1]

"عنقریب تیرا رب تجھے اتنا عطا فرمائے گا کہ تو راضی ہو جائے گا"۔

رسولِ اکرم صلی اللہ علیہ وآلہ وسلم کے بعد تسلیم و رضا کا یہ مقام اور مرتبہ آپؐ کے اہل بیت علیہم السلام کو ملا۔ جیسا کہ حدیث میں وارد ہوا ہے:

"جابر ابن عبداللہ بیمار ہو گئے جب کہ وہ بوڑھے ہو چکے تھے۔ حضرت امام محمد باقر علیہ السلام ان کی تیمارداری کے لئے تشریف لائے اور ان کا حال پوچھا۔ جابر نے عرض کیا:

میں اس حال میں ہوں کہ بڑھاپے کو جوانی سے اور بیماری کو صحت سے اور موت کو زندگی سے بہتر جانتا ہوں۔

حضرت امام محمد باقر علیہ السلام نے فرمایا:

لیکن میں اس حال میں ہوں کہ اگر خدا مجھے بڑھاپا دے تو بھی میں خوش اور راضی ہوں، اگر خدا مجھے جوانی دے تو بھی میں راضی ہوں، اگر خدا مجھے موت دے تو بھی میں راضی ہوں اور اگر خدا مجھے زندگی دے تو بھی میں راضی ہوں۔

---

[1]۔ سورۂ ضحیٰ، آیت ۵

یہ سُن کر جابرؓ نے حضرتؑ کی پیشانی کا بوسہ لیا اور عرض کیا: رسولؐ خدا صلی اللہ علیہ وآلہ وسلم نے مجھ سے سچ فرمایا تھا کہ اے جابر! تو ملاقات کرے گا میری اولاد میں سے میرے اُس بیٹے کے ساتھ جن کا نام میرے نام پر ہوگا اور جو علم کو اس طرح چیرے گا، جس طرح بیل زمین کو چیرتا ہے''۔

اس حدیث سے معلوم ہوتا ہے کہ جابر مقامِ صبر میں تھا اور حضرت امام محمد باقر علیہ السلام نے اُسے مقامِ تسلیم و رضا کے بارے میں بتایا کہ یہ وہ مقام و مرتبہ ہے جس میں تمام مقامات اور مراتب داخل ہو جاتے ہیں۔

عقیلہَ بنی ہاشم حضرت زینب سلام اللہ علیہا نے اس مقام میں اپنے جدِّ بزرگوار حضرت محمد صلی اللہ علیہ وآلہ وسلم کی مکمل پیروی کی جیسا کہ کربلا و کوفہ اور شام کے سفر میں جو مصیبتیں آپؑ پر نازل ہوئیں۔ اپنے بھائیوں، بیٹوں اور بھتیجوں کی شہادت، بھوک و پیاس، قید، ہتکِ حرمت اور اذیّت، دیگر زبان کے زخم، کوڑے اور تازیانے یہ سب کچھ برداشت کیا۔ اگر آپؑ چاہتیں تو روکنے کی طاقت رکھتی تھیں۔

شہزادیؑ کی چادر کی قسم! اگر چاہتیں تو ہر طرف عذاب نازل ہو جاتا لیکن آپؑ نے تسلیم و رضا کے اپنے اس مقام کو اہلِ جہان کے لئے واضح کر دیا اور یہ بتا دیا کہ میں تسلیم و رضا کے اعلیٰ مقام پر فائز ہوں۔

حضرت زینب سلام اللہ علیہا کی گفتگو ہماری ان باتوں کی تائید کرتی ہے کہ جب ابن سعد کے حکم سے خیموں کو آگ لگا دی گئی تو شہزادیؑ حضرت امام سجاد علیہ السلام کی خدمت میں حاضر ہوئیں اور عرض کیا:

''بیٹا! اس وقت ہمارے لئے کیا حکم ہے۔ جل کر مر جائیں یا ننگے سر خیموں سے باہر نکل جائیں؟''

حضرت امام سجاد علیہ السلام نے حکم دیا:

''آپؑ سب خیموں سے باہر نکل جائیں''۔

اہلِ معرفت جانتے ہیں کہ شہزادیؑ کے پوچھنے کا مقصد یہ تھا:

''اے حجتِ خدا علیہ السلام! بتائیے اس وقت ہم عورتوں کے بارے میں رضائے خدا کیا ہے تا کہ اُس کے مطابق عمل کیا جائے؟ اگر خدا کی رضا اس میں ہے کہ ہم جل کر مر جائیں تو ہم اس پر راضی ہیں''۔

لیکن جب آپؑ نے حجتِ خدا علیہ السلام کے جواب سے یہ سمجھ لیا کہ خدا کی رضا باہر نکل جانے میں اور باقی رہنے میں ہے تو اس رضا پر راضی ہو کر تمام بچوں اور مستورات کو باہر نکال دیا خود حجتِ خدا علیہ السلام کو بچانے کے لئے خیمہ میں موجود رہیں اور امام سجاد علیہ السلام کا دفاع کرتیں رہیں۔

حمید ابن مسلم کہتا ہے:

''آگ جس قدر قریب آتی شہزادیؑ حجتِ خدا علیہ السلام کی حفاظت میں کوتاہی نہ کرتی تھیں''۔

=====❖=====

اٹھائیسویں فضیلت:

اُمُّ المصائب حضرت زینب سلام اللہ علیہا مصائب وآلام میں

انسان کے بلند و بالا مقامات اور درجات میں سے ایک مقام بلاؤں میں مبتلا ہونا ہے۔ یہ مقام خدا کے خاص مقامات میں سے ایک مقام ہے۔

جیسا کہ ایک فرمان ہے:

البلاء للمولاہ۔۔۔ ”ہر بلاء مولا کے لئے ہے“۔

بلائیں اور مصیبتیں جس قدر زیادہ ہوں گی تقربِ خدا اُسی قدر زیادہ ہوگا۔

کسی فارسی شاعر نے کیا خوب کہا ہے:

ہر کہ در این بزم مقرب تر است   جام بلا بیشترش میدھند

”اس بزم میں جو جتنا مقرب ہوگا، اُسے بلاؤں کا جام اُسی قدر زیادہ دیتے ہیں“۔

اس بات پر بہت سی روایات دلالت کرتی ہیں حضرت امام جعفر صادق علیہ السلام فرماتے ہیں کہ رسولِ خدا صلی اللہ علیہ وآلہ وسلم نے فرمایا:

فَإِذَا أَحَبَّ اللهُ عَبْداً اِبْتَلَاهُ بِعَظِيمِ الْبَلَاءِ فَمَنْ رَضِيَ فَلَهُ عِنْدَاللهِ الرِّضَا وَ مَنْ سَخِطَ الْبَلَاءَ فَلَهُ عِنْدَاللهِ السَّخَطُ۔ [1]

”جب خداوند تعالیٰ کسی بندے سے محبت کرتا ہے تو اسے بڑی مصیبت میں مبتلا کر دیتا ہے پس جو اس بلاء و مصیبت پر راضی ہوگا اس کے لئے

---

[1]۔ الکافی، ج 2 ص 253؛ وافی، ج 5 ص 766؛ تحف العقول، ص 41؛ مشکاۃ الانوار، ص 297؛ وسائل الشیعہ، ج 3 ص 252؛ المؤمن، ص 33

خدا کے پاس خوشنودی ہے جو ناراض ہو گیا اس کے لئے خدا کے پاس ناراضگی ہے“۔

اس حدیث کے آخر میں فرمایا:

إِذَا أَحَبَّ اللهُ قَوْماً أَوْ أَحَبَّ عَبْداً صَبَّ عَلَيْهِ الْبَلاَءَ صَبّاً فَلاَ يَخْرُجُ مِنْ غَمٍّ ۔[۱]

”جب خدا کسی قوم یا بندے کو پسند کرتا ہے تو اسے سخت بلاؤں میں مبتلا کرتا ہے وہ ایک غم سے نہیں نکلتا ہے تو دوسرے غم میں مبتلا ہو جاتا ہے“۔

قَالَ رَسُولُ اللهِ صَلَّى اللهُ عَلَيْهِ وَ آلِهِ إِنَّ لِأَهْلِ الْبَلاَيَا فِي الدُّنْيَا دَرَجَاتٍ وَ فِي الآخِرَةِ مَا لَا تُنَالُ بِالْأَعْمَالِ حَتَّى إِنَّ الرَّجُلَ لَيَتَمَنَّى أَنَّ جَسَدَهُ فِي الدُّنْيَا كَانَ يُقْرَضُ بِالْمَقَارِيضِ مِمَّا يَرَى مِنْ حُسْنِ ثَوَابِ اللهِ لِأَهْلِ الْبَلاَءِ مِنَ الْمُوَحِّدِيْنَ فَإِنَّ اللهَ لَا يَقْبَلُ الْعَمَلَ فِيْ غَيْرِ الْإِسْلَامِ۔[۲]

”رسول اللہ صلی اللہ علیہ وآلہ وسلم نے فرمایا: دنیا میں صاحبِ مصیبت کے لئے آخرت میں درجات ہیں جو اعمال کے ساتھ حاصل نہیں ہوتے۔ جب آدمی قیامت کے دن یہ دیکھے گا کہ اللہ تعالیٰ نے صاحبِ مصیبت کو کتنا اجر و ثواب عطا فرمایا ہے تو بندہ خواہش کرے گا کہ کاش! دنیا میں اُس کے بدن کو قینچی کے ساتھ ٹکڑے ٹکڑے کر دیا جاتا اور آج اہلِ مصیبت کے اس عظیم اَجر و ثواب سے بہرہ مند ہوتا“۔

روایات سے قطع نظر اگر ہم خدا کے خاص بندوں کی زندگی کا مطالعہ کرتے ہیں تو ہمیں پتہ چلتا ہے کہ ان کی تمام تر زندگی سختی اور مصیبت میں گزری ہے۔ اہلِ دنیا اپنی ساری زندگی عیش و عشرت اور لذّتوں میں گزارتے ہیں۔ یہ مطلب ہمارے لئے بالکل واضح اور روشن ہو

---

[۱]۔ بحار الانوار، ج82 ص148

[۲]۔ عدۃ الداعی ونجاح الساعی، ص128؛ بحار الانوار، ج78 ص183؛ مستدرک الوسائل، ج2 ص66

جاتا ہے کہ بلاؤں کا نازل ہونا بلند مقامات کے حاصل ہونے کا سبب ہے۔

چنانچہ دنیا میں ہر آقا اور مولیٰ اپنے اچھے غلاموں کے لئے ہر اچھی چیز پسند کرتا ہے۔ اسی طرح خداوند تعالیٰ بھی اپنے خاص بندوں کے لئے ہر اچھی نعمت کو پسند فرماتا ہے۔ اِن مصائب کا فلسفہ واضح اور روشن ہے۔

خداوندِ تعالیٰ نے اپنے کمالِ عدل اور مصلحت کے سبب آلائم اور مصائب خلق فرمائے ہیں۔ اسی طرح خوشی اور لذتیں بھی پیدا کی ہیں اور اپنے بندوں میں سے ہر ایک کو اس کڑوے اور میٹھے شربت کے جام کے پیالے پلاتا ہے۔

پس! جو بھی اس دنیا میں بلاؤں کا کڑوا شربت نوش کرے گا، وہ آخرت میں نعمتوں کے ابدی چشمہ سے سیراب ہوگا اور جو اس دنیا میں لذتوں کے جام سے خوش ہوگا تو وہ آخرت میں ابدی نعمات اور لذتوں سے محروم رہے گا۔

جیسے کہ یہ حدیث شریف بھی اِن مطالب کو بیان کرتی ہے:

اَلدُّنْیَا سِجْنُ الْمُؤْمِنِ وَ جَنَّةُ الْكَافِرِ۔ [۱]

"دنیا مؤمن کے لئے قید خانہ اور کافر کے لئے جنت ہے"۔

ایک اور حدیث میں ہے:

اَلدُّنْیَا حَرَامٌ عَلَى اَهْلِ الْآخِرَةِ وَ الْآخِرَةُ حَرَامٌ عَلَى اَهْلِ الدُّنْیَا۔ [۲]

"دنیا اہلِ آخرت پر حرام ہے اور آخرت اہلِ دنیا پر حرام ہے"۔

اس لئے ہمیں انبیاءؑ، اوصیاءؑ اور خدا کے خاص بندوں میں سے ہر ایک کا مقام معلوم

---

[۱]۔ کنز العمال، ح 6081؛ مسند احمد بن حنبل، ج 2 ص 323؛ صحیح مسلم، ج 4 ص 2274؛ سنن ابن ماجہ، ج 2 ص 1378

شیعہ منابع:۔ میزان الحکمت، ج 3 ص 318؛ من لا یحضرہ الفقیہ، ج 4 ص 262؛ امالی طوسی، ج 2 ص 142؛ بحار الانوار، ج 64 ص 232

[۲]۔ عوالی اللئالی، ج 4 ص 119

ہو جاتا ہے۔ جس کی بلائیں زیادہ ہیں اس کا مقام بھی بلند ہے۔

ہم چونکہ صدیقہ صغریٰ حضرت زینب سلام اللہ علیہا کے حالات زندگی ذکر کر رہے ہیں۔ اگر آپؑ کے حالاتِ زندگی پر غور وفکر کریں تو یہ پتہ چلتا ہے کہ شہزادیؑ نے کس قدر مصائب، بلاؤں اور صدموں کو برداشت کیا ہے، جن کو پہاڑ بھی برداشت نہیں کر سکتے۔ کجا یہ کہ ایک کمزور اور ضعیف خاتون۔

یہاں پر دو مطلب ہمارے لئے واضح ہیں:

پہلا مطلب: پہلا مطلب یہ ہے کہ ان تمام مصائب کو برداشت کرنے سے یہ پتہ چلتا ہے کہ مظلومہؑ میں کمال درجہ کی ثابت قدمی اور توحید کا مقام اور تقربِ الٰہی انتہائی درجے پر تھا۔

دوسرا مطلب: دوسرا مطالب یہ ہے کہ مظلومہؑ کے درجات اور مقامات و مراتب اس قدر بلند و بالا ہیں کہ ان کا تصور کرنا ہمارے لئے محال ہے کیونکہ آپؑ پر جو مصائب آئے وہ اکثر انبیاءؑ سے زیادہ تھے اور ان کے مصائبوں سے سخت تھے۔ خواتین جس قدر بھی مضبوط دل کی مالک ہوں عام طور پر اس طرح کے مصائب کو برداشت نہیں کر سکتیں، جبکہ شہزادیؑ نے ان تمام مصائب کو برداشت کیا۔ اس لئے اگر ہم شہزادیؑ کو مقامات و مراتب میں بعض انبیاءؑ سے افضل جانیں تو یہ غلّو اور حد سے تجاوز نہ ہوگا۔

یہاں پر ایک اہم نتیجے کی طرف اشارہ کرتے ہیں وہ یہ ہے کہ جب اس اُمت کے علماء بنی اسرائیل کے انبیاءؑ سے افضل ہیں تو اس مطلب میں شک کی کوئی گنجائش نہیں رہتی کہ شہزادیؑ یقیناً ان علماء سے افضل ہیں۔ اس اُمت کے علماء کی فضیلت کا سبب خدا کے بندوں کو ہدایت کرنا ہے اور یہ سبب مکرّمہؑ میں اعلیٰ ترین مرتبہ میں موجود ہے اور ساتھ ساتھ علم میں بھی بلند مقام کی مالک ہیں جیسے کہ ذکر ہو چکا ہے۔

=====❖=====

اُنتیسویں فضیلت:

حضرت زینب سلام اللہ علیہا اور مقامِ صبر

انسان کی صفاتِ جمیلہ اور اخلاقِ حمیدہ میں ایک صبر ہے۔اہلِ عرفان نے اس کی تعریف میں اپنے اپنے انداز میں قلم اٹھائے ہیں۔

عارف کامل حضرت محمد مصطفیٰ صلی اللہ علیہ وآلہ وسلم فرماتے ہیں:

”جس کے پاس صبر نہ ہو وہ کسی مقام و مرتبہ پر نہیں پہنچ سکتا۔صبر کی فضیلت اور شرافت ایک ایسی چیز ہے جو محسوس کی جاسکتی ہے جو بھی کسی مقام و مرتبہ پر پہنچا ہے، وہ اسی کی وجہ سے ہے اور جو بھی صبر کی صفت سے محروم ہوگا وہ عام کمالات سے بہرہ مند نہ ہوگا“۔

نبی اکرم صلی اللہ علیہ وآلہ وسلم فرماتے ہیں:

مَنْ لَّا صَبْرَ لَهُ لَا إِيْمَانَ لَهُ۔[۱]

”جس کے پاس صبر نہ ہو اُس کے پاس ایمان نہیں ہے“۔

حدیثِ قدسی میں ہے:

يَا عِيْسٰى! تَخَلَّقْ بِاَخْلَاقِيْ مِنْ اَخْلَاقِي الصَّبْرَ۔ اَلصَّبْرُ مِنَ الْإِيْمَانِ۔[۲]

”اے عیسیٰ علیہ السلام! اپنے اندر میرے اخلاق پیدا کرو اور میرے اخلاق میں سے ایک صبر ہے“۔

---

[۱]۔ المؤمن،ص 64؛ الکافی،ج 2 ص 89؛ دعائم الاسلام،ج 1 ص 323؛ تحف العقول،ص 202

[۲]۔ المؤمن،ص 64؛ الکافی،ج 2 ص 89؛ دعائم الاسلام،ج 1 ص 323؛ تحف العقول،ص 202

ایک اور حدیث میں ہے:

اَلصَّبْرُ مِنَ الْإِیْمَانِ۔

''صبر میں سے ایمان ہے''۔

ایک دوسرے مقام پر فرماتے ہیں:

اَلصَّبْرُ نِصْفُ الْإِیْمَانِ۔[۱]

''صبر نصف ایمان ہے''۔

اَلصَّبْرُ رَأْسُ الْإِیْمَانِ۔[۲]

''صبر ایمان کا سر ہے''۔

اَلصَّبْرُ هُوَ الْإِیْمَانِ۔[۳]

''صبر ایمان ہے''۔

صبر کے تین مرتبے ہیں:

(۱)۔ مصیبت پر صبر۔

(۲)۔ خدا کی اطاعت پر صبر۔

(۳)۔ گناہ کے ترک کرنے پر صبر۔

ان تینوں مراتب میں سے ہر ایک مرتبہ کیلئے علیحدہ علیحدہ اَجر وثواب بیان ہوا ہے۔

حدیث پیغمبر صلی اللہ علیہ وآلہ وسلم ہے کہ آپؐ نے فرمایا:

قَالَ رَسُولُ اللهِ صَلَّى اللهُ عَلَيْهِ وَآلِهِ: اَلصَّبْرُ ثَلَاثَةٌ صَبْرٌ عِنْدَالْمُصِيبَةِ وَ صَبْرٌ عَلَى الطَّاعَةِ وَ صَبْرٌ عَنِ الْمَعْصِيَةِ فَمَنْ صَبَرَ عَلَى الْمُصِيبَةِ حَتَّى يَرُدَّهَا بِحُسْنِ عَزَائِهَا

---

[۱]۔ شرح ابن ابی الحدید، ج1 ص319؛ مستدرک علی الصحیحین، ج20 ص446؛ الدر المنثور، ج1 ص66
شیعہ منابع: ۔ارشاد القلوب، ص127؛ مسکن الفواد، ص41؛ مستدرک الوسائل، ج2 ص425

[۲]۔ کافی، ج2 ص87؛ جامع الاخبار، ص136؛ بحار الانوار، ج71 ص67؛ غرر الحکم، ج1 ص21

[۳]۔ بحار الانوار، ج82 ص137

كَتَبَ اللّٰهُ لَهُ ثَلاَثَ مِائَةِ دَرَجَةٍ مَا بَيْنَ الدَّرَجَةِ إِلَى الدَّرَجَةِ كَمَا بَيْنَ السَّمَآءِ إِلَى الْأَرْضِ وَ مَنْ صَبَرَ عَلَى الطَّاعَةِ كَتَبَ اللّٰهُ لَهُ سِتَّمِائَةِ دَرَجَةٍ مَا بَيْنَ الدَّرَجَةِ إِلَى الدَّرَجَةِ كَمَا بَيْنَ تُخُومِ الْأَرْضِ إِلَى الْعَرْشِ وَ مَنْ صَبَرَ عَنِ الْمَعْصِيَةِ كَتَبَ اللّٰهُ لَهُ تِسْعَ مِائَةِ دَرَجَةٍ مَا بَيْنَ الدَّرَجَةِ إِلَى الدَّرَجَةِ كَمَا بَيْنَ تُخُومِ الْأَرْضِ إِلَى مُنْتَهَى الْعَرْشِ۔ [1]

''صبر تین طرح کا ہے۔(۱)۔مصیبت پر صبر۔(۲)۔اطاعت پر صبر۔ (۳)۔معصیت پر صبر۔

(۱)۔جو مصیبت پر صبر کرے گا اور اس مصیبت کو اچھے انداز میں قبول کرے گا تو اللہ تعالیٰ اُس کے لئے تین سو درجے لکھے گا، ایک درجے سے دوسرے درجے کے درمیان کا فاصلہ اتنا ہوگا جتنا آسمان اور زمین کے درمیان ہے۔

(۲)۔جو اطاعت پر صبر کرے گا خداوند تعالیٰ اس کے لئے چھ سو درجے لکھے گا، ایک درجے سے دوسرے درجے کے درمیان کا فاصلہ اتنا ہوگا جتنا زمین سے لے کر عرش تک ہے۔

(۳)۔جو معصیّت پر صبر کرے گا تو اللہ تعالیٰ اس کے لئے نو سو درجے لکھے گا، ایک درجے سے دوسرے درجے تک کا فاصلہ اتنا ہوگا جتنا زمین سے لے کر عرش کے ختم ہونے تک کا ہے''۔

یہ مقامات جو بیان ہوئے ہیں، تمام صبر کرنے والوں کے لئے ہیں۔ممکن ہے صبر

---

[1]۔ منتخب کنز العمال، ج1ص 208؛ جامع الصغیر، ج2ص 124

شیعہ منابع: کافی، ج2ص 75؛ جامع الاخبار، ص 135

کرنے والے جیسے جیسے صبر کے مقام و مرتبہ میں مختلف ہوں گے، اسی طرح اُن کا اجر و ثواب بھی مختلف ہوگا۔ لہٰذا جن کا صبر زیادہ ہوگا اُن کا اجر بھی اسی انداز سے زیادہ ہوگا۔ اس کی تفصیل میں ہم نہیں جا سکتے۔

خلاصہ یہ کہ: اس صفت کے مظہر حضرت ایوب علیہ السلام ہیں جنہوں نے بلاؤں کے طوفانوں کے باوجود نہایت ہی صبر کا مظاہرہ کیا۔ اگر ہم غور کریں اور یہ کہیں کہ حضرت ایوب علیہ السلام صبر کا سب سے بلند مقام نہ رکھتے تھے تو غلط نہ ہوگا اس لئے کہ جب آپؑ کو مسئلہ ناموس پیش آتا ہے تو آپؑ کا صبر ختم ہو جاتا ہے اور خدا کے دربار میں عاجزی کا اظہار کرتے ہوئے نظر آتے ہیں اور عرض کرتے ہیں:

رَبَّهُ أَنِّي مَسَّنِيَ الضُّرُّ وَأَنتَ أَرْحَمُ الرَّاحِمِينَ۔ [۱]

"اے پروردگار! مجھے دُکھ نے گھیرا ہوا ہے اور تو ارحم الراحمین ذات ہے"۔

اس کائنات میں دو ایسی ہستیاں ہیں جو مقامِ صبر میں اعلیٰ درجے پر فائز نظر آتی ہیں۔ ایک مظلومِ کربلا حضرت امام حسین علیہ السلام اور دوسری مظلومہ حضرت زینب سلام اللہ علیہا ہیں۔ یہ دونوں ہستیاں درحقیقت ایک روح دو بدن تھے۔ مظلومِ کربلا حضرت امام حسین علیہ السلام کا صبر اس مقام پر تھا کہ زیارتِ ناحیہ میں اس مقام کی طرف اس طرح اشارہ ہوتا ہے:

قَدْ عَجِبَتْ مِنْ صَبْرِكَ مَلَائِكَةُ السَّمَاوَاتِ۔ [۲]

"تیرے صبر سے آسمانوں کے ملائکہ تعجب کر رہے تھے"۔

حضرت امام حسین علیہ السلام صبر کے تمام مراتب پر فائز تھے اسی وجہ سے ملائکہ آپؑ کے صبر پر تعجب کر رہے ہیں۔ اس سے پہلے ملائکہ کسی کے صبر پر تعجب کرتے ہوئے نظر نہیں آئے۔

حضرت زینب سلام اللہ علیہا تمام مصائب میں اپنے بھائی کے ساتھ شریک رہیں اور ہر حال میں صبر کرنے والی ہیں اور صبر میں خصوصیات کی حامل ہیں۔ مظلومہؑ کا مصیبت پر صبر

---

[۱]۔ سورۃ انبیاء، آیت ۸۳

[۲]۔ بحار الانوار، ج 98 ص 240؛ مصباح الزائر، ص 121؛ المزار الکبیر، ص 496

کرنا سب کو معلوم ہے ۔ کہتے ہیں جس کے ساتھ محبت زیادہ ہوتی ہے، اُس کی جدائی اسی قدر سخت ہوتی ہے ۔ حضرت زینب سلام اللہ علیہا کی محبت جو اپنے بھائی سیدالشہداء علیہ السلام کے ساتھ تھی، وہ بلند ترین مقام پر تھی ۔ اس لئے اُن کی جدائی بھی آپؑ کے لئے سخت ترین تھی ۔ مظلومہؑ نے اس جدائی کی مصیبت پر انتہائی صبر کا مظاہرہ کیا ۔

اس کی دلیل یہ ہے کہ شہزادیؑ نے اپنے بھائی کی محبت کی خاطر تمام تعلقات کو بالائے طاق رکھ کر اپنے بھائی کے ساتھ جانے کو ترجیح دی ۔ اپنے دو بیٹوں کی شہادت پر گریہ کرنے کی بجائے بھائی کے بیٹے شہزادہ علی اکبر علیہ السلام کی شہادت پر گریہ کرتی ہوئی نظر آتی ہیں ۔ ہر چیز سے زیادہ مظلومہؑ کا تعلق اپنے بھائی کے ساتھ تھا اور بھائی سے اتنی متاثر تھیں کہ خود کو اپنے بھائی میں گم کر دیا ۔ اس لئے ہر مقام پر اپنے بھائی کو مقدم رکھتی تھیں ۔ محبت حسینؑ میں جیتی اور مرتی تھیں ۔ بھائی کی جدائی میں ان کا گریہ کرنا صبر میں عاجزی کی وجہ سے نہ تھا بلکہ اس لئے تھا کہ مظلوم کربلاؑ پر گریہ کرنے کا بھی بے حد اجر وثواب ہے ۔

اطاعت پر صبر کرنے میں مظلومہؑ یکتا نظر آتی ہیں ۔ جیسا کہ اجمالاً ذکر ہوا ہے کہ تمام حالات وواقعات میں عبادت اور اطاعت میں مصروف رہیں اور صبر کا مظاہرہ فرماتی رہیں ۔

ترکِ معصیت پر صبر تو اس مرحلہ کو بیان کرنے کی ضرورت نہیں ہے کیونکہ آپ جان چکے ہیں کہ شہزادیؑ مقامِ عصمت پر فائز تھیں ۔ پس! جب شہزادیؑ صبر کے اس مقام پر فائز دکھائی دیتی ہیں تو کہا جا سکتا ہے کہ ان کے صبر سے بھی ملائکہ تعجب کرتے ہیں بلکہ شہزادیؑ ایک مقام پر خود فرماتی ہوئی نظر آتی ہیں :

''مَیں نے کربلا میں اس طرح صبر کیا کہ صبر بھی میرے صبر سے عاجز آ گیا'' ۔

=====❖=====

تیسویں فضیلت:

حضرت زینب سلام اللہ علیہا اور دوسروں کی مدد کرنا

انسان کے اخلاقِ حمیدہ اور اوصافِ پسندیدہ میں سے ایک صفت ''مؤاسات'' ہے جس کا سادہ ترین معنی اور مطلب یہ ہے کہ کسی کی مدد کرنا اپنے اموال یا افعال کے ذریعہ سے۔اس لئے مؤاسات کے دو مرتبے ہیں۔ایک مالی اور دوسرا فعلی۔

مؤاسات کا مالی مرحلہ اور مرتبہ یہ ہے کہ دو افراد میں سے ایک کے پاس زیادہ مال ہو اور دوسرا فقیر و محتاج ہو۔مال دار اپنے مال میں سے مناسب حصہ فقیر اور محتاج کو عطا کردے۔

مؤاسات کا فعلی مرحلہ اور مرتبہ یہ ہے کہ جب ایک شخص کسی مصیبت میں یا پریشانی میں مبتلا ہو تو دوسرا اُس کو اس پریشانی سے نجات دے۔

مؤاسات کے ان دونوں مراتب کا بے حد اَجر و ثواب ذکر کیا گیا ہے۔کیونکہ عبادات اور اطاعت میں اصل مقصد یہی ہے یعنی کسی کی مدد کرنا مال اور عمل سے۔یہ ایک عظیم عبادت ہے۔بہت سی روایات اس کی ترغیب میں اور اس کو حاصل کرنے میں اور اس صفت کو بیدار کرنے میں وارد ہوئی ہیں۔

حضرت امام جعفر صادق علیہ السلام کا فرمان ہے جو آپؑ نے معلیٰ بن خنیس سے بھائیوں کے حقوق کو بیان کرتے ہوئے فرمایا: آپؑ فرماتے ہیں:

وَ الْحَقُّ الْخَامِسُ اَنْ لَّا تَشْبَعَ وَ يَجُوْعُ وَ لَا تَرْوَىٰ وَ يَظْمَأُ وَ لَا تَلْبَسَ وَ يَعْرَىٰ۔ [1]

---

[1] ۔ اصول کافی، ج 2 ص 169؛ مصادقۃ الاخوان، ص 40؛ محاسبۃ النفس، ص 83؛ منیۃ المرید، ص 332؛ الوافی، ج 5 ص 557؛ وسائل الشیعہ، ج 12 ص 205

’’ایک بھائی کا دوسرے بھائی پر پانچواں حق یہ ہے کہ وہ ایسا نہ کرے کہ اپنا پیٹ بھرا ہوا ہو اور اس کا بھائی بھوکا ہو، خود ٹھنڈا پانی پیئے اور وہ پیاسا ہو، خود تن پر لباس رکھتا ہو اور وہ بے لباس ہو‘‘۔

’’اصولِ کافی‘‘، میں حضرت امام جعفر صادق علیہ السلام فرماتے ہیں:

اَلْمُسْلِمُ اَخُوالْمُسْلِمِ لَا یَظْلِمُهُ وَ لَا یَخْذُلُهُ وَ لَا یَخُونُهُ، وَ یَحِقُّ عَلَى الْمُسْلِمِ الِاجْتِهَادُ فِی التَّوَاصُلِ، وَ التَّعَاوُنُ عَلَى التَّعَاطُفِ، وَ الْمُوَاسَاةُ لِأَهْلِ الْحَاجَةِ، وَ تَعَاطُفُ بَعْضِهِمْ عَلَى بَعْضٍ حَتَّى تَكُونُوْا كَمَا أَمَرَكُمُ اللهُ عَزَّوَجَلَّ: ’’رُحَمَاءَ بَيْنَكُمْ‘‘ مُتَرَاحِمِينَ مُغْتَمِّينَ لِمَا غَابَ عَنْكُمْ مِنْ أَمْرِهِمْ عَلَى مَا مَضَى عَلَيْهِ مَعْشَرُ الْأَنْصَارِ عَلَى عَهْدِ رَسُولِ اللهِ صَلَّى اللهُ عَلَيْهِ وَآلِهِ وَسَلَّمَ۔[1]

’’مسلمان، مسلمان کا بھائی ہے، اس پر ظلم نہ کرے، اُسے رسوا نہ کرے اور اُسے خوف زدہ نہ کرے۔ مسلمانوں کا یہ حق ہے کہ وہ کوشش کریں، صلۂ رحمی کرنے میں، ایک دوسرے کے ساتھ میل جول میں، ایک دوسرے کے ساتھ تعاون کرنے میں، ایک دوسرے کے ساتھ اہلِ حاجت کی ضروریات پورا کرنے میں اور بعض بعض کے ساتھ مہربانی کے ساتھ پیش آنے میں یہاں تک کہ تم ایسے بن جاؤ جیسا خداوند تعالیٰ تم کو حکم دیتا ہے کہ آپس میں رحم کرنے والے بنو اور خیال رکھو جب وہ تم سے غائب ہوں تو اس طرح کا کردار اپناؤ جیسا رسولِ خدا صلی اللہ علیہ وآلہ وسلم کے زمانہ میں انصار نے مہاجرین کے ساتھ سلوک کیا‘‘۔

’’اصولِ کافی‘‘، میں ہے:

---

[1] ۔ الکافی، ج2 ص174؛ وسائل، ج12 ص203؛ تفسیر نور الثقلین، ج5 ص77؛ بحار الانوار، ج71 ص276

عَنْ أَبِيْ إِسْمَاعِيلَ قَالَ: قُلْتُ لِأَبِيْ جَعْفَرٍ عَلَيْهِ السَّلَامُ جُعِلْتُ فِدَاكَ إِنَّ الشِّيعَةَ عِنْدَنَا كَثِيرٌ فَقَالَ فَهَلْ يَعْطِفُ الْغَنِيُّ عَلَى الْفَقِيْرِ وَ هَلْ يَتَجَاوَزُ الْمُحْسِنُ عَنِ الْمُسِيءِ وَ يَتَوَاسَوْنَ فَقُلْتُ لَا فَقَالَ لَيْسَ هَؤُلَاءِ شِيعَةً، اَلشِّيعَةُ مَنْ يَفْعَلُ هَذَا۔ [1]

''ابواسماعیل کہتا ہے کہ مَیں نے حضرت امام محمد باقر علیہ السلام کی خدمت میں عرض کیا: آقاؑ! میں آپؑ پر فدا ہو جاؤں! ہمارے پاس شیعہ بہت زیادہ ہیں۔ امام علیہ السلام نے فرمایا: کیا غنی فقیر کا خیال رکھتا ہے؟ اور اس کی ضروری پوری کرتا ہے؟ نیک گناہ گار سے درگزر کرتا ہے؟ اور ایک دوسرے کی ضروریات پوری کرتے ہیں؟ مَیں نے عرض کیا: نہیں! امام علیہ السلام نے فرمایا: وہ ہمارے شیعہ نہیں ہیں۔ ہمارے شیعہ وہ ہیں جو ایسا کرتے ہیں''۔

ان تمام روایات میں ایک مسلمان اور شیعہ کی علامت مؤاسات کو قرار دیا گیا ہے۔ اسلام میں مؤاسات اہم مقام رکھتا ہے اور اس کا واضح طور پر اظہار ہوتا ہے۔ سب سے پہلے جس ہستی نے مؤاسات کیا، وہ امیر المومنین حضرت علی علیہ السلام تھے۔ جنگِ اُحد کے دن حضرت جبرئیل علیہ السلام نے حضور اکرم صلی اللہ علیہ وآلہ وسلم کی خدمت میں عرض کیا:

إنّ هذه [لهی] المؤاسات من علی لک۔۔۔۔ [2]

''یہ علی علیہ السلام کی طرف سے بھائی چارہ ہے۔۔۔۔''

حضرت امیر المومنین علیہ السلام کے بعد اس عظیم صفت کا فردِ کامل پوشیدہ تھا۔ یہاں

---

[1]۔ الکافی، ج2 ص173؛ تنبیہ الخواطر ونزھۃ النواظر، ج2 ص198؛ الوافی، ج5 ص564؛ بحار الانوار، ج71 ص254

[2]۔ بحار الانوار، ج20 ص70؛ مناقب الامام امیر المؤمنین علی بن أبی طالبؑ ص486

تک کہ عاشور کا دِن آیا اور اس دن یہ وصف جلوہ گر ہوا۔ اس دن سب سے پہلے جس نے مؤاسات اور بھائی چارہ قائم کیا، وہ حضرت عباس علیہ السلام تھے۔ جب آپؑ اپنے بھائی کے ساتھ مؤاسات قائم کرتے ہوئے نہرِ فرات پر پہنچے اور چلّو میں پانی لیا۔ پس! حضرت امام حسین علیہ السلام کی پیاس یاد آ گئی اور پانی نہیں پیا۔ اس صورتِ حال کا تصور کریں کہ سخت پیاس کی حالت ہے لیکن اپنے بھائی مولا و آقاؑ کی پیاس یاد کرتے ہوئے پانی نہیں پی رہے اور اپنے بھائی کا خیال رکھ رہے ہیں۔ یہ ایسی جواں مردی ہے جس کی مثال نہیں ملتی۔ اس کو حقیقت مؤاسات کہتے ہیں۔ اس لئے حضرت عباس علیہ السلام کی زیارت میں آپؑ کی مدح اور تعریف کے کلمات موجود ہیں:

فَنِعْمَ الْأَخُ الْمُوَاسِيْ لِأَخِيْهِ ۔[1]

”کتنا اچھا بھائی ہے جس نے اپنے بھائی کے ساتھ مؤاسات کیا“۔

عاشور کے دن دوسری وہ ہستی جس نے مؤاسات کو قائم کیا، وہ حضرت زینب سلام اللہ علیہا ہیں۔ جنہوں نے تمام حالات میں اپنے بھائی کے ساتھ مؤاسات کو انجام دیا۔ مکّہ سے بھائی کے ساتھ سفر کر رہی ہیں، پردیس میں بھوک اور پیاس، جسمانی اور باطنی زخم برداشت کئے اور تمام مصائب میں اپنے بھائی کے ساتھ مؤاسات کو انجام دیا۔ کوفہ کے بازار میں بھائی کے خون آلود سرِ مبارک کو دیکھا، جس سے مظلومہؑ کی حالت بدل گئی اور اپنی پیشانی کو کسی چیز کے ساتھ مار کر زخمی کر لیا اور اپنے بھائی کے ساتھ مؤاسات کو جاری رکھا۔ جب بھی کوئی مصیبت بھائی پر وارد ہوتی تو اس مصیبت میں خود کو شامل کیا۔

---

[1] ۔ المزار (للشہید الاوّل)، ص 170؛ اقبال الاعمال، ص 332

اکتیسویں فضیلت:

شہزادی حضرت زینب سلام اللہ علیہا مقامِ غیرت میں

انسان کی صفاتِ حسنہ اور جلیلہ میں سے ایک صفت غیرت ہے اور یہ صفت ایمان کی علامتوں میں سے ہے کہا جاتا ہے:

المؤمن غیور۔۔۔ ''یعنی مؤمن غیرت مند ہوتا ہے''۔

روایات میں اس صفت کی بڑی مدح وتعریف وارد ہوئی ہے۔ یہ صفت بنی ہاشم میں عمومی طور پر اور خاندانِ محمدیؐ میں خصوصی اور فطری طور پر پائی جاتی ہے۔

غیرت کے کئی مراتب ہیں:

پہلا مرتبہ: دین پر غیرت۔

دوسرا مرتبہ: جان اور ناموس پر غیرت۔

تیسرا مرتبہ: اموال کی حفاظت پر غیرت۔

ان مراتب کی تفصیلات کو ہم طوالت کی وجہ سے یہاں پر ذکر نہیں کر سکتے۔

حضرت سید الشہداء علیہ السلام کا اس صفت میں ایک خاص مقام ہے جو کسی اور میں نہیں پایا جاتا۔ اسی وجہ سے اتنی بڑی بڑی مصیبتوں اور تکلیفوں میں مبتلا ہوئے۔ کیونکہ آپؑ میں دین کے معاملات میں بڑی غیرت تھی۔ جب سید الشہداء علیہ السلام معاویہ کے دربار میں موجود ہوتے تو کسی کو حضرت امیر المومنین علیہ السلام کو گالیاں دینے کی جرأت نہ ہوتی۔ کئی بار اس طرح کا اتفاق ہوا کہ جو خطیب امیر المومنین علیہ السلام کو برا بھلا کہتا تھا حضرتؑ نے اُسے جہنم واصل کر دیا۔

حضرت سید الشہداء علیہ السلام کی دین میں غیرت ہی تھی جب عاشور کے دن آپؑ نے فضائل بیان کئے اور پست و بد بخت قوم سے اس کی تصدیق طلب کی اور فرمایا: تم مجھے کیوں

کر قتل کرنے پر تُلے ہوئے ہو؟

تو انہوں نے کہا: ہم تمہارے ساتھ جنگ صرف تمہارے باپ کے ساتھ دشمنی کی وجہ سے کر رہے ہیں۔

حضرتؑ نے جب یہ سنا تو دریائے غیرت میں جوش آ گیا اور فرمایا:

أَنَا ابْنُ عَلِيِّ الطُّهْرِ مِنْ آلِ هَاشِمٍ۔[1]

''میں اُس علی علیہ السلام کا بیٹا ہوں جو پاک آلِ ہاشم سے ہے''۔

یہ کہہ کر حضرتؑ نے اپنے والد بزرگوار کا دفاع کیا کہ تم مجھ سے جنگ کرتے ہو تو کرو۔ مجھے فخر ہے کہ میں اُس کا بیٹا ہوں جو آلِ ہاشم سے ہے اور تمام نجاستوں اور پلیدگیوں سے پاک ہے۔ یہی دینی غیرت تھی کہ جس کی وجہ سے آپؑ نے یزید کی بیعت کرنے سے انکار کیا۔

اب رہی بات غیرت کے دوسرے مرتبے یعنی غیرتِ ناموس کے بارے میں تو یہ مرتبہَ غیرت بھی حضرت میں کئی مقام پر ظاہر ہوا ہے۔ جب تک آپؑ زندہ رہے اس پر راضی نہ تھے کہ آپؑ کے ناموس کے خیموں کا کوئی نام لے۔ کتب میں ہے کہ جب حضرت سید الشہداء علیہ السلام نے نہر فرات پر قبضہ کر لیا اور پانی پینا چاہا تو لشکر شیطان سے ایک ملعون نے کہا:

اے حسین علیہ السلام! تم پانی پی رہے ہو اور لشکر نے خیموں پر حملہ کر دیا ہے۔ اس کے باوجود کہ حضرتؑ جانتے تھے کہ اس ملعون نے دھوکا دیا ہے لیکن غیرت کی وجہ سے یہ گوارا نہ کیا کہ پانی پیئں بلکہ وہاں سے فوراً جلدی جلدی خیموں کی طرف لوٹ گئے۔

اسی طرح اس وقت جب آپؑ گھوڑے سے زمین پر تشریف لائے زخموں کی کثرت اور بدنِ مبارک سے خون بہہ جانے کی وجہ سے آپؑ حرکت بھی نہ کر سکتے تھے تو اُس وقت لشکرِ شیطان کا کوئی فرد حضرتؑ کے خوف کی وجہ سے یہ جاننے کے لئے آپؑ کے قریب نہ آیا کہ امام حسین علیہ السلام زندہ ہیں یا نہیں؟

لشکرِ یزید نے خیموں کی طرف رُخ کیا۔ یہ دیکھ کر امام حسین علیہ السلام کی غیرت جوش میں

---

[1] مناقب ابن شہر آشوب، ج4 ص 80؛ منتخب طریحی، ص 439؛ بحار الانوار، ج 45 ص 49؛ کشف الغمہ، ج2 ص 19

آ گئی اور اتنے زخموں کی حالت میں بھی چند قدم آگے بڑھے اور فرمایا:

''اے آلِ ابوسفیان کے پیروکارو! اگر تم میں دین نہیں ہے اور نہ ہی تم قیامت کا خوف رکھتے ہو تو کم از کم اپنی دنیا میں آزاد مرد تو بنو۔ پھر فرمایا: میں تم سے جنگ کر رہا ہوں اور تم مجھ سے جنگ کر رہے ہو، عورتوں کا کیا قصور ہے؟''۔

حضرتؑ ان لوگوں کو یہ سمجھانا چاہتے ہیں کہ جب تک میں زندہ ہوں میری غیرت گوارا نہیں کرتی کہ تم خیموں کی طرف جاؤ۔ آپؑ نے خیموں کے لٹنے پر اپنی شہادت کو مقدم کیا، یہ غیرت ہی کا نتیجہ تھا۔

سید الشہداء علیہ السلام کے بعد اس وصف غیرت میں عقیلۂ بنی ہاشم حضرت زینب سلام اللہ علیہا اپنی مثال آپ ہیں۔ کیونکہ ان تمام مصائب کا برداشت کرنا اسی غیرت ہی کی وجہ سے تھا جو دین کے متعلق تھی اور کربلا سے شام تک عورتوں اور بچوں کی دیکھ بھال غیرتِ ناموس کی وجہ سے تھی۔

اس سفر میں جب بھی آپؑ کے آباؤ اجدادؑ اور خاندان کے بارے میں کسی ملعون کی طرف سے برائی ظاہر ہوئی تو اس کا ہر حال میں دفاع کیا۔ اگرچہ اس کے نتیجے میں خود کو تکلیف میں مبتلا ہونا پڑا۔ جب شہزادیؑ نے دیکھا کہ ابن زیاد ملعون پیغمبر اکرم صلی اللہ علیہ وآلہ وسلم کی تکذیب کر رہا ہے تو وہاں پر اپنے جدِّ بزرگوارؑ کی حرمت کا دفاع کرنے کے لئے خطبۂ غراء ارشاد فرمایا:

''تمام تعریفیں اللہ کے لئے ہیں جس نے تمہیں رسوا کیا اور جس نے تمہاری باتوں کو جھوٹا کر دکھایا''۔

اسی طرح یزید ملعون کے دربار میں اُس کے اور اُس کے پیروکاروں کے بغض و طعن کے جواب میں اپنے خاندان کے فضائل بیان کرتے ہوئے اُنہیں ایسا ذلیل و رسوا کیا کہ اُس ملعون نے شہزادیؑ کے قتل کا ارادہ کر لیا۔

اہم مطلب:

کچھ قابل اعتبار لوگوں سے میں نے سنا ہے جو کتاب ''تبر المذاہب'' سے نقل کرتے ہیں اور وہ اہل سنت کی کتب سے نقل کرتے ہیں کہ جب قیدیوں کو شام میں لایا گیا تو شام کے دروازہ پر حضرت زینب سلام اللہ علیہا نے شمر کو بلایا اور فرمایا: ہمیں اُس دروازہ سے لے جائیں جہاں لوگوں کا ہجوم کم ہو۔ اس ملعون نے شہزادیؑ کی بات ماننے کے بجائے آپؑ کو تازیانے سے مارا۔ مظلومہؑ جو صبر و وقار کا مرکز تھیں، غیرت میں آگئیں اور زمین کو حکم دیا کہ اس ملعون کو پکڑ لے۔ اسی وقت شمر ملعون کمر تک زمین میں دھنس گیا۔ اچانک مظلومِ کربلا امام حسین علیہ السلام کی آواز حضرت زینب سلام اللہ علیہا کے کانوں میں آئی۔ آپؑ فرما رہے تھے: اے بہن! صبر کرو اور اللہ کی رضا پر راضی رہو۔ اس وقت شہزادیؑ نے زمین کو حکم دیا کہ اسے چھوڑ دو تو زمین نے چھوڑ دیا۔

ہو سکتا ہے کسی کو اس طرح کی بات عجیب لگے۔ لیکن شہزادیؑ کے مقامات کو دیکھتے ہوئے اس طرح کی کرامات اور عجائبات ناممکن اور بعید نہیں ہیں۔ کیونکہ مظلومہؑ ہادی کُل اور عقلِ کامل کی دعاؤں کا نتیجہ ہیں۔ اس لئے اس طرح کی چیزیں اور واقعات آپؑ کے لئے معمولی کام ہیں۔

بتیسویں فضیلت:

حضرت زینب سلام اللہ علیہا کی بھائی کے ساتھ محبت

عظیم عبادتوں اور اطاعتوں میں سے ایک عبادت حضرت محمد مصطفیٰ صلی اللہ علیہ وآلہ وسلم کے خاندان کے ساتھ محبت ہے۔ خالق کائنات نے انؑ کی محبت کو تمام بندوں پر واجب قرار دیا ہے۔ اگر کوئی شخص تمام عبادات بجالاتا رہا ہو لیکن اُس کا نامۂ اعمال اس عظیم عبادت یعنی محبتِ آلِ محمد علیہم السلام سے خالی ہو تو خدا تعالیٰ اُسے جہنم کی آگ میں ڈال دے گا۔

پس! ہر شخص کے مقامات اور درجات اس کی عبادت کے لحاظ سے ہوتے ہیں۔ یعنی جس قدر کسی کو آلِ محمد علیہم السلام کے ساتھ محبت ہوگی اُسی قدر اُس کے مقامات اور درجات بلند ہوں گے۔ خاص طور پر حضرت سید الشہداء علیہ السلام کی محبت اس اعتبار سے ایک خاص اہمیت کی حامل ہے۔

چنانچہ مؤمنین کے دل امامؑ کی محبت پر بہترین گواہ ہیں۔ حضرت سید الشہداء علیہ السلام کی محبت کا اَجر و ثواب اس قدر زیادہ ہے کہ شمار نہیں کیا جا سکتا۔ پیغمبر اکرم صلی اللہ علیہ وآلہ وسلم کو حضرت امام حسین علیہ السلام سے اتنا پیار و محبت اس لئے نہ تھا کہ وہ آپؐ کے نواسے ہیں بلکہ یہ ان فضائل اور کمالاتِ حسینیؑ کی وجہ سے تھا جو حضرتؑ کے ساتھ محبت رکھنے والوں کو ملیں گے اور یہی صورتحال ہے باقی آئمہ علیہم السلام کی محبت کی جو حضرت سید الشہداء علیہ السلام کے ساتھ تھی۔

حضرت سید الشہداء علیہ السلام کے ساتھ جو محبت کا مقام و مرتبہ حضرت صدیقۂ صغریٰ زینب سلام اللہ علیہا کا تھا، وہ اس جہاں میں کسی کے پاس نہیں ہے۔

بعض مؤرخین لکھتے ہیں:

''جب حضرت زینب سلام اللہ علیہا کا بچپن تھا اور ابھی جھولے میں تھیں اُس وقت بھی اگر

امام حسین علیہ السلام آپؑ کی نظروں سے غائب ہو جاتے تو آپؑ گریہ کرنے لگ جاتی تھیں اور بے قرار ہو جاتی تھیں۔ جب امام حسین علیہ السلام دوبارہ آپؑ کی آنکھوں کے سامنے آجاتے تو خاموش اور خوش ہو جاتی تھیں۔ یہ صورتِ حال ایک دفعہ حضرت فاطمہ زہرا سلام اللہ علیہا نے اپنے والد بزرگوار حضرت محمد مصطفیٰ صلی اللہ علیہ وآلہ وسلم کے سامنے بیان کی تھی۔

اسی طرح جب حضرت زینب سلام اللہ علیہا نماز پڑھنے کا ارادہ کرتیں تو پہلے اپنے بھائی کے چہرۂ مبارک کی زیارت کرتی تھیں اور اس کے بعد اپنے پروردگار کے دربار میں مناجات وعبادات میں مشغول ہوتی تھیں۔ اس سے اندازہ لگایا جا سکتا ہے کہ شہزادیؑ کس قدر اپنے بھائی سے محبت رکھتی تھیں کہ مدینہ جیسا امن کا شہر اور اپنے ناناؐ کا روضۂ مبارک بھائی کی خاطر چھوڑنے پر تیار ہو گئیں جبکہ آپؑ یہ بھی جانتی تھیں کہ مدینہ کو چھوڑنے پر کس قدر مصائب وآلام کا سامنا کرنا پڑے گا۔

اس سے قبل بیان کیا جا چکا ہے کہ ابن عباسؓ نے خلوص کا اظہار کرتے ہوئے حضرت امام حسین علیہ السلام سے عرض کیا تھا کہ عورتوں کو اپنے ساتھ نہ لے جائیں۔ جب شہزادیؑ نے سنا تو غصہ میں آ گئیں۔

اِسی طرح شہزادیؑ کو شہزادۂ علی اکبر علیہ السلام سے اتنی محبت تھی جو اپنے بیٹوں سے بھی نہ تھی۔ یہ صرف اس لئے تھا کہ وہ امام حسین علیہ السلام کے لختِ جگر تھے۔ شہزادہؑ کے جدا ہونے پر اس قدر گریہ کیا جو کسی بھی بنی ہاشم کی جدائی پر نہ کیا ہو گا۔

پس! شہزادیؑ کی جو محبت بھائی سے تھی، اُسے جاننے سے عقلیں قاصر ہیں۔

=====❖=====

تینتیسویں فضیلت:

حضرت زینب سلام اللہ علیہا اور نیابتِ خاصہ

شہزادیؑ کے مخصوص مقامات اور درجات میں سے ایک یہ ہے کہ آپؑ اپنے بھائی کی طرف سے نیابت رکھتی تھیں۔ مکرّمہؑ کا یہ رُتبہ مقامِ امامت کے قریب ہے اور یہ رُتبہ کربلا میں شبِ عاشور یا عاشور کے دن آپؑ کو ملا۔ جب مظلومہؑ اپنے بھائی کی جدائی کی وجہ سے بے تاب ہوتیں اور گریہ وزاری کرتیں تو حضرت سید الشہداء علیہ السلام انؑ کو صبر وحوصلہ کرنے کا حکم فرماتے تھے۔

اس مقامِ نیابت کے لئے بعض علماء نے واضح طور پر بیان کیا ہے اور اس پر دلیلیں پیش کی ہیں۔

پہلی دلیل:

کتاب اکمال الدین، غیبت شیخ طوسیؒ اور بحار الانوار کی جلد نمبر ۱۰ میں علامہ مجلسی علی بن احمد مہزیار سے اور وہ احمد بن ابراہیم سے نقل کرتے ہیں: وہ کہتے ہیں:

دَخَلْتُ عَلَى حَكِيمَةَ بِنْتِ مُحَمَّدِ بْنِ عَلِيٍّ الرِّضَا أُخْتِ أَبِي الْحَسَنِ صَاحِبِ الْعَسْكَرِ عَلَيْهِ السَّلَامُ فِي سَنَةِ اثْنَتَيْنِ وَ سِتِّينَ وَ مِائَتَيْنِ فَكَلَّمْتُهَا مِنْ وَرَاءِ حِجَابٍ وَ سَأَلْتُهَا عَنْ دِينِهَا فَسَمَّتْ لِي مَنْ تَأْتَمُّ بِهِمْ ثُمَّ قَالَتْ فُلَانَ ابْنِ الْحَسَنِ۔

یعنی اپنے آئمہ علیہم السلام کا نام لیا اور اس وقت بارہویں امام علیہ السلام کا ذکر کیا۔

فَقُلْتُ لَهَا فَأَيْنَ الْوَلَدُ فَقَالَتْ مَسْتُورٌ فَقُلْتُ إِلَى مَنْ تَفْزَعُ الشِّيْعَةُ فَقَالَتْ لِيْ إِلَى الْجَدَّةِ أُمِّ أَبِيْ مُحَمَّدٍ عَلَيْهِ السَّلَامُ فَقُلْتُ لَهَا أَقْتَدِيْ بِمَنْ وَصِيَّتُهُ إِلَى امْرَأَةٍ فَقَالَتْ اِقْتِدَاءً بِالْحُسَيْنِ بْنِ عَلِيٍّ عَلَيْهِ السَّلَامُ فَإِنَّ الْحُسَيْنَ بْنَ عَلِيٍّ عَلَيْهِ السَّلَامُ أَوْصَى إِلَى أُخْتِهِ زَيْنَبَ بِنْتِ عَلِيٍّ فِي الظَّاهِرِ فَكَانَ مَا يَخْرُجُ عَنْ عَلِيِّ بْنِ الْحُسَيْنِ عَلَيْهِمَا السَّلَامُ مِنْ عِلْمٍ يُنْسَبُ إِلَى زَيْنَبَ سَتْراً عَلَى عَلِيِّ بْنِ الْحُسَيْنِ عَلَيْهِمَا السَّلَامُ ثُمَّ قَالَتْ إِنَّكُمْ قَوْمٌ أَصْحَابُ أَخْبَارٍ أَمَا رَوَيْتُمْ أَنَّ التَّاسِعَ مِنْ وُلْدِ الْحُسَيْنِ بْنِ عَلِيٍّ عَلَيْهِ السَّلَامُ يُقْسَمُ مِيرَاثُهُ وَ هُوَ فِي الْحَيَاةِ۔[1]

''مَیں حضرت حکیمہ خاتون بنتِ محمد بن علی رضا سلام اللہ علیہا کے پاس آیا۔ یہ سن ایک سو بیاسی (۱۸۲) ہجری کی بات ہے۔مَیں نے آپؑ کے ساتھ پردے کے پیچھے سے بات کی۔میں نے آپؑ سے اماموں کے بارے میں سوال کیا۔آپؑ نے مجھے اماموں کے نام بتائے یہاں تک کہ آپؑ نے بارہویں امام حضرت حجۃ بن الحسن علیہ السلام کا اسم مبارک لیا۔

مَیں نے ان سے عرض کیا:مَیں آپؑ پر فدا ہو جاؤں! کیا آپؑ نے خود ان سب اماموں کو دیکھا ہے اور جانتی ہیں یا خبر اور روایت کے ذریعہ معلوم ہوا ہے؟

آپؑ نے فرمایا: مجھے اُس روایت سے پتہ چلا ہے جو ابو محمد (حسن عسکری علیہ السلام) نے اپنی والدہ کے لئے تحریر فرمائی ہے۔

میں نے عرض کیا:وہ مولود کہاں ہے جو آخری امام علیہ السلام ہیں؟

---

[1]۔ کمال الدین وتمام النعمہ ،ج2ص 502

آپؑ نے فرمایا: وہ غیبت میں ہیں۔میں نے پوچھا: شیعہ ضرورت کے وقت مسائل کس سے پوچھیں گے؟

انہوں نے فرمایا: ابو محمد حضرت امام حسن عسکری علیہ السلام کی والدہ سے۔میں نے عرض کیا: میں اُس کی اقتداء کروں گا جس کے بارے میں ایک خاتون کو وصیت کی گئی ہے۔

حضرت حکیمہ خاتون سلام اللہ علیہا نے فرمایا: میں اقتداء کر رہی ہوں حسین ابن علی ابن ابی طالب علیہ السلام کی اس لئے کہ حسین بن علی علیہ السلام نے اپنی بہن زینب بنت علی ابن ابی طالب سلام اللہ علیہا کو ظاہر میں وصیت کی تھی۔ اس وصیت کی وجہ سے علی بن الحسین علیہ السلام کا علم زینب بنتِ علی سلام اللہ علیہا کی طرف منتقل نہیں ہو جاتا۔ یہ صرف اس لئے تھا تا کہ علی بن الحسین علیہ السلام کو دشمنوں سے محفوظ رکھا جا سکے اور اُن کو محفوظ کرنے کا صرف یہی ایک طریقہ تھا۔

پھر آپؑ نے فرمایا: تم روایات بیان کرنے والوں کی قوم ہو۔کیا یہ روایت نہیں ہے کہ امام حسین علیہ السلام کی اولاد سے جو نواں امام علیہ السلام ہو گا اُس کی میراث تقسیم ہو گی جب کہ وہ ابھی زندہ ہوں گے"۔

اس روایت سے واضح طور پر حضرت زینب سلام اللہ علیہا کی نیابت ثابت ہوتی ہے۔

دوسری دلیل:

یہ ہے کہ شہزادیؑ دلوں اور نفوس پر تصرفاتِ تکوینیہ کی طاقت وقوت رکھتی ہیں۔مثلاً کوفہ کے بازاروں میں ہر طرف سے شور وغل تھا۔تو آپؑ نے خطبہ دیتے ہوئے فرمایا: خاموش ہو جاؤ! تو سب لوگ خاموش ہو گئے حتیٰ کہ اونٹوں کے گلے میں گھنٹیاں بجنی بھی بند ہو گئیں۔اسی طرح دربارِ یزید کی برائیاں اور نقائص بیان کرتے ہوئے آپؑ نے جو خطبہ ارشاد فرمایا وہ بھی صرف تصرّف تکوینی تھا۔یہ آپؑ کی نیابت کی مسلّم دلیل ہے۔

تیسری دلیل:

گواہی کے طور پر یہی کافی ہے کہ حضرت امام سجاد علیہ السلام تمام معاملات میں اپنی پھوپھیؑ سے مشورہ کیا کرتے تھے۔ اس بارے میں شہزادیؑ کے حالاتِ زندگی میں ان کی طرف اشارہ کیا جا چکا ہے۔ اسی طرح بعض معاملات حضرت سید الشہداء علیہ السلام بھی اپنی بہن حضرت زینب سلام اللہ علیہا کے سپرد کر دیتے تھے اور آپؑ کو ان کا کفیل بنایا تھا۔

چوتھی دلیل:

یہ ہے کہ اتنے بڑے بڑے مصائب اور تکلیفیں برداشت کرنے کی کسی میں بھی طاقت نہیں ہوتی، سوائے ان کے جن کو خدا کی طرف سے تائیدات حاصل ہوتی ہیں اور ملکہ قدسیہ کے مالک ہوتے ہیں۔ اگر کوئی یہ کہے کہ امامؑ کی نیابت عورت کے لئے نہیں ہو سکتی کیونکہ اس امرِ نیابت کے یہ حدیثِ نبویؐ خلاف ہے، جس میں ارشاد ہوتا ہے:

لَا يُفْلِحُ قَوْمٌ مَلَكَتْ عَلَيْهِمِ امْرَأَةٌ ۔ [1]

"وہ قوم کبھی فلاح نہیں پا سکتی، جس کی ولایت عورت کے پاس ہو"۔

اس کا ایک جواب تو یہ ہے کہ اس حدیث سے بنی ہاشم اور خاص طور پر آلِ محمد علیہم السلام کے علاوہ دوسری عورتیں مراد ہیں۔ اس حدیث میں خاندانِ عصمت علیہم السلام کی خواتین کی ولایت کا استثناء ہے۔

دوسرا جواب یہ کہ اس روایت میں جس ولایت سے منع کیا گیا ہے وہ عورت کی وہ ولایت ہے جو احکامِ قضاوت میں ہو، نہ کہ دین کے احکام کی نشر و اشاعت میں۔

تیسرا جواب یہ ہے کہ امامؑ کی حفاظت کرنا تمام مصلحتوں سے افضل ہے۔ اس لئے جب امامؑ کی ولایت موقوف ہو، حضرت زینب سلام اللہ علیہا جیسی معظمہ کی ولایت اور نیابت پر عقل یہ حکم لگاتی ہے کہ ایسی مخدرہؑ کی ولایت واجب ہے۔

---

[1] ۔ بحار الانوار، ج 43 ص 342

چونتیسویں فضیلت:

شرافت کو بچانے کے لئے حضرت زینب سلام اللہ علیہا کا کردار

اخلاقِ حمیدہ اور صفاتِ پسندیدہ میں ایک صفت دوسروں کی ضروریات اور حقوق کو پورا کرنا ہے۔

اس صفت کی خوبی اور اچھائی کسی سے چھپی ہوئی نہیں ہے۔ کیونکہ شرافت، حقوق اور نظام بشری اس کے ذریعہ محفوظ ہوتے ہیں۔ اکثر واجباتِ شرعیہ اور مستحبات بھی اس لئے خدا کی طرف سے آئے ہیں تاکہ اس صفت حسنہ کو قائم و دائم رکھا جاسکے۔ جیسے کفن و دفن، حدود اور دیّت کے احکام اسی لئے پائے جاتے ہیں۔

اگرچہ اس صفت کو حاصل کرنے کے لئے مال بھی خرچ کرنا پڑے تو دریغ نہیں کرنا چاہیے اور جو مال اس مقصد کے لئے خرچ ہوگا، وہ انسان کا بہترین مال ہوگا۔

جیسا کہ ایک فرمان ہے:

خیر المال ماصبن به العرض۔

''بہترین مال وہ ہے جس کے ذریعہ عزت کو محفوظ کیا جاسکے''۔

بلکہ کبھی اس مقصد کے حصول کے لئے جان بھی قربان کردی جاتی ہے۔

حضرت سید الشہداء علیہ السلام کا فرمان ہے:

الموت اولیٰ من العار۔

''ذلت، رسوائی سے موت بہتر ہے''۔

اس فرمان کا مطلب اور نتیجہ یہ ہے کہ مقامِ شرافت کی حفاظت کے لئے ہر چیز سوائے دیانت کے خرچ کرنا ضروری اور لازم ہے۔ اسی لئے بعض اوقات کچھ لوگ اسی چیز

کی حفاظت کرتے ہوئے بلند ترین مقام پر فائز ہوئے ہیں۔ جیسا کہ حضرت مریم سلام اللہ علیہا اسی صفت شرافت کی حفاظت کرنے کی وجہ سے اُس مقام پر فائز ہوئیں کہ خدا نے اُن کو چن لیا اور اُنؑ کو مطہرہ بنا دیا اور اس منصب کی بشارت ملائکہ کے ذریعہ دی۔

ارشادِ رب العزت ہے:

وَاِذْ قَالَتِ الْمَلٰٓئِكَةُ يٰمَرْيَمُ اِنَّ اللّٰهَ اصْطَفٰكِ وَطَهَّرَكِ وَاصْطَفٰكِ عَلٰى نِسَآءِ الْعٰلَمِيْنَ۔ [1]

''اور جب ملائکہ نے کہا: اے مریم سلام اللہ علیہا! بے شک اللہ نے تجھے برگزیدہ کیا ہے اور پاک صاف رکھا ہے اور عالمین کی عورتوں میں سے تم کو چن لیا ہے''۔

اسی صفتِ شرافت کے تحفظ کی خاطر حضرت فاطمۃ الزہرا سلام اللہ علیہا شفاعت کے بلند مقام پر فائز ہوئیں۔ جس کی وجہ سے آپؑ کے شیعوں پر خداوند تعالیٰ نے جہنم کو حرام قرار دیا ہے۔ اس صفت کا اعلیٰ ترین درجہ عقیلۂ بنی ہاشم حضرت زینب سلام اللہ علیہا کی زندگی میں ظاہر ہوا۔ اس شہزادیؑ نے مدینہ سے لے کر مکّہ۔ مکّہ سے لے کر کربلا اور کربلا سے لے کر کوفہ و شام کے تمام سفروں میں اسی صفتِ شرافت کی حفاظت کی۔ اپنے خاندان کے بارے میں جہاں پر بھی کسی کی طرف سے ہتک حرمت کی جسارت ہوئی تو آپؑ شرافت آلِ محمد علیہم السلام کے تحفظ کے لئے اُٹھ کھڑی ہوئیں۔ بی بیؑ نے بنی اُمیہ کے مظالم کو برداشت کر لیا لیکن شرافت پر آنچ نہ آنے دی۔

حقیقت میں شہزادیؑ خاندانِ محمد صلی اللہ علیہ وآلہ وسلم کی شرافت کی حامی اور دین و مذہب کی محافظ تھیں۔ یزید ملعون کے دربار میں اس شرافت خاندانِ رسالتؐ کا اپنی زبان کے ذریعہ خطبات کی شکل میں ایسے دفاع کیا کہ تمام اہل مجلس حیران و پریشان ہو گئے اور جواب دینے سے عاجز ہو گئے۔

---

[1] سورہ آلِ عمران، آیت ۴۲

شہزادیؑ نے ایسا جہاد کیا جس کی وجہ سے اس مقام پر فائز ہوئیں کہ شرافت کی حفاظت کر سکیں اور ایسے بلند درجات پر فائز ہوئیں کہ بیان نہیں ہو سکتا۔ مختصر طور پر ہم ان مقامات کو بیان کریں گے تاکہ شہزادیؑ کی عظمت سے آگاہ ہو سکیں۔

پہلا مقام:

یہ کہ آپؑ خاندانِ محمد صلی اللہ علیہ وآلہ وسلم کی حیثیتوں اور عظمتوں کی حفاظت کا سبب بنیں، اس عظیم عمل کا کیا اجر ہے کوئی نہیں جان سکتا۔

دوسرا مقام:

آپؑ قیامت تک تمام لوگوں کی ہدایت کا سبب بنیں اور ان کو زندگی عطا کی۔ اگر شہزادیؑ یہ خدمت انجام نہ دیتیں یعنی شرافت محمدیہؐ کا تحفظ نہ کرتیں تو بنی اُمیہ کی فاسد تبلیغات کی وجہ سے خاندانِ محمد صلی اللہ علیہ وآلہ وسلم کا نام باقی نہ رہتا اور اس کے سبب اسلام بھی ختم ہو جاتا۔ پس اس دن سے قیامت تک جو ایک مؤمن کو مقام ومنزلت اور قدر وقیمت حاصل ہوئی ہے یا ہوگی وہ انہیں شہزادیؑ اور ان کے محترم بھائی کی کوششوں کا ثمر اور نتیجہ ہے۔

اس عمل اور محنت کا اجر کیا ہوگا؟

بیان نہیں کیا جا سکتا۔ اس لئے کہ اگر ایک شخص کی ہدایت کی جائے تو تمام لوگوں کو زندگی دینے کا اجر ملتا ہے۔

جیسا کہ خدا فرماتا ہے:

وَمَنۡ أَحۡيَاهَا فَكَأَنَّمَا أَحۡيَا النَّاسَ جَمِيعًا۔ [1]

"اور جس نے ایک شخص کو زندہ کیا گویا اس نے تمام لوگوں کو زندہ کیا"۔

کجا یہ کہ ایک ہستی تمام لوگوں کی ہدایت کا سبب بنے تو کون جان سکتا ہے کہ اُس کی اس محنت اور عمل کا اجر کیا ہوگا۔

---

[1] ۔ سورۂ المائدہ، آیت ۳۲

تیسرا مقام:

شہزادیؑ تمام انبیاء علیہم السلام کی عظمتوں کی محافظ ہیں کیونکہ تمام انبیاءؑ کی غرض اور مقصد ایک تھا۔ اگر ان کے اغراض و مقاصد ختم ہو جاتے تو ان کی تمام زحمتیں اور مشقتیں ضائع ہو جاتیں۔

چوتھا مقام:

جو راہِ خدا میں جتنی محنت کرتا ہے وہ اتنا ہی بلند مقام حاصل کرتا ہے:

جیسا کہ خدا فرماتا ہے:

وَالَّذِیْنَ جَاهَدُوْا فِیْنَا لَنَهْدِیَنَّهُمْ سُبُلَنَا۔ [1]

''جو بھی ہمارے راستوں میں کوشش کرتا ہے تو ہم ان کو اپنے راستوں کی ہدایت کر دیتے ہیں''۔

پس! خدا اس بات پر قادر ہے کہ ان کے ذریعہ دوسروں تک فیض و برکت پہنچائے۔

خوشخبری:

جو بھی دنیاوی اور اُخروی حاجت رکھتا ہو، تو اُسے چاہیے کہ وہ شہزادیؑ کی بارگاہ میں توسل حاصل کرے تو مایوس نہ ہوگا بلکہ اپنے تمام مقاصد حاصل کرے گا۔ کیونکہ مقاصد کو پورا کرنا رحمتِ خداوندی میں سے ہے اور ہر ایک مقصد اور مطلب کو عطا کرنا ایک رحمت ہے۔ جب یہ شہزادیؑ تمام رحمتوں سے آگاہ ہیں اور عطا کرنے پر قدرت رکھتیں ہیں تو یہ کیسے ممکن ہے کہ ایک حاجت مند آپؑ کے دروازہ پر اپنی حاجت لے کر آئے اور مایوس ہو کر خالی ہاتھ لوٹ جائے۔ جبکہ آپؑ کا تعلق خاندانِ محمد علیہم السلام کے ساتھ ہے جن کا جود و کرم ان کی فطرت میں شامل ہے۔ ان پر جو تکالیف آئی ہیں، اُن سب کا دنیاوی اور اُخروی اَجر ہے جس کی تفصیل میں ہم نہیں جا سکتے۔

---

[1] سورۂ عنکبوت، آیت ۶۹

لیکن اجمالاً یہ کہ اس شہزادیؑ نے دنیاوی تمام تعلقات کو خدا کی خاطر ختم کر دیا تا کہ جو بھی ان کی درگاہ میں متوسل ہو تو وہ اپنی حاجات کو حاصل کر سکے اور عالم برزخ میں ان کے توسل سے فائدہ اٹھا سکے۔

(۱) شہزادیؑ نے غربت اور پردیس کے سفر کو برداشت کیا تا کہ اس دنیا میں اور میدانِ محشر میں پیاسوں اور بھوکوں کو پانی اور کھانا کھلا سکیں۔

(۲) آپؑ نے اپنے دو بیٹوں کی شہادت کا غم برداشت کیا تا کہ اس دنیا میں جن کے پاس اولاد نہ ہو اور وہ ان کی بارگاہ میں توسل حاصل کریں تو ان کو خدا کے دربار سے اولاد لے کر دیں اور قیامت کے دن نوجوان گناہ گاروں کی شفاعت کر سکیں۔

(۳) شہزادیؑ نے دشمن کی طرف سے خوف کو برداشت کیا تا کہ قیامت کے دن خوف زدگان کو خوف سے نجات دلا سکیں۔

(۴) شہزادیؑ نے کربلا میں اپنے مال و اسباب کو لٹا دیا تا کہ اس دنیا میں لوگوں کے مال کی حفاظت کر سکیں اور قیامت کے دن اُن کی نیکیوں کو ضائع ہونے سے بچا سکیں۔

(۵) بی بیؑ دشمنوں کے ظلم کا شکار ہوئیں تا کہ اس دنیا میں مظلوموں کو نجات دیں اور آخرت میں ان کی شفاعت کر سکیں۔

(۶) شہزادیؑ کے خیموں کو آگ لگی آپؑ نے اس ظلم کو برداشت کیا تا کہ اس دنیا و آخرت میں اپنے پیروکاروں کو جہنم کی آگ سے نجات دلا سکیں۔

(۷) شہزادیؑ نے قید کو برداشت کیا تا کہ اس دنیا اور آخرت میں اسیروں کو رہائی دلا سکیں۔

(۸) مخدومہؑ نے ہاتھوں میں رسیاں برداشت کیں تا کہ اس دنیا اور آخرت میں زنجیروں سے بندھے ہوئے لوگوں کو رہائی دلا سکیں۔

(۹) بنتِ علی علیہ السلام نے ظالموں کے تازیانے اور کوڑے برداشت کئے تا کہ قبر اور میدانِ محشر میں عذاب دینے والے فرشتوں کے تازیانے اور کوڑوں سے نجات دلا سکیں۔

(۱۰) ثانی زہرا سلام اللہ علیہا نے کوفہ و شام کے بازاروں اور درباروں میں ننگے سر، ذلت و رسوائی کو برداشت کیا تاکہ اس دنیا اور آخرت میں لوگوں کو اس رسوائی سے محفوظ رکھ سکیں۔

(۱۱) ملکۂ شرم و حیاء نے بنی اُمیہ کے مختلف عذابوں کو برداشت کیا تاکہ لوگوں کو دنیا و آخرت کے عذابوں سے نجات دلاسکیں۔

(۱۲) صدیقۂ صغریٰ سلام اللہ علیہا نے دشمن کے سوال و جواب کو برداشت کیا تاکہ اپنے پیروکاروں کو قبر کے سوال و جواب سے نجات دلاسکیں۔

اس مطلب کا خلاصہ یہ ہے کہ شہزادیؑ کے تمام حالاتِ زندگی حرکات و سکنات اور افعال کا خدا کے نزدیک ایک عظیم اجر و ثواب ہے۔ جس کے صلہ میں خدا نے جو آپؑ کو اعلیٰ مقامات عطا فرمائے ہیں، ان کے ذریعہ اپنے تمام پیروکاروں کو اس دنیا اور آخرت میں عذابوں اور عقابوں سے نجات دلائیں گی اور ان کی شفاعت کریں گی۔

اہم مطلب کی طرف اشارہ:

روایات سے جو مطلب واضح ہوتا ہے وہ یہ ہے کہ اوّلین و آخرین میں سے تمام عورتوں سے افضل ترین چار خواتین ہیں۔

پہلی خاتون: حضرت مریم بنتِ عمران سلام اللہ علیہا ہیں جو اپنی عفت و طہارت کے سبب کائنات میں چن لی گئیں۔

دوسری خاتون: آسیہ بنتِ مزاحم سلام اللہ علیہا جنہوں نے اپنے دین کو محفوظ رکھتے ہوئے فرعون سے برأت کا اظہار کیا اور بلند مقام پر فائز ہوئیں۔

جیسا کہ خداوند تعالیٰ اس مطلب کی طرف اشارہ کرتے ہوئے فرماتا ہے:

وَنَجِّنِي مِنْ فِرْعَوْنَ وَعَمَلِهِ.... [1]

''اے پروردگار! مجھے فرعون اور اس کے عمل سے نجات عطا فرما''۔

تیسری خاتون: حضرت خدیجہ بنتِ خویلد سلام اللہ علیہا ہیں جنہوں نے حضرت محمد مصطفیٰ

---

[1] سورۂ تحریم، آیت ۱۱

ﷺ کی مدد کی اور اپنا تمام مال راہِ خدا میں خرچ کیا۔ جس کی وجہ سے لطفِ خدا آپؑ کے شامل حال ہوا۔

چوتھی خاتون: حضرت فاطمۃ الزہرا سلام اللہ علیہا ہیں جو اپنے فضائل و مناقب کی وجہ سے تمام خواتین اوّلین و آخرین پر سبقت لے گئیں۔

جب ہم عقیلۂ بنی ہاشم حضرت زینب سلام اللہ علیہا کے کمالات و مقامات اور شرافتوں کا مطالعہ کرتے ہیں تو معلوم ہو جاتا ہے کہ مظلومہؑ کا مقام حضرت مریم سلام اللہ علیہا، حضرت آسیہ سلام اللہ علیہا اور حضرت خدیجہ سلام اللہ علیہا سے بھی بلند تر ہے۔ کیونکہ شہزادیؑ کے کمالات اور مقامات اور شرافتیں ان تمام خواتین سے اکمل و افضل انداز میں موجود ہیں۔

اگر ان سب مستورات کو دیکھا جائے تو شہزادیؑ کا نسب ان تین خواتین کے نسب کے مقابلہ میں ثریٰ اور ثریا کے مانند نظر آتا ہے۔ عفت و پاکدامنی خارج از تصور ہے اور رہی بات آپؑ کے ایمان کی تو شہزادیؑ دین کی بقاء کا سبب ہیں۔ اموال کے خرچ کرنے کی بات ہے تو آپؑ نے اپنا سارا مال راہِ خدا میں خرچ کر دیا یہاں تک کہ اپنی چادر بھی راہِ خدا میں دے دی اسی لئے ابن زیاد کے دربار میں بنتِ علی سلام اللہ علیہا نے اپنا چہرہ اپنے بازوؤں کے ساتھ چھپایا ہوا تھا۔

ایک اور اہم مطلب کی طرف اشارہ:

ایک بہت عظیم عالم، محدث، فقیہ کتاب کبریت اُحمر کے مصنف اپنی ایک تصنیف میں لکھتے ہیں:

> مَیں نے عالم خواب میں ایک واعظ کو منبر پر حضرت زینب سلام اللہ علیہا کی اسیری کو بیان کرتے ہوئے سنا کہ معلوم نہیں مستورات کے چہرے ننگے تھے یا ظاہر تھے۔
>
> مَیں نے کیا دیکھا کہ منبر کے پاس حضرت زینب سلام اللہ علیہا اور دوسرے قیدی موجود ہیں۔ مَیں نے اس واعظ سے کہا: وہ خود موجود ہیں۔ میں

ان سے پوچھ لیتا ہوں۔

مَیں نے حضرت زینب سلام اللہ علیہا یا اُمِّ کلثوم سلام اللہ علیہا سے سوال کیا: آپؑ نے جواب میں فرمایا: چہرے تو چھپے ہوئے تھے لیکن لباس زخمی تھا"۔

اب رہی بات حضرت زینب سلام اللہ علیہا کی خدمات کی جو آپؑ نے اولادِ رسول صلی اللہ علیہ وآلہ وسلم کی حفاظت کے لئے سرانجام دیں۔ اس میں اگر آپؑ حضرت خدیجہ سلام اللہ علیہا سے آگے نہیں ہیں تو برابر کی خدمات ضرور انجام دی ہیں۔

ایک اور اہم مطلب کی طرف اشارہ:

کم معرفت رکھنے والے کچھ لوگ حضرت مریم سلام اللہ علیہا کو حضرت زہرا سلام اللہ علیہا پر فضیلت دیتے ہیں کہ حضرت مریم سلام اللہ علیہا کا ذکر قرآن میں آیا ہے اور حضرت زہرا سلام اللہ علیہا کا تذکرہ واضح طور پر قرآن میں نہیں آیا۔ جبکہ وہ اس بات سے غافل ہیں کہ اسلامی قوانین اور غیرت کے مطابق خواتین کے فضائل ومناقب کو سرعام بیان کرنا اچھا نہیں سمجھا جاتا۔ مگر اُس وقت جب لازمی اور ضرورت ہو اور اس کے بغیر مطلب واضح نہ ہو رہا ہو اور مقصد پورا نہ ہو رہا ہو۔

حضرت مریم سلام اللہ علیہا کا ذکر قرآنِ مجید میں سراحت کے ساتھ اس لئے آیا ہے کہ یہودی حضرت مریم سلام اللہ علیہا پر تہمت لگا رہے تھے۔ اس لئے خالق کائنات نے آپؑ کی طہارت اور پاکدامنی اور فضائل کو ذکر کیا اور ان کے مناقب کو ذکر کر کے آپؑ کی صداقت کی تصدیق کی۔

لیکن حضرت صدیقہ طاہرہ فاطمۃ الزہرا سلام اللہ علیہا کے بارے میں کوئی ایسی تہمت نہ تھی، جس کی وجہ سے آپؑ کی پاک دامنی اور فضیلت کو قرآن میں ذکر کرنے کی ضرورت ہوتی۔ اس لئے مخدومۂ کونین سلام اللہ علیہا کا ذکر کنایہ اور اشارہ کے ذریعہ ہوا اور خفیہ طور پر آپؑ کے فضائل کو ذکر کیا گیا۔

جیسا کہ اس آیت شریف میں آپؑ کی فضیلت کی طرف اشارہ ہے۔

اللہ تعالیٰ کا ارشاد ہے:

مَرَجَ الْبَحْرَيْنِ يَلْتَقِيَانِ۔ [۱]

"دو سمندر جو آپس میں ملاقات کرتے ہیں"۔

اسی طرح اللہ تعالیٰ کا فرمان ہے:

فَاُولٰٓئِكَ مَعَ الَّذِيْنَ اَنْعَمَ اللّٰهُ عَلَيْهِمْ مِّنَ النَّبِيّٖنَ وَالصِّدِّيْقِيْنَ وَالشُّهَدَآءِ وَالصّٰلِحِيْنَ۔۔۔۔ [۲]

"یہ وہ لوگ ہیں جن پر خدا تعالیٰ نے انعام کیا، نبیوں، صدیقین اور صالحین میں سے۔۔۔۔"

صدیقۂ طاہرہ حضرت فاطمۃ الزہرا سلام اللہ علیہا کے فضائل کو اس لئے قرآن میں اشارۃً بیان کیا گیا ہے کہ منافقین کی شرارتیں اور حماقتیں پہلے کئی بار واقع ہو چکی تھیں ان سے محفوظ رکھنے کے لئے ایسا کیا گیا۔

عقیلۂ بنی ہاشم حضرت زینب سلام اللہ علیہا کے فضائل بھی اسی لئے روایات اور احادیث میں کثرت سے بیان نہیں ہوئے تاکہ منافقین زمانہ سے محفوظ رہ سکیں۔

=====❖=====

[۱]۔ سورۃ الرحمٰن، آیت ۱۹

[۲]۔ سورۃ نساء، آیت ۶۹

پینتیسویں فضیلت:

حضرت زینب سلام اللہ علیہا اور کربلا میں آپؑ کی خدمات

انسان کے فضائل نفسانیہ میں سے ایک صفت دین کی حفاظت ہے اس لئے کہ دین انسان کے تمام حقوق کا محافظ ہے۔ درحقیقت دین کے ذریعہ عام لوگوں کی اصلاح ہوتی ہے۔حقوق دین ہی کے ذریعہ معین ہوتے ہیں۔ دیانت ایک ایسی چیز ہے جس کے ذریعہ لوگوں کے درمیان روابط اور تعلقات کا پتہ چلتا ہے۔اس لئے کہتے ہیں:

للديانة سلطنة فی القلوب و تأثير فی النفوس۔

''دیانت دلوں پر حکومت رکھتی ہے اور نفوس میں اس کا اثر ہوتا ہے''۔

انبیاءؑ کی دوسروں پر سرداری اور شرافت اسی وجہ سے ہے کہ وہ دین کے محافظ اور بشریت کو ایک کلمہ پر جمع کرنے والے ہیں۔پس! جب دیانت اور دیانتداری کا اتنا اثر بیان کرتے ہیں تو عقل یہ حکم لگاتی ہے کہ ہر ایک پر لازم اور ضروری ہے کہ وہ دین کی حفاظت میں کوشش کرے۔جس نے بھی دین کی حفاظت میں زیادہ سعی و کوشش کی تو عقل یہ بھی حکم لگاتی ہے کہ اس کا مقام دوسروں سے افضل ہے۔

اسی طرح عقل کے حکم کے مطابق جس دین میں جامعیت زیادہ ہوگی اور اُس میں ایک دوسرے کے درمیان ارتباط کے اسباب زیادہ ہوں گے تو وہ دین دوسروں سے افضل ہوگا۔اسی لئے اسلام باقی تمام ادیان سے افضل و اکمل ہے اور یہ دین تمام ادیان سے زیادہ جامع ہے۔معاشی، سیاسی اور عبادی لحاظ سے بھی سب سے بہتر اور مفید ہے، اس لئے باقی تمام ادیان پر افضل بھی ہے۔اس دین میں جو جتنی سعی و کوشش کرے گا وہ اُسی انداز سے افضل و اکمل ہوگا۔جہاد اور دفاع کے واجب ہونے میں بھی

یہی حکمت اور مصلحت ہے۔

جب ہم یہ مقدمات بیان کر چکے ہیں تو جان لینا چاہیے کہ حضرت زینب سلام اللہ علیہا نے کربلا میں یہ تمام خدماتِ دین سرانجام دی ہیں۔ آپؑ اس گروہ میں شامل ہوگئیں جنہوں نے دین کو باقی رکھنے میں کارنامے سرانجام دیئے۔ آپؑ ہمیشہ کے لئے دین کی حامی اور ناصر ثابت ہوئیں۔ ان خدماتِ دین میں سے کچھ یہ ہیں۔

ایک یہ کہ آپؑ نوعِ بشریت کی پرورش اور تربیت کرنے والی ٹھہریں کیونکہ شہزادیؑ نے اس قانونِ جامعہ کی حفاظت کی۔

دوسری یہ کہ ایک جماعت کو دین کی حفاظت کرنے میں جہاد سے نجات دی۔ کیونکہ ہر فرد پر دین کا دفاع واجب اور ضروری تھا۔ جب کہ شہزادیؑ نے دین کا ایسا دفاع کیا، جس کی وجہ سے قیامت تک اسلام کو بقاء کی ضمانت مل گئی اور ہمیشہ کے لئے محفوظ ہوگیا۔ آپؑ کی اس محنت کی وجہ سے باقی تمام لوگوں کو اس سلسلہ میں کسی محنت وکوشش اور جہاد کی ضرورت نہ پڑی اور کوئی تکلیف وزحمت برداشت نہ کرنا پڑی۔

ایک اہم چیز کی طرف اشارہ:

یہ بات کتنی تکلیف دہ ہوگی پیغمبر اکرم صلی اللہ علیہ وآلہ وسلم، تمام اہل بیت علیہم السلام اور خاص طور پر حضرت سید الشہداء علیہ السلام اور عقیلۂ بنی ہاشم حضرت زینب سلام اللہ علیہا کے لئے کہ انہوں نے خود کو دین کے لئے قربان کر دیا اور دین کی ترویج کے لئے اتنی زحمتیں اور تکلیفیں برداشت کیں لیکن آج صورتِ حال یہ ہے کہ اکثر مسلمان دین کی جڑوں کو کاٹتے ہوئے نظر آرہے ہیں اور اس کے قوانین کو پاؤں کے نیچے پامال کرتے ہوئے دکھائی دیتے ہیں۔ ایک شخص بھی اسلام کا حامی ومددگار نظر نہیں آتا گویا اس وقت اسلام غریب ہوگیا ہے۔ حضرت امام عصر علیہ السلام مسلمانوں کے اعمال وکردار سے گریہ ونالہ کرتے ہوئے دکھائی دیتے ہیں۔

اے اہلِ اسلام ہوشیار ہوجاؤ اور خوابِ غفلت سے بیدار ہو جاؤ، کانوں کو کھول کر رکھو تاکہ تم سن سکو کہ اس وقت اسلام تڑپ رہا ہے۔ مسلمانوں سے استغاثہ کر رہا ہے اور تمہیں مدد

کے لئے پکار رہا ہے۔اس کو نقصان پہنچانے سے باز آجاؤ۔ ممکن ہے کہ تمہارے اس کردار کی وجہ سے حضرت سید الشہداء علیہ السلام اور حضرت زینب سلام اللہ علیہا کی محنتوں پر پانی پھر جائے۔ حضرت مظلوم کربلا علیہ السلام کے تشنہ لبوں پر رحم کرو، شہزادۂ علی اصغر علیہ السلام کے تیر خوردہ گلے پر رحم کرو۔ بنتِ علی علیہ السلام حضرت زینب سلام اللہ علیہا کی اسیری پر رحم کرو اور اسلام کی قدر کرو۔

میں کیا کہوں بہتر یہ ہے کہ کچھ نہ بولوں کہ اس وقت مسلمانوں کی کیا حالت ہے۔ یہ میری ایک فریاد ہے جو کسی تک نہیں پہنچے گی۔

ایک خوشخبری:

جس طرح اس دنیا میں حضرت زینب سلام اللہ علیہا نے ایک جماعت کو جہاد کی تکلیف سے نجات دلائی ہے۔اسی طرح اپنے بلند مقامات کی وجہ سے محشر کے میدان میں بہت سے لوگوں کو آتش جہنم سے نجات دلائیں گی، جس طرح آپؑ کی والدۂ گرامی حضرت زہرا سلام اللہ علیہا قیامت کے دن اپنے پیروکاروں کی شفاعت فرمائیں گی۔

=====❖=====

چھتیسویں فضیلت:

حضرت زینب سلام اللہ علیہا نگہبانِ نبوت و امامت ہیں

انسان کے کمالاتِ نفسانیہ میں ایک صفت پیغمبر خدا صلی اللہ علیہ وآلہ وسلم اور امامِ وقت کی حفاظت کرنا ہے۔ عقل کے مطابق ان کی حفاظت کرنا واجب ہے کیونکہ کائنات کا نظام ان حضرات کے وجودِ مبارک سے چلتا ہے۔ یہ کائنات کا مرکز اور دل ہیں، بنی آدم کا قطب اور ان تک فیض کے پہنچنے کا وسیلہ ہیں۔ ان کی حفاظت دین کی حفاظت ہے اور ان دو ہستیوں کی حفاظت کے ذریعہ حقوقِ بشر کی حفاظت ہوتی ہے۔ اس لئے ان کی حفاظت کئی اعتبار سے اَجر و ثواب کا استحقاق پیدا کرتی ہے۔

پہلا: اس لئے کہ ان کی حفاظت کرنے سے عالمِ طبیعت کی اساس یعنی بنیاد کی حفاظت ہوتی ہے۔

دوسرا: اس لئے کہ اس سے دین کی حفاظت ہوتی ہے۔

تیسرا: اس لئے کہ اولیائے خدا میں سے جس ہستی کی حفاظت کی جارہی ہے اس کا اجر و ثواب اس قدر زیادہ ہے کہ کسی کو اس کا علم نہیں ہے۔ جیسا کہ ایک فرمان ہے: اگر شبِ ہجرت حضرت امیر المومنین علیہ السلام کے بسترِ رسول صلی اللہ علیہ وآلہ وسلم پر سونے کا اجر تمام اہلِ عالم پر تقسیم کیا جائے تو اس کے صلہ میں وہ تمام بہشت میں داخل ہو جائیں گے [1]۔ یہ اس لئے کہ آپؑ نے اس رات پیغمبر اکرم صلی اللہ علیہ وآلہ وسلم کی حفاظت کی تھی۔ اس کے برعکس حضرت زینب سلام اللہ علیہا نے تو

---

[1]۔ امیر المومنینؑ کا لیلت المبیت رسول اللہؐ کی جان کی حفاظت کرنا بہت سارے علماء نے لکھا ہے۔ من جملہ احقاق الحق، ج 3 ص 26 و ج 6 ص 481؛ مسند احمد بن حنبل، ج 1 ص 331؛ تفسیر طبری، ج 9 ص 140؛ العمدہ، ص 124؛ تفسیر اللوامع، ج 2 ص 276؛ حبیب السیر، ج 2 ص 12؛ معارج النبوت، ج 1 ص 4

دو اماموں کی حفاظت کی تھی۔ایک سید الشہداء حضرت امام حسین علیہ السلام اور دوسرے حضرت امام سید الساجدین علیہ السلام کی۔

جب حضرت امام حسین علیہ السلام کو حضرت علی اکبر علیہ السلام نے آخری وقت یہ کہہ کر پکارا:

يَا أَبَتَاهُ عَلَيْكَ مِنِّی السَّلَامَ۔[1]

"اے بابا جانؑ! آپؑ پر میرا سلام ہو"۔

حضرت زینب سلام اللہ علیہا نے دیکھا کہ بھائی کی حالت تبدیل ہوگئی ہے تو بی بیؑ نے فوراً خود کو بھائی سے پہلے حضرت علی اکبر علیہ السلام کی لاش پر پہنچا دیا۔اس لئے کہ اگر بھائی اپنے بیٹے کی ٹکڑے ٹکڑے لاش کو دیکھیں گے تو برداشت نہ کرسکیں گے۔جب حضرت سید الشہداء علیہ السلام بیٹے کی لاش پر پہنچے تو کیا دیکھا کہ بہن پہلے ہی موجود ہے۔یہ دیکھتے ہی امام حسین علیہ السلام علی اکبر علیہ السلام کو بھول گئے اور انہیں خیمہ کی طرف واپس لانے کی فکر میں پڑ گئے۔جناب زینب سلام اللہ علیہا کی یہ تدبیر کامیاب ہوئی اور امام حسین علیہ السلام کی حفاظت کرنے میں آپؑ کامیاب ہو گئیں۔اگر امام حسین علیہ السلام شہزادہ علی اکبر علیہ السلام کی لاش کو اس حالت میں دیکھ لیتے تو شاید برداشت نہ کرسکتے۔

ایک اہم مطلب کی طرف اشارہ:

حضرت امام حسین علیہ السلام اور شہزادہ علی اکبر علیہ السلام کے درمیان جو محبت کا علاقہ تھا وہ صرف باپ اور بیٹے والا نہ تھا بلکہ اس لئے تھا کہ شہزادہؑ میں صفات و کمالات انتہائی درجہ کے تھے اور جو بھی شہزادہ کے مقامات اور کمالات سے معرفت رکھتا ہوگا، اس کا تعلق یقیناً شہزادے کے ساتھ ہوگا۔حضرت سید الشہداء علیہ السلام کو اپنے بیٹے علی اکبر علیہ السلام کے ساتھ محبت چند اعتبار سے تھی۔

پہلا: اس اعتبار سے کہ آپؑ کے درمیان باپ اور بیٹے کا تعلق تھا۔

دوسرا: اس اعتبار سے کہ شہزادہ علی اکبر علیہ السلام میں وہ کمالات موجود تھے جن کی

---

[1]۔ بحار الانوار، ج 45 ص 44؛ مقتل المقرم، ص 44؛ علی الاکبرؑ، ص 84

وجہ سے آپؑ امامت کی قابلیت بھی رکھتے تھے۔

ان کمالات میں ایک یہ ہے کہ دورانِ سفر جب حضرت سید الشہداء علیہ السلام نے خواب دیکھا جس سے آپؑ گھبرا کر بیدار ہوئے اور بے اختیار گریہ کرنے لگے تو شہزادہ علی اکبر علیہ السلام نے سوال کیا: بابا جانؑ! رونے کی کیا وجہ ہے؟

آپؑ نے اپنا خواب بیان کیا تو حضرت علی اکبر علیہ السلام نے اپنے والد گرامی کو تسلی دی اور عرض کیا:

أَ لَسْنَا عَلَى الْحَقِّ؟

''کیا ہم حق پر نہیں ہیں''۔

حضرتؑ نے فرمایا: کیوں نہیں۔

حضرت علی اکبر علیہ السلام نے عرض کیا:

إِذاً لَا نُبَالِيْ أَنْ نَمُوتَ ۔[1]

''تو پھر ہمیں موت کی پرواہ نہیں ہے''۔

اگر معرفت رکھنے والا شخص اس کلام میں غور وفکر کرے تو معلوم ہو جائے گا کہ شہزادے کا معرفتِ توحید میں کس قدر بلند مقام ہے۔ لہٰذا حضرت سید الشہداء علیہ السلام نے یہ سن کر اپنے بیٹے کے لئے دعا کی۔

یہ سوال و جواب جو سید الشہداء علیہ السلام اور حضرت علی اکبر علیہ السلام کے درمیان واقع ہوا کتنا مشابہ ہے اُس سوال و جواب کے جو حضرت امیر المومنین علیہ السلام اور پیغمبر اکرم صلی اللہ علیہ وآلہ وسلم کے درمیان واقع ہوا۔

اس وقت جب پیغمبر اکرم صلی اللہ علیہ وآلہ وسلم منبر پر رمضان المبارک کے فضائل بیان فرما رہے تھے۔ اور آپؐ نے حضرت امیر المومنین علیہ السلام کی شہادت کی خبر دی۔ جس پر حضرت علی علیہ السلام نے عرض کیا:

---

[1]۔ الارشاد، ج 2 ص 76

أَ فِيْ سَلَامَةٍ مِنْ دِينِيْ؟۔ [1]

''کیااس وقت میرا دین سلامت ہوگا؟''۔

آپؐ نے فرمایا: ہاں!

حضرت علی علیہ السلام نے عرض کیا: پھر کوئی خوف نہیں ہے۔

تیسرا: اس اعتبار سے کہ حضرت علی اکبر علیہ السلام کا نام حضرت امام حسین علیہ السلام کے والد گرامی کا نام تھا جو نام سید الشہداء علیہ السلام کو بہت پسند تھا اور خاص محبت تھی۔گویا کہ آپ اپنے بیٹے میں اپنے والد کو دیکھتے تھے۔اہلِ عرفان کے نزدیک یہ بات مرسوم ہے کہ جب کسی کو اپنے باپ سے محبت ہوتی ہے تو وہ اس کی وفات کے بعد اپنے بیٹے کے ساتھ باپ والا تعلق رکھتا ہے تاکہ باپ کے ساتھ محبت کا علاقہ تازہ رہے۔

چوتھا: یہ کہ شہزادہ علی اکبر علیہ السلام ہر لحاظ سے شبیہ پیغمبر صلی اللہ علیہ وآلہ وسلم تھے اور سید الشہداء علیہ السلام کی محبت اپنے ناناؐ کے ساتھ کسی سے پوشیدہ نہیں ہے۔یہی وجہ ہے کہ اپنے ناناؐ کی شبیہ بیٹے کے ساتھ کسی سے پوشیدہ نہیں ہے۔یہی وجہ ہے کہ اپنے ناناؐ کی شبیہ بیٹے کے ساتھ اس قدر محبت رکھتے تھے اور اُس کی شہادت پر آپؑ کو اتنی زیادہ تکلیف ہوئی۔

حضرت زینب سلام اللہ علیہا محافظ امامت تھیں کیونکہ انہوں نے حضرت سید الساجدین علیہ السلام کی کئی مقامات پر حفاظت کی۔

ایک اس وقت جب لشکر کفار خیموں کو آگ لگانے کے لئے آئے۔حضرت امام سجاد علیہ السلام بیمار تھے تو اپنے امام بھتیجے کو جلتے ہوئے خیموں سے باحفاظت نکال کرلائیں۔

دوسرا: اُس وقت جب خیموں کو آگ لگائی گئی تو شمر نے حضرت سید الساجدین علیہ السلام کو قتل کرنے کا ارادہ کیا۔لیکن حضرت زینب سلام اللہ علیہا نے سامنے آکر شمر کو اس قبیح فعل سے روکا۔

تیسرا: اس وقت جب قیدی مقتل سے گزارے گئے۔حضرت زینب سلام اللہ علیہا اپنے

---

[1] ۔ عیون اخبار الرضاؑ، الکبریت الاحمر، ج3 ص17؛ بحار الانوار، ج34 ص338

بھائی کے ساتھ وداع میں مصروف تھیں۔اسی اثناء میں شہزادیؑ نے حضرت سید الساجدین علیہ السلام کو دیکھا کہ اپنے باباؑ کی مقتل میں ٹکڑے ٹکڑے لاش دیکھ کر اتنے پریشان ہوئے کہ قریب تھا روح نکل جاتی۔تو شہزادیؑ وداع کو چھوڑ کر حضرت سید الساجدین علیہ السلام کی طرف متوجہ ہوئیں اور عرض کیا: یہ میں کیا دیکھ رہی ہوں اے گزرے ہوئے اولیائے خدا کی نشانی۔ آپؑ کی یہ حالت کیوں ہے؟

بی بیؑ نے امامؑ کو تسلی دی اور ساتھ ہی اُم ایمن کی حدیث کو بیان کیا۔اس طرح بی بیؑ نے ایک امامؑ کی حفاظت کی ذمہ داری کو ادا کیا۔

چوتھا: اس وقت جب یزید کے دربار میں حضرت امام سید الساجدین علیہ السلام نے یزید ملعون کے طعنوں کا جواب دیا تو ملعون نے حضرتؑ کے قتل کا حکم دیا۔اُس وقت حضرت زینب سلام اللہ علیہا نے امام سجاد علیہ السلام کے گلے میں بازو ڈال دیئے اور فرمایا: میں انہیں قتل نہ ہونے دوں گی۔اگر تم نے ایسا کیا تو میں بھی ان کے ساتھ قربان ہو جاؤں گی۔

حضرت زینب سلام اللہ علیہا نے جو امام کی حفاظت کی تھی، یہ اُس حفاظت کے ساتھ شباہت رکھتی ہے جو سیّدہ کونین حضرت فاطمہ زہرا سلام اللہ علیہا نے حضرت امیر المومنین علیہ السلام کی حفاظت کی۔جب کچھ لوگ آپؑ کو گرفتار کر کے مسجد نبویؐ کی طرف لے جا رہے تھے اور بیعت کرنے پر قتل کی دھمکیاں دے رہے تھے۔

یہ امام علیہ السلام کی حفاظت کا ثمرہ ہے کہ کائنات کی تمام چیزیں محفوظ ہیں۔اس بات کی وضاحت یہ ہے، کہ امام علیہ السلام اس عالم امکان کا دل ہیں۔امامؑ مثل روح ہوتا ہے۔تمام چیزوں کا وجود اور باقی رہنا امامؑ کے وجود کے طفیل ہوتا ہے۔امامؑ کے ذریعہ رزق ملتا ہے۔امامؑ ہی کی وساطت سے آسمان سے بارش نازل ہوتی ہے۔امامؑ ہی کے وجود مقدس کی وجہ سے آسمان اپنی جگہ پر کھڑا ہوا ہے اور زمین پر نہیں گرتا۔

جب بدن سے روح نکل جاتی ہے تو بدن مردہ ہو جاتا ہے۔اسی طرح اگر کائنات میں امامؑ موجود نہ ہو تو کائنات ختم ہو جاتی ہے۔حضرت امام سجاد علیہ السلام کو بیماری کے باوجود کربلا

میں لانے کی وجہ بھی یہی تھی کہ شہادتِ مظلوم کربلا علیہ السلام کے بعد ظالموں کے ظلم کی وجہ سے کہیں ایسا نہ ہو کہ زمین سب کو اپنے اندر دھنسا کر ہلاک نہ کر دے۔

چونکہ شہادت مظلومِ کربلا علیہ السلام کے بعد وہاں پر امام وقت حضرت امام سجاد علیہ السلام موجود تھے جو اس ہلاکت سے تمام لوگوں کو بچا رہے تھے اور عذابِ خداوندی کو روک رہے تھے۔ کیونکہ نواسۂ رسول صلی اللہ علیہ وآلہ وسلم جو رحمۃ اللعالمینؐ کے بیٹے ہیں نہیں چاہتے تھے کہ دشمنوں پر بھی عذاب نال ہو۔ اس لئے اپنے ہمراہ کربلا میں حضرت امام سجاد علیہ السلام کو لے کر آئے تھے تا کہ دشمنوں پر عذاب نازل نہ ہو۔

مظلومِ کربلا حضرت امام حسین علیہ السلام کے بارے میں کسی فارسی شاعر نے کیا خوب کہا ہے:

دوستاں را کجا کنی محروم　　　تو کہ بادشمناں نظرداری

”آپؑ اپنے دوستوں کو شفاعت سے کیسے محروم کریں گے آپؑ تو دشمنوں پر بھی نظر کرم کرتے ہیں“۔

اس وقت جب موت کا فرشتہ میرے پاس آئے گا تو مولاؑ ہم آپؑ کی اور آپؑ کی شہزادیؑ بہن حضرت زینب سلام اللہ علیہا کی شفاعت کی اُمید رکھتے ہیں۔

پس! جب حضرت زینب سلام اللہ علیہا امامؑ کی حفاظت کرتی ہوئی نظر آتی ہیں تو درحقیقت اس عالَم امکان کی تمام چیزوں کی باگ ڈور آپؑ کے ہاتھ میں معلوم ہوتی ہے۔ حضرت زینب سلام اللہ علیہا کی اس فضیلت اور کمال کا اجر سوائے خدا کے اور کوئی نہیں جان سکتا۔

=====❖=====

سینتیسویں فضیلت:

حضرت زینب سلام اللہ علیہا اور امر بالمعروف

انسان کے اچھے فضائل اور اہم عبادتوں میں سے ایک امر بالمعروف اور نہی عن المنکر ہے۔ یعنی اچھے کاموں کا حکم دینا اور بُرے کاموں سے روکنا۔ یہ دونوں عمل عقل کے نزدیک اسلام کے احکامات میں سے بہت اہم ہیں۔ یہ دونوں عمل ہر اُس گروہ اور قوم کے نزدیک اچھے شمار ہوتے ہیں جو ترقی یافتہ ہیں۔ ان دو عبادتوں کے سبب سے ہی انہوں نے ترقی حاصل کی ہے۔ جس قوم و ملّت نے بھی ان دو عبادتوں کو ترک کیا وہ ذلت و رسوائی کی پستیوں میں جا گرے۔ پس! ہر قوم کی سعادت اور شفاعت ان دو اہم عبادتوں کے ساتھ مربوط ہے۔

اس بات پر اسلام کے ابتدائی تئیس (۲۳) سال گواہ ہیں کہ اس دور میں ان دو عبادتوں کی وجہ سے ہی اسلام نے ترقی کی جبکہ داخلی اور خارجی دشمن رکاوٹیں ڈال رہے تھے۔ یہ سب کچھ تاریخ کے صفحات پر موجود ہے۔

پیغمبر اکرم صلی اللہ علیہ وآلہ وسلم نے فرمایا:

> "جب تک تم امر بالمعروف اور نہی عن المنکر کرتے رہو گے تو عروۃ الوثقیٰ کے ساتھ تمسک کرتے رہو گے اور ترقی کرتے رہو گے اور جب تم نے ان دونوں کو ترک کر دیا تو پستی کی طرف چلے جاؤ گے"۔ [۱]

حضرت امیر المومنین علیہ السلام نے اپنی شہادت کے وقت ان دونوں عبادتوں کی حفاظت کے بارے میں تاکید فرمائی۔ [۲]

---

[۱] ۔ وسائل الشیعۃ، ج 11 ص 398؛ تہذیب، ج 2 ص 58؛ المقنعہ ص 130

[۲] ۔ نہج البلاغہ

قرآنِ مجید میں کئی مقامات پر ان دونوں عبادتوں کے بارے میں حکم آیا ہے۔

ارشاد رب العزت ہے:

وَلْتَكُنْ مِّنْكُمْ أُمَّةٌ يَدْعُونَ إِلَى الْخَيْرِ وَيَأْمُرُونَ بِالْمَعْرُوفِ وَيَنْهَوْنَ عَنِ الْمُنْكَرِ ...۔ [۱]

"تم میں سے ایک گروہ ایسا ہونا چاہیے جو اچھائی کی طرف بلائے نیکی کا حکم دے اور برائی سے روکے"۔

ایک دوسرے مقام پر فرمایا:

وَالْمُؤْمِنُونَ وَالْمُؤْمِنَاتُ بَعْضُهُمْ أَوْلِيَاءُ بَعْضٍ يَأْمُرُونَ بِالْمَعْرُوفِ وَيَنْهَوْنَ عَنِ الْمُنْكَرِ ...۔ [۲]

"بعض مومنین مرد اور مومنین عورتیں بعض کے دوست ہیں۔ وہ نیکی کا حکم دیتے ہیں اور برائی سے روکتے ہیں"۔

پیغمبر اکرم صلی اللہ علیہ وآلہ وسلم فرماتے ہیں:

وَالَّذِيْ نَفْسِيْ بِيَدِهِ مَا اَنْفَقَ النَّاسُ مِنْ نَفَقَةٍ اَحَبَّ مِنْ قَوْلِ الْخَيْرِ۔ [۳]

"اُس ذات کی قسم! جس کے قبضہ قدرت میں میری جان ہے۔ راہِ خدا میں جو بھی اچھا کام کیا جاتا ہے اچھی بات سے بہتر کوئی چیز نہیں"۔

حضرت امیر المومنین علیہ السلام فرماتے ہیں:

وَمَا اَعْمَالُ الْبِرِّ كُلُّهَا وَالْجِهَادُ فِي سَبِيْلِ اللهِ عِنْدَ الْأَمْرِ بِالْمَعْرُوْفِ وَالنَّهِيْ عَنْ الْمُنْكَرِ إِلَّا كَنَفْثَةٍ فِيْ

---

[۱]۔ سورۂ آلِ عمران، آیت ۱۰۴

[۲]۔ سورۂ توبہ، آیت ۷۱

[۳]۔ المحاسن، ج 1 ص 15؛ وسائل الشیعہ، ج 16 ص 123؛ بحار الانوار، ج 68 ص 311

بَحْرٍ لُجِّيٍّ ۔[1]

”تمام نیک اعمال اور اللہ کی راہ میں جہاد کا مقام امر بالمعروف اور نہی عن المنکر کے مقابلہ میں ایسے ہے جیسے گہرے سمندر میں ایک نقطہ ہو“۔

اس فرمان میں حضرتؑ فرمانا چاہتے ہیں کہ امر بالمعروف اور نہی عن المنکر کو باقی تمام نیک اعمال پر فضیلت حاصل ہے ۔اس کی وجہ واضح اور روشن ہے کیونکہ امر بالمعروف اور نہی عن المنکر کے ذریعہ تمام اعمال اور عبادات زندہ ہوتی ہیں ۔

امر بالمعروف کے دو مرتبے ہیں:

(۱)۔قولی ۔ (۲)۔فعلی ۔

(۱)۔ قولی یعنی اپنی زبان وکلام کے ذریعہ دوسروں کو اچھے کام کرنے اور برے کاموں سے روکنے کی ترغیب دینا اور تیار کرنا ہے ۔

(۲)۔ فعلی سے مراد یہ ہے کہ انسان اپنے عمل کے ذریعہ دوسروں کو امر بالمعروف اور نہی عن المنکر کرے ۔ یہ مرتبہ پہلے والے مرتبہ سے افضل واشرف ہے ۔کیونکہ ممکن ہے خود کہنے والا اُس پر عمل نہ کرتا ہو۔ایسے لوگوں کے بارے میں خدا کا عقاب تیار ہے ۔

جیسا کہ خدا فرماتا ہے:

اَتَأْمُرُوْنَ النَّاسَ بِالْبِرِّ وَتَنسَوْنَ اَنفُسَكُمْ ..... [2]

”کیا تم دوسروں کو نیکی کا حکم دیتے ہو اور خود کو بھول جاتے ہو“۔

بلکہ یہ کہا جاسکتا ہے کہ ایسے لوگ جو اپنی کہی ہوئی بات پر عمل نہیں کرتے وہ یزید کے پیروکاروں سے بھی بدتر ہیں ۔کیونکہ یہ مسلم ہے کہ ایسے لوگوں کی بات کا اثر نہیں ہوتا۔اس لئے لازم ہے کہ سب سے پہلے واعظ لوگ خود اپنے آپ کو پاک وپاکیزہ کریں اور پھر دوسروں کو

---

[1]۔ شرح نہج البلاغہ،ابن ابی الحدید،ج19 ص306

شیعہ منابع: وسائل الشیعہ ،ج16 ص134؛ بحارالانوار،ج97 ص89

[2]۔ سورۂ بقرہ،آیت ۴۴

نصیحت کریں۔ درحقیقت آج مسلمانوں کی ناکامی کا سبب اسی وجہ سے ہے کہ اُنہوں نے امر بالمعروف اور نہی عن المنکر کو ترک کر دیا ہے۔ تمام گروہوں نے اپنے وظائف اور ذمہ داریوں سے ہاتھ کھینچ لیئے ہیں۔ ان کے نزدیک منکر معروف ہوگیا ہے اور معروف منکر بن چکا ہے۔ ہر ایک شخص اپنی جگہ پر اسلام کو ختم کرنے پر لگا ہوا ہے۔

تمام حکمرانوں اور حکومت کے کارندوں نے ظلم و جور کے ذریعہ اور خارجیوں کی شکل وصورت اور لباس اختیار کر کے خود کو کفار کے ساتھ مشابہ کرلیا ہے۔ مسلمانوں کے تمام اُمور اُن کے سپرد کر دیئے ہیں اور خود کو تمام اوقات میں بُرے کاموں اور محرمات میں مشغول رکھا ہوا ہے۔

سرکاری ملاؤں نے اُمراء کے ساتھ مل کر علمائے حق کے حقوق کو ضائع کر دیا ہے اور خود کو حرام میں داخل کر رکھا ہے۔ اہل منبر نے منبر کی حرمت کو پامال کر دیا ہے۔ امر بالمعروف اور نہی عن المنکر کو ترک کر کے خدا اور رسولؐ کی طرف جھوٹ کی نسبت دیتے ہیں۔ گناہ کا ارتکاب کر کے دین اور قرآن کی بے حرمتی کر رہے ہیں۔

تاجر حرام کاروبار کرنے کی وجہ سے امر بالمعروف اور نہی عن المنکر کو پامال کر رہے ہیں۔ اسی طرح باقی لوگوں کے طبقات اور گروہ اسلامی قوانین کی خلاف ورزی کرتے ہوئے دکھائی دیتے ہیں اور اسلام کی بنیادوں کو ختم کرتے ہوئے نظر آتے ہیں۔ اسی وجہ سے اسلام کمزور نظر آتا ہے۔

جس طرح اسلام بنی اُمیہ کے دور میں اس حالت پر پہنچ چکا تھا اور اسلام کو خطرہ لاحق ہوگیا تھا تو پھر حضرت سید الشہداء علیہ السلام کی قربانی کے ذریعہ اس کی بقاء کی ضمانت دی گئی تھی کیونکہ امام علیہ السلام نے اسلام کو بچانے کے لئے اپنی اور اپنے اصحاب کی بے مثال قربانی دی۔ امر بالمعروف اور نہی عن المنکر کرنے والی ہستی عقیلۂ بنی ہاشم حضرت زینب سلام اللہ علیہا تھیں، جنہوں نے اپنے قول وفعل کے ذریعہ یہ دونوں کام سرانجام دے کر اسلام کی اساس کو محفوظ کرلیا اور باطل کے حملوں سے اسے نجات دِلا دی۔ جیسا کہ حضرت زینب سلام اللہ علیہا کا

دربار یزید میں خطبہ اس بات کی گواہی دیتا ہے۔

چنانچہ اس زمانہ میں بھی سید الشہداء علیہ السلام جیسی قربانی دینے والے اور حضرت زینب سلام اللہ علیہا جیسی امر بالمعروف اور نہی عن المنکر کرنے والی ہستی چاہیے جو اسلام کو آج کے دور میں لاحق خطرات سے محفوظ رکھ سکے۔ لیکن افسوس کے ساتھ کہنا پڑتا ہے کہ اس وقت ظاہراً ایسی کوئی ہستی نظر نہیں آتی جو یہ کارنامہ سرانجام دے سکے اور اسلام کو مشکلات اور ختم ہونے سے بچا سکے۔

ہم غم زدہ دل کے ساتھ اس مطلب کے لکھنے سے اپنے قلم کو روک لیتے ہیں۔
بہرحال امر بالمعروف اور نہی عن المنکر کی حقیقی روح حضرت زینب سلام اللہ علیہا ہیں جنہوں نے تمام تر خطرات کے باوجود اور اتنی بڑی بڑی مصیبتوں کے نازل ہوتے ہوئے بھی اس فریضہ کو فراموش نہ کیا۔ واقعۂ کربلا سے لے کر آج تک اور قیامت تک مؤمنین کے درمیان جو امر بالمعروف اور نہی عن المنکر موجود ہے، وہ حضرت زینب سلام اللہ علیہا کے ہی مرہون منت ہے اور انہی کی محنتوں کا نتیجہ ہے۔

خداوند عالم ہمیں توفیق عطا فرمائے کہ ہم امر بالمعروف کر سکیں اور ہمارے مؤمنین بھائیوں کو سننے والے کان عطا فرمائے تاکہ وہ اس پیغام کو سن سکیں۔ ہمیں اور سب مؤمنین کو محمدؐ و آل محمد علیہم السلام کے ساتھ بروز محشر محسور فرمائے۔ آمین۔

=====❖=====

اڑتیسویں فضیلت:

شہزادیؑ سے توسل اور زمین کربلا کا شرف

یہ بھی معلوم ہونا چاہیے کہ خالق کائنات نے زمین کربلا کو باقی تمام زمینوں پر فضیلت و شرف عطا فرمایا ہے کیونکہ اس زمین کے ذریعہ دین مبین کو زندہ کیا گیا ہے۔ جب اُمّ القریٰ یعنی کعبہ کی زمین نے فخر ومباہات کیا کہ میں باقی زمینوں سے افضل ہوں اس لئے کہ اس میں بیت اللہ اور اس زمین کو اللہ کی طرف سے امان کا شرف حاصل ہے۔ تو پروردگار عالم کی طرف سے اس زمین کو خطاب ہوا:

"اے زمین کعبہ! تو اتنا فخر نہ کر اس لئے کہ تجھ سے افضل زمین کربلا ہے"۔

اس بات کا راز واضح اور روشن ہے کہ اگر واقعۂ کربلا نہ ہوا ہوتا اور حضرت امام حسین علیہ السلام اس زمین پر شہید نہ ہوئے ہوتے اور اتنی مظلومیت کے ساتھ دفن نہ ہوئے ہوتے تو بنی اُمیہ کے ہاتھوں کوئی ایک بھی خدا وحدہٗ لاشریک کو ماننے والا محفوظ نہ ہوتا جو کعبہ کی طرف متوجہ ہوتا اور خدا کی عبادت کرتا۔ پس! جس کربلا کی زمین پر دین کو زندگی ملی ہے، اس زمین کربلا کو چند کرامتیں اور فضیلتیں حاصل ہوئی ہیں۔ جو مندرجہ ذیل ہیں:

اوّل: یہ ہے کہ اس زمین پر حضرت ثار اللہ علیہ السلام کا مدفن اور روضۂ مبارک ہے۔

دوسری: یہ ہے کہ اس زمین کے درجات کی بلندی کی وجہ سے تمام انبیاء، اولیاء اور اوصیاء کو یہ حکم دیا گیا تھا کہ اس سرزمین سے گزریں تاکہ بارگاہِ خداوندی میں تقرب حاصل کرسکیں۔ حتیٰ کہ حضرت پیغمبر اکرم صلی اللہ علیہ وآلہ وسلم معراج کی رات اسی زمین سے گزرے اور جنگ صفین کے موقع پر حضرت امیر المومنین علیہ السلام کا اس سرزمین سے گزر ہوا۔

تیسری: یہ زمین گناہ گاروں کے لئے امان کی جگہ ہے۔ چنانچہ محمدؐ و آل محمد علیہم السلام کے جو محب

گناہ گار ہوں گے اگر وہ کربلا میں داخل ہو جائیں گے تو بغیر حساب کے بلکہ میدانِ محشر کے عذاب کو دیکھے بغیر بہشت میں داخل ہو جائیں گے۔

چوتھی: کربلا کی زمین بہشت کے بلندترین مقامات اور درجات میں سے ہوگی۔

پانچویں: یہ زمین تمام آئمہ علیہم السلام کی قبور کی خاک بنی ہے اس لئے کہ تمام آئمہ علیہم السلام کی قبروں میں خاکِ کربلا رکھی گئی ہے۔

چھٹی: اس زمین پر دعائیں قبول ہوتی ہیں۔

ساتویں: کربلا کی خاک شہدائے کربلا علیہم السلام کے خون پاک سے مخلوط ہوئی ہے جب ہوا چلتی ہے تو اس کے ذریعہ وہاں کی گرد وغبار جہاں جہاں پر پہنچی وہاں پر مسجد بنائی گئی۔

آٹھویں: یہ زمین انبیائے خدا علیہم السلام کی طواف گاہ بنی۔ اگر کعبہ کا سال میں ایک مرتبہ طواف ہوتا ہے تو کربلا سارا سال عاشقوں کی طواف گاہ بنی رہتی ہے۔

نویں: خاکِ کربلا جس کی قبر میں رکھی جائے گی اس پر عذاب نازل نہیں ہوگا۔

حضرت زینب سلام اللہ علیہا کو کربلا میں چند مقامات حاصل ہوئے ہیں:

پہلا: شہزادیؑ ان مقامات پر فائز ہوئی ہیں جن پر انبیاءؑ اور اوصیاء زمین کربلا کی وجہ سے فائز ہوئے ہیں۔

دوسرا: وہ تمام اجر وثواب مظلومہؑ کو عطا ہوئے ہیں جو کربلا کی زمین آنے والوں کو عطا ہوتے ہیں۔

تیسرا: شہزادیؑ اُن مقامات پر فائز ہوئی ہیں جو اہل بیت علیہم السلام میں سے بعض کو حاصل ہوئے ہیں۔ اُن میں سے بعض مقامات یہ ہیں۔

پہلا: خداوندِ قدوس کی طرف سے درود بھیجنے کا حکم آیا ہے کہ:

”خداوندِ عالم اور فرشتے نبیؐ پر درود بھیجتے ہیں، اے ایمان والو! تم بھی نبیؐ پر درود بھیجو“۔

جس طرح نبی صلی اللہ علیہ وآلہ وسلم پر درود بھیجے کا حکم ہے، اسی طرح آلِ نبی علیہم السلام پر بھی درود بھیجنے کا حکم ہے۔ حضرت زینب سلام اللہ علیہا بھی آلِ نبی علیہم السلام میں سے ہیں اس لئے آپؑ پر بھی درود بھیجنے کا حکم ہے لہٰذا شہزادیؑ درود والی فضیلت میں شامل ہیں۔

اس پر دلالت کے لئے یہ آیت شریفہ جس میں ارشاد ہے:

اُولٰٓئِكَ عَلَيۡهِمۡ صَلَوٰتٌ مِّن رَّبِّهِمۡ ....[1]

"یہ وہ لوگ ہیں جن پر اُن کے رب کی طرف سے درود ہے"۔

اس کے علاوہ یہ آیت شریفہ بھی دلالت کرتی ہے جس میں خدا ارشاد فرماتا ہے:

اِنَّ اللّٰهَ وَمَلٰٓئِكَتَهٗ يُصَلُّوۡنَ عَلَى النَّبِىِّ يٰٓاَيُّهَا الَّذِيۡنَ اٰمَنُوۡا صَلُّوۡا عَلَيۡهِ وَسَلِّمُوۡا تَسۡلِيۡمًا۔[2]

"بے شک اللہ اور اس کے فرشتے نبیؐ پر درود بھیجتے ہیں اے ایمان والو! تم بھی اُنؐ پر درود بھیجو اور برابر سلام کرتے رہو"۔

دوسرا: مذکورہ آیت کی بناء پر شہزادیؑ کو مقامِ رحمت بھی حاصل ہوا ہے۔ اس لئے حق بنتا ہے کہ رحمت طلب کرنے والے ان سے توسل حاصل کریں۔

پس! اے اپنے رب کی رحمت طلب کرنے والو! آؤ اور شجرۂ نبویہؐ کے ثمر، ولایتؑ کی قندیل، فاطمیؑ جاہ و جلال اور پروردگار کی رحمتِ واسعہ عقیلۂ بنی ہاشم حضرت سیدہ زینب سلام اللہ علیہا کی بارگاہ سے توسل حاصل کریں۔

تیسرا: شہزادیؑ کو یہ مقام ملا کہ آپؑ ہدایت کرنے والے گروہ میں شامل ہوئیں۔ اس پر یہ آیت شریف دلایت کرتی ہے:

....وَاُولٰٓئِكَ هُمُ الۡمُهۡتَدُوۡنَ۔[3]

---

[1] ۔ سورۂ بقرہ، آیت ۱۵۷

[2] ۔ سورۂ احزاب، آیت ۵۶

[3] ۔ سورۂ بقرہ، آیت ۱۵۷

"یہ لوگ ہدایت یافتہ ہیں"۔

اس مقام اور فضیلت میں آپؑ انبیاءؑ اور اوصیاءؑ کے ساتھ شریک ہیں۔ کیونکہ انبیاءؑ کو دوسروں پر فضیلت اس لئے ہے کہ وہ ہدایت کے راستے پر ہیں اور یہ مقام خاص مقام ربانی ہے۔

خدا فرماتا ہے:

اِنَّا هَدَيْنَاهُ السَّبِيلَ.... [۱]

"بے شک ہم نے اُسے راستے کی ہدایت کی"۔

اِنَّكَ لَا تَهْدِيْ مَنْ اَحْبَبْتَ وَلٰكِنَّ اللّٰهَ يَهْدِيْ مَنْ يَّشَآءُ۔ [۲]

"بے شک تو جس کو چاہتا ہے ہدایت نہیں کرسکتا لیکن اللہ جس کو چاہتا ہے ہدایت دیتا ہے"۔

اس مقام سے بڑھ کر شہزادیؑ کے لئے اور کوئی مقام نہیں ہوسکتا کہ شہزادیؑ کو اللہ کی تمام رضائیں مل گئیں۔ اس لئے کہ دونوں بھائی اور بہن نے اتنے مصائب کو برداشت کیا جو نوعِ بشر کی ہدایت کا سبب بنے۔ لہٰذا بھائی اور بہن دونوں چراغِ ہدایت ہیں۔ امام حسین علیہ السلام مصباح الہدیٰ اور مشکاۃ الدجیٰ ہیں۔ اسی طرح حضرت زینب سلام اللہ علیہا بھی مصباح الہدیٰ اور مشکاۃ الدجیٰ ہیں۔

چوتھا: شہزادیؑ اس بلندی پر فائز ہیں کہ بلندی کے ان مقامات کا شمار کرنا کسی بشر کے بس کی بات نہیں ہے۔

خداوندِ عالم قرآن میں ارشاد فرماتا ہے:

....اِنَّمَا يُوَفَّى الصَّابِرُوْنَ اَجْرَهُمْ بِغَيْرِ حِسَابٍ۔ [۳]

---

[۱]۔ سورۂ انسان، آیت ۳

[۲]۔ سورۂ قصص، آیت ۵۶

[۳]۔ سورۂ زمر، آیت ۱۰

''سوائے اس کے نہیں کہ صبر کرنے والوں کو بغیر حساب کے اجر دیا جائے گا''۔

پس! جب شہزادیؑ کے صبر کی کوئی حد نہیں ہے تو اُن کے اجر وثواب کی بھی کوئی حد نہیں ہے۔ اس لئے گناہ گاروں کی شفاعت کرنا، متوسلین کی حاجات کو پورا کرنا تو معمولی درجات ہیں، اُن مقامات اور درجات کے مقابلہ میں جو شہزادیؑ کو صبر کے صلہ میں عطا ہوئے ہیں۔ یہ تمام چیزیں تو شمار کرنے کے قابل ہیں مگر شہزادیؑ کے درجات اور مقامات غیر محدود ہیں اور شمار میں نہیں آسکتے۔ ہم اس خصوصیت کو ختم کرتے ہیں اور اس حدیث کو ذکر کرتے ہیں، جس میں حضرت فاطمہ زہرا سلام اللہ علیہا کے میدانِ محشر میں وارد ہونے کا ذکر ہے:

اِذَا كَانَ يَوْمُ الْقِيَامَةِ نَادَى مُنَادٍ يَا مَعْشَرَ الْخَلَائِقِ غُضُّوْا اَبْصَارَكُمْ حَتَّى تَمُرَّ فَاطِمَةُ بِنْتُ مُحَمَّدٍ صَلَّى اللّٰهُ عَلَيْهِ وَآلِهِ فَتَكُوْنُ اَوَّلَ مَنْ تُكْسَى وَ يَسْتَقْبِلُهَا مِنَ الْفِرْدَوْسِ اِثْنَتَا عَشْرَةَ اَلْفَ حَوْرَاءَ لَمْ يَسْتَقْبِلُوْا اَحَداً قَبْلَهَا وَلَا اَحَداً بَعْدَهَا عَلَى نَجَائِبَ مِنْ يَاقُوْتٍ اَجْنِحَتُهَا وَ اَزِمَّتُهَا اللُّؤْلُؤُ عَلَيْهَا رَحَائِلُ مِنْ دُرٍّ عَلَى كُلِّ رِحَالَةٍ مِنْهَا نُمْرُقَةٌ مِنْ سُنْدُسٍ وَ رَكَائِبُهَا زَبَرْجَدٌ فَيَجُوْزُوْنَ بِهَا الصِّرَاطَ حَتَّى يَنْتَهُوْنَ [يَنْتَهُوْا] بِهَا اِلَى الْفِرْدَوْسِ فَيَتَبَاشَرُ بِهَا اَهْلُ الْجِنَانِ وَ فِيْ بُطْنَانِ الْفِرْدَوْسِ قُصُوْرٌ بِيْضٌ وَ قُصُوْرٌ صُفْرٌ مِنْ لُؤْلُؤَةٍ مِنْ عِرْقٍ وَاحِدٍ وَ اِنَّ فِي الْقُصُوْرِ الْبِيْضِ لَسَبْعِينَ اَلْفَ دَارٍ مَنَازِلُ مُحَمَّدٍ وَآلِهِ صَلَوَاتُ اللّٰهِ عَلَيْهِمْ وَ اِنَّ فِي الْقُصُوْرِ الصُّفْرِ لَسَبْعِينَ اَلْفَ دَارٍ مَسَاكِنُ اِبْرَاهِيْمَ وَآلِهِ

عَلَيْهِمُ السَّلَامُ فَتَجْلِسُ عَلَى كُرْسِيٍّ مِنْ نُورٍ فَيَجْلِسُوْنَ حَوْلَهَا وَ يُبْعَثُ اِلَيْهَا مَلَكٌ لَمْ يُبْعَثْ اِلَى اَحَدٍ قَبْلَهَا وَلَا يُبْعَثُ اِلَى اَحَدٍ بَعْدَهَا فَيَقُوْلُ اِنَّ رَبَّكِ يُقْرِئُكِ السَّلَامَ وَ يَقُوْلُ سَلِيْنِيْ اُعْطِكِ فَتَقُوْلُ قَدْ اَتَمَّ عَلَيَّ نِعْمَتَهُ وَ هَنَّأَنِي كَرَامَتَهُ وَ اَبَاحَنِيْ جَنَّتَهُ اَسْاَلُهُ وُلْدِيْ وَ ذُرِّيَّتِي وَ مَنْ وَدَّهُمْ فَيُعْطِيْهَا اللهُ ذُرِّيَّتَهَا وَ وُلْدَهَا وَ مَنْ وَدَّهُمْ لَهَا وَ حَفِظَهُمْ فِيْهَا فَيَقُوْلُ اَلْحَمْدُ لِلّٰهِ الَّذِيْ اَذْهَبَ عَنَّا الْحَزَنَ وَ اَقَرَّ بِعَيْنِيْ قَالَ جَعْفَرٌ كَانَ اَبِيْ يَقُوْلُ كَانَ اِبْنُ عَبَّاسٍ اِذَا ذَكَرَ هَذَا الْحَدِيْثَ تَلَا هَذِهِ الْآيَةَ:[1]

وَ الَّذِيْنَ اٰمَنُوْا وَ اتَّبَعَتْهُمْ ذُرِّيَّتُهُمْ بِاِيْمَانٍ اَلْحَقْنَا بِهِمْ ذُرِّيَّتَهُمْ ۔[2]

’’ابن عباس سے روایت ہے وہ کہتے ہیں:

جب قیامت کا دن ہوگا تو منادی ندا دے گا:

اے اہلِ محشر! اپنی آنکھیں بند کرلو تا کہ فاطمہؑ بنتِ محمدؐ گزر جائیں۔ پس آپؑ سب سے پہلے گزرنے والی ہوں گی، آپؑ کے استقبال کے لئے فردوس سے بارہ ہزار (۱۲۰۰۰) حوریں آئیں گی۔ ان سے پہلے اِن حُوروں نے کسی کا استقبال نہ کیا ہوگا اور نہ ہی ان کے بعد کسی کا کریں گی۔ وہ ایسی سواریوں پر سوار ہوں گی جن کے پَر یاقوت اور لجام لؤلؤ کی ہوگی، جن پر کجاوے دُرّ کے ہوں گے، ہر کجاوے پر سُندس کی چادر ہو گی اور ان سواریوں کی رکابیں زبرجد کی ہوں گی۔

---

[1]۔ کتاب فضائل الخمسہ، ج 3 ص 199؛ بہجۃ قلب المصطفیٰؐ ص 616 کے بعد بحار الانوار، ج 43 ص 224

[2]۔ سورۂ طور، آیت ۲۱

وہ حوریں سیدہ کائنات سلام اللہ علیہا کو لے کر پل صراط سے گزر جائیں گی اور انہیں جنت الفردوس تک لے جائیں گی۔ اہلِ جنت آپؑ کو دیکھ کر خوش ہوں گے۔ جنت الفردوس کے وسط میں سفید رنگ کے لؤلؤ سے بنے ہوئے محل ہوں گے۔ سفید رنگ کے محلوں میں محمدؐ و آلِ محمد علیہم السلام کے لئے ستر ہزار گھر ہوں گے۔ سیّدہ کونین سلام اللہ علیہا وہاں نور کی کرسی پر تشریف فرما ہوں گی اور تمام اہلِ جنت ان کے ارد گرد بیٹھ جائیں گے۔

اُس وقت خدا آپؑ کی طرف ایک فرشتہ بھیجے گا جو نہ تو پہلے کسی کے پاس آیا ہوگا اور نہ ہی بعد میں کسی کے پاس آئے گا۔

وہ فرشتہ عرض کرے گا کہ آپؑ کا پروردگار سلام کہتا ہے اور فرماتا ہے: اے فاطمہ سلام اللہ علیہا! مجھ سے مانگو تا کہ میں تمہیں عطا کروں۔

آپؑ عرض کریں گی: اے پروردگار! مجھ پر اپنی نعمتیں مکمل فرما، مجھے اپنی کرامت عطا فرما اور مجھے میرے بیٹے، میری اولاد اور میری اولاد کے ماننے والے عطا فرما۔

اللہ تعالیٰ آپؑ کو آپؑ کی اولاد اور بیٹے عطا کرے گا اور آپؑ کی اولاد کے ماننے والے بھی عنایت کر دے گا اور ان کی وہاں حفاظت فرمائے گا۔

اس وقت شہزادی کونین سلام اللہ علیہا فرمائیں گی: تمام تعریفیں اس اللہ کی، جس نے مجھ سے غم کو دور کیا اور میری آنکھوں کو ٹھنڈا کیا۔

جعفر کہتے ہیں کہ میرے باپ نے کہا: ابن عباسؓ نے جب اس حدیث کو ذکر کیا تو اس آیت کی تلاوت کی:

وَالَّذِينَ آمَنُوا وَاتَّبَعَتْهُمْ ذُرِّيَّتُهُم بِإِيمَانٍ أَلْحَقْنَا بِهِمْ ذُرِّيَّتَهُمْ۔

اور وہ لوگ جو ایمان لائے اور ان کی اولاد میں سے جنہوں نے ایمان
میں ان کی اتباع کی، ہم ان کی اولاد کو ان کے ساتھ ملحق کر دیں گے“۔

اس حدیث سے یہ مطلب صاف سمجھا جا سکتا ہے کہ ابن عباسؑ نے حدیث ذکر کرنے کے بعد جب آیت کی تلاوت کی ہے، اس سے پتہ چلتا ہے کہ جنت الفردوس میں حضرت فاطمہ سلام اللہ علیہا کے ساتھ آپؑ کی اولاد، حضرت زینب سلام اللہ علیہا، حضرت اُمّ کلثوم سلام اللہ علیہا دیگر سادات اور ان کے محب خوش وخرم زندگی بسر کریں گے۔

اے پروردگار!

بروزِ محشر ہمیں محمدؐ وآلِ محمد علیہم السلام اور حضرت زینب سلام اللہ علیہا کی شفاعت نصیب فرما۔

(آمین)۔

اُنتالیسویں فضیلت:

شہزادیؑ کے بعض حالات اور انبیاءؑ کے حالاتِ زندگی میں شباہت

اس سے پہلے ذکر ہوا ہے کہ حضرت زینب سلام اللہ علیہا بعض انبیاء علیہم السلام کے ساتھ بعض حالات میں شباہت رکھتی ہیں۔

شہزادیؑ کے پاس وہ استعداد اور قابلیت تھی جس کا علم خدا کے سوا کوئی نہیں جانتا۔

اس شہزادیؑ کے مصائب کا بھی ایک خاص مقام ہے اس لئے مظلومہؑ کے مصائب کا انبیاءؑ کے مصائب کے ساتھ موازنہ کیا جاسکتا ہے۔

(۱) اگر حضرت آدم علیہ السلام نے بہشت اور حُوروں کی جدائی کا دُکھ اور اپنے بیٹے ہابیل کے قتل ہونے کی مصیبت اٹھائی ہے [۱] تو حضرت زینب سلام اللہ علیہا نے بھی اپنے ناناؐ، ماںؑ اور بھائی کے حرم کی جدائی کا دکھ اُٹھایا ہے جن کے حرم بہشت کے بہترین مقامات میں سے ہیں اور ہابیل کی مصیبت کی طرح اپنے دو بیٹوں کی مصیبت بھی برداشت کی۔

(۲) اگر حضرت نوح علیہ السلام نے اپنی قوم کی مصیبتوں کو برداشت کیا ہے [۲] تو حضرت زینب سلام اللہ علیہا نے بھی اہلِ کوفہ کی طرف سے مصائب برداشت کئے ہیں اور اہلِ کوفہ بھی قومِ نوح کی طرح بلاؤں میں مبتلا ہوئی۔

---

[۱] ۔ النور المبین فی قصص الانبیاء، ص 27؛ تفسیر القمی، ج 1 ص 165

[۲] ۔ بحار الانوار، ج 11 ص 287 بنقل از قصص راوندی

(۳) اگر حضرت ابراہیم علیہ السلام نمرود کی آگ میں ڈالے گئے ہیں [۱] اور آپؑ کو بیٹے کی قربانی کا حکم دیا گیا ہے [۲] تو حضرت زینب سلام اللہ علیہا کے خیموں کو بھی وقت کے نمرود نے جلایا اور اپنے بیٹے عونؑ اور محمدؑ کی قربانی کی مصیبت برداشت کی۔

(۴) اگر حضرت یعقوب علیہ السلام کو فراقِ یوسف علیہ السلام برداشت کرنا پڑا اور اُن کے فراق میں آپؑ نے اتنا گریہ کیا کہ آنکھوں کی بینائی چلی گئی [۳] تو حضرت زینب کبریٰ سلام اللہ علیہا کو چھ بھائیوں اور دو بیٹوں جو یوسف علیہ السلام سے بھی افضل تھے، اُن کا فراق برداشت کرنا پڑا۔ صرف فراق ہی نہیں بلکہ اُن کے ساتھ کئی بنی ہاشم کو اپنی آنکھوں کے سامنے قتل ہوتا ہوا دیکھا۔

(۵) اگر حضرت موسیٰ علیہ السلام فرعون اور قارون کی وجہ سے مصائب میں مبتلا ہوئے [۴] اور آخر کار انہوں نے ان کے لئے بددعا کی اور وہ شدید ترین عذاب میں گرفتار ہوئے تو حضرت زینب سلام اللہ علیہا کو ایک حرام زادے کے بیٹے یعنی ابن زیاد اور یزید ملعون کی طرف سے مصائب میں گرفتار ہونا پڑا جو دونوں فرعون اور قارون سے بدتر تھے۔

(۶) اگر حضرت زکریا علیہ السلام کے سر پر دشمنوں کی طرف سے زخم لگایا گیا [۵] تو حضرت زینب سلام اللہ علیہا کے سرِ مبارک اور بازوؤں پر اتنے نیزے اور تازیانے مارے گئے کہ زخموں اور وروموں کے نشان پڑ گئے۔

(۷) اگر حضرت یحییٰ علیہ السلام کا سر بادشاہ کے سامنے پیش کیا گیا [۶] تو حضرت زینب سلام اللہ علیہا کو قید کیا گیا اور آپؑ کے بھائی کا کٹا ہوا سر یزید ملعون کے دربار میں

---

[۱] ۔ النور المبین، ص 103

[۲] ۔ النور المبین فی قصص الانبیاء والمرسلینؑ، ص 127؛ خصال، ج 1 ص 57؛ مجمع البیان، ج 8 ص 710

[۳] ۔ خصال، ج 1 ص 272؛ روضۃ الواعظین، ص 493

[۴] ۔ النور المبین، ص 234

[۵] ۔ علل الشرائع ص 80؛ النور المبین، ص 399

[۶] ۔ بحار الانوار، ج 14 ص 181؛ النور المبین، ص 400 بنقل از قصص راوندی

پیش کیا گیا۔

(۸) اگر حضرت جرجیس [1] نبی علیہ السلام اور دیگر انبیاءؑ کو تکلیفیں دینے کے بعد قتل کر دیا گیا تو مظلومہؑ کو تکلیفوں کے بعد قید کیا گیا۔ آپؑ کی ہر ایک تکلیف اور مصیبت قتل سے بھی سخت تر تھی۔

(۹) اگر حضرت سلیمان علیہ السلام نے آفت دیو کا سامنا کیا تو حضرت زینب سلام اللہ علیہا نے شمر ملعون جیسے بد بخت کا سامنا کیا۔

(۱۰) اگر حضرت یوسف علیہ السلام کو کنویں اور قید خانے میں ڈالا گیا [2] تو مظلومہ کو کوفہ کے قید خانے اور شام کے خرابہ میں قید کیا گیا۔

(۱۱) اگر حضرت رسالت مآب صلی اللہ علیہ وآلہ وسلم کی پیشانی پر پتھر مارا گیا تو اس مظلومہؑ نے بھی کثرت حزن والم و مصیبت میں اپنی پیشانی چوبہ محمل پر ماری۔ [3]

(۱۲) اگر حضرت خاتم المرسلین صلی اللہ علیہ وآلہ وسلم کے دانت مبارک شہید ہوئے تو مظلومہؑ کے کانوں سے گوشوارے چھینے گئے اور کان زخمی کئے گئے۔

(۱۳) اگر مکّہ کے مشرکین نے حضور اکرم صلی اللہ علیہ وآلہ وسلم کے سر مبارک پر خاک ڈالی [4] تو اہلِ شام نے گرم خاک اور لکڑیوں کو آگ لگا کر مظلومہؑ کے سر پر ڈالا۔

(۱۴) اگر رسول اکرم صلی اللہ علیہ وآلہ وسلم کی طرف ہذیان کی نسبت دی گئی [5] تو ظالموں اور ملعونوں

---

[1]۔ بحار الانوار، ج 14 ص 445؛ کامل ابن اثیر، ج 1 ص 214؛ عرائس، ص 242

[2]۔ تفسیر قمی، ج 1 ص 374 و 344

[3]۔ بحار الانوار، ج 45 ص 114؛ احتجاج طبری، ج 1 ص 414؛ بحار الانوار، ج 43 ص 197؛ سفینۃ، ج 2 ص 339؛ مسند احمد بن حنبل، ج 1 ص 355؛ مسلم، ج 1 ص 232؛ بخاری، ج 2 ص 118؛ عوالم، ج 11 ص 54؛ بحار الانوار، ج 43 ص 170 ح 11

[4]۔ کامل ابن اثیر، ج 2 ص 91

[5]۔ رک کتاب سلیم بن قیس، ج 2 ص 658؛ فجر الاسلام از احمد امینی، ج 1 ص 245؛ چاپ تحفۃ الابرار فی مناقب الآئمۃ الاطہارؑ ص 141 و 20؛ الایضاح ص 359

نے مظلومہؑ کو کاذبہ کہہ کر پکارا[1] اور یہی نسبت ان بدبختوں نے آپؑ کے والد گرامیؑ، والدہؑ، شہزادیؑ اور بھائیوں کی طرف بھی دی۔

اسی طرح مظلومہؑ اپنے والدؑ، والدہؑ اور بھائیوںؑ کے ساتھ بھی مصائب میں برابر کی شریک نظر آتی ہیں۔

(۱) اگر آپؑ کے والد گرامی حضرت امیر المومنین علیہ السلام کو رسیاں باندھ کر کھینچا گیا تو مظلومہؑ کے بھی ہاتھوں اور گلے میں رسیاں باندھ کر یزید کے دربار میں لے جایا گیا۔

(۲) اگر آپؑ کی والدہ گرامیؑ کو طمانچہ مارا گیا تو شہزادیؑ کو بھی کربلا میں طمانچے مارے گئے۔ اگر آپؑ کی والدہ شہزادیؑ کو تازیانہ اور تلواروں کی نیام سے مارا گیا[2] تو مظلومہؑ کو بھی تازیانے اور نیزے کی نوک سے مارا گیا۔

اگر آپؑ کی والدہؑ کے دفن کی جگہ پوشیدہ ہے[3] تو مظلومہؑ کے دفن کی جگہ بھی معین نہیں ہے۔ شہزادیؑ کی اپنی والدہؑ کے ساتھ شباہت کئی لحاظ سے ہے جو فکر کرنے والے حضرات سے پوشیدہ نہیں ہے۔

(۳) اگر حضرت امام حسن مجتبیٰ علیہ السلام کو زہر جفا سے شہید کیا گیا تو مظلومہؑ کو زبان کی زہر کے زخم لگائے گئے۔

اگر حضرت امام حسن مجتبیٰ علیہ السلام کے جگر مبارک کے ٹکڑے ٹکڑے ہوئے تو مظلومہؑ کے دو بیٹوں کے بھی ٹکڑے ٹکڑے کئے گئے۔

(۴) حضرت سید الشہداء علیہ السلام کے ساتھ مظلومہؑ تمام مصائب میں شباہت رکھتی ہیں۔ جو

---

[1]۔ بحار الانوار، ج 45 ص 114؛ وقعۃ الطف، ص 272

[2]۔ کتاب سلیم بن قیس، ج 2 ص 585؛ ضمن ح 4؛ بحار الانوار، ج 43 ص 197 ح 29؛ الفرق بین الفرق از عبد القاہر اسفرائینی، ص 107

[3]۔ اہل البیت از توفیق ابو علم، ص 185؛ احقاق الحق، ج 19 ص 170 بہ نقل از اہل البیتؑ تہذیب الاسماء و اللغات از نووی، ج 2 ص 253 (چاپ مصر)؛ احقاق الحق، ج 10 ص 476؛ مناقب آل ابی طالبؑ، ج 3 ص 363؛ امالی مفید، ص 281 ح 7؛ امالی طوسی، ج 1 ص 107؛ بحار الانوار، ج 43 ص 210 ح 40

مصیبت بھائیؑ نے دیکھی وہی مظلومہؑ نے بھی برداشت کی۔ان کی تفصیل اور توضیح کی ضرورت نہیں ہے۔

پس! جس طرح مظلومہؑ اپنے بھائی کے ساتھ تمام مصائب اور دکھوں میں شریک ہیں،اسی طرح تمام اجروثواب میں بھی اپنے بھائی کے ساتھ شریک ہیں۔

حضرت سیدالشہداء علیہ السلام کے دربار میں توسل پیدا کرنے سے جو کچھ حاصل ہوگا اور عطا کیا جائے گا وہی کچھ مظلومہؑ کے دربار میں توسل پیدا کرنے سے بھی حاصل ہوگا۔

بیانِ آخر:

کتاب کے اختتام پر اب ہم حضرت زینب سلام اللہ علیہا کے کوفہ وشام میں خطبات کا ذکر کرتے ہیں:

کوفہ میں حضرت زینب سلام اللہ علیہا کا خطبہ:

یہ اُس وقت کا خطبہ ہے جب اسیرانِ آلِ محمد علیہم السلام کی حالتِ زار دیکھ کر کوفہ کی عورتیں گریہ وزاری کر رہی تھیں اور اپنے گریبان چاک کر رہی تھیں،ان کے ساتھ ان کے مرد بھی رو رہے تھے۔

حضرت زینب سلام اللہ علیہا نے مردوں سے فرمایا:

''خاموش ہوجاؤ''۔

اتنا کہنے سے نہ صرف یہ کہ وہ لوگ خاموش ہو گئے بلکہ اونٹوں کے گلے میں پڑی ہوئی گھنٹیوں کی آوازیں بھی بند ہوگئیں۔ پھر جنابِ زینب سلام اللہ علیہا نے خدا کی حمد وستائش اور رسولؐ پر درود وسلام بھیجنے کے بعد فرمایا:

أما بعد :

يَا اَهْلَ الْكُوفَةِ يَا اَهْلَ الْخَتْلِ وَالْغَدْرِ وَالْخَذْلِ، اَلَا فَلَا رَقَاتِ الْعَبْرَةُ وَلَا هَدَأَتِ الزَّفْرَةُ، اِنَّمَا مَثَلُكُمْ كَمَثَلِ الَّتِیْ

نَقَضَتْ غَزْلَها مِنْ بَعْدِ قُوَّةٍ اَنْکَاثاً تَتَّخِذُوْنَ اَیْمَانَکُمْ دَخَلاً بَیْنَکُمْ،هَلْ فِیْکُمْ اِلَّا الصَّلَفَ وَالْعُجْبَ وَالشَّنَفَ وَالْکَذِبَ وَمَلَقُ الْإِمَاءِ وَغَمْزَ الْأَعْدَاءِ، اَوْ کَمَرْعًی عَلٰی دِمْنَةٍ اَوْ کَفِضَّةٍ عَلٰی مَلْحُودَةٍ۔

« لَبِئْسَ مَا قَدَّمَتْ لَکُمْ اَنْفُسُکُمْ اَنْ سَخِطَ اللهُ عَلَیْکُمْ وَ فِی الْعَذَابِ اَنْتُمْ خَالِدُوْنَ »۔[1]

اَتَبْکُوْنَ اَخِیْ؟! اَجَلْ وَاللهِ فَابْکُوْا فَاِنَّکُمْ اَحْرِیَاءُ بِالْبُکَاءِ فَابْکُوْا کَثِیْرًا وَاَضْحِکُوْا قَلِیْلاً، فَقَدْ بُلَیْتُمْ بِعَارِهَا وَمُنِیْتُمْ بِشَنَارِهَا وَلَنْ تَرْحَضُوْهَا اَبداً وَاَنّٰی تَرْحَضُوْنَ قَتْلَ سَلِیْلُ خَاتِمِ النُّبُوَّةِ وَمَعْدِنِ الرِّسَالَةِ وَسَیِّدِ شَبَابِ اَهْلِ الْجَنَّةِ وَمَلَاذِ حَرْبِکُمْ وَمَعَاذِ حِزْبِکُمْ وَمَقَرِّ سِلْمِکُمْ وَآسِیْ کَلْمِکُمْ وَمَفْزَعِ نَازِلَتِکُمْ وَالْمَرْجِعُ اِلَیْهِ عِنْدَ مُقَاتَلَتِکُمْ وَمَدَرَةِ حُجَجِکُمْ وَمَنَارِ مَحَجَّتِکُمْ، اَلَاسَاءَ مَا قَدَّمَتْ لَکُمْ اَنْفُسُکُمْ وَسَاءَ مَا تَزِرُوْنَ لِیَوْمِ بَعْثِکُمْ۔

فَتَعْساً تَعْساً، وَنَکْساً نَکْساً، لَقَدْ خَابَ السَّعْیِ وَتَبَّتِ الْاَیْدِیْ وَخَسِرَتِ الصَّفْقَةُ وَبُؤْتُمْ بِغَضَبٍ مِنَ اللهِ: وَضُرِبَتْ عَلَیْکُمُ الذِّلَّةُ وَالْمَسْکَنَةُ۔

أَ تَدْرُوْنَ وَیْلَکُمْ اَیَّ کَبِدٍ لِمُحَمَّدٍ فَرَیْتُمْ؟ وَاَیَّ عَهْدٍ نَکَثْتُمْ؟ وَاَیَّ کَرِیْمَةٍ لَهٗ اَبْرَزْتُمْ؟ وَاَیَّ حُرْمَةٍ لَهٗ هَتَکْتُمْ؟

---

[1] ۔ ’’انہوں نے اپنے نفس کے لئے جو سامان پہلے سے فراہم کیا ہے وہ بہت برا سامان ہے جس پر خدا ان سے ناراض ہے اور وہ عذاب میں ہمیشہ رہنے والے ہیں‘‘۔ (سورۃ المائدہ، آیت ۸۰)۔

وَاَیَّ دَمٍ لَہٗ سَفَکْتُمْ؟ لَقَدْ جِئْتُمْ شَیْئًا اِدًّا تُکَادُ السَّمٰوٰتُ یَتَفَطَّرْنَ مِنْہُ وَتَنْشَقُ الْاَرْضُ وَتَخِرُّ الْجِبَالَ ھَدًّا۔

لَقَدْ جِئْتُمْ بِھَاشَوْھَاءَ صَلْعَاءَ عَنْقَاءَ سَوْدَاءَ فَقْمَاءَ طَلَاعِ الْاَرْضِ اَوْمِلْءَ السَّمَآءِ، فَلَا یَسْتَخِفَنَّکُمُ الْمَھْلُ فَاِنَّہٗ عَزَّ وَ جَلَّ لَا یَحْفِزُہُ الْبِدَارَ وَلَا یَخْشٰی عَلَیْہِ فَوْتُ النَّارِ، کُلَّا اِنَّ رَبَّکَ لَنَا وَلَھُم بِالْمِرْصَادِ۔

"اے کوفہ والو! اے مکاروخیانت کارلوگو، اے بے غیرت لوگو!

خدا کرے کہ تمہاری آنکھوں سے آنسوؤں کا سیلاب نہ رُکے اور تمہارے نالوں کا سلسلہ کبھی ختم نہ ہو؛ تمہاری مثال اس عورت کی سی ہے جس نے اپنا سارا سوت کات کر ٹکڑے ٹکڑے کر ڈالا ہو، نہ تمہارے عہدو پیمان کی کوئی قدرو قیمت ہے اور نہ تمہاری قسم کا کوئی اعتبار ہے۔

تمہارے پاس جھوٹی باتوں، غروراور دشمنی کے علاوہ اورکیا ہے، تمہاری مثال ان کنیزوں کی سی ہے جن کا کام چاپلوسی اورسخن چینی ہے، یا گھوڑے پر اُگی ہوئی گھاس کے مانند ہو یا ایسی چاندی کی طرح ہو، جس سے قبروں کو سجایا جائے، تمہارا ظاہر دل فریب وخوبصورت لیکن باطن پلید وناپسند ہے۔

"اپنی آخرت کے لئے تم نے کتنا بُرا توشہ فراہم کیا ہے، اپنے لئے کتنا بُرا توشہ بھیجا ہے۔ جس سے خدا کو غضبناک کیا ہے اور اس کے عذاب کو ہمیشہ کے لئے خرید لیا ہے"۔

کیا تم میرے بھائی امام حسین علیہ السلام کے لئے رو رہے ہو، روؤ کہ تم اسی لائق ہو، ہنسو کم روؤ زیادہ کہ تمہارے دامن پر ذلّت کی گرد بیٹھ چکی ہے۔ یہ بدنامی کا داغ تمہارے دامن پر ہمیشہ رہے گا۔ اسے ہرگز نہ صاف کر سکو گے۔

اس دھبہ کو تم کیسے صاف کر سکتے ہو کہ تم نے جنت کے جوانوں کے سردار اور فرزندِ رسول صلی اللہ علیہ وآلہ وسلم کو قتل کیا ہے، اس شخص کو قتل کیا ہے جو جنگ میں تمہاری پناہ گاہ تھا اور صلح کے زمانے میں تمہارے آرام و سکون کا باعث تھا۔ تم نے اُس ؑ کو خاک و خون میں غلطان کیا جو تمہارے لئے عظمت اور رفعت کا نشان اور مینارۂ ہدایت تھا۔ سختیوں اور مشکلوں میں وہی تمہارے امیر تھے۔ جنگ و جدال کے زمانہ میں تم ان کے پاس پناہ ڈھونڈتے تھے۔

آگاہ ہو جاؤ! تم نے آخرت کے لئے جو چیز پہلے سے بھیج دی ہے، وہ بہت بُرا توشہ ہے اور جس گناہ سے قیامت تک تمہاری کمر جھکی رہے گی، وہ بہت بڑا گناہ ہے۔

خدا تمہیں نابود کرے اور تمہارا پرچم ہمیشہ سرنگوں رہے۔ تمہاری کوشش نے صرف نا اُمیدی کا ثمرہ دیا اور تمہارے ہاتھ کٹ گئے، تمہارے مال میں خسارہ ہوا، اپنی جان کے عوض خدا کی ناراضگی خریدی، تمہاری شرمندگی یقینی ہوگئی، کیا تم جانتے ہو کہ تم نے رسول صلی اللہ علیہ وآلہ وسلم کی اولاد میں سے کس کا خون بہایا ہے اور تم نے کون سا پیمان توڑا ہے اور کس کے اہلِ حرم کو بے پردہ کیا ہے؟ کس کی ہتک عزت کی ہے اور کس کس کا خون بہایا ہے؟

تم نے بہت بُرا کام کیا ہے نزدیک ہے کہ اس سے آسمان گر پڑے اور زمین دھنس جائے اور پہاڑ ریزہ ریزہ ہو جائیں۔ کتنی بڑی مصیبت، جان سوز، رُوح فرسا اور ایسی پریشانیوں میں لپٹی ہوئی کہ جن سے بھاگنے کی جگہ نہیں اور اتنی بڑی ہے کہ پہاڑ ریزہ ریزہ ہو جائیں، اگر اس مصیبت پر آسمان سے خون برسے تو کیا تمہیں تعجب ہو گا، آخرت

کے عذاب سے زیادہ تمہیں کوئی چیز رسوا کرنے والی نہیں ہے۔
اور ان اُموی حکومت کے سرغناؤں کی کسی طرف سے مدد نہیں ہوگی۔
اس مہلت سے تمہیں مغرور نہیں ہونا چاہیے کہ خدا کسی کام میں عجلت کرنے سے منزہ ہے اور بے گناہ خون کو پامال کرنے سے ڈرو کہ وہ انتقام لینے والا ہے اور ہمیں تمہیں دیکھ رہا ہے"۔

شام میں حضرت زینب کبریٰ سلام اللہ علیہا کا خطبہ:

عقیلۂ بنی ہاشم حضرت زینب سلام اللہ علیہا نے جب یزید کی جسارت و بے حیائی کو دیکھا اور دوسری طرف دربار کی حالت بھی نامناسب دیکھی تو اُٹھیں اور فرمایا:

اَلْحَمْدُ لِلّٰهِ رَبِّ الْعَالَمِيْنَ وَصَلَّى اللّٰهُ عَلٰى رَسُوْلِهِ وَآلِهِ اَجْمَعِيْنَ، صَدَقَ اللّٰهُ كَذٰلِكَ يَقُوْلُ:

« ثُمَّ كَانَ عَاقِبَةَ الَّذِيْنَ اَسَآءُوا السُّوْٓاٰى اَنْ كَذَّبُوْا بِاٰيٰتِ اللّٰهِ وَكَانُوْا بِهَا يَسْتَهْزِءُوْنَ »۔[1]

اَظَنَنْتَ يٰا يَزِيْدُ حَيْثُ اَخَذْتَ عَلَيْنَا اَقْطَارَ الْاَرْضِ وَاٰفَاقَ السَّمَآءِ فَاَصْبَحْنَا نُسَاقُ كَمَا تُسَاقُ الْاُسَارٰى اَنَّ بِنَا عَلَى اللّٰهِ هَوْناً، وَبِكَ عَلَيْهِ كَرَمَةً وَاَنَّ ذٰلِكَ لِعَظْمِ خَطَرِكَ عِنْدَهُ، فَشَمَخْتَ بِاَنْفِكَ، وَنَظَرْتَ فِيْ عِطْفِكَ جَذْلَانَ مَسْرُوْرًا، حِيْنَ رَاَيْتَ الدُّنْيَا لَكَ مُسْتَوْ سَقَةً وَالْاُمُوْرِ مُتَّسِقَةً وَحِيْنَ صَفَا لَكَ مُلْكُنَا وَسُلْطَانُنَا، فَمَهْلاً مَهْلاً، اَنَسِيْتَ قَوْلَ اللّٰهِ عَزَّوَجَلَّ:

« وَلَا يَحْسَبَنَّ الَّذِيْنَ كَفَرُوْا اَنَّمَا نُمْلِيْ لَهُمْ خَيْرٌ لِاَنْفُسِهِمْ۔

[1] سورۂ روم، آیت ۱۰

اِنَّمَا نُمْلِیْ لَهُمْ لِیَزْدَادُوْٓا اِثْمًا وَلَهُمْ عَذَابٌ مُّهِیْنٌ»۔[۱]

اَمِنَ الْعَدْلِ یَابْنَ الطُّلَقَاءِ تَخْدِیْرُکَ حَرَائِرُکَ وَ اِمَائُکَ، وَسَوْقُکَ بَنَاتِ رَسُوْلِ اللهِ صَلَّی اللهُ عَلَیْهِ وَآلِهٖ وَسَلَّم سَبَایَا، قَدْ هَتَکْتَ سُتُوْرَهُنَّ، وَ اَبْدَیْتَ وُجُوْهَهُنَّ، تَحْدُوْا بِهِنَّ الْاَعْدَآءُ مِنْ بَلَدٍ اِلٰی بَلَدٍ، یَسْتَشْرِفُهُنَّ اَهْلُ الْمَناهِلِ وَالْمَنَاقِلِ وَ یَتَصَفَّحُ وُجُوْهَهُنَّ الْقَرِیْبُ وَالْبَعِیْدُ، وَالدَّنِیُّ وَالشَّرِیْفُ، لَیْسَ مَعَهُنَّ مِنْ رِجالِهِنَّ وَلِیٌّ، وَلَا مِنْ حُمَاتِهِنَّ حَمِیٌّ، وَ کَیْفَ یُرْتَجٰی مُراقَبَۃُ مَنْ لَفِظَ فُوْهُ اَکْبَادَ الْاَزْکِیَاءِ وَنَبَتَ لَحْمُهُ مِنْ دِمَاءِ الشُّهَدَآءِ وَ کَیْفَ یُسْتَبْطَاءُ فِیْ بُغْضِنَا اَهْلَ الْبَیْتِ مَنْ نَظَرَ اِلَیْنَا بِالشَّنَفِ وَ الشَّنَآنِ وَالْاِحَنِ وَالْاَضْغَانِ ثُمَّ تَقُوْلُ غَیْرَ مُتَّاَثِّمٍ وَ لَا مُسْتَعْظِمٍ:

لَاَهَلُّوْا واسْتَهَلُّوْا فَرَحاً۔

ثُمَّ قَالُوْا یَا یَزِیْدُ لَا تَشَلْ مُنْحَنِیًا عَلٰی ثَنَایَا اَبِیْ عَبْدِاللهِ سَیِّدِ شَبَابِ اَهْلِ الجَنَّه تَنْکُتُهَا بِمِخْصَرَتِکَ وَکَیْفَ لَا تَقُوْلُ ذٰلِکَ وَ قَدْ نَکَأْتَ الْقَرْحَه، وَ اسْتَاْصَلْتَ الشَّاْفَۃَ بِاِرَاقَتِکَ دِمَاءَ ذُرِّیَّۃِ مُحَمَّدٍ صَلَّی اللهُ عَلَیْهِ وَآلِهٖ وَسَلَّمَ وَنُجُوْمِ اَهْلِ الْاَرْضِ مِنْ آلِ عَبْدِالْمُطَّلِبِ، وَ تَهْتِفُ بِاَشْیَاخِکَ زَعَمْتَ اَنَّکَ تُنادِیْهِمْ، فَلَتَرِدَنَّ وَ شِیْکاً مَوْرِدَهُمْ وَ لَتَوَدَّنَّ اَنَّکَ شَلَلْتَ وَ بَکِمْتَ، وَ لَمْ تَکُنْ قُلْتَ مَا قُلْتَ وَ فَعَلْتَ مَا فَعَلْتَ۔

اَللّٰهُمَّ خُذْلَنَا بِحَقِّنَا وَاَنْتَقِمْ مِنْ ظَالِمِنَا وَاَحْلِلْ غَضَبَکَ بِمَنْ سَفَکَ دِمَاءَنَا وَقَتَلَ حُمَاتَنَا، فَوَاللهِ مَا فَرَیْتَ اِلَّا

---

[۱]۔ سورۂ آلِ عمران، آیت ۱۷۸

جِلْدَکَ وَلَا حَزَزْتَ اِلَّا لَحْمَکَ وَ لَتَرِدَنَّ عَلٰی رَسُوْلِ اللّٰہِ بِمَا تَحَمَّلْتَ مِنْ سَفْکِ دِمَاءِ ذُرِّیَّتِہٖ وَانْتَھَکْتَ مِنْ حُرْمَتِہٖ فِیْ عِتْرَتِہٖ وَ لُحْمَتِہٖ حَیْثُ یَجْمَعُ اللّٰہُ شَمْلَھُمْ وَ یَلُمُّ شَعْثَھُمْ وَیَاْخُذُ بِحَقِّھِمْ:

« وَلَا تَحْسَبَنَّ الَّذِیْنَ قُتِلُوْا فِیْ سَبِیْلِ اللّٰہِ اَمْوَاتاً ۔ بَلْ اَحْیَآءٌ عِنْدَ رَبِّھِمْ یُرْزَقُوْنَ »۔[1]

وَکَفٰی بِاللّٰہِ حَاکِماً وَ بِمُحَمَّدٍ صَلَّی اللّٰہُ عَلَیْہِ وَاٰلِہٖ وَسَلَّمْ خَصِیْمًا وَبِجِبْرَئِیْلَ ظَھِیْراً وَسَیَعْلَمُ مَنْ سَوّٰی لَکَ وَ مَکَّنَکَ مِنْ رِقَابِ الْمُسْلِمِیْنَ، بِئْسَ لِلظّٰالِمِیْنَ بَدَلاً وَاَیُّکُمْ شَرُّ مَکَانًا وَاَضْعَفُ جُنْداً۔

وَلَئِنْ جَرَّتْ عَلَیَّ الدَّوَاھِیْ مُخَاطَبَتَکَ اِنِّیْ لَاَسْتَصْغِرُ قَدْرَکَ وَاَسْتَعْظِمُ تَقْرِیْعَکَ وَاَسْتَکْثِرُ تَوْبِیْخَکَ، لٰکِنَّ الْعُیُوْنَ عَبْرٰی وَالصُّدُوْرَ حَرّٰی، اَلَا فَالْعَجَبُ کُلُّ الْعَجَبِ لِقَتْلِ حِزْبِ اللّٰہِ النُّجَبَاءِ بِحِزْبِ الشَّیْطَانِ الطُّلَقَاءِ، فَھٰذِہِ الْاَیْدِیْ تَنْطِفُ مِنْ دِمَائِنَا وَالْاَفْوَاہُ تَتَحَلَّبُ مِنْ لُحُوْمِنَا وَ تِلْکَ الْجُثَثُ الطَّوَاھِرُ الزَّوَاکِیْ تَنْتَابُھَا الْعَوَاسِلُ وَ تُعَفِّرُھَا اُمَّھَاتُ الْفَرَاعِلِ.

وَ لَئِنِ اتَّخَذْتَنَا مَغْنَمًا لَتَجِدَ بِنَا وَ شِیْکًا مَغْرَماً حِیْنَ لَا تَجِدُ اِلَّا مَا قَدَّمَتْ یَدَاکَ وَ مَا رَبُّکَ بِظَلَّامٍ لِلْعَبِیْدِ فَاِلَی اللّٰہِ الْمُشْتَکٰی وَ عَلَیْہِ الْمُعَوَّلُ، فَکِدْ کَیْدَکَ وَاسْعَ سَعْیَکَ، وَ نَاصِبْ جُھْدَکَ فَوَاللّٰہِ لَا تَمْحُوْنَ ذِکْرَنَا وَ لَا

---

[1] ۔ سورۂ آلِ عمران، آیت ۱۷۸

تُمِیْتُ وَحْیَنَا وَ لَا تُدْرِکُ اَمَدَنَا وَ لَا تَرْحَضُ عَنْکَ عَارَهَا، وَ هَلْ رَأْیُکَ اِلَّا فَنَدٌ وَ اَیَّامُکَ اِلَّا عَدَدٌ، وَ جَمْعُکَ اِلَّا بَدَدٌ؟ یَوْمَ یُنَادِیُ الْمُنَادِیْ: اَلَا لَعْنَةُ اللهِ عَلَی الظَّالِمِیْنَ۔

وَالْحَمْدُ لِلّٰهِ رَبِّ الْعَالَمِیْنَ الَّذِیْ خَتَمَ لِاَوَّلِنَا بِالسَّعَادَةِ وَالْمَغْفِرَةِ وَلِآخِرِنَا بِالشَّهَادَةِ وَالرَّحْمَةِ، وَ نَسْأَلُ اللهَ اَنْ یُکْمِلَ لَهُمُ الثَّوَابَ وَ یُوْجِبَ لَهُمُ الْمَزِیْدَ وَ یُحْسِنَ عَلَیْنَا الْخِلَافَةِ اِنَّهُ رَحِیْمٌ وَدُوْدٌ، حَسْبُنَا اللهُ وَ نِعْمَ الْوَکِیْلُ۔

''حمد اللہ کے لئے جو ساری کائنات کا پروردگار ہے اور صلوات وسلام ہو رسول صلی اللہ علیہ وآلہ وسلم اور اُن کی آلؑ پر۔

خدا نے سچ فرمایا ہے:

''آخر کار جن لوگوں نے بُرائیاں کی تھیں اُن کا انجام بھی بہت بُرا ہوا کہ وہ خدا کی آیات کو جھٹلاتے اور اُن کا مذاق اڑاتے تھے''۔

اے یزید! تُو یہ سمجھتا ہے کہ تُو نے زمین وآسمان کو ہم پر تنگ کر دیا ہے اور ہمیں قیدی بنا کر شہر در شہر، پھرایا ہے اور یہ خیال کرتا ہے کہ خدا نے تجھے عزت دی اور ہمیں رُسوا کیا ہے؟ تُو یہ سمجھتا ہے کہ اس سے تُو خدا کے نزدیک معزز ہو گیا ہے؟ اسی لئے غرور سے دیکھتا اور تکبر کے ساتھ چلتا ہے، اور اپنی حکومت اور منظم اُمور کو دیکھ کر آپے سے باہر ہو جاتا ہے، ذرا ہوش میں آ۔

کیا تُو نے خدا کا یہ کلام فراموش کر دیا ہے:

''کافر یہ خیال نہ کریں کہ یہ مہلت جو انہیں دی گئی ہے یہ ان کے لئے بہترین موقع ہے بلکہ یہ مہلت ہم نے انہیں امتحان کے لئے دی ہے تاکہ وہ، اپنی سرکشی میں اور اضافہ کرلیں کہ ان کے لئے عذاب ورسوائی ہے''۔

اے طلقاء کے بیٹے! کیا یہ انصاف ہے کہ تُو اپنی عورتوں اور کنیزوں کو باعزت طریقہ سے پردہ میں بٹھائے اور رسول صلی اللہ علیہ وآلہ وسلم زادیوں کو قید کر کے شہر در شہر پھرائے، ان کی ہتک کرے، انہیں برہنہ سر کر کے لوگوں کو تماشا دکھائے تاکہ قریب و دور والے اور شریف و ذلیل سب انہیں دیکھیں، مردوں میں سے کوئی ان کے ہمراہ نہیں ہے، نہ کوئی مددگار ہے اور نہ ہی کوئی نگہبان۔

لیکن جگر خوارہ کے بیٹے سے کیسے غمگساری اور ہمدردی کی توقع کی جا سکتی ہے کہ جس کا گوشت و پوست شہیدوں کے خون سے بنا ہوا اور جس کا دل ہمارے لئے بغض و کینہ سے بھرا ہوا ہو، اس سے اس کے علاوہ اور کیا توقع کی جا سکتی ہے۔ تُو اتنے بڑے گناہ کو حقیر سمجھتا ہے اور اپنی اس بدکرداری و ذلیل حرکت پر اپنے کافر باپ دادا پر فخر کرتا ہے اور یہ تمنا کرتا ہے کہ کاش! وہ آج ہوتے اور تُو نے جو بے رحمانہ قتل کیا ہے اسے دیکھ کر خوش ہوتے اور تیرا شکریہ ادا کرتے۔

اے یزید! تُو ابوعبداللہ علیہ السلام اور جنت کے جوانوں کے سردار کے دانت پر چھڑی مارتا ہے۔ یہ کیوں نہیں کہتا کہ اس زخم کو ناسور کر دیا ہے اور ان کی جڑ کاٹ دی ہے اور فرزند رسول صلی اللہ علیہ وآلہ وسلم کو ''جو آلِ عبدالمطلب علیہ السلام اور زمین کے ستاروں میں سے تھے،، قتل کر کے تُو اپنے بزرگوں کو بلا رہا ہے اور اپنے گڑھے ہوئے مُردوں کو آواز دے رہا ہے۔ ذرا ٹھہر! زیادہ دیر نہیں ہے کہ تُو ان سے ملحق ہوگا، اس وقت تُو یہ آرزو کرے گا کہ تیرا ہاتھ خشک ہو گیا ہوتا اور زُبان گُنگ ہوگئی ہوتی اور زُبان پر وہ بات نہ لاتا اور یہ بُرا کام نہ کرتا۔

اے اللہ! اس سے ہمارا حق اور انتقام لے اور ان ظالموں پر جنہوں نے

ہمارا خون بہایا ہے اپنا عذاب نازل فرما۔

اے یزید! خدا کی قسم! تُو نے اپنے ہی گوشت و پوست کو پارہ پارہ کیا ہے اور تُو رسول صلی اللہ علیہ وآلہ وسلم سے اس بوجھ ''گناہ'' کے ساتھ ملاقات کرے گا جو تیرے دوش پر ہے تُو نے آنحضرت صلی اللہ علیہ وآلہ وسلم کی آلؑ کا خون بہایا، ان کی کوئی عزت نہ سمجھی اور ان کی ناموس کو اسیر کیا ہے جب کہ خداوندِ عالم ان کی پراکندگی کو جمعیت میں تبدیل کرے گا اور ان کا انتقام لے گا۔

اللہ تعالیٰ کا ارشاد ہے:

''جو راہِ خدا میں قتل ہوئے ہیں انہیں مُردہ خیال نہ کرو بلکہ وہ زندہ ہیں اور خدا کی بارگاہ سے روزی پاتے ہیں''۔

اے یزید! تیرے لئے اتنا جاننا ہی کافی ہے کہ اللہ حاکم ہوگا اور محمد صلی اللہ علیہ وآلہ وسلم مدّعی ہوں گے اور جبرئیل امین آپؐ کی مدد کریں گے۔ اور جس نے تیرے لئے راستہ ہموار کیا ہے اور تجھے مسلمانوں پر مسلط کیا ہے، اُنہیں عنقریب معلوم ہو جائے گا کہ ظالموں کی کیا سزا ہے اور تُو یہ بھی جان لے گا کہ تم میں سے کون زیادہ بدتر اور کس کی فوج ناتواں ہے؟

اگرچہ زمانہ کے مصائب نے مجھے یہاں پر لا کھڑا کر دیا ہے کہ میں تجھ سے بات کروں، لیکن میری نظروں میں تیری اتنی بھی وقعت نہیں ہے کہ میں تجھے سرزنش کروں یا تیری تحقیر کروں لیکن کیا کروں میری آنکھیں اشکبار اور دل فگار ہے، یہ حیرت کا مقام ہے کہ اللہ والے شیطان کا اتباع کرنے والوں کے ہاتھوں مارے جائیں، ہمارے خون سے تمہارے ہاتھ رنگین ہیں، تمہارے دہن سے ہمارے گوشت کے ریشے نکل رہے ہیں۔

افسوس! ان پاکیزہ جسموں کے آس پاس درندے دوڑ رہے ہیں۔

جس چیز کو تُو آج غنیمت سمجھ رہا ہے کل وہ تیرے لئے نقصان دہ ثابت ہو گی اور جو کچھ تُو نے کیا ہے اسے دیکھ لے گا، خدا بندوں پر ظلم نہیں کرتا۔ میں اس سے شکوہ کرتی ہوں اور اسی پر بھروسہ کرتی ہوں۔

اے یزید! تُو جس مکر و فریب سے کام کرنا چاہتا ہے کر لے اور جو کوشش کرنا چاہتا ہے اس سے بھی دریغ نہ کر۔

خدا کی قسم! تُو نہ ہماری وحی کو مٹا سکتا ہے اور نہ ہمارے مرتبہ کو پہنچ سکتا ہے اور اس ظلم کا جو دھبہ تیرے دامن پر لگ چکا ہے تُو اسے کبھی نہیں دھو سکے گا، تیری کسی بات کا اعتبار نہیں ہے، تیری بادشاہت کا وقت مختصر ہے، عنقریب تیری جمعیت پراگندہ ہو جائے گی اور اس دن ہاتفِ غیبی ندا دے گا:

اَلَا لَعْنَۃُ اللہِ عَلَی الظّٰالِمِیْنَ۔

وَالْحَمْدُ لِلّٰہِ رَبِّ الْعَالَمِیْنَ۔

تمام تعریفیں اس خدا کے لئے ہیں جس نے ہماری ابتداء میں سعادت و مغفرت اور انتہاء میں شہادت و رحمت قرار دی ہے۔ خداوندِ عالم سے دعا ہے کہ انہیں اَجر جزیل عطا فرما اور ان کے اَجر میں اضافہ فرما، تُو ہمارا بہترین حاکم ہے، تُو سب سے بڑا مہربان ہے، ہم صرف تجھ پر ہی بھروسہ کرتے ہیں''۔

=====❖=====

خَتَمْ شُدْ

زیارت حضرت زینب سلام اللہ علیہا

"زیارتِ مفجیح" کتاب کا جزنہیں ہے مگر ہم نے اسے ہدیۃً شامل کیا ہے تاکہ قارئین اس معظمہ بی بیؑ کی زیارت پڑھ کر اس کا ثواب مؤلف سید نورالدین جزائری کو ہدیہ کریں۔

اِس زیارت کا متن علی ربانی خلخالی کی فارسی کتاب "عقیلۂ بنی ہاشمؑ" سے لیا گیا ہے۔

بِسْمِ اللهِ الرَّحْمٰنِ الرَّحِيْمِ
شروع اللہ کے نام سے جو نہایت مہربان اور رحم کرنے والا ہے
اَلسَّلَامُ عَلَيْکَ يَا بِنْتَ بَضْعَةِ خَاتَمِ النَبِيِّيْنَ وَ سَيِّدِ الْمُرْسَلِيْنَ
سید المرسلینؐ و خاتم النبیینؐ کے پارہ تن کی بیٹی! میرا آپؑ پر سلام ہو
اَلسَّلَامُ عَلَيْکِ يَا سُلَالَةَ مَنْ لَا تُحْصٰى فَضَائِلُهُ وَلَاتُسْتَقْصٰى مَنَاقِبُهُ
جس کے مناقب بے انتہاء ہیں اور جس کے فضائل شمار میں نہیں آسکتے، میرا آپؑ پر سلام ہو
اَلسَّلَامُ عَلَيْکِ يَا نَبْعَةَ الْمَبْعُوْثِ بِالرِّسَالَةِ وَمُنْقِذِالْعِبَادِ مِنَ الْجَهَالَةِ وَحَيْرَةِ الضَّلَالَةِ وَالْعَظِيْمِ الْمُظَلَّلِ بِالْغَمَامِ وَالنُّوْرِ الْمُهْتَدٰے بِهِ فِي اللَّيَالِي وَالْاَيَّامِ حَبِيْبِ اِلٰهِ الْعَالَمِيْنَ سَيِّدِنَا اَبِي الْقَاسِمِ مُحَمَّدِ بْنِ عَبْدِاللهِ وَرَحْمَةُ اللهِ وَبَرَكَاتُهُ
اے چشمۂ رسالتؐ سے جوش کھانے والی اور لوگوں کو جہالت اور ضلالت کی حیرت سے نکالنے والے وہ بزرگوار کہ جس کے اوپر ابر کا سایہ رہتا، شب و روز میں ہدایت کا چراغ، عالمین کے معبود کے حبیبؐ! ہمارے سردار ابی القاسم محمد صلی اللہ علیہ وآلہٖ وسلم کہ جن پر اللہ کی رحمتیں اور برکتیں ہوں کی بیٹیؑ! میرا آپؑ پر سلام ہو

اَلسَّلَامُ عَلَیْکِ یَا ابْنَۃَ سَیِّدِالْاَوْصِیَآءِ وَ رُکْنِ الْاَوْلِیَآءِ وَعِمَادِ الْاَصْفِیَآءِ اَمِیْرِالْمُؤْمِنِیْنَ وَیَعْسُوْبِ الْمُتَّقِیْنَ وَقُدْوَۃِ الصِّدِیْقِیْنَ وَاِمَامِ الصَّالِحِیْنَ وَرَحْمَۃُ اللّٰہِ وَبَرَکَاتُہٗ
سید الاولیاءؑ ورکن الاولیاءؑ وعماد الاصفیاءؑ امیر المؤمنینؑ یعسوب المتقینؑ وقدوۃ الصدیقینؑ و امام الصالحینؑ! اللہ کی رحمتیں اور برکتیں ہوں انؑ پر، کی بیٹیؑ! میرا آپؑ پر سلام ہو
اَلسَّلَامُ عَلَیْکِ یَاابْنَۃَ اَفْضَلِ الْاَوْلِیَآءِ وَ اَوَّلِ السَّابِقِیْنَ لِدِیْنِ اللّٰہِ وَاَوْفٰاھُمْ لِرَسُوْلِ اللّٰہِ
افضل الاولیاءؑ، اللہ کے دین میں سب سے سبقت لینے والے اور رسول اللہ صلی اللہ علیہ وآلہ وسلم کے سب سے زیادہ وفادار اور مددگارؑ کی بیٹیؑ! میرا آپؑ پر سلام ہو
اَلسَّلَامُ عَلَیْکِ یَاابْنَۃَ صَاحِبِ بَیْعَۃِ یَوْمِ الْغَدِیْرِ وَالْمُشْتَقُّ اسْمُہٗ مِنْ اِسْمِ الْعَلِیِّ الْقَدِیْرِ قَآئِدِ الْبَرَرَۃِ وَ قَاتِلِ الْکَفَرَۃِ وَقَامِعِ الْفَجَرَۃِ وَالْمَنْدُوْبِ فِیْ الشَّدَآئِدِ وَالْمَشْھُوْدِ بِحَقِّہٖ فِیْ مُخْتَلِفِ الْمَشَاھِدِ وَمَنْ اَخْلَصَ لِلّٰہِ تَعَالٰی بِقَلْبِہٖ وَلِسَانِہٖ وَنَصَرَالْحَقَّ بِسَیْفِہٖ وَسِنَانِہٖ
غدیر کہ دن بیعت کے مالک اور جس کا اسم علی القدیر کے نام سے مشتق ہے نیکوں کا ہادی کافروں کو قتل کرنے بدکاروں کا سرکوب کرنے بے چاروں کا سختی میں فریادرس وہ کہ جس کی حقانیت کی مختلف مواقع ومکان میں تائید ہوئی جو زبان وقلب سے اللہ کے لئے مخلص اور جس نے حق کی نیزہ وتلوار سے مدد کی اسؑ کی بیٹیؑ! میرا سلام ہو آپؑ پر
اَلسَّلَامُ عَلَیْکِ یٰا سَلِیْلَۃَ السَّیِّدِ الْاَکْبَرِ وَالشَّافِعِ بِیَوْمِ الْمَحْشَرِ وَالسَّاقِیْ مُحِبِّیْہِ مِنْ نَھْرِالْکَوْثَرِ
سید الاکبرؑ شافع یوم محشرؑ جو نہر کوثر سے اپنے محبوں کو شربت پلائے گا اسؑ کی بیٹیؑ! میرا آپؑ پر سلام ہو

اَلسَّلَامُ عَلَیْکِ یَا بِنْتَ حَیْدَرِ نِالْکَرَّارِ وَ خَلِیْفَۃِ الْمُخْتَارِ وَقَسِیْمِ الْجَنَّۃِ وَالنَّارِ وَصَاحِبِ الْحَوْضِ وَحَامِلِ اللِّوَآءِ فِیْ یَوْمِ الْجَزَآءِ اِمَامِ الْمُتَّقِیْنَ اَمِیْرِالْمُؤْمِنِیْنَ عَلِیِّ بْنِ اَبِیْ طَالِبٍ وَرَحْمَۃُ اللّٰہِ وَبَرَکَاتُہٗ

اے حیدر کرارؑ وخلیفہ مختارؑ وقسیم جنت ونارؑ وصاحب الحوضؑ یوم جزاء لواء کے حامل امام المتقینؑ امیر المؤمنین علی ابن ابی طالبؑ جن پر اللہ کی رحمتیں اور برکتیں ہوں، کی بیٹیؑ! میرا آپؑ پر سلام ہو

اَلسَّلَامُ عَلَیْکِ یَا مُھْجَۃَ قَلْبِ الْبُتُوْلِ وَ قُرَّۃَ عَیْنِ الرَّسُوْلِ یَا حَبِیْبَۃَ خَیْرِ خَلْقِ اللّٰہِ وَ رَبِیْبَۃَ بَیْتِ وَحْیِ اللّٰہِ وَشَقِیْقَۃَ السِّبْطَیْنِ الْحَسَنِ وَالْحُسَیْنِ وَ عَمَّۃَ الْاَئِمَّۃِ الْمَیَامِیْنِ مِنْ اٰلِ طٰہٰ وَ یٰاسِیْنْ وَ رَحْمَۃُ اللّٰہِ وَبَرَکَاتُہٗ

قلب بتولؑ کا سکون رسول اللہ صلی اللہ علیہ وآلہ وسلم کی آنکھوں کی ٹھنڈک خدا کی بہترین مخلوق کی حبیبہؑ اللہ کی وحی کے گھرانے میں پرورش پانے والی رسول اللہ صلی اللہ علیہ وآلہ وسلم کے دونواسے حسنؑ وحسینؑ کی بہنؑ! آل طٰہٰ و یاسینؑ میں سے آئمہؑ کی پھوپھیؑ! آپؑ پر اللہ کی رحمتیں و برکتیں ہوں آپؑ پر میرا سلام ہو

اَلسَّلَامُ عَلَی ابْنَۃِ مَکَّۃَ وَ مِنٰی وَ زَمْزَمَ وَالصَّفَا

مکہ ومنیٰ وزمزم وصفا کی بیٹیؑ! میرا آپؑ پر سلام ہو

سَلَامٌ عَلٰی مَنْ جَدُّھَا مُحَمَّدُ نِ الْمُصْطَفٰی وَاَبُوْھَا عَلِیُّ نِالْمُرْتَضٰی وَاُمُّھَا فَاطِمَۃُ الزَّھْرَآءِ سَیِّدَۃُ النِّسَآءِ

اس پر سلام جس کا ناناؐ محمد مصطفی صلی اللہ علیہ وآلہ وسلم اور بابا علی المرتضیٰؑ اور ماں فاطمہ زہراءؑ سیدہ نساء ہے

اَلسَّلَامُ عَلَی ابْنَۃِ الدَّلَآئِلِ الْوَاضِحَاتِ وَالْاٰیَاتِ الْبَیِّنَاتِ وَالْمُعْجِزَاتِ الْبَاھِرَاتِ وَالْبَرَاھِیْنِ الظَّاہِرَاتِ

روشن دلائل وآیات بینات اور آشکار معجزات اور ظاہر براہین کی بیٹیؑ! میرا آپؑ پر سلام ہو

اَلسَّلَامُ عَلَى الْمَوْلُوْدَةِ فِیْ مُعْقِلِ الْعِصْمَةِ وَالتُّقٰی وَمَهْبَطِ الْوَحْيِ وَالْهُدیٰ وَالْمَوْرُوْثَةِ عَظِيْمَ الْفَضْلِ وَالنَّدیٰ
میرا سلام ہو اس بانوؑ پر جس کی ولادت عصمت وتقویٰ کے کانوں میں اور جایگاہ نزول وحی و ہدایت ہوئی کرم وفضیلت وشرافت بزرگ جس کی میراث ہے
سَلَامٌ عَلَى الْمَرْأَةِ الصَّالِحَةِ وَالْمُجَاهِدَةِ النَّاصِحَةِ وَالْحُرَّةِ الْاَبِيَّةِ وَاللَّبْوَةِ الطَّالِبِيَّةِ وَالْمُعْجِزَةِ الْمُحَمَّدِيَّةِ وَالذَّخِيْرَةِ الْحَيْدَرِيَّةِ وَالْوَدِيْعَةِ الْفَاطِمِيَّةِ
سلام ہو صالحہ بانوؑ اور ناصحہ مجاہدہ اور آزاد و ثابت قدم خاندان ابوطالبؑ کی شیر زن معجزہ محمدیؐ ذخیرہ حیدریؑ اور امانت فاطمیؑ پر
اَلسَّلَامُ عَلٰى مَنْ اَطَاعَتِ اللّٰهِ تَعَالٰى فِی السِّرِّ وَالْعَلَنِ وَ تَحَدَّتْ بِمَوَاقِفِهَا اَهْلَ النِّفَاقِ وَالْفِتَنِ
سلام ہو اس بانوؑ پر جس نے پنہان وظاہراً اللہ کی اطاعت کی جس نے اہل نفاق وفتن کو رسوا کیا
اَلسَّلَامُ عَلٰى مَنْ اَرْهَبَتِ الطُّغَاةَ فِیْ صَلَابَتِهَا وَاَدْهَشَتِ الْعُقُوْلَ بِرَبَاطَةِ جَأْشِهَا وَ مَثَّلَتْ اَبَاهَا عَلِيًّا بِشَجَاعَتِهَا وَاَشْبَهَتْ اُمَّهَا الزَّهْرَآءَ فِیْ عَظَمَتِهَا وَبَلَاغَتِهَا
سلام ہو اس بانوؑ پر جس نے سرکشوں کو لرزہ دیا اور دہشت سے عقول کو پریشان ومتحیر کیا اور اپنی بہادری سے اپنے باباؑ کی شیر مردی کو مجسم کیا اپنے عظمت و بلاغت سے اپنی ماں زہراءؑ کی شباہت کو نمودار کیا
اَلسَّلَامُ عَلَى الْمَنْسُوْبَةِ لِاُسْرَةِ النُّبُوَّةِ وَالْاِمَامَةِ وَالْمَوْهُوْبَةِ وَ سَامَ الشَّرَفِ وَالْمَجْدِ وَالْكَرَامَةِ
اس بانوؑ پر سلام کہ جو خاندانِ نبوت وامامت سے وابستہ ہے ویسی ہی مجد و کرامت بھی اس کو عطا ہوئی ہے

اَلسَّلَامُ عَلَی مَنْ رَضَعَتْ بِلُبَانِ الْاِیْمَانِ وَ تَربَّتْ بِتِلَاوَةِ الْقُرْاٰنِ فَشَاعَ فَخْرُهَا بِكُلِّ زَمَانٍ وَ مَكَانٍ وَ يَتَمَجَّدُ بِاِسْمِهَا لِسَانُ كُلِّ اِنْسَانٍ
سلام ہو اس بانوؑ پر جس نے پستان ایمان سے دودھ پیا اور قرآن کی تلاوت میں پرورش پائی اور اس کی عظمت کے چرچے ہر مکان و زمان کے زبان زد رہے اور تمام لوگوں کی زبانیں اس کی مدح میں رواں ہوئیں
اَلسَّلَامُ عَلٰی مَنْ حَبَاهَا الْجَلِيْلُ جَلَّ اسْمُهٗ بِالصِّفَاتِ الْحَمِيْدَةِ وَزَادَهَا قُوَّةً وَ ثَبَاتًا عَلَی الدِّيْنِ وَالْعَقِيْدَةِ وَ شَدَّ اللهِ عَزْمَهَا فِیْ مَوَاطِنِ الْمِحَنِ الشَّدِيْدَةِ وَالْهَمَهَا جَمِيْلَ الصَّبْرِ وَاَكْرَمَهَا جَزِيْلَ الْاَجْرِ
اس بانوؑ پر سلام کہ جس کو خداوند جلیل نے پسندیدہ اسم وصفات عطا کئے راہ دین وعقیدہ میں پائیداری دی سختیوں میں اور شدید مصیبتوں میں پائیداری دی اور جمیل صبر واستقامت میں انؑ کے لئے بہترین جزا مقرر فرمائی
سَلَامٌ عَلٰی مَنْ اَحيَتْ لَيَالِيْهَا بِالتَّهَجُّدِ وَالْعِبَادَةِ فَنَالَتْ مِنَ اللهِ اَعْلٰی دَرجَاتِ السَّعَادَةِ
سلام ہو اس بانوؑ پر جس کی راتیں تہجد وعبادت میں صرف ہوئیں اور خدا کی طرف سے سعادت کے اعلیٰ ترین مراحل کی طرف مائل ہوئیں
سَلَامٌ عَلٰی مَنْ اَوْلَاهَا الْاِمَامُ زَيْنُ الْعَابِدِيْنَ عَلَيْهِ السَّلَامُ بِشَهَادَتِهٖ اِذْ قَالَ مُخَاطِبًا لِعِمَّتِهٖ:(اَنْتِ عَالِمَةٌ غَيْرُ مُعَلَّمَةٍ وَفَهِمَةٌ غَيْرُ مُفَهَّمَةٍ)
سلام اس بانوؑ پر جس کی امام سجادؑ نے اس وقت تعریف کی جب آپؑ نے خطبہ دیا تو امامؑ نے مخاطب ہو کر فرمایا: (عالمہ غیر معلمہ ہیں، فہمہ غیر مفہمہ ہیں)

سَلَامٌ عَلَى الْأُخْتِ الَّتِيْ وَاسَتْ اَخَاهَا فِيْ مُهِمَّتِهِ وَ شَارَكَتْهُ فِيْ نَهْضَتِهُ وَ تَبَاهَتْ بِالْاِسْلَامِ وَ عِزَّتِهِ
اس بہنؑ پر سلام ہو جس نے اپنے بھائیؑ کے ہدف میں اس کی مدد کی اور نہضت حسینیؑ میں شریک ہوئیں اور اسلام اور اس کی عزت میں مباہات کی
سَلَامٌ عَلَىٰ مَنْ نَاصَرَتِ الْحُسَيْنَ فِيْ جِهَادِهِ وَلَمْ تَضْعُفْ عَزِيْمَتُهَا بَعْدَ اسْتِشْهَادِهِ
سلام ہو اس بانوؑ پر جس نے حسینؑ کی اس کے جہاد میں مدد کی اور ان کے بھائیؑ کی شہادت کے بعد انؑ کا ارادہ و عزم سست نہیں ہوا
سَلَامٌ عَلَىٰ قَلْبِ زَيْنَبِ الصَّبُوْرِ وَلِسَانِهَا الشَّكُوْرِ
سلام ہو حضرت زینبؑ کے قلبِ صبور اور زبانِ شکور پر
سَلَامٌ عَلَىٰ مَنْ تَظَافَرَتْ عَلَيْهَا الْمَصَائِبُ وَالْكُرُوْبُ وَ ذَاقَتْ مِنَ النَّوَائِبِ مَا تَذُوْبُ مِنْهَا الْقُلُوْبُ
سلام اس بانوؑ پر جس نے ایسے مصائب و کروب اور غم واندوہ کو چکھا جو دلوں کو پانی کرتے تھے
سَلَامٌ عَلَىٰ مَنْ تَجَرَّعَتْ غُصَصَ الْآلَامِ وَالْمَآسِيْ وَمَا لَاتَقْوٰى عَلَى احْتِمَالِهَا لُجِبَالُ الرَّوَاسِيْ فَاَصْبَحَتْ لِلْبَلَايَا قِبْلَتَهَا وَلِلرَّزَايَا كَعْبَتَهَا
سلام اس بانوؑ پر جس نے ایسے درد و حزن کو جرعہ جرعہ کیا جن کو برداشت کرنے کی طاقت بڑے بڑے پہاڑوں میں نہیں تھی بلاؤں کا قبلہ مصیبتوں کا کعبہ

سَلَامٌ عَلٰى مَنْ شَاطَرَتْ اُمَّهَا الزَّهْرَآءَ فِےْ ضُرُوْبِ الْمِحَنِ وَالْاَرْزَآءِ وَدَارَتْ عَلَيْهَا رَحَى الْكَوَارِثِ وَالْبَلَآءِ يَوْمَ كَرْبَلَآءَ

اس بانوؑ پر سلام ہو جو مصیبتوں میں اپنی ماںؑ کے ساتھ شریک تھیں غموں اور مصیبتوں کے اسباب کربلا میں جس کی طرف آرہے تھے

سَلَامٌ عَلٰى مَنْ عَجِبَتْ مِنْ صَبْرِهَا مَلَآئِكَةُ السَّمَآءِ

اس بی بیؑ پر سلام ہو کہ جس کے صبر پر ملائکہ آسمان بھی تعجب میں آگئے

سَلَامٌ عَلٰى مَنْ فُجِعَتْ بِجَدِّهَا وَاَبِيْهَا وَاُمِّهَا وَ بَنِيْهَا وَالْخِيَرَةِ مِنْ اَهْلِهَا وَذَوِيْهَا اَبْكِيْ عَلٰى زَيْنَبَ الْكُبْرٰى وَكُرْبَتِهَا اَبْكِيْ عَلٰى زَيْنَبِ الثَّكْلٰے وَ غُرْبَتِهَا اَبْكِيْ عَلٰى زَيْنَبِ حُزْنًا لِمِحْنَتِهَا اَبْكِيْ عَلٰى هَضْمِهَا مِنْ بَعْدِ عِزَّتِهَا

اس بی بیؑ پر سلام کہ جس پر اسؑ کے جدؐ باباؑ ماںؑ اور انؑ کے بیٹےؑ اور اقرباء کی مصیبتیں نازل ہوئیں زینبؑ کی مصیبتوں پر روتے ہیں اور اسؑ کی عظیم مصیبتوں پر روتے ہیں زینبؑ کے غموں پر روتے ہیں اور زینبؑ کی عزت کے باوجود انؑ کی خواری پر روتے ہیں

اَبْكِيْ عَلَى الْمَظْلُومَةِ الْغَرِيْبَةِ اَبْكِيْ عَلَى الْمَحْزُوْنَةِ الْكَئِيْبَةِ اَبْكِيْ عَلٰى مَنْ دَاهَتَمْهَا الدُّنْيَا بِالْمُشَاهِدِ الرَّهِيْبَةِ وَلَمْ تَشْبَهُ مُصِيْبَتُهَا مُصِيْبَةٌ اَبْكِيْ عَلٰى مَنْ عَايَنَتْ آشْلَآءَ الضَّحَايَا

اس مظلومہ غریبہؑ پر روتے ہیں اور محزونہ افسردہ بی بیؑ پر روتے ہیں اس بی بیؑ پر روتے ہیں کہ جس کو وحشت انگیز منظروں نے غمگین کیا ایسی مصیبت کہ کوئی بھی مصیبت ان مصیبتوں کی شباہت نہیں ہو سکتی اس بی بیؑ پر روتے ہیں جس نے زمین پر مقتولین کے پارہ پارہ بدن دیکھے

مُجَزَّرِیْنَ عَلٰی صَعِیْدِ الْمَنَایَا وَ رَأَتْ مَصَارِعَ الشُّهَدَآءِ مِنْ عَشِیْرَتِهَا وَاِخْوَتِهَا وَبَنِیْ عُمُوْمَتِهَا قَدْ فَرَّقَ السَّیْفُ بَیْنَ الرُّؤُسِ مِنْهُمْ وَالْاَبْدَانِ وَحَرَارَةُ الشَّمْسِ قَدْ غَیَّرَتْ مِنْهُمُ الْاَلْوَانِ وَبَیْنَهُمْ رَیْحَانَةُ الْمُصْطَفٰی سَیِّدُ شَبَابِ اَهْلِ الْجَنَّةِ صَرِیْعًا عَلَی الرَّمْضَآءِ فَاَجْهَشَتْ بِالْبُکَآءِ وَنَادَتْ بِهٰذَا الدُّعَآءِ:(اِلٰهِیْ تَقَبَّلْ مِنَّا هٰذَا الْقُرْبَانَ) ثُمَّ انْثَنَتْ شَاکِیَةً وَجْهَهَا اِلٰی جَدِّهَا وَهِیَ تَقُوْلُ:

اپنے بھائیوںؑ چچازادؑ اور اقرباء کی قتل گاہ اپنی آنکھوں سے دیکھی کہ جن کے سروں کو تلوار نے بدن سے جدا کیا ہوا تھا سورج کی حرارت نے جن کے رنگ کو تبدیل کر دیا تھا انؑ کے درمیان گلزار مصطفیؐ سید جوانانِ جنتؑ کا بدن اس گرم خاک پر پڑا ہوا تھا بعنوان دعا اس کی فریاد بلند ہوئی اور عرض کیا: خدایا! ان قربانیوں کو ہم آلِ محمدؐ سے قبول فرما پس بی بیؑ نے اپنا چہرہ مدینہ کی جانب کیا اس حال میں کہ ناراحتی میں اپنے ناناؐ کی محضر میں شکایت کر رہی تھیں

یٰامُحَمَّدَاهُ: هٰذَا حُسَیْنٌ بِالْعَرَآءِ مُرَمَّلٌ بِالدِّمَآءِ مُقَطَّعُ الْاَعْضَآءِ وَ بَنَاتُکَ سَبَایَا وَ ذُرِّیَّتُکَ مُقَتَّلَةٌ

یا محمداهؐ! یہ حسینؑ ہے کہ عریاں خاکِ کربلا پر خون میں لت پت پڑا ہے اسؑ کے جس کے اعضاء قطع قطع ہیں اور آپؐ کی بیٹیاں اسیر ہیں تیراؐ خاندان قتل ہو گیا ہے

اَبْکِیْ عَلٰی مَنْ اَبْکَتْ کُلَّ عَدُوٍّ وَ صَدِیْقٍ

اس بی بیؑ کے حال پر گریہ کرتے ہیں کہ جس پر ہر دشمن و دوست رویا

حَتّٰی جَرَتْ دُمُوْعُ الْخَیْلِ عَلٰی حَوَافِرِهَا اَبْکٰی عَلٰی مَنْ اَبْعَدَهَا الزَّمَانُ عَنِ الْاَهْلِ وَالْاَوْطَانِ وَطَافَ بِهَا الْاَعْدَآءُ سَبِیَّةً فِی الْبُلْدَانِ وَسَرَوْا بِهَا اَسِیْرَةً مِنَ الْکُوْفَةِ اِلَی الشَّامِ بِجَمْعٍ مِنَ الْاَرَامِلِ وَالْاَیْتَامِ
اس بی بیؑ پر روتے ہیں جس کو زمانے نے انؑ کے اہل اور وطن سے جدا کیا اور اسؑ کو دشمنوں نے شہر بہ شہر پھرایا کوفہ سے شام یتیموں اور بے سر پرستوں اور عورتوں کو اسیر کر کے روانہ کیا
اَلسَّلَامُ عَلٰی عَزِیْزَةِ الصِّدِّیْقَةِ الزَّهْرَآءِ وَابْنَةِ خَدِیْجَةَ الْکُبْرٰی
صدیقہ زہراءؑ کی عزیزہ پر سلام ہو اور خدیجہ کبریٰؑ کی بیٹیؑ پر سلام ہو
اَلسَّلَامُ عَلٰی مَنْ اَصْبَحَ حَرَمُهَا مَوْئِلَ اٰمَالِ الْاٰمِلِیْنَ وَمُلْتَقٰی وُفُوْدِ الزَّآئِرِیْنَ وَیَتَمَسَّکُ بِضَرِیْحِهَا جَمِیْعُ الْمُحِبِّیْنَ وَالْمُحْتَاجِیْنَ وَ یَؤُمُّ قَبْرَهَا الْخَلَآئِقُ فِیْ کُلِّ حِیْنٍ
اس بی بیؑ پر سلام ہو کہ جسؑ کا حرم آرزو مندان کے لئے محل پناہ گاہ اور زیارت جایگاہ اجتماع زیارت کرنے والوں کا تمام محبان اور ضرورت مند جس سے تمسک کرتے ہیں اور لوگ ہر زمانے میں اسؑ کے مرقد مطہر کی زیارت کرتے ہیں
سَلَامٌ عَلٰی سَیِّدَتِنَا وَ مَوْلَاتِنَا زَیْنَبَ بِنْتِ اَمِیْرِ الْمُؤْمِنِیْنَ عَلِیِّ بْنِ اَبِیْ طَالِبٍ وَرَحْمَةُ اللّٰهِ وَ بَرَکَاتُهٗ۔
ہماری سرورؑ اور ہماری بانو زینبؑ بنت امیر المؤمنین علی ابن ابی طالبؑ کہ جنؑ پر اللہ کی رحمتیں و برکتیں ہوں پر ہمارا سلام ہو۔